Psicologia analítica

Dados Internacionais de Catalogação na Publicação (CIP)
(Câmara Brasileira do Livro, SP, Brasil)

Psicologia analítica : perspectivas contemporâneas em análise junguiana
/ Joseph Cambray, Linda Carter, (orgs.) ; tradução de Caio Liudvik. –
Petrópolis, RJ : Vozes, 2020.

Título original: Analytical psychology : contemporary perspectives in
Jungian analysis

Vários colaboradores.

Bibliografia.

ISBN 978-85-326-6376-4

1. Arquétipos (Psicologia) 2. Jung, Carl Gustav, 1875-1961 3.
Psicologia analítica 4. Teoria junguiana I. Cambray, Joseph. II. Carter,
Linda.

19-31484   CDD-150.1954

Índices para catálogo sistemático:
1. Psicologia analítica junguiana   150.1954

Maria Paula C. Riyuzo – Bibliotecária – CRB-8/7639

JOSEPH CAMBRAY
LINDA CARTER

(organizadores)

Psicologia analítica

Perspectivas contemporâneas em análise junguiana

Tradução de Caio Liudvik

EDITORA VOZES

Petrópolis

Título do original em inglês: *Analytical Psychology – Contemporary perspectives in Jungian analysis.*

Direitos de publicação em língua portuguesa – Brasil:
2020, Editora Vozes Ltda.
Rua Frei Luís, 100
25689-900 Petrópolis, RJ
www.vozes.com.br
Brasil

Editoração: Leonardo A.R.T. dos Santos
Diagramação: Mania de criar
Revisão gráfica: Fernando Sergio Olivetti da Rocha
Capa: Rafael Nicolaevsky
Ilustração de capa: JUNG, C.G. Os arquétipos e o inconsciente coletivo. Vol. 9/1. 11. ed.
Petrópolis: Vozes, 2014, cad. iconográfico, quadro 1.

ISBN 978-85-326-6376-4 (Brasil)
ISBN 978-1-58391-999-6 (Inglaterra)

Editado conforme o novo acordo ortográfico.

Este livro foi composto e impresso pela Editora Vozes Ltda.

Sumário

Lista de figuras

Lista de colaboradores

John Beebe psiquiatra formado na Stanford University Medical Center, onde foi residente-chefe em 1970-1971. Desde 1971, teve consultório particular em São Francisco. Formado no C.G. Jung Institute de São Francisco, se tornou analista em 1978. Ex-presidente do Instituto de São Francisco, é ativo em seu programa de formação e um palestrante frequente, internacionalmente, sobre temas relativos à psicologia analítica. Ele fundou o *San Francisco Jung Institute Library Journal* em 1979, e foi o primeiro coeditor norte-americano do *Journal of Analytical Psychology*, de 1990 a 1997. É autor de *Integrity in Depth* (1992) e organizador de vários livros, entre eles *C.G. Jung's Aspects of the Masculine* (1989) e *Terror, Violence and the Impulse to Destroy* (2003).

Joseph Cambray, Ph.D., é o secretário honorário da International Association for Analytical Psychology, coeditor-chefe do *Journal of Analytical Psychology*, e autor de vários artigos sobre a teoria e a prática da análise junguiana. É membro da New England Society of Jungian Analysts, ex-presidente do C.G. Jung Institute of Boston, e é docente do Center for Psychoanalytic Studies do Hospital Geral de Massachusetts, Universidade de Harvard. Mantém consultórios particulares de psicoterapia em Boston e Providence.

Linda Carter, MSN [mestre em enfermagem], **CS** [especialista clínica], graduada pelas universidades Georgetown e Yale. É graduada pelo C.G. Jung Institute de Boston, onde faz parte do corpo docente, supervisionando e ensinando analistas em formação. Apresentou artigos em conferências nacionais e internacionais, incluindo explorações sobre terrores noturnos. Tem consultórios particulares em Boston e Providence.

George B. Hogenson, Ph.D., é analista formador na Chicago Society of Jungian Analysts. É autor de *Jung's Struggle with Freud*, e de numerosos artigos sobre a história e a teoria da psicologia analítica. Tem diplomas avançados pelas universidades de Yale (filosofia) e Chicago (serviço social clínico) e é um expoente da interpretação segundo os sistemas dinâmicos ou emergentista do sistema de psicologia de Jung.

Samuel L. Kimbles, Ph.D., é psicólogo clínico, analista junguiano e consultor organizacional. É professor clínico associado da Family and Community Medicine na Universidade da Califórnia, São Francisco, e mantém consultório particular em Santa Rosa e São Francisco.

Thomas B. Kirsch, MD [Medicine Doctor], é analista junguiano com consultório particular em Palo Alto. É ex-presidente do C.G. Jung Institute de São Francisco, ex-presidente da International Association for Analytical Psychology, e membro da Academy of Psychoanalysis. Também é autor de numerosos artigos e resenhas de livros sobre psicologia analítica, e de *The Jungians* (2000).

Jean Knox, Ph.D., MBBS [bacharel em medicina e cirurgia]**, MRCPsych** [membro do Royal College of Psychiatrists] é psiquiatra e analista junguiana com consultório particular em Oxford e coeditora-chefe do *Journal of Analytical Psychology*. Publicou vários artigos explorando as ligações entre a psicologia analítica e neurociência cognitiva e a teoria do apego, e seu livro *Archetype, Attachment, Analysis: Jungian Psychology and the Emergent Mind* foi publicado pela Brunner-Routledge em 2003.

Hester McFarland Solomon é vice-presidente da IAAP, tendo sido responsável pelo Ethics Procedures Sub-Committee and Ethics Liaison, e é atualmente responsável pelo Grants and Research Sub-Committee. É analista formadora e supervisora na seção junguiana da British Association of Psychotherapists.

Esteve à frente do Conselho da BAP, de seu Comitê de Formação e de seu Comitê de Ética, é membro da Associação. Publicou muito e coorganizou três livros: *Jungian Thought in the Modern World*, *Contemporary Jungian Clinical Practice*, e, mais recentemente, *The Ethical Attitude in Analytic Practice*.

Thomas Singer, MD, é psiquiatra e analista junguiano em São Francisco. Faz parte do corpo docente do UCSF Medical Center e é perito médico do Sistema de Seguridade Social Federal dos Estados Unidos. Integrante do San Francisco C.G. Jung Institute, o Dr. Singer escreveu *Who's the Patient Here? Portraits of the Young Psychotherapist* e *A Fan's Guide to Baseball Fever: The Official Medical Reference*. Organizou *The Vision Thing: Myth, Politics and Psyche in the World* e recentemente coorganizou *The Cultural Complex: Contemporary Jungian Perspectives on Psyche and Society*.

Murray Stein, Ph.D., é o presidente da International Association for Analytical Psychology. Deu muitas palestras e escreveu vários artigos e um livro (*Jung's Treatment of Christianity*) sobre o tema da psicologia analítica e espiritualidade. Após viver e trabalhar como analista junguiano por 25 anos em Chicago, ele agora mora na Suíça.

Jan Wiener é analista formadora e supervisora da Society of Analytical Psychology (SAP) e da British Association of Psychotherapists. Atualmente é diretora de formação da SAP. Trabalha em tempo parcial em uma clínica de psicoterapia ambulatorial no Thorpe Coombe Hospital, Walthamstow e em consultório particular. Ao longo dos últimos 10 anos, visitou São Petersburgo, na Rússia, ensinando e supervisionando estudantes interessados na psicologia analítica. É representante para a IAAP do St. Petersburg Developing Group in Analytical Psychology. É autora de vários artigos sobre psicologia analítica e de *Counselling and Psychotherapy in Primary Health Care: A Psychodynamic Approach* (1998), escrito com Mannie Sher e publicado pela Palgrave/Macmillan. Mais recentemente, junto com Richard Mizen e Jenny

Duckham, organizou *Supervising and Being Supervised: A Practice in Search of a Theory* (2003), publicado pela Palgrave/Macmillan.

Beverley Zabriskie, analista junguiana com consultório particular na cidade de Nova York, é editora-assistente do *Journal of Analytical Psychology*. Foi integrante do corpo docente do C.G. Jung Institute de Nova York e do C.G. Jung Center da Cidade do México. Entre suas publicações estão "A meeting of rare minds", prefácio de *Atom and Archetype: The Pauli-Jung Correspondence* (2001) e "The psyche as process", *Psychoanalytic Dialogues*, 10 (3), 2000. É ex-presidente da Association for the Advancement of Psychoanalysis.

Prefácio da série

Esta série focaliza a teoria avançada e em avanço na psicoterapia. Seus objetivos são: apresentar a teoria e a prática dentro de uma orientação ou abordagem teórica específicas em um nível avançado, pós-graduado; avançar a teoria ao apresentar e avaliar novas ideias e suas relações com a abordagem; localizar a orientação e suas aplicações dentro de contextos culturais, tanto histórica, em termos das origens da abordagem, quanto contemporaneamente, em termos dos debates atuais sobre filosofia, teoria, sociedade e terapia; e, por fim, apresentar e desenvolver uma visão crítica da teoria e da prática, especialmente no contexto dos debates sobre poder, organização e a crescente profissionalização da terapia.

Como organizadores deste volume, Joe Cambray e Linda Carter encomendaram capítulos de alta qualidade acadêmica de respeitáveis praticantes e teóricos no campo da psicologia analítica. Eles construíram, com muita reflexão e cuidado, um livro que conduz o leitor através de vários debates contemporâneos concernentes a conceitos e desenvolvimento-chave neste campo, incluindo-se arquétipos, desenvolvimento humano, consciência, tipos psicológicos e sincronicidade. O volume como um todo trabalha o que os organizadores chamam de (dois) eixos: o *intelectual/histórico* – que não apenas forma a matriz cultural do modelo de psique de Jung mas que também atua como uma moldura para o desenvolvimento intelectual e organizacional subsequente da psicologia analítica; e o *desenvolvimental* – que envolve a reconsideração e retrabalho dos conceitos essenciais da teoria e do método. Desde seu primeiro capítulo, que considera a história da psicologia analítica, o livro mantém e combina um foco no passado, presente e futuro. Os colaboradores se valem do próprio trabalho de Jung, focalizam e, até certo ponto, moldam o estado atual da psicologia analítica, e apontam para futuras áreas de exploração. Valendo-se de desenvolvimentos nos estudos neurocientíficos, evolucionários, psicanalíticos, filosóficos e históricos, tanto autores como organizadores cumprem com o objetivo desta série, convidando o leitor a um importante território interdisciplinar. Não obstante sua natureza avançada e a sofisticação das ideias que contém, este volume se mostra legível, acessível e estimulante para um público profissional geral, bem como para aqueles interessados no campo da psicologia analítica.

Keith Tudor

Introdução

Joseph Cambray e Linda Carter

Este volume chama a atenção para recentes desenvolvimentos na psicologia analítica ao longo de diversos eixos, o primeiro sendo o *background* histórico e intelectual que em parte formou a matriz cultural para a articulação por Jung de seu modelo da psique. Esta perspectiva vem emergindo nos últimos anos com numerosos artigos acadêmicos sobre as ideias de Jung, bem como de várias biografias que lançaram luz sobre vários aspectos de seu *background*, e destes, a mais definitiva, é a biografia publicada por Deirdre Bair, *Jung: A Biography* (2003); e a primeira história intelectual de ampla escala, *Jung and the Making of Modern Psychology: The Dream of a Science*, pelo historiador da psicologia analítica Sonu Shamdasani. O segundo eixo inclui a reconsideração de conceitos e práticas centrais na tradição junguiana, que podem ser corroboradas, elaboradas e fortalecidas pelo influxo de ideias inovadoras de diversos campos, tais como a ciência e a neurociência cognitivas, a teoria do apego, a psicanálise e a teoria da complexidade. Essas abordagens têm sido crescentemente empregadas na literatura recente; elas têm sido o foco de conferências multidisciplinares, entre as quais o Congresso internacional da International Association for Analytical Psychology (IAAP) em Barcelona, Espanha, em agosto de 2004. De modo semelhante, esses pontos de vista são variadamente desenvolvidos ao longo dos capítulos. A integração desta nova informação oferecida no presente volume serve para aprofundar e fortalecer, bem como para modificar a posição e a identidade junguianas, ao mesmo tempo em que oferece diálogo com psicoterapeutas de outras escolas, psicanalistas, cientistas e eruditos.

O presente texto pressupõe uma familiaridade básica com os principais conceitos junguianos. Para uma boa introdução contemporânea à obra de Jung, veja *Carl Gustav Jung*, de Ann Casement (2001); uma apresentação concisa e bastante acessível de numerosos conceitos pode ser encontrada em *A Critical Dictionary of Jungian Analysis* (1986), de Andrew Samuels et al. Uma paciente permissão e proteção de confidencialidade foi mantida ao longo do texto.

O capítulo 1 lida com a história da psicologia analítica, contada por Thomas B. Kirsch, ex-presidente da IAAP e autor que escreve sobre vários aspectos da história junguiana, por exemplo seu *The Jungians: A Comparative and Historical Perspective*, um relato detalhado da história do movimento junguiano em sua transição de uma tradição oral para uma escrita. Aqui ela articula habilidosamente biografia com história social, fornecendo um *background* e moldura para os capítulos seguintes. O amplo interesse em múltiplas facetas dos estudos históricos sobre Jung, sobre suas ideias e sobre o movimento que deriva de sua obra se tornou evidente com os três concorridos simpósios de história junguiana liderados por Tom em colaboração com um dos organizadores do presente livro (JC), copatrocinados pelo C.G. Jung Institute of San Francisco e o *Journal of Analytical Psychology*, em acréscimo às recentes biografias e histórias intelectuais citadas acima.

Autor, analista e erudito, George Hogenson examina a história intelectual por trás de uma das marcas registradas conceituais de Jung, o arquétipo, no capítulo 2. Após introduzir várias visões sobre o "arquétipo", ele explora os usos do termo na história das ciências biológicas. Após rastrear o desenvolvimento do conceito por Jung, ele elabora o modelo emergentista que apresentou no seu artigo publicado em 2001 pelo *Journal of Analytical Psychology*, "The Baldwin Effect Revisited". Embora independente, este capítulo se encaixa bem no *corpus* de seus outros trabalhos na área da história das ideias, com um interesse especial nas raízes científicas dos principais conceitos de Jung. Esses estudos incluíram um cuidadoso olhar para as fontes filosóficas e científicas de Jung, distinguindo-as das de Freud.

No capítulo 3, a analista Jean Knox, coeditora-chefe no Reino Unido do *Journal of Analytical Psychology* e autora do livro recente *Archetype, Attachment, Analysis: Jungian Psychology and the Emergent Mind* (2003), apresenta um modelo desenvolvimental junguiano contemporâneo, combinando teoria do apego, psicanálise e teoria junguiana. Suas visões e uso do conceito de arquétipo diferem de modos sutis, mas cruciais, de Hogenson, embora permaneçam dentro do paradigma emergentista mais amplo.

O autor do capítulo 4, John Beebe, analista, ex-coeditor-chefe do *Journal of Analytical Psychology* e decano dos estudos norte-americanos em tipologia, anteriormente havia discutido o primeiro livro de grande porte de Jung após a ruptura com Freud, *Tipos psicológicos* (OC 6), como sendo uma das primeiras apresentações pós-modernas da psique humana. Isso se baseou na articulação no livro de uma visão não patológica da multiplicidade da consciência. No presente capítulo, John oferece um *background* intelectual adicional ao sistema de tipos de Jung. Ele então guia o leitor por sua própria ampliação do modelo para fundamentá-lo com mais segurança na teoria arquetípica. Ele faz isso com um relato pessoal detalhado que funciona também como uma história de caso, exemplificando ideias teóricas em conjunção com experiência vivida.

Os organizadores deste volume escreveram conjuntamente o capítulo 5, trazendo modelos emergentistas da mente, que estão moldando reformulações recentes da teoria junguiana, para o tema dos métodos analíticos. Reavaliando a inovadora metodologia clínica de Jung, que provém de sua formulação da função transcendente, nós argumentamos que a amplificação, a imaginação ativa e o trabalho com sonhos podem ser fortalecidos pela incorporação de descobertas de pesquisa oriundas de múltiplas perspectivas, entre elas a ciência e a neurociência cognitivas, bem como das teorias do apego e da complexidade, em conjunção com as tradições narrativas associadas com a mitologia e a contação de histórias.

Outra dimensão dos métodos analíticos é apresentada no capítulo 6, um estudo da transferência e contratransferência escrito por Jan Wiener, uma analista com a Society of Analytical Psychology em Londres. Ela se vale da riqueza de sua experiência pessoal como analista, supervisora e professora para lidar com este tema complicado e sua longa história, tanto dentro da psicologia analítica como na psicanálise. Devido à natureza controversa das várias abordagens da transferência e contratransferência pela psicologia analítica, os organizadores optaram por devotar um capítulo especificamente para este tópico, ao invés de tentar reduzi-lo a uma seção no capítulo 4. Jan gentilmente aceitou essa tarefa, e explica a história e os desenvolvimentos contemporâneos nesta área com uma síntese vívida e convincente de uma enorme quantidade de informação.

O capítulo 7 foi escrito pelos analistas e autores Tom Singer e Sam Kimbles, ambos de São Francisco. Eles ligam as ideias de Joseph Henderson sobre o inconsciente cultural com a teoria de Jung do complexo, para desenvolver seu próprio modelo de complexos culturais. Graças ao trabalho de Singer e de Kimbles, uma perspectiva emergentista na psicologia, em jogo entre as camadas pessoais e coletivas da psique, foi concebida dentro de um quadro de referência totalmente junguiano. Isso é muito bem-ilustrado com experiências clínicas da prática de Sam, e da descrição de Tom do complexo cultural operante em *Constantine's Sword*, de James Carroll. Eles também expandem as visões de Donald Kalsched sobre o trauma, demonstrando a relevância dos complexos culturais dentro de e entre grupos.

O presidente da International Association for Analytical Psychology, Murray Stein, que publicou numerosos livros e artigos sobre a psicologia junguiana, escreveu o capítulo 8. Este capítulo discute uma preocupação central da maioria dos terapeutas que veem valor na abordagem junguiana, a dimensão religiosa ou espiritual do trabalho clínico. Uma orientação concisa sobre o pensamento de Jung nessa área é seguida por estudos de caso que devem ajudar o terapeuta profissional e o estudante a apreender mais imediatamente a relevância da dimensão espiritual na prática, especialmente no contexto de uma análise junguiana de longo prazo.

Um dos organizadores deste volume, Joe Cambray, escreveu o capítulo 9, no qual reexamina outra das marcas registradas conceituais de Jung, a sincronicidade. Isso é elaborado primeiramente em termos de determinados aspectos dos *backgrounds* intelectual e cultural dos quais a ideia emergiu. Então se segue uma reavaliação da sincronicidade em termos do conceito de emergência na teoria da complexidade. Um dos exemplos clínicos de Jung sobre a sincronicidade é reexaminado desta perspectiva, e uma série de vinhetas clínicas da prática do autor é apresentada. Esse capítulo sublinha o valor da teoria da emergência na identificação, inclusão da, e trabalho com, a experiência sincronística na prática psicoterapêutica geral.

O capítulo 10, escrito pela vice-presidente da International Association for Analytical Psychology, Hester Solomon, mostra a importância da ética na prática clínica, um tópico significativo para todos os profissionais da ajuda. Hester, que tem uma extensa experiência em lidar com questões éticas em múltiplos lugares, apresenta uma teoria sobre as origens da atitude ética no desenvolvimento infantil. Ela prossegue enfatizando e demonstrando a centralidade disso para a moderna prática analítica e psicoterapêutica adulta.

Beverley Zabriskie, analista, autora e editora-assistente do *Journal of Analytical Psychology*, conclui o livro com notas finais em que apresenta seus pensamentos sobre os capítulos, com a intenção de aprofundar a compreensão do leitor e sintetizar uma perspectiva geral com conexões relevantes. Ela acrescenta uma avaliação das forças e fraquezas do livro, e oferece recomendações que vão além do escopo deste livro.

Referências

Casement, A. (2001). *Carl Gustav Jung*. Londres: Sage.

Samuels, A.; Shorter, B. & Plaut, F. (1986). *A Critical Dictionary of Jungian Analysis*. Londres: Routledge.

1
História da psicologia analítica

Thomas B. Kirsch

A história da psicologia analítica é parte da história mais ampla da psicologia profunda e da psicanálise, com a qual ela está entrelaçada, porém separada. Devido à ruptura dolorosa e amarga entre os fundadores da psicanálise e da psicologia analítica, Sigmund Freud e Carl Gustav Jung, tem sido difícil fazer uma história confiável dos primórdios. De um modo profundo, a clivagem entre os dois fundadores promoveu, e ao mesmo tempo inibiu, o crescimento dos dois campos. Não é a minha intenção retomar a controvérsia Freud/Jung, pois ela é tão carregada de disputas faccionais que qualquer visão objetiva é difícil de estabelecer. Contudo, é necessário mencioná-la como um problema basilar que deixou uma marca de longo prazo e definidora em ambas as escolas.

Por meio do estudo da história desses dois movimentos, pode-se desenvolver um entendimento mais profundo de por que os fundadores tiveram que se separar e seguir viagem em seus próprios caminhos. Para além do choque pessoal entre os dois homens, havia uma ampla divergência cultural. Colocado de modo simples, a formação de Freud era em biologia, e suas teorias do inconsciente se desenvolveram a partir de um *background* neurofisiológico. Jung, por outro lado, foi profundamente influenciado pela filosofia continental, especialmente as "percepções inconscientes" de Leibniz, as "representações obscuras" e a *Ding-an-sich* [coisa-em-si] de Kant, a "tendência do inconsciente de fluir por moldes bem definidos" de Schopenhauer e, por fim, as ideias de Nietzsche em *Assim falava Zaratustra*.

Qualquer história da psicologia analítica deve começar com seu fundador, C.G. Jung. Não é a intenção apresentar material biográfico extenso sobre Jung, mas há fatos que se destacam sobre sua vida e que influenciaram o desenvolvimento da psicologia analítica.

Jung nasceu em 26 de julho de 1875, em uma pequena aldeia suíça, Keswill, junto ao Rio Reno. Ele veio de uma longa linhagem de ministros protestantes, inclusive seu pai. Os ancestrais de sua mãe tiveram experiências mediúnicas, como ela própria. Jung teve sonhos poderosos desde muito cedo, que ele descreve em sua autobiografia *Memórias, sonhos, reflexões*[1]. Como mencionado acima, ele tinha um forte interesse por filosofia, mas foi para uma escola de medicina na Basileia, Suíça, se graduando em 1900.

Ele então se mudou para Zurique, onde trabalhou no Hospital Burghölzli com o Professor Eugen Bleuler. Jung se tornou primeiro-assistente de Bleuler e permaneceu no Burghölzli até 1909, quando o deixou para abrir consultório particular, o qual manteve com algumas interrupções até sua morte em 1961.

Em 1903, ele se casou com Emma Rauschenbach, a filha de um rico industrial de Schaffhausen, e tiveram cinco filhos, quatro meninas e um menino. Em 1909 eles construíram uma casa junto ao Lago de Zurique em Kusnacht, onde viveram o resto de suas vidas. Jung também desenvolveu um relacionamento muito importante em 1912 com uma ex-paciente dele, Toni Wolff. Ela foi a outra mulher na vida de Jung, e se tornou sua assistente. Essas circunstâncias eram do conhecimento da família de Jung, bem como de seus pacientes e discípulos, e as três partes envolvidas pareciam estar confortáveis com o arranjo. Em anos recentes esta situação recebeu muita atenção, e deu origem à crença de que Jung era um mulherengo[2].

1. Quando *Memórias, sonhos, reflexões* foi publicado em 1963, pensou-se que era a autobiografia de Jung, mas mais tarde se descobriu que ele foi "editado" por Aniela Jaffé e, na verdade, escrito em parte por ela. Há muita controvérsia sobre o quanto do livro Jung realmente escreveu.
2. Nos primeiros dias da psicanálise, o apego erótico entre analistas e analisandos ocorreu em muitos casos, e o relacionamento entre Jung e Toni Wolff é um exemplo. A bibliografia recente tem

Em 1924 Jung construiu a torre em Bollingen, a maior parte da qual com suas próprias mãos; ele continuou trabalhando nela pelo resto de sua vida. A torre também ficava no Lago de Zurique, mas em uma parte muito isolada, e ali Jung pôde viver de uma maneira simples e introvertida. Ele passava muitas semanas em Bollingen.

O trabalho de Jung com experimentos de associação de palavras no Burghölzli o levou a contatar Freud, uma vez que ele percebeu que as observações de Freud sobre o inconsciente eram cruciais para uma explicação dos resultados de suas próprias pesquisas. Isso levou Jung a escrever a Freud em 1906, e em 1907 os Jung, juntamente com Ludwig Binswanger, viajaram a Viena, onde a primeira conversa entre Jung e Freud durou 13 horas. Freud reconheceu os talentos de Jung e mais tarde se referiu ao jovem como seu "príncipe herdeiro". Pelos seis anos seguintes, Jung foi um destacado adepto de Freud, e representou a psicanálise na Europa e nos Estados Unidos, tornando-se o primeiro presidente da International Psychoanalytic Association [IPA], e editor da principal revista psicanalítica e de vários livros. A amarga ruptura de seu relacionamento é dramaticamente documentada por meio das cartas que eles trocaram (sobre as Cartas Freud/Jung, cf. McGuire 1974).

Sabina Spielrein é mencionada cerca de 30 vezes nas cartas, e eu gostaria de chamar a atenção para ela, pois grande quantidade de material novo veio à tona recentemente. Consultando Freud como supervisor, ela foi a primeira paciente de Jung com quem ele utilizou técnicas psicanalíticas. Sabina Spielrein era uma russa judia de 19 anos que foi trazida em situação de emergência na noite de 17 de agosto de 1904, com um diagnóstico de histeria. Jung se tornou seu médico e psicoterapeuta, e uma situação de transferência/contratransferência extremamente forte se desenvolveu. Na primavera seguinte ela estava bem o bastante para ingressar na faculdade de medicina em Zurique, e pôde deixar o hospital. Ela continuou a ver Jung por alguns anos, e uma forte relação amorosa se desenvolveu entre ambos. A natureza exata do que aconteceu na interação deles é desconhecida, mas alguns, inclusive Bruno

---

enfatizado os aspectos destrutivos da análise quando isso acontece, e há agora regras muito mais estritas com relação a esse fenômeno.

Bettelheim, estão convencidos de que eles tiveram um relacionamento sexual completo. Após se graduar na faculdade de medicina em Zurique, ela se mudou para Viena, onde se juntou ao círculo psicanalítico vienense e se tornou psicanalista. Ela se casou e teve uma filha, e após mudanças por vários anos voltou à Rússia, onde se tornou uma líder em psicanálise. Ela abriu um jardim de infância psicanalítico em Moscou, em 1925, mas quando Stalin tomou o poder no país, a psicanálise foi proibida e ela voltou a Rostov; pouco se sabe sobre o que fez ali. Ela foi assassinada pelos nazistas em 1942, junto com outros judeus da cidade. Muito deste material se tornou disponível apenas nos últimos 14 anos, com a queda do Império Soviético. Assim também, seus registros hospitalares no Burghölzli foram liberados por membros sobreviventes da família, e assim nós temos uma ideia mais clara de sua estadia no hospital. Sua história é muito dramática, e recentemente ela se tornou tema de muitos novos livros, filmes e peças teatrais. Ela não é mais uma nota de rodapé na história psicanalítica, e seus artigos conectando sexualidade, destruição e criatividade ficaram mais conhecidos. Freud incluiu uma nota de rodapé sobre ela quando escreveu pela primeira vez sobre o "instinto de morte" em *Além do princípio do prazer* em 1920.

Vamos voltar para o que aconteceu a Jung após a ruptura de seu relacionamento com Freud. Jung vivenciou uma profunda introversão em que imagens do inconsciente o inundaram. Ele ficou muito tempo sozinho e passou por períodos de desorientação. Na conclusão da Primeira Guerra Mundial e neste período que ele chamou de "confronto com o inconsciente", ele se sentia mais seguro e tinha desenvolvido os elementos básicos do que veio a chamar sua nova psicologia – psicologia analítica. O primeiro uso deste termo foi em *Transformações e símbolos da libido*, escrito em 1912-1913. Embora Jung tenha cunhado o termo "psicologia analítica", ele tem sido usado intercambiavelmente com o termo "junguiana". Muitos analistas da atualidade se referem a si mesmos como analistas junguianos, outros como psicólogos analíticos, e outros ainda como psicanalistas junguianos. Essas diferentes identidades se referem a vários níveis de compromisso, filiação e identificação com Jung e com a psicologia analítica. Ao que parece, conforme nos distanciamos da vida e do trabalho de Jung, termos outros que não "analista junguiano" estão se tornando mais corriqueiros.

Em 1921, Jung publicou uma grande obra, *Tipos psicológicos*, onde descreveu a agora bem conhecida tipologia introversão/extroversão, juntamente com as funções sentimento/pensamento e intuição/sensação. Esses termos entraram em uso comum em muitas línguas, e a teoria dos tipos psicológicos é usada extensamente em aplicações no mundo dos negócios.

Na década de 1920, a reputação e a psicologia de Jung se tornaram bem-estabelecidas e seu interesse no processo criativo o levou a atrair muitos escritores e artistas. Sua psicologia atraiu especialmente alunos da Inglaterra e dos Estados Unidos, juntamente com outros mundo afora. Ele deu seminários durante o ano acadêmico para alunos falantes de inglês, em Zurique, e fez muitas palestras e incursões pela Europa e Estados Unidos, além das viagens à África e Índia. Em 1934 ele se tornou presidente da Sociedade Médica Internacional de Psicoterapia, e nessa posição ele trabalhou muito próximo a colegas fortemente identificados com a liderança política da Alemanha nazista. Sua reputação foi prejudicada por essa associação, que discutirei com mais detalhes mais adiante, com a história da psicologia analítica na Alemanha.

Em 1928, ele recebeu um manuscrito de Richard Wilhelm, renomado sinólogo que havia traduzido um antigo texto alquímico chinês, *O segredo da flor de ouro* (1929). Graças a este livro, Jung se interessou pelo tema da alquimia, e no resto de sua vida ele estudou e escreveu sobre textos alquímicos (sobretudo europeus). Na linguagem da alquimia ele viu a expressão do inconsciente em sua forma simbólica e pôde então traçar paralelos entre os sonhos de indivíduos do século XX e as imaginações de alquimistas medievais.

Logo após quebrar uma perna, ele sofreu um ataque cardíaco em 1944, e permaneceu em semiaposentadoria até sua morte em 1961. Em 1948, ele inaugurou o Instituto C.G. Jung de Zurique com uma palestra lá, e a cada ano, até sua morte, se encontrou com os alunos do Instituto. Jung não estava interessado em promover organizações, que o preocupavam, por tenderem a sufocar a criatividade do indivíduo. Essa impressão parecia resultar de sua experiência de chefia da IPA e da Sociedade Médica Internacional de Psicoterapia, que não tinha sido bem-sucedida.

Por volta do seu octogésimo aniversário, Jung tinha superado suficientemente sua aversão a organizações, e a International Association for Analytical Psychology (IAAP) foi fundada. A IAAP se tornou o órgão credenciador de todos os analistas junguianos no mundo, e organizou um congresso internacional a cada três anos, onde nova pesquisa no campo podia ser apresentada. No mesmo ano (1955), o *Journal of Analytical Psychology* foi fundado em Londres, e se tornou a principal revista junguiana em língua inglesa – mais detalhes sobre ambas as iniciativas adiante.

Jung recebeu muitas honrarias durante sua vida, inclusive títulos honorários de Harvard, Yale, Oxford, Calcutá, da Clark University, e muitas outras. Seus livros foram traduzidos em muitas línguas, e suas ideias sobre a natureza da psique, incluindo-se a teoria dos arquétipos, o inconsciente coletivo, extroversão/introversão, complexo, si-mesmo, individuação e sincronicidade vieram a cunhar termos que entraram no uso comum.

A psicologia analítica teve diferentes padrões de desenvolvimento conforme o país. Teve uma presença contínua desde o início dos anos de 1920 na Suíça, Estados Unidos, Reino Unido e Alemanha. Tem havido um interesse de longa data pela psicologia analítica em outros lugares, como a França, Itália e Israel. O último quarto do século XX viu uma rápida expansão do interesse na psicologia de Jung, inclusive na Austrália, Nova Zelândia, Brasil, Coreia do Sul, Japão, África do Sul, Áustria, Escandinávia e, mais recentemente, nos países bálticos, na República Checa, na Hungria, Bulgária, Rússia, Polônia, China, México e Venezuela. Nesse momento, a psicologia analítica se tornou um fenômeno verdadeiramente mundial.

Suíça

A história da psicologia analítica começa na Suíça, onde Jung viveu e trabalhou. Zurique naturalmente oferecia solo fértil para a psicanálise, e por volta de 1912 uma associação psicanalítica com bom funcionamento, e ligada ao Burghölzli e à Universidade de Zurique, estava em vigor. Contudo, em 1912 a Associação Psicanalítica de Zurique se separou do Burghölzli e se tornou uma organização independente sem nenhuma filiação acadêmica, o que contribuiu para que a psicanálise e a psicologia analítica desenvolvessem suas próprias instituições independentes.

Outra separação aconteceu a 10 de julho de 1914, quando Alphonse Maeder levou o grupo psicanalítico de Zurique a uma decisão quase unânime de se retirar *en masse* da IPA e da Associação Psicanalítica de Zurique. Isso aconteceu após a denúncia de Jung e da escola de Zurique por Freud em *Sobre a história do movimento psicanalítico* (1914: 70), em que Freud havia estabelecido uma ortodoxia que não permitia a pesquisa livre e desimpedida.

A 30 de outubro do mesmo, ficou decidido que a sociedade fosse rebatizada como Associação para a Psicologia Analítica, por sugestão do Professor Messmer (Muser 1984). Este grupo, constituído principalmente de médicos, se encontrou regularmente, a cada duas semanas, até 1918, quando foi absorvido pelo recém-formado Clube de Psicologia Analítica. Durante o período entre 1912 e 1918, Jung reformulou suas principais teorias da psique, o inconsciente coletivo, arquétipos, individuação e tipos psicológicos, e os encontros no Clube devem ter sido significativos.

Recente pesquisa de Shamdasani (1998) mostrou que, entre 1916 e 1918, houve dois grupos junguianos separados: um profissional, o *Verein*, e um leigo, o Clube de Psicologia Analítica, que se tornou um modelo para clubes semelhantes em outras cidades e países. Os dois grupos se fundiram em 1918 sob o nome de Clube de Psicologia Analítica, e esse foi o local de encontro entre analistas e analisandos.

Após a Primeira Guerra Mundial, Jung emergiu de seu "confronto com o inconsciente" (Jung 1963) e sua fama se espalhou, especialmente nos países de língua inglesa e Europa. Indivíduos escreviam a Jung, pedindo para vê-lo em análise e, se aceitos, iam a Zurique por extensões variadas de tempo. Naqueles dias, as análises eram bem mais curtas por muitas razões, não sendo a menor delas a questão financeira, que impedia estadias prolongadas. A maior parte das análises de estrangeiros durava menos de um ano, e muitas apenas algumas semanas ou poucos meses.

Em 1925, Jung começou a dar seminários em inglês em Zurique (McGuire 1989), e de 1928 a 1939 ele deu um seminário em inglês a cada semestre acadêmico. A princípio, as transcrições desses seminários eram distribuídas apenas de modo seletivo, mas em anos recentes muitos deles foram editados e publicados. Indivíduos que estavam em análise com Jung eram convidados a assistir aos seminários, bem como os analistas de Zurique. Neste seu papel como professor no Eidgenössische Technische Hochschule [Instituto Federal de Tecnologia], Jung dava uma palestra semanal sobre aspectos básicos da psicologia analítica para o corpo estudantil em geral, e analisandos que entendessem alemão eram convidados a assistir. Essas palestras eram rapidamente traduzidas para o inglês por esses analisandos.

A combinação de análise e seminários proporcionava o treinamento para a primeira geração de analistas junguianos. A análise era usualmente realizada por Jung e Toni Wolff. O analisando via Jung em um dia e Toni Wolff mais tarde, naquele mesmo dia, ou no dia seguinte. Esse tipo de análise, vendo-se mais de um analista por vez, foi chamada de "análises múltiplas" (Kirsch 1976) e se tornou um padrão aceito e usual em Zurique e em outros países que adotavam o modelo de Zurique. Ele foi enfaticamente criticado por Michael Fordham (1976) em Londres, porque ele afirmou que as implicações de transferência/contratransferência não eram assim analisadas e interpretadas. Fordham e seus seguidores acreditavam que o modelo de "análises múltiplas" permitia demasiado *acting out* por parte tanto do paciente quanto do analista, estimulando a evitação e a cisão. Por outro lado, o subsídio de dois analistas de diferentes tipos psicológicos e gêneros podia ser útil, por vezes, ao paciente. Jo Wheelwright, um dos que experimentaram análises múltiplas em Zurique, afirmou que Jung era excelente para interpretações arquetípicas e Toni Wolff era mais experiente em trabalhar com questões pessoais, e de modo geral ele a achava uma analista prática melhor do que Jung (Wheelwright 1974). Este padrão de análises múltiplas persistiu em gerações subsequentes em Zurique e em outros lugares. A crescente importância de analisar a transferência reduziu sua prática consideravelmente.

Nos primeiros tempos o caminho para se tornar um analista junguiano era fluido. Jung escrevia uma carta afirmando que a pessoa tinha estudado seus métodos e que estava pronta para praticar como analista. Contudo, ver Jung não era garantia de que um indivíduo receberia uma carta de credenciamento. Muitas pessoas que esperavam tal carta nunca a receberam, e outras que não planejavam se tornar analistas receberam a bênção de Jung. Em alguns casos, Jung recomendava formação acadêmica adicional a um analisando, como Jo Wheelwright, enquanto outros eram aceitos com pouquíssima formação acadêmica, por exemplo Hilde Kirsch.

Durante os anos de 1930, Jung não parecia estar muito interessado em formar sua própria escola de psicologia e de psicoterapia. Como presidente da Sociedade Médica Geral Internacional para a Psicoterapia, ele estava mais interessado em descobrir pontos de convergência entre as diferentes escolas de psicoterapia. Em 1938, assinou um documento produzido pela Sociedade Médica Geral Internacional para a Psicoterapia, que delineava pontos de concordância entre as várias escolas psicoterapêuticas. Na Suíça, se tornou presidente da Sociedade Suíça para a Psicologia Prática, onde, novamente, tentou formar uma base comum e não sectária para a psicoterapia. Contudo, alguns de seus associados mais próximos, nesse período, reconheceram a necessidade de formar um instituto em Zurique, onde a psicologia de Jung pudesse ser estudada. Devido à Segunda Guerra Mundial, o plano teve de ser postergado até 1948.

Depois da guerra, um pequeno instituto para o estudo da psicologia de Jung foi fundado na Gemeindestrasse, 27, em Zurique, o mesmo prédio onde o Clube de Psicologia Analítica foi instalado. Houve muita discussão em torno da escolha do nome. Toni Wolff preferia "Instituto para Psicologia Complexa", enquanto a principal preocupação de Jung era com a omissão de seu nome no título. Os seguidores de Jung prevaleceram, e ele se tornou o Instituto C.G. Jung. Jung fez o discurso inaugural a 24 de abril de 1948, sobre o tema da história da "Psicologia Complexa", e sugeriu áreas de pesquisa, como: experimentos adicionais de teste de associação de palavras e estrutura familiar; histórias de casos clínicos mais plenamente elaboradas; pesquisa sobre os sonhos em relação com doenças físicas; morte, catástrofes; pesquisa sobre a família normal em termos de estrutura psíquica; a natureza compensatória do casamento; e, por fim, muito mais trabalho sobre o simbolismo – formas triádicas e tetrádicas e seu desenvolvimento histórico em relação com a filosofia, a religião e o novo campo da microfísica. Ao final do discurso ele reconheceu que grande parte da lista era "mero desideratum" e "nem tudo dela será cumprido" (Jung 1948: § 475-476).

O estabelecimento do Instituto Jung mudou a maneira como alguém podia se tornar um analista junguiano. Não era mais estritamente uma questão pessoal entre o indivíduo e Jung. No Instituto, a formação se tornou parte de uma experiência educacional mais ampla, em que a análise do indivíduo ainda era proeminente, mas critérios acadêmicos tinham de ser atendidos e estruturas formais começaram a ter papel significativo. Contudo, o Instituto Jung não era um órgão credenciador internacional, de modo que indivíduos ainda podiam se tornar analistas ao fazer análise pessoal com Jung e receber dele uma carta de recomendação. Foi só com a fundação da International Association for Analytical Psychology (IAAP), em 1955, que a autoridade para o credenciamento foi definitivamente transferida de Jung, pessoalmente, para uma associação profissional.

O Instituto foi concebido segundo os moldes de uma universidade europeia, com muitas aulas, frequência não compulsória e o único requisito sendo que os estudantes passassem por uma prova sobre dado tema ao final do ano. Requisitos de admissão incluíam o mínimo de um grau de mestre em qualquer campo, além de uma biografia pessoal e entrevistas. A falta de especificidade em uma disciplina clínica se alinhava com a ideia de Jung de que um *background* não clínico podia ser um fundamento adequado para se tornar analista. A profissão de analista junguiano era vista como uma disciplina separada e alguém podia se tornar um analista vindo da teologia, da economia ou da psicologia, tanto quanto por meio das disciplinas tradicionais da medicina, psicologia e serviço social. Tais requisitos de admissão liberais permitiam a indivíduos, por exemplo, fazer uma mudança de meia-idade e se tornarem analistas ao estudar em Zurique. Nesse ínterim, os requisitos clínicos para praticar qualquer tipo de terapia se estreitaram por todo o mundo, mas o Instituto de Zurique permaneceu, até recentemente, um centro de formação onde pessoas sem treinamento clínico podiam se tornar analistas. Contudo, o estreitamento das exigências clinicamente afetou o Instituto de Zurique. Os cursos básicos incluíam os seguintes temas: fundamentos da psicologia analítica, psicologia dos sonhos, experimentos de associação, história geral da religião, contos de fadas, mitologia, psicopatologia geral. Após fazer os cursos requeridos, os alunos deviam passar por uma prova, *propaedeuticum*, em cada um dos temas dados. Depois de passar pelo teste, eles assistiam a colóquios sobre casos, em que material de pacientes era discutido, e cursos adicionais para aprofundar seu conhecimento da psicologia analítica.

Nos primeiros anos, a compreensão simbólica recebia mais ênfase do que o treinamento clínico. Para se graduar no Instituto, os alunos tinham então de passar por outra série de exames, redigir e defender uma tese e apresentar por escrito casos analíticos demonstrando os métodos junguianos. O Instituto oferecia cursos em alemão, inglês, francês e italiano. A grande maioria dos primeiros alunos eram norte-americanos, britânicos ou suíços. Por muitos anos, o número de alunos era em torno de 30 a cada dado momento; a atmosfera era vívida e íntima e as discussões, intensas. Jung visitava o Instituto de tempos em tempos para se encontrar com os alunos e frequentemente participava da festa anual deles. Embora o Instituto em Zurique não fosse o primeiro centro de formação junguiana no mundo (Londres e São Francisco tinham começado em 1946), era de longe o mais organizado e o maior. Com a presença de Jung de pano de fundo, e muito da primeira geração de analistas oferecendo a principal parcela do ensino e análise, Zurique era o centro da psicologia analítica.

Durante os primeiros 20 anos de sua operação, o Instituto foi um lugar muito criativo de se estar; havia uma intimidade e intensidade que os alunos realmente gostavam. Jung e a primeira geração de analistas em torno dele eram os professores primordiais e havia uma atmosfera de simpatia. Então houve um episódio de transgressão sexual pelo diretor de estudos à época, o que envolveu todo o Instituto, bem como estruturas de governo nos Estados Unidos e na Suíça. O escândalo produziu uma aguda divisão na comunidade do Instituto e, em consequência, o diretor de estudos foi excluído. Este evento foi um prenúncio de mudança no mundo junguiano, pois a questão da violação de fronteiras estava em foco em muitos outros programas de treinamento junguiano na época. As fronteiras clínicas viriam a assumir maior importância no futuro em todos os programas de treinamento, inclusive em Zurique. Talvez a mudança tenha acontecido mais lentamente em Zurique, devido à influência do interesse do próprio Jung em simbolismo arquetípico e amplificação mitológica dos sonhos predominar sobre tradições clínicas mais prevalecentes em outros centros de treinamento, bem como ao relacionamento de Jung com Toni Wolff.

O Instituto Jung era a estrutura coesiva central para a psicologia analítica em Zurique, pois oferecia a formação e o intercâmbio de ideias intelectuais. Contudo, havia uma necessidade de organização profissional na Suíça que pudesse lidar com as questões políticas, administrativas e profissionais que desafiavam o crescente número de licenciados trabalhando lá. Outro desenvolvimento importante foi o estabelecimento da Klinik am Zurichberg, um serviço de internação que utilizava a teoria e a prática junguianas. Muitos alunos do Instituto Jung fizeram parte de seu treinamento clínico ali e, na época, este era o único hospital de orientação junguiana no mundo. Quando os fundadores da Klinik se aposentaram, as divisões dentro do *staff* remanescente resultaram na reversão da filosofia do hospital para um molde mais tradicional.

Conforme as ideias de Jung se tornavam mais populares, o Instituto Jung em Zurique não conseguia mais acomodar todos os alunos. Em 1973, uma antiga mansão, que era propriedade da comunidade em Kusnacht junto ao Lago de Zurique, ficou disponível, e Adolf Guggenbühl-Craig, como presidente do Instituto, conseguiu obter um contrato de locação favorável. Localizado perto da casa de Jung, o espaço parecia ideal para hospedar o Instituto em expansão. A inscrição de alunos cresceu continuamente, e ao final da década de 1980, de um total de 400 alunos, cerca de 100 eram norte-americanos. Ao mesmo tempo, o Instituto havia ganho uma característica internacional, com a adição de alunos da Ásia, África e dos países europeus menores. Assim como as fronteiras geográficas, também o currículo se expandia. Questões clínicas tinham maior ênfase e aumentou o número de colóquios clínicos requeridos, bem como o de horas de supervisão individual para os alunos. Essa ampliação da teoria analítica era abominada por alguns dos analistas da primeira geração, especialmente Marie-Louise von Franz, que acreditava que as contribuições de Jung estavam sendo diluídas pelo acréscimo de teoria e de prática psicanalíticas. Essas mudanças dentro do currículo do Instituto demonstravam para von Franz que não se estava prestando atenção o bastante para o processo de individuação em curso no inconsciente. Fazendo jus a suas fortes crenças sobre a natureza da obra de Jung, ela se retirou da docência no Instituto no começo dos anos de 1980. Outros analistas e candidatos se juntaram a ela, e eles começaram a ter encontros informais regularmente.

Isso resultou em que o "grupo von Franz" acabou formando seu próprio instituto, o Centro de Pesquisa e Formação em Psicologia Profunda, que veio à luz a 8 de maio de 1994, sendo incorporado como uma fundação no dia seguinte. Na superfície, os programas do Instituto Jung e do Centro eram muito semelhantes. Contudo, conforme sondamos mais profundamente, o coração e alma deste novo programa emergem diferenças significativas. No Centro, o inconsciente coletivo, ou psique objetiva, se torna o guia mais central de cada indivíduo e o valor do coletivo exterior é minimizado. Os alunos do Instituto Jung original se preocupam mais com os valores coletivos e a *persona* do que aqueles que fazem sua formação no Centro. Ex-integrantes do Instituto Jung, cuja lealdade passou para o novo Centro, desistiram de sua associação à IAAP e à SGAP (Sociedade Suíça para a Psicologia Analítica). Candidatos formados no Centro não serão elegíveis para se tornarem membros da IAAP, pois sua formação não será com membros da IAAP. O Centro tem muito o aspecto do velho Instituto durante os anos de 1950 e 1960, quando o número de alunos era pequeno e os cursos eram semelhantes em natureza ao currículo do Centro.

Nesse momento temos duas formações em vigor em Zurique. Quem queria estudar sobretudo von Franz e Jung vai para o Centro de Pesquisa, enquanto aqueles que preferem uma formação junguiana mais tradicional participam do Instituto Jung em Kusnacht.

Eu entrei em mais detalhes ao falar da Suíça do que o farei com os outros institutos de formação devido à sua longa história e à centralidade de sua posição. É também o único Instituto que segue um modelo universitário; todos os outros Institutos são de tempo parcial e complementados por outras atividades profissionais como a prática particular, em hospital ou o trabalho em uma clínica.

Os Estados Unidos

O próximo país em que a psicologia analítica se desenvolveu foram os Estados Unidos. Jung fez sua primeira visita lá em 1909, quando, assim como Freud, deu palestras na Clark University em Worcester, Massachusetts, onde eles receberam doutorados honorários. Essa foi a primeira de muitas visitas para Jung, mas a única viagem de Freud à América.

A psicologia analítica lançou suas primeiras raízes em Nova York, e duas décadas depois estava estabelecida em São Francisco e Los Angeles. Lá, três centros se desenvolveram de modo relativamente independente um do outro, e com histórias únicas. Eles se estabeleceram com Jung vivo, e ele teve contato com indivíduos desses centros. Outros grupos junguianos não se desenvolveram nos Estados Unidos até o início dos anos de 1970.

Jung fez três viagens aos Estados Unidos entre 1909 e 1912, como adepto da psicanálise e colega de Freud. Essas visitas foram principalmente à costa leste, centradas em Boston e Nova York. Tanto Freud como Jung foram amplamente aclamados em sua primeira visita e entusiasticamente saudados pela elite médica e pelo *establishment* intelectual. Quando Jung retornou pela terceira vez, em 1912, para dar uma série de palestras sobre a psicanálise na escola de medicina da Fordham University em Nova York, ele expressou publicamente suas diferenças para com Freud, pela primeira vez. Embora saibamos a partir da correspondência Freud/Jung e da publicação por Jung de *Wandlungen und Symbole der Libido* [*Transformações e símbolos da libido*, 1912-1913, com reedição em 1952 com o título de *Símbolos da transformação*] no *Jahrbuch* (tradução em inglês: *Psychology of the Unconscious* (1916/1991)) que as diferenças de pontos de vista estavam emergindo, foi apenas nas palestras na Fordham que Jung tornou essas diferenças explícitas e públicas. Embora aceitasse a visão de Freud sobre a sexualidade infantil, ele relativizou sua importância e começou a afirmar que uma neurose se desenvolve a partir de um conflito no presente, e que se deve analisar o aqui e agora para libertar a pessoa do sofrimento. Além disso, Jung expandiu o conceito de libido para além da concepção de Freud, focada primordialmente em impulsos sexuais e agressivos. Jung definiu a libido como energia psíquica em geral, que inclui o sexo e a agressão, mas que consiste também em outros impulsos primordiais, como o nutritivo e o espiritual.

A primeira junguiana nos Estados Unidos foi Beatrice Hinkle, uma médica que fez a primeira tradução para o inglês de *Wandlungen und Symbole der Libido* como *Psychology of the Unconscious* em 1916. Beatrice Hinkle teve o mérito adicional de ter estabelecido a primeira clínica de psicoterapia, de qualquer tipo, nos Estados Unidos, na Cornell Medical College em Nova York, em 1908. Ela estudou e fez análise com Jung em 1911 e então retornou a Nova York, onde se juntou a Constance Long, uma médica britânica que também tinha feito análise com Jung, e duas médicas norte-americanas, Eleanor Bertine e Kristine Mann. As quatro médicas formaram um pequeno grupo de estudos. As duas mais jovens, Bertine e Mann, se conheceram como estudantes de medicina na Cornell Medical College, onde Hinkle tinha um cargo no Departamento de Neurologia. Em 1919 Bertine providenciou para que as doutoras Hinkle e Long, analistas estabelecidas, falassem em uma Conferência Internacional de Mulheres Médicas. A Dra. Mann também foi uma participante dessa conferência. Após a conferência, Mann e Bertine foram a Zurique para análise com Jung. Enquanto estavam lá, conheceram Esther Harding, uma médica britânica, que também estava em análise com Jung. Harding e Bertine desenvolveram um relacionamento íntimo que continuaria pelos próximos 40 anos. Em 1924, elas decidiram se mudar para a

Ilha de Bailey, Maine, onde também viam analisandos. Em 1936, após Jung ter recebido um grau honorário na Universidade de Harvard, ele deu um seminário na Ilha de Bailey, em que muitos de seus alunos na época foram para ouvi-lo.

A partir dos anos de 1920, outros analistas junguianos, não tão alinhados às doutoras Mann, Bertine e Harding, começaram a praticar em Nova York. A pessoa mais influente foi Frances Wickes, uma analista leiga, cujo livro *The Inner World of Childhood* [O mundo interior da infância] (1927) se tornou um *best-seller*, seguido por *The Inner World of Man* [O mundo interior do homem] (1938) e *The Inner World of Choice* [O mundo interior da escolha] (1963). Henderson (1982) descreve o trabalho dela como sendo mais inspiracional do que analítico. Houve uma tensão entre Frances Wickes e as três médicas. Wickes, como uma leiga, tinha uma perspectiva diferente da delas, e houve uma relação distante, embora respeitosa, entre elas.

Seguindo o modelo de Zurique e de Londres, Nova York começou seu próprio Clube de Psicologia Analítica em 1936. O formato era semelhante ao de outros clubes, com encontros mensais e artigos apresentados por analistas, membros leigos e palestrantes convidados. Uma realização duradoura do Clube de Psicologia Analítica foi o estabelecimento da Biblioteca Kristine Mann. Quando Mann morreu de câncer em 1945, a biblioteca do Clube recebeu seu nome em homenagem. A biblioteca reuniu um arquivo de imprensa de Jung e do seu trabalho desde o início da década de 1900, e juntou uma grande coleção de material correlato sobre mitologia, antropologia comparada, psicologia e religião. Muitos manuscritos inéditos podem ser encontrados lá.

Durante a visita de 1937 de Jung a Nova York, Paul e Mary Mellon o consultaram e, no ano seguinte, assistiram à conferência Eranos em Ascona, Suíça[3]. Eles permaneceram em Zurique até o outono de 1939 em análise com Jung. Antes de deixar Zurique, Mary Mellon discutiu sua ideia de ter a Obra

---

3. Nos primeiros dias da psicanálise, o apego erótico entre analistas e analisandos ocorreu em muitos casos, e o relacionamento entre Jung e Toni Wolff é um exemplo. A bibliografia recente tem enfatizado os aspectos destrutivos da análise quando isso acontece, e há agora regras muito mais estritas com relação a esse fenômeno.

Completa de Jung traduzida e publicada em inglês. Antes de que os Mellon pudessem voltar a Zurique e finalizar as negociações, Mary Mellon morreu tragicamente em *status asthmaticus* na primavera de 1946. Em sua memória, Paul Mellon criou a Bollingen Foundation, batizada assim por conta da torre de Jung. O primeiro volume da Obra Completa publicado em inglês foi *Psychology and Alchemy* [*Psicologia e alquimia*, OC 12] em 1953. A Bollingen Foundation subsidiou a publicação dos escritos de Jung para torná-los disponíveis ao público geral. A Fundação foi dissolvida no início da década de 1980, quando então a Princeton University Press assumiu a publicação da Obra Completa.

Ao final da Segunda Guerra Mundial, a Medical Society for Analytical Psychology foi criada e em 1954 foi formada uma divisão de psicólogos. Percebendo que eles tinham mais em comum do que o que os separava, eles combinaram de formar a New York Association for Analytical Psychology em 1957, que se tornou um dos membros fundadores da IAAP, no seu encontro inaugural em Zurique, em 1958.

C.G. Jung Foundation

O interesse pela psicologia de Jung continuou a crescer, e o Clube de Psicologia Analítica não tinha recursos financeiros nem equipe de funcionários para atender à crescente demanda. Os analistas em Nova York, liderados por Esther Harding, decidiram formar uma fundação que serviria como um ponto central para todas as atividades concernentes à psicologia analítica de Jung. Inicialmente o escopo da fundação era nacional, e incluía treinamento analítico, uma clínica, publicação de livros e um centro de informação. Ela se tornou operativa em 1963. A New York Foundation é basicamente uma organização leiga, com a filiação aberta para qualquer pessoa, independentemente de experiência prévia, seja acadêmica ou analítica. Por razões financeiras ela parou de publicar livros, e não tem mais uma clínica. Perdeu seu caráter nacional, mas permanece um recurso valioso para aqueles que vivem na região metropolitana de Nova York.

Um evento importante foi o estabelecimento do Archive for Research in Archetypal Symbolism [Arquivo para Pesquisa em Simbolismo Arquetípico] (ARAS), uma grande coleção de imagens e comentário sobre seu significado arquetípico, provenientes de numerosas culturas e épocas. A coleção foi iniciada por Olge Froebe-Kapteyn, em Ascona, a pedido de Jung, na década de 1930, e foi apoiada pela Bollingen Foundation. Quando a Bollingen Foundation estava encerrando suas operações, a coleção ARAS foi oferecida à New York Jung Foundation, se ela pudesse hospedar e zelar por seu desenvolvimento. A Sra. Jane Pratt concordou em subscrever e assumir os custos pelos primeiros dez anos de sua existência, e assim a ARAS se tornou parte integrante da Fundação no final dos anos de 1960. Paul Mellon também deu apoio à ARAS com uma generosa subvenção que ajudou a colocá-la em terreno financeiro firme. Por fim, a ARAS acabou se separando da Fundação e formou seu próprio conselho nacional e administração. Ela continua próspera hoje, com uma coleção cada vez maior e distribuição mais ampla.

Embora uma associação profissional em Nova York tenha sido criada em 1946, o programa de formação era informal até o estabelecimento da Fundação. Quando a Fundação foi formada, o Instituto de Nova York se tornou parte dela. O centro de formação desenvolveu sua própria diretoria, com políticas regulamentadas com relação à formação, e que foi separada da diretoria da Fundação.

Os primeiros candidatos se graduaram em 1963. Antes que a Fundação existisse, a formação consistia em um longo período de análise pessoal e de supervisão de casos com outro analista, após o que o analista em potencial era convidado a se juntar ao grupo profissional. Não havia nenhum requisito especial para a admissão, além de uma graduação em psicologia ou medicina. Uma das características singulares da formação em Nova York tem sido a exigência de que todos os candidatos participem de uma terapia de grupo semanal, por dois anos. Isso se desenvolveu a partir de uma experiência de grupo de dois anos, e sem líderes, por parte de seis analistas *seniores*, entre 1960 e 1962, que acharam isso tão útil pessoalmente que tornaram um requisito do programa de formação. Christopher Whitmont, um dos seis analistas *senio-res* originais, reconheceu quanto conflito houve entre os membros e como a análise individual não prepara alguém para lidar com conflitos profissionais. A análise pessoal ajudava em questões intrapsíquicas, e em algumas outras interpessoais, mas não necessariamente ajudava o indivíduo a se relacionar dentro de um grupo.

Teoricamente, a psicologia analítica em Nova York permaneceu próxima de suas raízes na teoria de Jung. As fundadoras, Esther Harding, Eleanor Bertine, Kristine Mann e Frances Wickes, tinham laços estreitos com Jung, e esta conexão persistiu. Os números do grupo profissional ficam em torno de 100 membros. Ao longo dos anos tem havido muitas tensões pessoais entre os filiados, com alguns membros se transferindo para outras sociedades profissionais. No presente, cerca de 15 membros da sociedade de Nova York se aplicaram em formar uma sociedade própria, com sua própria visão da formação. Isso produziu enorme tensão e, no momento em que escrevo, a situação não foi ainda solucionada.

São Francisco

A segunda região nos Estados Unidos a desenvolver um interesse na psicologia de Jung foi a área da Baía de São Francisco. Elizabeth e Sr. James Whitney passaram algum tempo em Zurique no começo da década de 1920, e retornaram a Berkeley para se tornarem os primeiros psicanalistas, independentemente da linha teórica, a oeste do Rio Mississippi. Sr. James morreu logo depois de retornar, mas Elisabeth teve uma longa e ilustre carreira como analista junguiana. Por volta de 1940, Joseph e Jane Wheelwright tinham retornado de Zurique, e Joseph Henderson tinha retornado também de uma parada intermediária em Nova York. Um clube de psicologia analítica foi formado, e vários médicos e psicólogos quiseram começar uma formação. Durante a Segunda Guerra Mundial, os doutores Henderson e Wheelwright trabalharam em uma clínica de reabilitação examinando militares que voltavam do Pacífico Sul. Ali eles trabalharam com colegas freudianos e uma colegialidade muito incomum na época se desenvolveu.

Em 1943, a Medical Society for Analytical Psychology (MSAP) (com mesmo nome, mas separada daquela de Nova York) foi formada e o grupo profissional se diferenciou do Clube de Psicologia Analítica. Joseph Wheelwright se tornou um membro fundador do Langley Porter Neuropsychiatric Institute em 1941 e lecionou lá pelos 30 anos seguintes. Joseph Henderson começou a lecionar na Stanford University Medical Center em São Francisco, e permaneceu ali até 1950, quando o complexo foi transferido para Palo Alto. Por meio dessas posições, muitos jovens médicos foram atraídos à formação junguiana e a composição inicial da San Francisco Jung Society tinha um predomínio de analistas de formação médica. Isso era diferente de Nova York, onde havia pouco contato com as comunidades médica e psicoterapêutica. Também havia relativamente pouco contato entre o grupo de Nova York e o de São Francisco.

Em 1948, quatro psicólogos, que tiveram suas análises com analistas médicos, foram aceitos como *trainees* no grupo profissional. Esses quatro formaram imediatamente a Association of Analytical Clinical Psychologists, como uma contrapartida do grupo médico. Naqueles dias, a rivalidade nos Estados Unidos entre a medicina e a psicologia era acirrada, e cada disciplina sentia a necessidade de ter sua própria organização. Contudo, ambos os grupos rapidamente perceberam que a análise não devia ficar restrita a uma única disciplina e formaram a Northern California Society of Jungian Analysts.

Duas psicólogas, Elizabeth Howes e Sheila Moon, fizeram análise com Elizabeth Whitney e também tinham visto o Dr. e a Sra. Jung em Zurique. As doutoras Howes e Moon e seu trabalho profissional foram fortemente influenciados por um ponto de vista cristão. Em 1944, uma decisão tinha de ser tomada, sobre elas participarem ou não do recém-formado grupo profissional. As duas preferiram seguir seu próprio caminho e em 1955 formaram a Guild for Psychological Studies, da qual a Sra. Emma Jung foi uma patrocinadora. Até os dias de hoje, a Guild funcionou como uma organização à parte, apresentando palestras e *workshops* para participantes interessados. Esta clivagem inicial foi importante porque estabeleceu a psicologia analítica na Carolina do Norte como uma disciplina clínica, e pessoas com uma orientação predominantemente cristã encontraram um nicho na Guild. A separação da Guild em relação à MSAP, bem como o fato de que a maioria dos membros profissionais eram médicos, levaram à crítica de que os junguianos de São Francisco estavam mais interessados em sua *persona* médica do que nos valores mais profundos da psicologia analítica.

No dia 13 de julho de 1964, o C.G. Jung Institute foi criado como uma organização sem fins lucrativos; posteriormente a formação foi reestruturada, uma clínica ambulatorial a preços baixos foi formada, e um imóvel para abrigar essas atividades foi comprado. Em 1972, um evento da maior importância aconteceu para o Instituto de São Francisco. No seu oitavo aniversário, amigos e ex-analisandos estabeleceram uma fundação no nome de Frances Wickes. Ao longo dos anos, a fundação distribuiu pequenas subvenções, mas em 1972 a diretoria decidiu dissolver a fundação e fazer uma última doação de US$ 1.500.000 para o C.G. Jung Institute of San Francisco. Com o dinheiro, o grupo de São Francisco comprou sua atual residência por US$ 150.000 e com o restante estabeleceu uma dotação. Pelos vários anos seguintes a estabilidade financeira do Instituto foi assegurada com os ganhos com a dotação, bem como pelas contribuições do público leigo interessado. Os programas existentes do Instituto cresceram rapidamente e outros foram desenvolvidos. Novos membros foram incorporados ao *staff* para gerenciar a biblioteca, os programas públicos, a clínica, e a administração geral.

A formação de analistas tem sido a atividade central do Instituto. A avaliação dos candidatos, por muitos anos, foi conduzida por um número igual de analistas de São Francisco e de Los Angeles. Quando os comitês de avaliação conjuntos foram instituídos, isso era algo único no mundo junguiano. Nenhum outro grupo junguiano incluía avaliadores externos de seus candidatos. A razão inicial fora o tamanho pequeno das duas sociedades, mas com o tempo se percebeu que a partilha era benéfica tanto para os candidatos quanto para os analistas envolvidos nas avaliações. A despeito de grandes diferenças de perspectiva, o conselho conjunto trabalhou bem até recentemente. O conselho conjunto e a California North-South Jungian Conference anual também promoveram um relacionamento geral de trabalho entre as duas sociedades.

Devido a seu grande tamanho e dotação, o Instituto de São Francisco tem numerosos programas, uma grande biblioteca, uma ativa coleção ARAS, sua própria revista e uma clínica ativa.

Aconteceram mudanças na composição do San Francisco Jung Institute devido ao fato de menos médicos se candidatarem à formação, por conta do movimento geral na psiquiatria de se afastar da psicoterapia, em favor de uma abordagem biofarmacológica. Atualmente os interessados vêm dos campos da psicologia e do serviço social, além de, eventualmente, enfermeiros clínicos da psiquiatria ou aconselhadores de casal e de família. As mulheres predominam entre os atuais pretendentes e candidatos, o que representa uma mudança em relação aos primeiros dias, quando os candidatos eram sobretudo homens e médicos. O San Francisco Jung Institute tem cerca de 125 membros ativos e 50 candidatos em vários estágios de formação.

O San Francisco Jung Institute tem sido há muito tempo considerado um dos institutos junguianos mais bem-estabelecidos e respeitados do mundo. Desde seu começo, ele estabeleceu boas relações com a psicanálise. Os Wheelwrights, Joseph Henderson e Elizabeth Whitney juntos trabalharam bem, para fundar o grupo profissional inicial. Até a época em que escrevo, não tem havido sérias divisões dentro do grupo profissional, e um ambiente de respeito geral prevalece entre os membros. Desde o início tem havido jantares mensais dos membros, de modo que há ampla oportunidade para que eles possam se encontrar em um cenário menos estruturado.

Los Angeles

A terceira área onde a psicologia analítica se desenvolveu foi Los Angeles. Refugiados judeu-alemães, James e Hilde Kirsch, e Max e Lore Zeller, chegaram em 1940 e 1941, respectivamente. Nenhum deles tinha as credenciais adequadas como psicoterapeutas ou analistas, assim o desenvolvimento da psicologia analítica ocorreu fora do *mainstream* da formação psicoterapêutica e analítica. Não obstante, muitas pessoas foram atraídas pela psicologia analítica e um clube de psicologia analítica foi formado. Havia uma forte conexão entre Zurique e Los Angeles e, em 1950, vinte pessoas de Los

Angeles estavam em análise em Zurique. Um fundo foi criado para trazer palestrantes de Zurique a Los Angeles, e continuou existindo uma conexão entre os dois centros junguianos.

Em 1952, os grupos de São Francisco e Los Angeles planejaram cuidadosamente um encontro conjunto em Santa Bárbara, Califórnia, para explorar áreas de interesse mútuo. Eles esperavam que um encontro entre as duas sociedades poderia reduzir as projeções mútuas. O encontro inicial se mostrou frutífero, e as duas sociedades decidiram se reunir anualmente desde então. O evento anual se tornou conhecido como a North-South Conference [Conferência Norte-Sul], e foi o primeiro encontro realizado entre duas sociedades junguianas.

Em meados da década de 1970, Edward Edinger chegou a Los Angeles, vindo de Nova York. Embora trouxesse consigo o conhecimento e a experiência de um junguiano clássico, Edinger não tinha feito uma análise pessoal com Jung. O foco intelectual de Edinger estava nas obras de C.G. Jung e de Marie-Louise von Franz, e seus livros publicados retrabalharam as ideias de Jung, em uma linguagem que parecia mais fácil de entender do que a de Jung. Ao longo de 20 anos, Edinger influenciou muitos analistas de Los Angeles que comungavam do seu ponto de vista. Por outro lado, muitos candidatos estavam interessados nos novos desenvolvimentos em psicanálise, que tinham tido relevância para a psicologia analítica, e isso levou a uma enorme tensão dentro da comunidade junguiana de Los Angeles. Nos anos de 1990 se acirrou a divisão entre os que aderiam estritamente às palavras de Jung e de von Franz, e os que queriam incorporar conceitos psicanalíticos na prática junguiana. Finalmente, após a morte de Edinger, em 1998, uma segunda sociedade profissional foi formada, intimamente alinhada ao ponto de vista de Edinger.

A psicologia analítica se desenvolveu em Los Angeles a partir de um pequeno enclave de judeu-alemães emigrados, transformando-se em uma substancial comunidade junguiana profissional. Atualmente, a Society of Jungian Analysts of Southern California inclui aproximadamente 70 membros (a maioria tendo sido certificada nos últimos seis anos) e 50 candidatos.

O Instituto, fundado em 1967 sem um donativo, conseguiu sobreviver e crescer nesse período. Os componentes do Instituto incluem sua própria coleção ARAS, o Hilde Kirsch Children's Center, a Max and Lore Zeller Book Store, a James Kirsch Lecture Room, a Kieffer Frantz Clinic, a revista *Psychological Perspectives*, e inúmeros projetos em andamento. Há um ativo programa de formação com muitos candidatos. Uma segunda sociedade profissional foi recentemente formada, e nela as obras clássicas de Jung e Marie Louise von Franz são enfatizadas.

Desenvolvimentos tardios da psicologia analítica nos Estados Unidos

Apresentei o desenvolvimento da sociedade de Nova York e das duas da Califórnia com algum detalhe, primeiramente porque elas foram formadas enquanto Jung ainda estava vivo, havendo comunicação com ele sobre a formação delas. Em segundo lugar, não houve nenhum grupo junguiano novo, nos Estados Unidos, nos 30 anos seguintes, até o começo dos anos de 1970. Terceiro, os Estados Unidos foram o único país em que sociedades junguianas independentes se desenvolveram. Em todos os outros países, o desenvolvimento de grupos se deu em um nível nacional.

No início dos anos de 1970 havia norte-americanos que tinham feito formação em Zurique e que retornaram para diferentes áreas dos Estados Unidos. Para diminuir o isolamento desses indivíduos e promover um programa de formação mais amplo, eles se juntaram para formar a Inter-Regional Society of Jungian Analysts (IRSJA). Os analistas e seus respectivos candidatos continuaram a se encontrar duas vezes por ano para seminários e exames, e quando quantidade suficiente de analistas, em uma dada área, tinha recebido certificado, o grupo se separava e se tornava uma sociedade autônoma. Isso representou um sucesso parcial, mas frequentemente um grupo grande o bastante não queria se desfiliar. Por ter aumentado de tamanho, o grupo Inter-Regional aceitou candidatos de áreas onde havia uma sociedade. Isso causou certa tensão dentro de diferentes grupos norte-americanos, já que isso não fazia parte da intenção original da IRSJA.

Neste momento, há grupos na maior parte do país, inclusive Chicago, Texas, Nova Inglaterra e noroeste do Pacífico, bem como em partes do Canadá. O espaço não me permite seguir o desenvolvimento desses vários grupos, mas todos eles evoluíram de uma combinação de formação Inter-Regional e graduados do Instituto de Zurique que voltavam aos Estados Unidos ou Canadá. Na Nova Inglaterra, todos os fundadores eram graduados em Zurique, e não houve membros IRSJA por muito tempo.

Conforme a Inter-Regional cresceu, houve preocupação das sociedades existentes acerca de questões territoriais. Por não existir nenhum grupo norte-americano nacional, as sociedades existentes naquela época – Boston, Nova York, São Francisco e Los Angeles – se encontraram com representantes da Inter-Regional e formaram o Council of American Societies of Jungian Analysts (CASJA). Conforme novas sociedades se formaram, todas se tornaram membros do CASJA, agora expandido para o Norte e denominado CNASJA. Esse conselho não tem nenhum *status* ou autoridade oficial, mas hospeda um encontro regular e fornece um fórum para problemas que emergem entre as sociedades. Ele se mostrou eficaz em apaziguar disputas.

As sociedades mais novas se distribuem em um leque de diversas atitudes com relação à psicologia analítica, desde mais desenvolvimental até altamente simbólica. Para ver por quanto tempo as sociedades poderão permanecer separadas, e não formar uma organização nacional. Se somarmos os membros de todas as sociedades norte-americanas, chegamos perto de um quarto do total de integrantes da IAAP. A psicologia analítica nos Estados Unidos é vibrante e toma muitos moldes e formas.

Reino Unido

O Reino Unido ofereceu solo fértil para o desenvolvimento da psicanálise e da psicologia analítica. Os primeiros seguidores de Jung não se encaixavam em uma ortodoxia intelectual; foi apenas quando H.G. Baynes, um médico inglês extrovertido, entrou em análise com Jung após a Primeira Guerra Mundial, que um fundamento sólido para a psicologia de Jung foi estabelecido (Jansen 2003). Jung fez sua primeira palestra profissional na Inglaterra em 1914, e sua última visita àquele país foi em 1938, quando recebeu um doutorado honorário em Oxford. Nesse meio-tempo, fez numerosas viagens profissionais, deu seminários para seus alunos e uma série de cinco conferências na Tavistock Clinic em 1935, que foram assistidas por muitos médicos e psicoterapeutas britânicos proeminentes.

Um clube de psicologia analítica, nos moldes do Clube em Zurique, foi formado e promoveu seu primeiro encontro no dia 15 de setembro de 1922, na casa de Esther Harding, então vivendo em Londres, antes de se mudar para os Estados Unidos, em 1924. O Clube de Psicologia Analítica cresceu dos cinco membros originais de 1922 para cerca de vinte e cinco. No começo, para se qualificarem a serem filiados, todos os membros tinham de ser analisados por Jung ou Toni Wolff, mas essa exigência foi rapidamente modificada, e a análise e recomendação por parte de qualquer analista junguiano qualificado passaram a se tornar aceitáveis. Palestras regulares, grupos de discussão sobre uma variedade de assuntos e uma grande biblioteca se tornaram os principais aspectos do Clube. Como no Clube de Zurique, eram questões relevantes e permanentes: como se relacionar enquanto grupo; a relação entre o processo de individuação e o processo do grupo; e o propósito do grupo – seja focar nos problemas arquetípicos interiores ou em questões sociais e políticas. H.G. Baynes, conhecido mais tarde como Peter, era o líder dos junguianos na Inglaterra até sua morte prematura em 1943. Ele se tornou assistente de Jung em Zurique no começo da década de 1920 e em 1925 organizou um safári na África para ele próprio e para Jung. Voltou para a Inglaterra em 1929 e manteve consultório lá até sua morte. Em fins dos anos de 1930 havia um grupo médico e um grupo leigo de analistas.

Um dos principais alunos de Baynes foi Michael Fordham, que na época estava ainda começando como um psiquiatra infantil. Fordham não pôde fazer análise com Jung, e ao invés disso procurou um junguiano neófito em Londres. Fordham se tornou o líder dos junguianos após a morte de Baynes e iniciou a implantação de uma sociedade profissional, a Society of Analytical Psychology (SAP), bem como a inauguração de uma publicação clínica junguiana, o *Journal of Analytical Psychology*. O interesse de Fordham pela análise de crianças o levou a ter contato profissional e pessoal com Melanie Klein e Donald Winnicott. Ele foi fortemente influenciado por ambos e incorporou muitas das teorias deles no modelo junguiano clássico. Isso levou, na década de 1960, à evolução do que ficou conhecida como a "escola desenvolvimental de Londres", *versus* a "escola clássica de Zurique". A escola de Londres enfatizou o desenvolvimento infantil, enquanto a escola de Zurique focou primordialmente o imaginário arquetípico e a amplificação daquelas imagens.

Conforme a abordagem desenvolvimental dentro da SAP se estabelecia mais firmemente, os analistas e candidatos que aderiam a uma abordagem junguiana mais clássica se sentiram desconfortáveis. A tensão entre as duas perspectivas foi frequentemente descrita como um conflito pessoal entre Michael Fordham e Gerhard Adler, o que Fordham negou, alegando que as diferenças eram teóricas. Adler reclamou que os seus alunos não eram aceitáveis na SAP, e que seus seminários eram pouco assistidos. Em 1975 Adler e seus colegas estavam prontos para formar seu próprio grupo, em que as posições junguianas mais tradicionais poderiam ser expressas; isso resultou na formação da Association of Jungian Analysts (AJA). Contudo, a AJA começou a ter seus próprios conflitos internos quando os analistas chegavam de Zurique e eram solicitados a passar por uma formação adicional em Londres. Isso dividiu o grupo novamente entre aqueles que eram formados em Zurique e os que eram formados no Reino Unido. Consequentemente, analistas mais orientados por Zurique fundaram o Independent Group of Analytical Psychologists (IGAP). Ter mais duas sociedades de orientação clássica era politicamente inadmissível para a SAP, que era o grupo original e de história mais longa. Os membros da SAP eram ativos há muito tempo na British Association for Psychotherapy (BAP), que tinha uma seção junguiana. Buscou-se um acordo, de modo que a seção junguiana da BAP se tornasse outro grupo com base no Reino Unido, o que resultou em que houvesse "duas sociedades de orientação desenvolvimental" e duas "sociedades de orientação clássica". Essa decisão foi alcançada em 1986, e nos anos seguintes cada uma das quatro sociedades seguiram um caminho próprio.

Duas organizações guarda-chuvas maiores foram fundadas na Grã-Bretanha, o United Kingdom Council for Psychotherapy (UKCP) e a British Confederation of Psychotherapists (BCP). O UKCP é a verdadeira organização guarda-chuva para todos os psicoterapeutas no Reino Unido, com cerca de 3.000 psicoterapeutas de todas as linhas. Todas as organizações junguianas eram membros desta organização guarda-chuva. Em 1992 a BCP foi formada para ser uma organização guarda-chuva para todas as organizações psicanalíticas. Os membros da BCP não se sentiam confortáveis tendo o amplo espectro de psicoterapeutas representando questões psicanalíticas. Tanto a SAP como a BAP, e ainda a recente AJA, se tornaram membros do BCP, mas o IGAP não foi convidado a se juntar ao BCP. O problema são os padrões, e isso é expresso em termos da frequência de sessões semanais pelos candidatos analíticos e a frequência com a qual os pacientes clínicos são vistos pelos candidatos.

Foi nessa atmosfera de *Sturm und Drang* (tempestade e ímpeto [o segundo termo da célebre expressão alemã é traduzido em inglês como "*stress*"]) em Londres que Andrew Samuels publicou seu clássico *Jung and the Post-Jungians* [Jung e os pós-junguianos] (1985), em que desenvolveu uma classificação dos psicólogos analíticos que incluía uma escola clássica, uma desenvolvimental e uma arquetípica. Em um breve resumo, a escola clássica, trabalhando conscientemente na tradição de Jung, focaliza o si-mesmo e a individuação. A escola desenvolvimental tem um foco específico na importância da infância na evolução da personalidade adulta, e uma ênfase igualmente importante na análise da transferência e contratransferência. A escola desenvolvimental tem um relacionamento próximo com a psicanálise, embora a recíproca não seja tão significativa. A escola arquetípica focaliza o imaginário na terapia, com pouca ênfase na transferência e contratransferência explícitas. Quando o livro de Samuels surgiu em 1985, a maioria dos analistas não gostou de ser rotulado desse modo, pois isso ia contra o valor da individualidade e da autenticidade.

Desde a publicação do livro houve uma contínua evolução da divisão tripartite. As escolas clássica e desenvolvimental ainda existem, mas a escola arquetípica nunca alcançou aceitação como uma entidade à parte no Reino Unido. A escola arquetípica foi integrada ou eliminada, provavelmente um pouco de ambas as coisas. Evoluções posteriores nas escolas clássica e desenvolvimental, respectivamente, levaram a outras divisões filosóficas e teóricas que estendem os limites dos dois extremos. Do lado clássico, um novo (e ultraclássico) grupo emergiu enfatizando as obras originais de Jung e de Marie-Louise von Franz. Esta visão é defendida pelo Centro de Pesquisa em Zurique e pela segunda sociedade em Los Angeles. No outro extremo do espectro há os analistas que se tornaram primariamente psicanalíticos, embora originalmente formados em institutos junguianos. Esses analistas adotaram as regras da abstinência e da neutralidade à maneira psicanalítica, valorizando o enquadre psicanalítico em detrimento da aliança de trabalho, e valorizando a exploração transferência/contratransferência em detrimento das imagens da fantasia e do sonho. O entusiasmo pela psicanálise surgiu entre analistas junguianos que não estavam satisfeitos nem com as análises junguianas clássicas, nem com as desenvolvimentais. Eles não se uniram para formar nenhuma sociedade profissional definida.

A psicologia analítica no Reino Unido tem sido fortemente influenciada pelo pensamento psicanalítico, mas contatos formais entre os dois têm sido mínimos. Michael Fordham foi uma exceção, já que, em 1945, por meio de sua amizade com o psicanalista John Rockman, ele se tornou um elo entre psicanalistas e psicólogos analíticos na seção médica da British Psychological Society (Astor 1995). Em 1962, Fordham foi eleito presidente da Royal-Medico Psychological Association, que mais tarde se tornou o Royal College of Psychiatrists. Contudo, a despeito dessas importantes posições, os psicólogos analíticos não conseguiram obter reconhecimento formal da comunidade psicanalítica britânica, algo que eles queriam muito.

Em 1993, um Centre for Psychoanalytic Studies na Universidade de Essex foi fundado. Ele oferece vários cursos de pós-graduação, palestras públicas, cursos breves de especialistas e oportunidades de pesquisa (Papadopoulos 1996). Subsequentemente, a Society of Analytical Psychology estabeleceu uma cátedra de Psicologia Analítica para este Centro. Desde o outono de 1995, Renos Papadopoulos e Andrew Samuels têm compartilhado igualmente o cargo de meio-período. A localização do Centro estruturalmente em uma universidade foi uma abertura positiva para a psicologia analítica. Há contato com outros departamentos dentro da universidade e os estudantes se beneficiam de um rico e variado currículo psicanalítico.

Atualmente, a maior parte dos psicólogos analíticos na Inglaterra pratica algum híbrido de psicologia analítica e psicanálise das relações de objeto, estando aqueles de orientação junguiana mais clássica em uma posição minoritária. O problema político de uma organização guarda-chuva de todos os psicólogos analíticos na Inglaterra não foi resolvido. É importante enfatizar que os desenvolvimentos históricos no Reino Unido prefiguraram eventos semelhantes em outros países. Devido à relação pessoal de Fordham com psicanalistas e sua relação particular com Jung, esses eventos aconteceram no Reino Unido décadas antes do que em outros países.

Alemanha

A história de Jung e da psicologia analítica na Alemanha está intimamente conectada com a história geral da Alemanha no século XX, e os espectros do nazismo e de Hitler são uma presença persistente. Jung pessoalmente, e a psicologia analítica em geral, estiveram intimamente conectados ao regime nacional-socialista; muito já se escreveu sobre esse período na vida de Jung. Tanto os detratores como os defensores debateram por meio século se Jung foi um nazista e/ou antissemita. (O que se segue [e uma breve discussão desse importante problema; para uma elucidação mais detalhada, remete-se o leitor a Samuels 1993; Kirsch 2000; Maidenbaum & Martin 2002; Bair 2003.)

Tem havido uma presença junguiana na Alemanha desde o começo dos anos de 1920, quando Richard Gustav Heyer e Kathe Bugler retornaram de Zurique a Munique tendo feito análise com Jung. Diversos indivíduos de Berlim também fizeram análise com Jung, e em 1931 eles formaram a Sociedade C.G. Jung de Berlim. O que se chamou de uma "Sociedade" em Berlim era o equivalente a um clube de psicologia analítica alhures; ela incluía tanto analisandos como analistas. Quando o nazismo chegou ao poder em 1933, aqueles de ascendência judaica foram excluídos do corpo

50

associativo. Jung deu vários *workshops* para a Sociedade Junguiana de Berlim durante os anos de 1930.

A história se torna mais complicada depois que os nazistas chegaram ao poder. Há duas estruturas sobrepostas com as quais Jung e junguianos se envolveram. A primeira é a Sociedade Médica Geral para a Psicoterapia, fundada em 1926 por médicos de orientação psicoterapêutica. Ela promoveu encontros anuais com participantes de toda a Europa e Estados Unidos. Jung virou vice-presidente de honra desta organização em 1931. Quando Ernst Kretchmer, o presidente, renunciou em 1933 por motivos políticos, pediu-se a Jung que assumisse o comando. Ele insistiu que o nome fosse alterado para Sociedade Médica Internacional para a Psicoterapia, e que os membros judeus da Alemanha fossem autorizados a serem membros individuais. Os judeus haviam sido banidos da seção da Alemanha nazista, e ele queria que eles permanecessem como membros individuais da Sociedade Internacional. Ele também fez uma afirmação comparando a psicologia ariana e a psicologia judaica, no que foi muito infeliz e tem sido a base para se atacar Jung como um antissemita bem como nazista. Jung permaneceu presidente da organização até 1940, quando finalmente renunciou e desistiu de tentar preservar a organização fora das chamas políticas.

O homem que encabeçou a seção da Alemanha nazista se chamava Matthias Goering, um professor de Psiquiatria autoproclamado adleriano que era um primo distante de Hermann Goering. O Professor Goering, por intermédio do seu primo, tinha conexões íntimas com a hierarquia nazista e em 1936 se tornou o líder de um instituto de psicoterapia chamado de Instituto Goering. Este se tornou o principal centro de formação para psicoterapeutas até o final do regime nazista. A psicologia analítica foi um dos assuntos ensinados no Instituto Goering por junguianos que eram membros do partido nazista (Cocks 1997). Embora o próprio Jung nada tivesse a ver com isso, sua psicologia foi difundida pelo Dr. Heyer e outros nesse sistema ao longo da Guerra. Heyer protegeu Bugler, que era meio-judia. Bugler, embora não fosse médica, tinha sido a primeira alemã a ser analisada por Jung no início dos anos de 1920.

Após a Segunda Guerra Mundial, todas as diferentes escolas de psicoterapia e de análise tiveram de ressurgir das cinzas. Em consequência de sua filiação nazista, Jung descredenciou Heyer, que então voltou para Munique. Kathe Bugler não gostou da direção que a psicologia junguiana estava tomando em Berlim; ela se desfiliou das organizações analíticas que foram formadas, mas continuou a trabalhar como analista junguiana. Muitos dos primeiros junguianos após a guerra a procuraram para fazer análise. Harald Schultz-Hencke, um neofreudiano que tentava reunir todas as perspectivas teóricas psicanalíticas, fundou um instituto neofreudiano do qual aqueles interessados na psicologia junguiana também participaram. Ao se graduar nesse programa, os junguianos gradualmente formaram sua própria seção a partir de dentro. Os candidatos das duas escolas faziam os mesmos seminários, mas então se apartavam para estudar e fazer análise com seus respectivos professores e analistas. Essas condições permaneceram até os dias de hoje. Os junguianos de Berlim têm um dos maiores grupos do mundo.

Durante esse mesmo período após a guerra, Wilhelm Bitter em Stuttgart fundou um Instituto Jung, muito mais alinhado a Zurique. O Professor Bitter tinha estado na Suíça durante a guerra, e não foi associado politicamente aos nazistas. Em 1958, esses dois grupos combinaram formar uma Associação Alemã de Analistas Junguianos. Com o tempo, institutos satélites se desenvolveram em outras cidades da Alemanha, como Munique, Colônia e Bremen. O grupo de Stuttgart permaneceu mais intimamente alinhado a Zurique, enquanto o grupo de Berlim tem sido muito influenciado pela psicanálise.

A Alemanha também foi um dos primeiros países em que o seguro de saúde estatal custeou tratamento psicanalítico, e assim um grande número de terapeutas psicanaliticamente orientados tem tido apoio econômico. Desde que a Alemanha ocidental e a oriental se reunificaram, o apoio econômico para a psicanálise teve de ser modificado. A Alemanha e outros países europeus estão lutando com a questão do reembolso financeiro pelo governo, o que requer que a psicanálise seja credenciada de algum modo padronizado. Assim, quem é, e quem não é um analista junguiano, segundo a política governamental, tem profundas ramificações econômicas.

IAAP

Jung tinha uma relação verdadeiramente ambivalente com as organizações. As únicas organizações junguianas que existiram antes da formação do Instituto em Zurique foram os clubes de psicologia analítica em algumas das maiores cidades da Europa e dos Estados Unidos. Mesmo então, Jung mantinha suas reservas, e nunca se envolveu de perto com a administração de nenhum dos clubes (inclusive o de Zurique); contudo, ele deu apoio ao fazer palestras e seminários.

Em 1955, Jung celebrou seu octogésimo aniversário e alguns de seus seguidores em Zurique o compeliram a considerar a formação de uma organização profissional (Meier 1992, comunicação pessoal). Assim, a IAAP foi fundada na Suíça em 1955 e foi estruturada de acordo com a legislação suíça.

Em seu início os objetivos da IAAP foram (1) promover a psicologia analítica, (2) credenciar grupos profissionais e membros individuais onde não existisse nenhum grupo, e (3) promover congressos regularmente. Para credenciar analistas, padrões mínimos de formação foram estipulados na Constituição.

O trabalho da IAAP cresceu notavelmente desde sua fundação, e os líderes têm muitos deveres, como: resolver conflitos entre grupos e indivíduos; avaliar novos grupos e indivíduos; alcançar novas áreas do mundo em busca de desenvolvimento, por exemplo a Rússia e a Ásia; organizar congressos; e publicar os relatórios dos congressos, uma *newsletter* anual e uma lista de integrantes. Politicamente, a associação se ampliou desde suas raízes na Europa Setentrional para abranger o resto da Europa, as Américas e partes da Ásia e da África. A IAAP, com suas muitas funções, desempenhou um papel proeminente no crescimento da psicologia analítica com a missão prioritária de credenciar analistas e oferecer uma identificação organizacional.

A psicologia analítica no resto do mundo

Neste capítulo eu foquei na Suíça, nos Estados Unidos e na Alemanha porque eles tiveram uma presença junguiana contínua desde a época em que

Jung estabeleceu sua psicologia independente no início dos anos de 1920. Além disso, esses grupos profissionais junguianos foram estabelecidos durante a vida de Jung, o que significa que ele os conheceu e influiu sobre eles em algum grau. Contudo, há outros países onde a psicologia analítica se desenvolveu e que estiveram no radar de Jung.

Um exemplo é Israel. Erich e Julie Neumann originalmente estabeleceram residência na Palestina em 1934. Eles iniciaram um pequeno grupo em Tel Aviv, e ele cresceu com o passar dos anos. Erich Neumann foi possivelmente o aluno mais criativo de Jung, e os temas de seus livros seguiram a linha da teoria arquetípica de Jung. Os Neumann ensinaram análise de crianças e de adultos, e Israel foi um membro fundador da IAAP. Em anos recentes têm acontecido muitos conflitos de personalidade dentro da sociedade profissional israelense, e ela agora se dividiu em três grupos separados, com base nesses alinhamentos pessoais.

A Itália é outro país em que tem havido uma presença junguiana desde meados dos anos de 1930. Ernst Bernhard, um junguiano judeu-alemão que procurou Jung em 1933 devido a uma crise espiritual, estabeleceu-se em Roma em 1935. Ele foi protegido durante a Segunda Guerra Mundial e começou a clinicar novamente em 1944. No presente, há duas associações junguianas principais na Itália, e os fundadores de ambas fizeram análise com Bernhard. O conflito entre os dois grupos começou como um conflito de personalidade, mas ambas agora trabalham juntas em muitos projetos de interesse mútuo.

A França é outro país com uma presença junguiana precoce, iniciada em 1929. Antes da Segunda Guerra Mundial existiu um ativo clube de psicologia analítica em Paris, que os Jung visitaram e onde ambos palestraram, Jung em 1932 e Emma no fim da década de 1930. Durante a Segunda Guerra Mundial houve uma cessação da atividade junguiana, que não recomeçou até bem depois do término do confronto. Elie Humbert, um padre católico, fez análise com Jung no fim dos anos de 1950. Ele foi provavelmente um dos últimos pacientes de Jung. Humbert retornou a Paris, e por meio da força do seu intelecto e de seu dinamismo pessoal um grupo de indivíduos começou um treinamento para se tornarem analistas junguianos. Este grupo cresceu rapidamente e é um dos maiores e mais ativos do mundo hoje.

Nos últimos 30 anos tem acontecido um tremendo aumento na psicologia analítica. Muitos países na Europa desenvolveram sociedades junguianas, entre eles Bélgica, Dinamarca, Suécia, Espanha e Áustria, com indivíduos nos outros países europeus. México, Venezuela e Brasil desenvolveram fortes grupos junguianos, e outros países na América Latina têm um interesse emergente. Austrália e Nova Zelândia formaram um grupo unificado que exige muita viagem de seus membros. A África do Sul tem sua própria sociedade junguiana, assim como o Japão.

Desde o colapso do comunismo e do Estado soviético, os países do Leste Europeu e da Rússia mostraram forte interesse pela psicologia analítica. Tem sido difícil para as pessoas nessas áreas se darem ao luxo de fazer análise pessoal, o que é, evidentemente, fundamental para se tornar um analista. Várias bolsas de estudo e fundações ajudaram a apoiar a formação analítica para algumas pessoas, e analistas do Oeste se comprometeram em ensinar nestes países. O exemplo mais proeminente disso é o trabalho de Jan Wiener e Catherine Crowther, que foram regularmente a São Petersburgo, onde muitos estudantes se graduaram em um curso de dois anos.

O resultado final é que a psicologia analítica se tornou um fenômeno mundial. O que começou como a psicologia de Jung se desenvolveu verdadeiramente na psicologia analítica, com Jung como seu fundador, mas com muitos outros colaborando para seu corpo de bibliografia e de conhecimento. Como em qualquer disciplina que tem um tal fator subjetivo inerente, a teoria e a clínica passaram por muitas revisões. Cada analista está em algum ponto de um espectro, e é influenciado por sua própria formação analítica e natureza individual.

A psicologia analítica, juntamente com outras formas de psicologia profunda, esteve sob ataque em anos recentes. Novos antidepressivos mudaram o modo como muitas depressões são tratadas, e a psicoterapia não é mais a primeira opção de tratamento. O seguro de saúde, privado ou estatal, não reembolsa mais a psicoterapia de longa duração, o que ameaça a viabilidade econômica de muitos psicoterapeutas, que continuam a aumentar em número. As condições variam de país para país, mas a tendência é a mesma mundo afora. Menos pessoas entram na psicanálise de qualquer tipo, inclusive em análise junguiana.

A psicanálise já completou 100 anos de idade, e não é mais a jovem e excitante disciplina que foi outrora. Ela falhou em cumprir suas promessas de curar os indivíduos e transformar a sociedade; nos anos de 1950, ela era vista por muitos como uma panaceia para todos os males do mundo. Embora a psicanálise freudiana sofra as consequências da desilusão, Jung e a psicologia analítica recebem seu quinhão de críticas. Ainda assim, muitas das ideias de Jung são agora parte do *mainstream* da cultura ocidental, e muito de sua terminologia especializada está incorporada à linguagem cotidiana.

Pode-se perguntar: o que torna alguém junguiano? Essa não é uma questão fácil de responder. Para alguns, Jung pode ser como algum parente distante no passado, com quem eles têm alguma conexão tênue. Para outros, a conexão pode ser mais imediata e pessoal. Seja por sua ampla visão do inconsciente, seus pensamentos sobre a individuação ou seu interesse nos aspectos mais esotéricos da psique, Jung nos falou de algum modo imediato e pessoal. Talvez tenhamos deixado para trás essa experiência inicial, mas nos mantemos ligados a ela em algum nível profundo. Jung enfatizou a realidade do inconsciente, especialmente conforme vista nos sonhos, e parece que a maior parte dos junguianos leva isso a sério. A realidade do sonho, seu potencial para abrir aspectos sempre mais amplos da psique, é algo que os junguianos valorizam acima de tudo.

Claramente, há espaço para uma disciplina clínica de análise junguiana. Jung, entre outros, nos mostrou que a abertura a formas de experiência para além da realidade cotidiana é essencial para nosso senso de humanidade. Quer chamemos o nível da psique que está em contato com essa outra realidade de inconsciente coletivo, si-mesmo, imagem de Deus, psique objetiva ou do que for, ele sempre foi, e sempre será, parte de nós.

Referências

Astor, J. (1995). *Michael Fordham*: Innovations in Analytical Psychology. Londres: Routledge.

Bair, D. (2003). *Jung*: A Biography. Boston: Little Brown.

Cocks, G. (1997). *Psychotherapy in the Third Reich*: The Goering Institute. 2. ed. New Brunswick: Transaction.

Fordham, M. (1976). Discussion of T. Kirsch's article "The practice of multiple analyses". *Contemporary Psychoanalysis*, 12 (2), p. 159-167.

Freud, S. (1961). *Beyond the Pleasure Principle*. Nova York: W.W. Norton.

_____ (1914). *On the History of the Psychoanalytic Movement*. Londres: Hogarth [Standard Edition, XIV].

Henderson, J. (1982). "Reflections on the history and practice of Jungian analysis". In: Stein, M. (org.). *Jungian Analysis*. La Salle: Open Court.

Jansen, D.B. (2003). *Jung's Apprentice*. Einsiedeln: Daimon.

Jung, C.G. (1963). *Memories, Dreams, Reflections*. Nova York: Pantheon.

_____ (1953/1980). *Psychology and Alchemy*. Princeton: Princeton University Press [*Psicologia e alquimia*. Petrópolis: Vozes, 2011 – OC 12].

_____ (1948). *Symbolic Life*. Princeton: Princeton University Press [*A vida simbólica*. Petrópolis: Vozes, 2011 – OC 18/2].

_____ (1921/1923/1964). *Psychological Types*. Princeton: Princeton University Press [*Tipos psicológicos*. Petrópolis: Vozes, 2011 – OC 6].

_____ (1916/1991). *Psychology of the Unconscious*. Princeton: Princeton University Press.

Kirsch, T. (2000). *The Jungians*. Londres: Routledge.

_____ (1976). The practice of multiple analyses in analytical psychology. *Contemporary Psychoanalysis*, 12 (2), p. 159-167.

Maidenbaum, A. & Martin, S. (orgs.) (2002). *Jung and the Shadow of Anti-Semitism*. Berwick: Nicolas-Hays.

McGuire, W. (org.) (1989). *Analytical Psychology*: Notes of the Seminar Given in 1925 by C.G. Jung. Princeton: Princeton University Press [Bollingen Series, XCIX] [*Seminários sobre psicologia analítica*. Petrópolis: Vozes, 2014].

_____ (1974). *Freud/Jung Letters*. Princeton: Princeton University Press.

Muser, F.E. (1984). *Zur Geschichte des Psychologischen Clubs Zurich von den Anfangen bis 1928*. Zurique: Zurich Analytical Psychology Club.

Papadopoulos, R. (org.) (1996). Report on New Center. *IAAP Newsletter*, 16, p. 94-97.

Samuels, A. (1993). *The Political Psyche*. Londres: Routledge.

_____ (1985). *Jung and the Post-Jungians*. Londres: Routledge.

Shamdasani, S. (1998). *Cult Fictions*. Londres: Routledge.

Wheelwright, J. (1974). Jung and Freud Speak to Each Other. *Psychological Perspectives*, 5 (2), p. 171-176.

2
Arquétipos: a emergência e a estrutura profunda da psique

George B. Hogenson

Entre os conceitos comumente associados a C.G. Jung, poucos são mais amplamente reconhecidos, nem tão pobremente compreendidos quanto a teoria dos arquétipos. Esse estado de coisas leva muitos a falarem com confiança sobre este conceito central, enquanto mantêm uns com os outros um diálogo de surdos, seja na comunidade junguiana ou entre críticos de Jung. Teóricos junguianos e pós-junguianos de destaque, tais como Anthony Stevens, James Hillman e Jean Knox, podem assim assumir posições radicalmente divergentes, como a interpretação profundamente biológica e evolucionária dos arquétipos por Stevens (Stevens 1982, 2003), que se põe em agudo contraste com o uso essencialmente literário ou intuitivo do conceito por Hillman e seus seguidores (Hillman 1983, 1994). De modo semelhante, Knox faz uso de uma apreensão sofisticada de descobertas recentes na psicologia desenvolvimental e nas ciências cognitivas, para apresentar um retrato dos arquétipos como propriedades derivadas de maneira desenvolvimental dentro de uma teoria mais geral da mente (Knox 2001, 2003). A certa distância dessas teorias encontra-se uma visão quase cosmicamente mística dos arquétipos por alguns dos seguidores originais de Jung, que se inspiram fortemente na correspondência de Jung com o físico Wolfgang Pauli (Gieser

2004). Em anos recentes, a diversidade de opiniões sobre a natureza dos arquétipos, combinada com uma variedade de novas descobertas nas ciências com relação à natureza da mente, levou a mais interpretações da teoria de Jung (Van Eenwyk 1997; Saunders & Skar 2001; Rosen et al. 1991; Robertson 1987; Pietikainen 1998; Noll 1985; Jung e von Franz 1980). De novo, contudo, o consenso elude o comentário, e embora um rico e instrutivo discurso tenha se desenvolvido em torno do tema dos arquétipos, não parece que a teoria junguiana esteja se aproximando minimamente de realizar um ponto de vista unificado sobre este conceito organizador central.

Neste capítulo eu não me proponho resolver todos os problemas em torno da teoria dos arquétipos. Contudo, creio que pelo menos uma parte da confusão e do debate que caracteriza este aspecto do sistema da psicologia de Jung resulta de uma falha em ver o próprio desenvolvimento de Jung em contexto e como um esforço da parte de um investigador inusualmente criativo e inovador, mas também determinadamente rigoroso, de impor uma ordem conceitual em alguns fenômenos muito esquivos. Posto de maneira simples, uma importante razão para a falta de consenso com relação aos arquétipos é que *Jung não tinha uma teoria dos arquétipos*. Antes, como quero argumentar, o próprio Jung nunca foi realmente além do nível pré--teórico de fazer observações às quais aplicou suas poderosas faculdades intuitivas para estruturar hipóteses. Por exemplo, em seu seminário de 1925 sobre psicologia analítica, o leitor encontra as seguintes definições de um arquétipo: "Os arquétipos são fontes de energia. Se as pessoas que não têm nenhuma visão da vida se apoderam de uma ideia arquetípica, digamos uma ideia religiosa, elas se tornam eficientes" (Jung 1989: 91 [ed. bras.: p. 131). "Existem certas ideias gerais ou coletivas das quais o pensador deriva seu julgamento, e as conhecemos como modos lógicos, mas estes por sua vez derivam de alguma ideia subjacente; em outras palavras, os modos lógicos remontam a origens arquetípicas" (Jung 1989: 123 [ibid., p. 161]). E finalmente, "os arquétipos são registros de reações a imagens sensoriais subjetivas" (Jung 1989: 135 [ibid., p. 173]).

Encarado deste ponto de vista, o projeto de Jung se torna o de pesquisar a moldura adequada dentro da qual testar suas hipóteses. Esta abordagem do processo de desenvolvimento da teoria de Jung, contudo, põe em foco um problema que ajuda a explicar grande parte da confusão que cerca a teoria dos arquétipos. Para encontrar um lugar científico adequado para suas hipóteses, Jung foi compelido a se aventurar nos domínios teóricos de outras disciplinas. Mas, como Patricia Kitcher (1995) argumentou em seu estudo dos esforços interdisciplinares de Freud, quando um(a) investigador(a) criativo(a) em uma disciplina fica dependente dos *insights* de outra ciência, ele(a) está sempre vulnerável às vicissitudes e mudanças que acontecem nessa ciência. Assim, tanto Freud como Jung fizeram extenso uso dos escritos antropológicos de Sir James Frazer, mas quase nenhum antropólogo hoje em dia levaria Frazer a sério. Até certo ponto, Jung teve uma vantagem em relação a Freud neste aspecto, pois era suficientemente mais jovem para poder levar em consideração as mudanças dramáticas que têm lugar em todas as ciências maiores no começo do século XX. Para seguir no exemplo da antropologia, Jung pôde desviar sua atenção de Frazer para as teorias mais sofisticadas de pesquisadores como Lucien Lévy-Bruhl, uma mudança que Freud não pôde fazer devido a seu comprometimento com conclusões extraídas de ciências de meados do século XIX. Assim, neste capítulo eu espero lançar luzes na natureza do pensamento de Jung sobre os arquétipos, e sobre o lugar deles na psicologia analítica – tanto teórica quanto clinicamente –, primeiramente lidando com a relação do próprio Jung com o problema. Para fazer isso, eu primeiramente esboço algum *background* histórico da noção de estrutura arquetípica, assinalando duas interpretações distintas da noção do que é um arquétipo, que eram correntes no século XIX, ambas tendo provavelmente influenciado Jung, mas também apresento um conflito que é anterior a que ele começasse a pensar seriamente sobre as aplicações do termo "arquétipo" a questões psicológicas. Eu então revisarei os modos pelos quais Jung aborda a noção de arquétipo.

O *background* de um conceito

O que é um arquétipo? Em sua crítica do inatismo biológico, Susan Oyama (Oyama 2000) argumenta que um viés peculiar à tradição filosófica ocidental, e que remonta até Platão, pressupõe que a manifestação de um fenômeno requer a preexistência de um plano. Esse viés, Oyama argumenta, é um dos mais arraigados hábitos de pensamento na tradição, e molda virtualmente todas as discussões sobre os funcionamentos da mente em particular. Para Platão, este era certamente o caso, como fica claro pela doutrina das ideias. Platão via o mundo fenomênico como um pouco mais do que uma ilusão sombria que só vagamente captura o mundo ontologicamente puro das formas ou arquétipos.

Oyama argumenta que na tradição ocidental o modelo platônico é uma constante ontológica, independentemente do nível de análise empregado. Não se escapa do comprometimento com um plano preexistente ao renunciar a um domínio idealizado e transcendente de formas, em favor de um esquema genético ou qualquer que seja a analogia que se escolha. Pode-se, contudo, fazer diferentes usos da noção de um plano. Para os neoplatônicos e teólogos da Antiguidade tardia e da Alta Idade Média como Dionísio o Areopagita, a teoria dos arquétipos ajudou a definir a estrutura hierárquica da criação de Deus. Nem mesmo a ascensão do nominalismo mais tarde na Idade Média conseguiu realmente desalojar a noção do universal e do hierárquico. Nesse sentido, que retornaria nas duas interpretações seminais do arquétipo no século XIX, a de Goethe e a de Owen, a noção de arquétipo não se apoiou tanto no *status* ontológico do arquétipo quanto em sua utilidade analítica e descritiva. Por fim, com a ascensão das ciências naturais, a análise matemática de um arquétipo ou plano veio a desempenhar um papel crucial. Para Newton, para tomarmos o maior dos exemplos clássicos, a ideia de que Deus tinha criado um universo ordenado o levou a crença de que seu plano poderia ser revelado por meio do cálculo, uma crença que claramente deu frutos na ascensão da ciência moderna.

Na Alemanha, contudo, a resistência à teorização newtoniana foi intensa, e há um modo pelo qual podemos ver neste conflito prefigurações dos problemas teóricos que Jung confrontou. O principal oponente de Newton no início do século XVIII foi Leibniz, que rejeitou a teoria newtoniana da gravitação porque ela implicava a possibilidade da ação a distância na ausência de qualquer meio de transmissão. Para Leibniz isso era o cúmulo do ocultismo e não podia se sustentar. Sua alternativa foi postular a doutrina da mônada, uma teoria na qual todo o estado do universo estava contido em cada ente monádico, ele próprio separado de todas as outras mônadas. Em sua teoria, a menor das mônadas percebia o mundo conforme ordenado por Deus, e as interações eram, no nível ontológico, ordenadas em um padrão harmônico mas não causal. Baseando-se fortemente em conceitos platônicos e neoplatônicos – bem como gnósticos e cabalistas –, Leibniz via os processos de desenvolvimento consciente como um movimento rumo a níveis cada vez mais elevados de clareza com relação ao ordenamento do mundo harmônico dentro de cada mônada. Assim, para ele, o cálculo infinitesimal se tornou um meio de representar e refletir a abordagem progressiva da imagem da criação contida na mente de Deus, tanto quanto um meio de calcular aproximações da realidade.

Ao final do século XVIII, o principal oponente da ciência newtoniana era o poeta e polímato Johann Wolfgang von Goethe. A abordagem por Goethe das ciências se valeu fortemente da obra de Kant, ele próprio um descendente intelectual de Leibniz, para quem existia uma relação íntima entre o estético e o científico. Kant argumentou que, no caso de organismos vivos, um entendimento puramente mecânico, tal como proposto por Newton, era insuficiente. Segundo Anne Harrington resume a posição de Kant, o filósofo propunha que "pelo menos para propósitos heurísticos" era necessário, no caso de organismos vivos, postular um "propósito natural", um ponto de vista que levou Goethe a considerar o estudo da natureza como um "processo estético-teleológico" (Harrington 1996: 5). Conforme Harrington caracteriza a abordagem de Goethe:

> A visão estética-teleológica da natureza viva resultante em Goethe funcionaria subsequentemente como uma das respostas recorrentes da geração tardia para a questão do que "significava" ser um cientista holístico no grande estilo alemão. Em contraste

com a fragmentação sem sentido do universo de Newton, Goethe havia imaginado um mundo rico e colorido, moldado por princípios estéticos de ordem e padronização. Toda a confusa diversidade da natureza visível, ele pensava, poderia na verdade ser vista como um produto de um pequeno número de formas ou *Gestalten* fundamentais. Ao observar e comparar as várias metamorfoses de uma ou outra forma, ele sentia que a forma original ou primordial do tipo em questão poderia ser deduzida usando os puros julgamentos da mente, de uma maneira semelhante à "forma" de algo na filosofia de Platão (Harrington 1996: 5).

A noção de Goethe de que uma compreensão completa ou holística de um dado estado natural implicava um ponto de vista estético bem como teleológico, e que se aborda a *ur-form* [forma primordial] de um fenômeno ao se examinar as mudanças ou metamorfoses em uma dada forma, antecipa os primeiros esforços da parte de Jung para mergulhar na estrutura imaginal da mente, conforme veremos adiante, quando eu abordar o seminal livro de Jung *Transformações e símbolos da libido*.

Um resultado da visão estético-teleológica da natureza de Goethe foi uma interpretação dos fundamentos da ordem que recoloca em foco a noção do arquétipo. Leibniz havia jogado com a ideia do arquétipo em suas especulações cabalistas, na forma de Adam Kadmon, ou homem primordial, mas Goethe visou o conceito no domínio da ciência natural, tal como ele a concebia. Aqui, de novo, também encontramos o fascínio de Goethe com a ideia de formas-fenômenos-percebidos que são permutações de algum padrão mais profundo. Conforme Robert J. Richards reconta o progresso de Goethe:

> Após a publicação de sua *Metamorfose das plantas*, Goethe voltou a atenção aos animais. Ele queria fornecer descrições estruturais e de desenvolvimento comparáveis às que tinha oferecido para as plantas. No primeiro caso, essas descrições se baseariam na concepção de um tipo dinâmico – que mais tarde seria designado um "arquétipo". O arquétipo forneceria um modelo pelo qual compreender os traços estruturais e desenvolvimentais de todos os animais. Mas o arquétipo, conforme ele gradualmente veio a concebê-lo, seria mais do que um mero padrão útil à zoologia comparada; seria uma força dinâmica realmente residente

na natureza, sob cujo poder as criaturas vinham a existir e a se desenvolver (Richards 2002: 440).

O fato de que Goethe concebesse o arquétipo como algo "mais do que um mero padrão útil à zoologia comparada" localizaria sua teoria em discordância com a disciplina em rápido desenvolvimento da anatomia comparada. Compreender a distinção que estava para surgir na história da ciência é importante para compreender algo da confusão que persiste em torno do uso por Jung do conceito do arquétipo. De novo, a distinção emerge das diferentes tradições científicas que se desenvolveram na Inglaterra e na Alemanha. No início do século XIX, o Romantismo estava em seu apogeu, e pensadores da Inglaterra e da Alemanha estavam buscando suas próprias versões de uma ciência holística. Na Inglaterra, porém, mesmo a tendência romântica se submetia a uma dose de praticidade. O eminente anatomista Richard Owen foi uma figura importante nesse movimento, e ele derivou dos românticos alemães a noção de um arquétipo. Para Owen, porém, embora o arquétipo fosse de fato um "tipo de esquema criativo", como Adrian Desmond coloca, "em termos práticos, era simplesmente um retrato de um vertebrado generalizado ou esquemático; mas isso por si só ofereceu [a Owen] um padrão pelo qual mensurar o grau de especialização da vida fóssil" (Desmond 1982: 43). Para Owen, em outras palavras, o arquétipo forneceu o meio de estabelecer uma taxonomia das espécies vertebradas – ou de outras. Este não era, contudo, o real propósito por trás da noção goethiana do arquétipo. Novamente, para citar Richards:

> A abordagem de Goethe diferia consideravelmente daquela dos anatomistas do período, que tendiam a focar seus estudos em determinadas espécies vertebradas (mais frequentemente a humana) e prestar escassa atenção à forma comum que podia unificar esses vários grupos. Os esforços dele também diferiam daqueles dos anatomistas posteriores, como Richard Owen, que buscariam um padrão arquetípico geral, mas um que ilustrava o mínimo denominador comum da classe vertebrada, descrevendo o arquétipo vertebrado como essencialmente um conjunto de vértebras. Por contraste, Goethe concebia o arquétipo como *uma forma inclusiva*, um padrão que conteria todas as partes realmente exibidas pelo leque das diferentes espécies vertebra-

das. Uma vez que as partes correspondentes de vários grupos variariam consideravelmente entre si (p. ex, o membro de um cavalo e o de um ser humano), a forma arquetípica não seria representável para o olho externo, mas tão somente para o olho interno (Richards 2002: 443; itálico no original).

Para Goethe, a combinação de traços atribuídos ao arquétipo – forma inclusiva, força dinâmica e representação interior ou intuitiva – resultava em uma estratégia investigativa que enfatizava as transformações pelas quais um dado fenômeno natural poderia ser visto progredir. Peter Saunders e Patricia Skar, em seu tratamento da natureza dinâmica do arquétipo, para a qual me volto a seguir, citam o próprio Goethe, sobre a necessidade de um meio de estudar o processo de metamorfose, uma necessidade que era satisfeita pela noção de Goethe do arquétipo (Saunders & Skar 2001: 310). Saunders e Skar sugerem que Jung derivou seu conceito do arquétipo da compreensão dinâmica do conceito em Goethe, e nisso eu concordo com eles. Porém, há momentos nos escritos de Jung em que ele parece estar operando a partir da abordagem taxonômica dos arquétipos abraçada por Owen. O mesmo pode ser dito com relação a muitos comentadores de Jung. Nesses casos, tem-se a impressão de que um catálogo de arquétipos está disponível, e que o analista teórico ou clínico pode inventariar uma série de imagens oníricas, ou outros fenômenos psíquicos, mensurar o fenômeno com base no catálogo arquetípico e confiantemente afirmar que um certo arquétipo está em ação na vida da pessoa. Essa é a abordagem do arquetípico que tende a resultar na produção dos livros de símbolos, e é cada vez mais vista com ceticismo por teóricos e clínicos junguianos contemporâneos.

Apresentei essa discussão histórica com algum detalhe para estabelecer o palco para a compreensão da premissa fundamental da teorização contemporânea sobre a natureza dos arquétipos no sistema de psicologia de Jung. O ponto de vista que predomina cada vez mais nas discussões dos arquétipos enfatiza a dinâmica dos sistemas psíquicos, ao invés das particularidades de um ou outro arquétipo. Assim, em seu excepcional estudo das dimensões arquetípicas do trauma, Donald Kalsched (1996) focaliza suas discussões clínicas na dinâmica da cisão profunda – arquetípica – e na emergência de um imaginário na vítima do trauma que age defensivamente, mas que pode se tornar autodestrutiva conforme o desenvolvimento se dá. Mas Kalsched tem pouco interesse em aplicar rótulos às figuras imaginais que podem emergir nesses momentos clínicos. Para ele, os processos dinâmicos são o centro da preocupação, embora as particularidades do material imaginal sejam de grande preocupação para o paciente.

Desenvolvimento de uma teoria

Embora haja prenúncios de que Jung concebia alguma noção de arquétipos muito precocemente em sua carreira, e sua familiaridade com Goethe reforçasse quaisquer intuições que ele tinha, o termo em si não é usado por Jung até 1919, em uma palestra intitulada "Instinto e o inconsciente", apresentada em um encontro conjunto da Aristotelian Society, da Mind Association e da British Psychological Society (Jung 1919). A despeito do fato de o termo em si não aparecer nos primeiros escritos de Jung, ainda assim podemos ver o caminho que desemboca na teoria. Creio que vale a pena resumir brevemente o desenvolvimento do pensamento de Jung, porque lança luz sobre este conceito central e porque diferentes teóricos enlaçam o pensamento de Jung em vários pontos ao desenvolvimento de sua compreensão dos arquétipos.

A primeira publicação de Jung, a dissertação sobre os "assim chamados fenômenos ocultos" (Jung 1902) antecipa vários desenvolvimentos posteriores em seu pensamento. De importância particular são as primeiras insinuações de que ele vê as operações da psique como teleológicas. Nesse caso, uma descrição das sessões ou encontros espíritas em que a jovem sonâmbula Helene, prima de Jung, produziu uma série de fantásticas experiências visionárias sob estado de transe. Jung interpretou essas visões e visitações de espíritos como tentativas da psique adolescente da garota de encontrar uma forma de autoexpressão compatível com seu processo de amadurecimento. Podemos, assim, sublinhar duas questões que viriam a desempenhar papel decisivo na teoria da psique de Jung, e por extensão em sua teoria dos arquétipos. Primeiramente, a noção de que a psique é, em certo sentido, teleológica.

Essa noção dá uma direcionalidade às operações da mente inconsciente, na medida em que elas podem ser vistas como operando de maneira desenvolvimental, para mover o indivíduo a estados mais maduros – que Jung veria depois como mais individuados. Em segundo lugar, Jung estava claramente preparado, mesmo tão precocemente quanto nesta dissertação, a levar a sério as operações de imagens e de fantasias, não da maneira negativa ou redutiva que ele encontraria com Freud, mas sim como instrumentos perfeitamente apropriados de desenvolvimento. Em outras palavras, o mundo imaginal ou de fantasia do indivíduo não devia ser visto como uma operação deficiente, ou pior, intencionalmente enganadora, da psique, mas sim como um parceiro em igualdade de condições em relação ao que Jung chamaria de pensamento dirigido. O que falta na dissertação é uma teoria do que poderiam ser os mecanismos que dão ensejo aos tipos de fantasia que Helene produziu. Ao invés disso, Jung assume uma abordagem grandemente fenomenológica das sessões, e busca tão somente deduzir a função das fantasias. Em grande medida, pode-se, portanto, traçar as origens da psicologia arquetípica de Hillman remontando à primeira etapa do desenvolvimento de Jung. O foco é quase que exclusivamente posto nas operações dos produtos imaginais da psique, com pouca atenção ou interesse em quais mecanismos biológicos ou cognitivos podem estar em ação e dando ensejo às fantasias, e com o objetivo de guiar o processo desenvolvimental da individuação.

O próximo passo no desenvolvimento de Jung foi a formação da teoria dos complexos. Essa fase na construção teórica de Jung foi em grande medida o resultado do estímulo de seu chefe no Hospital Burghölzli, Eugen Bleuler, que orientou o trabalho de Jung quando este deixou a Universidade da Basileia. O papel de Bleuler na vida de Jung é frequentemente obliterado pela intensidade da relação de Jung com Freud, mas é um erro subestimar a influência que Bleuler teve sobre o psiquiatra novato. Vários fatores podem ser rapidamente mencionados no presente contexto. Em primeiro lugar, o Burghölzli praticava uma forma de tratamento que nós hoje chamaríamos de "ambientoterapia". Os médicos sob a liderança de Bleuler moravam no hospital – as primeiras crianças de Jung nasceram lá – e assim ficavam em contato constante com os casos mais graves de psicose. Para Jung, foi essa familiaridade íntima com psicóticos que preparou o terreno para suas divergências com Freud, praticamente desde o momento em que tiveram o primeiro contato. Em segundo lugar, o próprio Bleuler tinha um desejo insaciável de aprender sobre todos os desenvolvimentos mais recentes na psicologia e na psicopatologia, e para esse fim cobrava de sua equipe que lesse e fizesse relatórios sobre tudo o que acontecia no mundo da psiquiatria e da psicologia. Para Jung, de novo, isso acarretou uma familiaridade prodigiosa com a bibliografia científica no campo, da qual pôde se valer à vontade em seu trabalho posterior. Em terceiro lugar, a preocupação de Bleuler com as bases científicas da psiquiatria o estimulou a delegar projetos genuinamente experimentais para sua equipe. O projeto delegado a Jung foi o da replicação e desenvolvimento do teste de associação de palavras tal como vinha sendo usado por Wilhelm Wundt e outros. Por fim, Bleuler procurou promover seus subordinados, ao patrociná-los em sua formação continuada. Jung foi enviado a Paris para assistir a palestras de Pierre Janet, e também veio a conhecer Theodore Flournoy em Genebra. Ambos influenciariam enormemente o pensamento de Jung, de modo muito maior e mais consistente do que seria a influência de Freud sobre ele (para uma discussão mais detalhada da relação de Jung com Janet e Flournoy, cf. Shamdasani 2003).

Foi, contudo, no trabalho com o teste de associação de palavras que Jung formulou primeiramente a teoria do complexo. Embora o termo não tenha sido cunhado por Jung, ele lhe deu um novo significado, ao explorar os resultados do teste de associação. Antes do trabalho de Jung com o teste, este havia sido usado sobretudo como um meio de estudar as "leis de associação", uma tradição na psicologia que remontava a Aristóteles.

Partindo da forma bastante simples do teste de associação adotado por Wundt e Gustav Aschaffenburg, que atentava para o tempo de reação a uma resposta, mas sobretudo para o conteúdo efetivo da resposta, Jung acrescentou várias medidas inovadoras ao teste, inclusive o primeiro uso real da resposta galvânica da pele e da função cardiopulmonar, para traçar um retrato mais completo do processo de resposta individual. Ele também, sob a influência de Bleuler, estabeleceu as normas-base de resposta em várias classes de pessoas (normais *versus* psicologicamente perturbados, educados *versus* não educados) e mediu o impacto de várias influências externas sobre os sujeitos de seus estudos – álcool, distração, fadiga (Jung & Riklin 1904). Também para ampliar o escopo do teste, contudo, as inovações de Jung demonstraram que o psicológico e o fisiológico estavam intimamente implicados um no outro. Como ele argumentaria, era a tonalidade emocional que definia o complexo, não apenas as referências associativas e o atraso cognitivo na resposta. Esse *insight* levaria Jung mais tarde a postular a existência do que ele chamou de a natureza psicoide de fenômenos como a sincronicidade, que pareciam transgredir as supostas fronteiras da causa e efeito materiais. Contudo, neste ponto Jung usou o teste de associação para começar a definir a estrutura mais profunda da psique. Embora tenha sido a Freud que ele se voltou em busca de orientação, foi na verdade mais a Janet que ele deveu os *insights* que usou para estruturar a teoria dos complexos. Especificamente, foi a noção de Janet de que a psique era fundamentalmente composta de personalidades parciais, seu modelo dissociativo, ao invés do modelo freudiano da repressão, que levou Jung para frente.

Na teoria do complexo, nós novamente vemos os fundamentos das teorias mais contemporâneas dos arquétipos. Jung disse que, conforme observou o comportamento dos complexos, foi capaz de discernir o que ele considerou ser o cerne ou o núcleo interno do complexo. Conforme ele começou a ver essas qualidades essenciais dos complexos, pôde cada vez mais segregar os complexos em grupos ou categorias. Essa característica do complexo – de exibir uma espécie de elemento essencial típico – se tornou o *insight* inicial que levaria à teoria dos arquétipos. Este aspecto da teoria dos complexos forneceu o ponto de partida para a provocativa interpretação dos arquétipos desenvolvida por Saunders e Skar, que caracterizam o arquétipo como uma classe de complexos que se considera caírem na mesma "categoria", como Jung colocou. "Em linguagem matemática", eles continuam, "podemos dizer que um arquétipo é uma classe de equivalência de complexos" (Saunders & Skar 2001: 312). Ao mesmo tempo, o reconhecimento por Jung do aspecto fisiológico do complexo, e de seu caráter típico, forneceu as bases para a interpretação evolucionária dos arquétipos por Anthony Stevens. Em especial, Stevens associou a fisiologia e a tipicidade do complexo com os aspectos biológicos das teorias do apego e do distúrbio do apego, de John Bowlby. Na área dos arquétipos, ao unificar a noção de Bowlby de que a criança tem uma necessidade inata de apego com a noção de que o complexo emerge de um *deficit* de alguma necessidade inata, Stevens estabelece seu argumento de que o arquétipo corresponde a uma necessidade definida geneticamente, que deve ser preenchida em nome de um desenvolvimento satisfatório.

O que é interessante aqui é que a posição de Saunders e Skar e a de Stevens são quase que diametralmente opostas entre si, embora ambas afirmem que a teoria dos complexos, emergindo do trabalho de Jung com o teste de associação de palavras, forma as bases de suas interpretações respectivas da teoria dos arquétipos. Ambos os modelos certamente capturam elementos do pensamento de Jung sobre os arquétipos, mas também é verdade que ambos os modelos têm deficiências que devem ser abordadas. Parte da razão da existência de deficiências em quase todas as interpretações da teoria dos arquétipos, segundo notei, foi a falta no próprio Jung de um entendimento único e fundamentado do que uma teoria dos arquétipos deveria implicar. Com a conclusão de seu trabalho sobre o teste de associação de palavras, e o desenvolvimento de sua relação com Freud, a situação ficou, se é que isso era possível, ainda pior.

Vale a pena notar que, antes do encontro com Freud e do desenvolvimento de sua colaboração íntima, Jung expressa relativamente pouco interesse pela mitologia. Freud, por outro lado, tinha começado a usar o mito – ou pelo menos um mito – como uma pedra de toque para o desenvolvimento de sua teoria da psique pelo menos desde 1897, quando escreveu a Fliess para comentar o poder imperioso da história de Édipo em sua autoanálise (Ferris 1997: 150). Os estudos de caso de Freud são crivados com referências literárias e alusões aos fundamentos clássicos da cultura. De fato, as explorações antropológicas de Freud, largamente na forma da leitura de *O ramo de ouro* de Frazer e das narrativas mais especulativas de Darwin sobre a sociedade primitiva, refletem claramente a inclinação por vezes romântica, por vezes clássica, da especulação de gabinete do século XIX sobre a natureza dos povos não europeus. Jogos linguísticos, etimologias arcanas e uma incessante acumulação comparativa de materiais eram parte da abordagem de Freud para demonstrar a validez de suas teorias, o que Jung adotou maciçamente, embora a serviço da construção da sua própria teoria. Mas Freud não foi a única influência sobre Jung. A relação de Jung com Flournoy em Genebra também foi íntima, e mais para o final de sua relação com Freud parece que Jung se voltou crescentemente para Flournoy à procura tanto de apoio pessoal quanto de inspiração. O estudo de Flournoy de uma "sonâmbula" em seu livro *Da Índia ao Planeta Marte* (Flournoy 1901/1994) foi uma inspiração explícita para Jung em *Wandlungen und Symbole der Libido* [*Transformações e símbolos da libido*] (Jung 1991), a que Jung – corretamente, creio – credita o término de sua relação com Freud.

Wandlungen é um livro complexo e frequentemente confuso, que desafia qualquer resumo fácil. Flournoy tinha fornecido a Jung uma série de fantasias produzidas por uma mulher chamada Frank Miller. Até Sonu Shamdasani (1990) rastrear a verdadeira história da Sra. Miller, Jung e seus comentadores trabalharam com o pressuposto de que Miller estava à beira de um colapso esquizofrênico quando escreveu as fantasias. Nada desse tipo de fato foi o caso, mas Jung procedeu ao uso do material para uma análise diagnóstica do colapso iminente da psique da moça. Para além disso, contudo, Jung levou sua análise na direção de uma espécie de mitologia comparada elementar, relacionando as fantasias da Sra. Miller à canção de Hiawatha e a outras versões míticas da história do herói. Sua erudição era pelo menos igual à de Freud neste aspecto, e um dos problemas do texto, que se tornaria característico dos escritos de Jung, é que sua busca de referências e de alusões nas fantasias se espalha tão amplamente, que a maioria dos leitores é incapaz de acompanhar seu argumento. O ponto em toda essa análise mítica comparada, contudo, era em grande medida o mesmo do projeto simultâneo de Freud em *Totem e tabu* (Hogenson 1983). Ambos queriam demostrar que suas teorias estavam respaldadas pela manifesta ubiquidade na cultura humana. Um ponto que frequentemente passa despercebido pelos críticos de Jung é que, ao final de *Totem e tabu*, Freud tinha desenvolvido uma argumentação sobre um "inconsciente coletivo" pelo menos tão forte quanto tudo o que Jung propôs. E, conforme Jung defenderia até o final de sua vida, Freud também tinha desenvolvido uma teoria dos arquétipos; ocorre que havia apenas um arquétipo no sistema de Freud, ou seja, o arquétipo de Édipo (Jung 1977: 288).

Na profusão de materiais em *Wandlungen* um episódio se destaca, e tem sido salientado como talvez nenhuma outra passagem isolada dos escritos de Jung: o caso do "Homem do Falo Solar". Este caso envolveu um paciente com severa esquizofrenia no Burghölzl, que disse que, ao olhar para o sol, ele via o que parecia ser uma extensão fálica pendendo do disco solar e, prosseguiu, era esta protrusão que gerava o vento. O caso foi originalmente relatado por um subordinado de Jung, Johann Jakob Honegger, mas Jung o incorporou em seu texto com um comentário conectando a visão desse homem com certos ensinamentos do antigo culto do mitraísmo. Por razões que permanecem obscuras, Jung desenvolveu, nesta época, um fascínio com o mitraísmo que persistiu ao longo dos anos de 1920. Jung afirmou que o paciente psicótico não poderia estar familiarizado com o mito mitraico porque este não tinha sido publicado, e assim descartou a criptomnésia como uma fonte do delírio. Jung estava ao menos parcialmente enganado nesta afirmativa: ele estava considerando a data de 1910, relativa à segunda edição do livro *Ein Mithrasliturgie*, de Albrecht Dieterich, que tinha sido publicado em 1903. Contudo, nós hoje sabemos que o paciente, certo Emile Schwyzer (1862-1931), foi hospitalizado no Burghölzli em 1901, portanto antes da publicação do livro de Dieterich (Bair 2003). Richard Noll, em seu esforço de desacreditar a teoria dos arquétipos de Jung, especulou que mesmo se Schwyzer não tiver visto o livro de Dieterich, haviam outras fontes potenciais de informação semelhante (Noll 1994). Mas, como Deirdre Bair recentemente deixou claro, Schwyzer tinha sido encarcerado em várias instituições mentais na Inglaterra e na Suíça, desde 1882, aos vinte anos de idade (Bair 2003). Consequentemente, a posição de Noll, se já era especulativa, se tornou tênue, na melhor das hipóteses. Não obstante, a questão da reprodução criptomnésica de mitos é um ponto espinhoso para grande parte da especulação de Jung sobre arquétipos (Shamdasani 2003). Um dos aspectos mais comprometedores da apresentação por Jung de sua teoria, repetido por muitos de seus seguidores originais, foi seu frequente apelo à garantia de que determinado paciente "não poderia ter tido nenhuma familiaridade com" um dado mito ou motivo. Em um grau inaceitável, essa asserção é frequentemente baseada em preconceitos de classe da parte de Jung, e em nenhuma evidência. Jung acabou desistindo do Homem do Falo Solar como um caso exemplar, mas os problemas apresentados por esse caso continuaram a assombrar a sua teoria.

A natureza dual do discurso arquetípico e o problema que ela apresenta

O Homem do Falo Solar – e *Wandlungen* em geral – apresenta um problema para Jung e para a teorização subsequente sobre os arquétipos. O problema tem a ver com a relação entre o cérebro ou a mente ou a psique e o mundo imaginal compartilhado de mitos, contos de fada e, de fato, sonhos, ilusões e alucinações psicóticas. O argumento desse livro, realmente o primeiro no qual Jung tentou desenvolver os fundamentos de uma teoria mais geral da psique, foi que, sob certas circunstâncias, tais como a deflagração ou presença de uma psicose, a mente humana tende a produzir padrões típicos de ideação e de representação. Assim, a Sra. Miller, que Jung acreditava estar à beira de um colapso psicótico, produziu fantasias que pareciam muito com as lendas de heróis dos nativos americanos – conforme Jung as conhecia a partir de Longfellow – ou outras tradições heroicas. Piscando para o sol, o Homem do Falo Solar espontaneamente gera uma história que se assemelha muito à mitologia de um obscuro culto romano que havia deixado de existir quase 2.000 anos antes. Uma vez que se tornou evidente, contudo, que tanto o Homem do Falo Solar quanto a Sra. Miller podiam estar se valendo de memórias criptomnésicas para gerar suas fantasias, a noção de que havia padrões mentais que se autorreproduziam ao longo das gerações se tornou cada vez mais questionável. A solução de Jung para este problema se apoiou, em alto grau, não em alguma noção mística sobre a natureza transcendente dos mitos, como os críticos a partir de

Freud alegaram, mas sim em um comprometimento surpreendentemente profundo com uma teoria evolucionária da mente.

Um aspecto crucial do projeto de Jung como um todo foi seu compromisso de ligar a psicologia profunda, na medida do possível, ao programa científico mais amplo do século XX. Este desejo motivou claramente sua longa associação com o físico Wolfgang Pauli, e é evidente também em outros lugares. No caso do trabalho inicial sobre arquétipos, as influências mais importantes parecem vir dos primeiros etólogos, e do emergente modelo neodarwinista na teoria evolucionária, tal como apresentado especialmente por James Mark Baldwin e Conway Lloyd Morgan (Hogenson 2001). Mesmo nos anos de 1940, Jung ainda insistia que se o corpo humano foi o resultado de evolução, não havia razão para pensar que a psique humana também não o fosse. Jung gostava muito de exemplos simples baseados em animais, e seu raciocínio parece ter sempre seguido a linha de que se os pássaros tecelões produzem consistentemente a mesma forma básica de ninho, sem nenhuma instrução sobre como fazê-lo, então se pode argumentar que os humanos produzem mitologemas típicos sem nenhuma instrução particular. Mas também era claro que a instrução, na forma de coisas como poemas épicos sobre heróis indígenas, realmente existe. A questão para Jung então se torna, por que este conjunto particular de imagens ao invés de algum outro?

Nesse ponto, Jung introduz uma distinção na teoria dos arquétipos que nos leva de volta à discussão dos arquétipos tal como desenvolvida por Goethe e Owen, e que se tornou central em muito do debate contemporâneo com relação aos arquétipos. A distinção que Jung traça é entre o que ele chamou de arquétipo em si e a imagem arquetípica. A imagem arquetípica é a representação que encontramos em um determinado mito. Assim Beowulf, Hércules e Hiawatha são todos imagens do arquétipo do herói, e Jung é enfático em dizer que essas representações particulares são de origem cultural e mostram certas variações de cultura para cultura. Contudo, a evolução de algum modo equipou a mente humana com a capacidade e a tendência de formar, senão acionar, imagens exatamente deste tipo. Infelizmente, Jung é extremamente vago acerca de como ele pensa que isso aconteceu, ou sobre como o arquétipo em si deve ser conceptualizado. Ele tende a se apoiar fortemente em metáforas para explicar o que quer dizer com arquétipo em si; é como uma estrutura cristalina implícita em uma solução supersaturada, ou é como o instinto do pássaro tecelão, ou é de algum modo transmitido por "partículas mendelianas".

É neste ponto que creio que podemos ver a operância do *background* de Jung – e a influência de Goethe em particular – no desenvolvimento de sua teoria dos arquétipos. Pode-se caracterizar os dois modelos do arquétipo propostos por Owen e por Goethe, respectivamente, como uma distinção entre uma estrutura fundamental e um processo fundamental. Para Owen, o arquétipo vertebrado define a estrutura mais fundamental do organismo vertebrado, ou seja, os vertebrados simples. Para Goethe, o arquétipo não consiste em uma estrutura fundamental, mas no processo global que engendra o organismo como um todo – e esse processo não pode ser definido e especificado de maneira estreita. Jung, em certo sentido, tenta seguir ambos os caminhos. Ele sabe, como um cientista do início do século XX, especialmente um cientista que se formou como médico, que a boa ciência procede pela definição de estruturas fundamentais nos organismos. Portanto, se deveria ser capaz de definir categorias de imagens arquetípicas, talvez baseadas em categorias de complexos segundo proposto por Saunders e Skar (2001) e, ao assim fazê-lo, fornecer um tipo de taxonomia ou anatomia da psique na linha do modelo de Owen. Por outro lado, seria possível adaptar a posição de que os arquétipos são parte de um sistema dinâmico – seja no sentido freudiano da dinâmica dos modelos topológicos, ou segundo a noção de Jung das funções teleológicas da psique –, o que se alinharia novamente com Goethe, para quem a natureza é um fenômeno totalmente dinâmico e baseado em processos, e para quem o modelo estrutural de Owen não tem nenhuma ressonância.

A emergência da emergência

Como assinalei acima, revisei esse material histórico detidamente porque creio que, para compreender a teoria e a prática contemporâneas com relação aos arquétipos, é importante compreender os fundamentos do pensamento de Jung sobre o tema e reconhecer as ambiguidades que permeiam a noção como um todo. O resultado da ambiguidade de Jung é que cada teórico escolhe o aspecto da discussão de Jung dos arquétipos que melhor convém à sua predisposição ou formação proveniente de algum outro campo. Assim, para tomar dois dos casos com os quais comecei este capítulo, Anthony Stevens, juntamente com seu colaborador John Price, assinala que "Os arquétipos são concebidos como unidades neuropsíquicas que evoluem por meio de seleção natural e que são responsáveis por determinar as características comportamentais, bem como as experiências afetivas e cognitivas típicas dos seres humanos" (Stevens & Price 1996: 6).

Por outro lado, James Hillman confiantemente afirma que "O *datum* com o qual a psicologia arquetípica começa é a imagem. A imagem foi identificada com a psique por Jung ('imagem é psique'– Jung 1966: § 75), uma máxima que a psicologia arquetípica elaborou para significar que a alma é constituída de imagens, que a alma é primordialmente uma atividade imaginativa mais nativa e paradigmaticamente apresentada pelo sonho" (Hillman 1983: 14). Indo mais além, Hillman elabora seu argumento de maneira frontalmente contrária a Stevens: "A 'base poética da mente' foi uma tese que Hillman (1975: xi) lançou pela primeira vez em suas *Terry Lectures* de 1972, na Universidade de Yale. Afirma que a psicologia arquetípica 'não começa nem na fisiologia do cérebro, na estrutura da linguagem, na organização da sociedade, nem na análise do comportamento, mas em processos da imaginação'" (Hillman 1983: 19). Assim temos aqui duas autoridades reconhecidas, ambas podendo citar Jung como sua inspiração, mas que são diametralmente opostas uma à outra. Stevens, desde o lançamento de seu livro *Archetypes: A Natural History of the Self* (1982), manteve uma firme adesão a uma interpretação grandemente biológica, na verdade genética, da teoria dos arquétipos, enquanto Hillman, com igual contundência, manteve a posição imaginal.

Há uma série de questões que diferenciam essas posições, mas uma dificuldade crucial se liga à distinção de Jung entre arquétipo em si e imagem arquetípica. No restante deste capítulo argumentarei que essa distinção, que Jung usou para se defender das acusações de que estava postulando a herança de conteúdo cultural, tornou-se o ponto crítico de diferenciação entre os teóricos contemporâneos que tentam apurar o significado da noção de arquétipos. A razão para isso é a ascensão de um ponto de vista sobre a origem do fenômeno que não estava disponível para Jung. Este ponto de vista é amplamente referido como "emergência".

A primeira discussão detalhada da emergência na literatura junguiana foi feita por David Tresan (1996), que revisou um leque de bibliografia sobre o conceito. Em essência a emergência se baseia na noção de que dentro de certos tipos de sistema os fenômenos podem vir a ser, sem nenhum estado precursor que predissesse a aparição desses fenômenos. Bruce Weber caracterizou a emergência nos seguintes termos (mas cf. tb. as discussões da emergência nos cap. 5 e 9 deste vol.):

> Emergência ocorre quando novas propriedades aparecem em um sistema que não estavam presentes, e que não podiam ter sido facilmente predizíveis, nos componentes do sistema. Fenômenos emergentes obedecem a leis que surgem com as novas propriedades. Fenômenos emergentes impõem condições sobre seus constituintes que dependem da natureza dos fenômenos emergentes (Weber 2003: 311).

Um exemplo simples é a água. Não há quaisquer características particulares no hidrogênio e no oxigênio que levassem a se prever que a combinação desses gases formariam um líquido na temperatura ambiente ou que o líquido teria características tais como ter mais peso por volume antes de se tornar sólido, do que tem após ter se solidificado. Essas propriedades da água são propriedades emergentes da combinação de hidrogênio e oxigênio. Saunders e Skar (2001) e Hogenson (2001) argumentaram que a chave para entender os arquétipos está em eles serem fenômenos inteiramente emergentes. Críticos desta posição radical, como Anthony Stevens e Jean Knox – que não obstante assume uma posição que envolve uma forma menos radical de emergência – se contrapõem à posição fortemente emergente, porque ela parece eliminar o conceito de Jung de arquétipo em si. Assim, por exemplo, Stevens escreve na edição revisada de seu livro *Archetypes* que:

O ponto em que me afasto de Hogenson (2001) é na sua insistência de que os arquétipos não possuem nenhum espaço ou localização, não sendo nada mais do que "as propriedades emergentes do sistema desenvolvimental dinâmico de cérebro, ambiente e narrativa". Esta posição é endossada por Saunders e Skar (2001). A diferença entre a posição deles e a minha pode ser compreendida em termos de semântica. O que queremos dizer quando usamos o termo arquétipo? Quando defino arquétipo como "potencial neuropsíquico inato", estou falando do *arquétipo em si* que é atualizado na forma de imagens, motivos, ideias, relações e comportamentos arquetípicos. Do meu ponto de vista, a definição de Hogenson do arquétipo como "propriedades emergentes" descreve as *manifestações atualizadas* dos arquétipos e não os arquétipos em si (Stevens 2003: 284; itálicos no original).

De um modo semelhante, Jean Knox observa que:

A dificuldade que surge com [a abordagem de Saunder e Skar (e por extensão a de Hogenson) é que] os arquétipos [...] perdem uma característica distintiva-chave, a do arquétipo em si como um esboço ou Gestalt primitivo sem informação ou conteúdo representacional (Knox 2003: 64).

Stevens, cabe reconhecer-lhe esse mérito, põe seu dedo no problema central deste capítulo: o que queremos dizer quando usamos o termo "arquétipo"? O que Jung quis dizer ao usá-lo? A dificuldade é que Stevens e Knox, a despeito de visões que divergem em muitos outros aspectos do debate, encampam a noção, mais característica de Owen do que de Goethe, de que em certo nível deve-se descrever um modelo no qual o fenômeno arquetípico se baseia. Além disso, esse modelo deve, em algum sentido importante, ser inerente ao indivíduo, seja como um código genético ou como os esquemas de imagem, não exatamente *a priori*, mas potencialmente pré-natais, da psicologia desenvolvimental. Assim, Jean Knox escreve, com relação ao esquema de imagem e ao arquétipo em si:

O esquema de imagem seria assim como que um modelo que, pela primeira vez, oferece uma descrição desenvolvimentalmente coerente do arquétipo em si e da imagem arquetípica. O padrão abstrato em si, o esquema de imagem, não é jamais experimentado diretamente, mas como um fundamento ou uma planta térrea que pode ser ligada ao conceito do arquétipo em si. Isso oferece o andaime para todo o leque de extensões metafóricas que podem ser expressas no imaginário consciente que pareceria, portanto, corresponder à imagem arquetípica. Essas elaborações metafóricas sempre se baseiam na Gestalt ou esquema de imagem do qual são derivadas (Knox 2003: 62).

Deixe-me ser claro sobre o ponto em que Knox vê a formação da base do arquetípico como, em certo sentido, algo emergente. As teorias da formação do comportamento emergente são cada vez mais comuns na psicologia desenvolvimental (Thelen & Smith 1998; Thelen et al. 2001), e Knox está bem ciente de que o esquema de imagem não pode vir a ser por programação genética inata. Contudo, segundo eu leio no trabalho dela sobre esquemas de imagem e sobre seus estados sucessores, os modelos internos de funcionamento, ela defende a necessidade de haver uma "planta baixa" ou senão de estabelecer um modelo para a formação dos fenômenos arquetípicos, precisamente o problema identificado na crítica de Susan Oyama à tradição filosófica ocidental, o que é de vários modos análogo à visão do arquétipo vertebrado proposta por Richard Owen.

Há outro problema que surge neste ponto, no esforço de compreender o uso por Jung do termo "arquétipo em si". Colocando de maneira simples, devemos nos perguntar se o próprio Jung na verdade concebia o arquétipo em si como uma estrutura endógena do cérebro em desenvolvimento, que é a posição que está implícita na posição de Knox e Stevens, entre outros. Este é um ponto difícil de deslindar, pois nos envolve novamente na problemática interpretação dos compromissos filosóficos de Jung. Por que este seria o caso? Para responder a essa questão, é necessário voltar à introdução por Jung da noção do arquétipo. Na conferência em 1919, onde usou pela primeira vez o termo, ele observou:

Neste estrato "mais profundo", nós também encontramos as formas a priori, inatas, de "intuição", a saber, os arquétipos da percepção e da apreensão, que são os determinantes a priori necessários de todos os processos psíquicos. Assim como seus instintos impelem o homem a um modo especificamente humano de existência, assim também os arquétipos submetem seu modo de percepção e de apreensão a padrões especificamente humanos (Jung 1919: § 270).

O que é notável nesta passagem são suas profundas ressonâncias kantianas. Jung foi, como repetidamente deixou claro, fortemente influenciado por Kant, e frequentemente se referiu à filosofia crítica de Kant. Na *Crítica da razão pura* (Kant 1787/1929), onde a questão da natureza *a priori* da mente é central, o projeto de Kant é defender a necessidade *lógica* de certas características da percepção humana, tais como a percepção de todos os objetos ocorrendo no espaço e no tempo, ou que todos os eventos são percebidos como tendo uma causa. Não era a intenção de Kant argumentar que tinha de existir algo na linha do que reconheceríamos como um programa genético para o espaço e o tempo ou um esquema de imagem para o espaço e o tempo. Exatamente o oposto disso. O argumento de Kant, na verdade, regride talvez infinitamente, para trás de afirmações deste tipo. Em outras palavras, para perceber as operações dos genes ou dos esquemas de imagem formando o recém-nascido, deve-se antes perceber no espaço e no tempo e em referência à causalidade. Assim o *a priori*, ou como Kant também considerava, o *status* transcendental de espaço, tempo e causalidade, não pode ser provado pela pesquisa empírica. Tudo o que se tem, no que hoje poderíamos chamar de consciência, são fenômenos. O uso explícito por Jung da linguagem kantiana do *a priori* na determinação do "modo de percepção e de apreensão" universalmente humano parece apontar muito mais decisivamente na direção de um arquétipo em si infinitamente regressivo e transcendental, que deixa na sua sequência a experiência fenomênica da imagem arquetípica, e nesse caso os modelos genéticos ou esquemas de imagem podem ser vistos como imagens arquetípicas ao invés de instâncias do arquétipo em si.

Este senso da equivocidade do arquétipo em si é capturado por Jung muito mais tarde na vida. Escrevendo em 1940, Jung afirma categoricamente que:

> Já que não podemos negar os arquétipos ou neutralizá-los, somos confrontados a cada nova etapa da diferenciação da consciência, atingida pela civilização, com a tarefa de encontrar uma nova interpretação apropriada a esta etapa, a fim de conectar a

vida do passado, que ainda existe em nós, com a vida do presente, que ameaça se furtar daquela (Jung 1940/1969: § 267).

A noção de que qualquer interpretação dada da verdadeira natureza do arquétipo é, na verdade, apenas uma tentativa de conectar o pensamento contemporâneo de volta com o modo de expressão – não o modo de percepção, que Jung argumentaria ser arquetipicamente constante em um sentido semelhante ao do argumento de Kant – impõe considerável dificuldade a qualquer argumento que tente de uma vez por todas ter fundamentado o arquétipo. No mesmo ensaio, Jung prossegue reforçando este sentido:

> No que se refere à psicologia do motivo ou tema da criança, devo ressaltar que toda afirmação que ultrapasse os aspectos puramente fenomênicos de um arquétipo expõe-se necessariamente à crítica acima expressa. Em momento algum devemos sucumbir à ilusão de que um arquétipo possa ser afinal explicado e com isso encerrar a questão. Mesmo as melhores tentativas de explicação são apenas traduções mais ou menos bem-sucedidas para outra linguagem metafórica. (De fato, a própria linguagem é apenas uma imagem.) O máximo que podemos fazer é *sonhar o mito adiante*, e dar-lhe uma vestimenta moderna (Jung 1940/1969: § 271).

De fato, em 1947 Jung foi bem específico nesta questão. Pareceu-lhe nesse ponto que "a real natureza do arquétipo é incapaz de se tornar consciente, ou seja, é transcendente, daí eu lhe chamar de psicoide. Além do mais, todo arquétipo, quando representado para a mente, já é consciente, e assim difere em uma extensão indeterminável daquilo que causou a representação" (Jung 1947/1969: § 417).

Implicações

Esta compreensão da natureza do arquétipo faz sentido no *setting* clínico? Em um recente artigo sobre o trabalho de Ferenczi com uma paciente profundamente traumatizada, Donald Kalsched oferece um breve relato de um de seus próprios casos. Uma jovem, que havia sido abusada sexualmente pelo pai, estava tentando reconstruir os eventos do abuso. Kalsched reconta um ponto na análise quando o reconhecimento das dimensões arquetípicas da experiência abusiva ficou evidente:

> Quando essas memórias saturadas de ansiedade assomavam à consciência, sua vista ficava turva e a sala começava a girar, assim só pudemos explorar um pouco de cada vez. Conforme o processo prosseguiu, nós percebemos que essas "memórias" eram todas estranhamente "de cima" – em outras palavras, que uma parte delas tinha se dissociado, olhando de cima para baixo seu corpo violado. Um dia, em uma sessão, eu perguntei em voz alta "onde" ela estava durante esses episódios dissociativos. Ela pensou por um momento – então caiu em lágrimas e disse, de modo muito comovente: "Eu estava nos braços da Mãe Abençoada" (Kalsched 2003: 479).

Kalsched prossegue recontando como Ferenczi tinha se deparado com uma circunstância muito semelhante em seu tratamento de Elizabeth Severn, que fora também abusada sexualmente na infância. No curso do tratamento, um "supraindivíduo", que recebeu o nome de "Orpha", se tornou um fator central para o entendimento do trauma. Kalsched narra a experiência de Severn:

> "Orpha", também conhecida como os "instintos de organização da vida", foi o nome que Ferenczi deu ao que eu chamaria de um objeto interno "daimônico" que tinha vindo para resgatar uma paciente chamada Elizabeth Severn, conhecida no Diário [de Ferenczi] como "RN". Como a "Mãe Abençoada" da minha paciente, Orpha era o "anjo da guarda" de Elizabeth Severn, uma parte interna, onisciente e precocemente intelectual do eu, que parecia ter acesso a poderes superiores. Ferenczi e sua paciente puderam reconstruir as atividades salva-vidas deste notável objeto interno. No momento de um sofrimento insuportável, Orpha saía através de uma fenda imaginária da cabeça da paciente; subia para a abóbada estelar, se tornava um "fragmento astral", brilhando a distância como uma estrela, cheia de compaixão e compreensão, enquanto o corpo da paciente estava sendo torturado e abusado. Então Orpha descia de volta e ajudava a menina despedaçada a reunir um falso *self* minimamente funcional com o qual continuaria a existir (Kalsched 2003: 480).

Sob o risco de desvalorizar os notáveis *insights* de Kalsched sobre a natureza do trauma, bem como as dimensões arquetípicas da experiência, eu creio que se pode dizer que ele se apoia exageradamente no vocabulário das relações de objeto para transmitir partes importantes de seu argumento. Minhas razões para ser crítico deste elemento, em relação ao que, porém, considero ser talvez a mais importante contribuição ao pensamento clínico junguiano em anos recentes, é que creio que a noção do arquétipo como um fenômeno emergente pode nos levar bem além da teoria das relações de objeto. Como? O elemento crucial tanto no caso do próprio Kalsched como no de Elizabeth Severn é o papel da figura supraindividual para restaurar um senso de si da criança abusada. Parece-me que em ambos os relatos esta função é central às operações da figura da Mãe Abençoada e de Orpha. Contudo, do ponto de vista da teoria junguiana, amalgamada com a teoria das relações de objeto, essas figuras poderosas correm o risco de se tornarem meros substitutos dos objetos mais convencionais no mundo da criança. Como Kalsched escreve com relação a sua paciente, "Através de lentes junguianas nós diríamos que a Mãe Abençoada era uma figura interna de proporções 'daimônicas' – A Grande Mãe "arquetípica", ativada no inconsciente para compensar o ego regressivo pelo fracasso da mediação da mãe pessoal na realidade" (2003: 480). Mas esta é uma interpretação adequada de uma figura tão singular, em um relato tão extraordinário de sobrevivência? A interpretação, podemos perguntar, é suficiente com relação ao significado da intervenção simbólica na vida da criança, e mais tarde na vida da analisanda adulta?

É neste ponto que se torna essencial nos valermos da relação de Jung com os pontos de vista alternativos sobre a natureza do arquétipo, com que este capítulo começou. A chave para fazer esta determinação, creio, repousa na abordagem de Jung do mundo simbólico, a que a teoria dos arquétipos dá origem. No caso da paciente de Kalsched, a figura da Abençoada Virgem Maria pode ser interpretada de modos que transcendem tanto qualquer referência à mãe pessoal que é difícil ver como um analista poderia ficar dentro de um quadro de referência fornecido mesmo por uma versão junguiana das relações de objeto. A imensa variedade de significados e interpretações disponíveis dentro do âmbito simbólico da Virgem Abençoada foi documentada por Jaroslav Pelikan (Pelikan 1996) e se pode ver neste relato como a imagem da Mãe Abençoada – e também a de Orpha, dadas as características associadas a essa figura – levaria a experiência imaginal da criança para muito além de um senso das qualidades confortadoras da mãe pessoal ausente. A abordagem de Jung do símbolo arquetípico, que ele enfatiza ser radicalmente distinta do que ele chamou de a abordagem "semiótica" de Freud, foi definida clinicamente pelo método de Jung da amplificação. Escrevendo em 1947 sobre essa inovação metodológica, e sobre a implementação dela em sua abordagem pela via da imaginação ativa, Jung nos oferece uma chave para sua abordagem do arquétipo na forma advogada por Goethe:

> O aspecto mais notável neste método – assim me pareceu – era que ele não implicava uma *reductio in primam figuram* (redução à primeira figura silogística), mas antes uma *síntese* – sustentada por uma atitude voluntariamente assumida, embora de resto inteiramente natural – de material consciente passivo e de influências inconscientes, portanto um tipo de *amplificação espontânea* dos arquétipos. Essas imagens não devem ser pensadas como uma redução de conteúdos conscientes a seu denominador mais simples, o que seria o caminho direto para as imagens primordiais, o que, como eu disse anteriormente, seria inimaginável; elas só fazem sua aparição no curso da amplificação (Jung 1947/1969: § 403).

Lembremos a distinção de Richards entre o pensamento arquetípico de Owen e o de Goethe, em que o primeiro buscava especificamente a *"reductio in primam figuram"* enquanto Goethe observava as transformações do sistema, na confiança de que o olho interno discerniria o funcionamento mais profundo de todo o conjunto de fatores que agem uns sobre os outros. Jung, é claro, via seu sistema de amplificação sintética como diametralmente oposto ao método redutivo de Freud, e ao acentuar essa distinção nós podemos ver ambos caindo nos padrões de pensamento propostos por seus predecessores.

Com o retorno desta distinção, sublinhada pela primeira vez por Owen e Goethe, entre o arquétipo como o menor denominador comum ou a forma básica *versus* a dinâmica da metamorfose do sistema como um todo, nós retornamos à questão da emergência. Vale lembrar que o título da primeira grande tentativa de Jung de lidar com o mito de uma maneira analítica foi intitulado *Wandlungen und Symbole der Libido*. *Wandlungen*, usualmente traduzido como "transformações", compartilha de uma raiz semântica com a mais teológica "transubstanciação" como na missa. Assim, transformação e símbolo estão intimamente conectados na visão de Jung sobre as operações da psique. Mas com a raiz semântica da transubstanciação oculta no pano de fundo, podemos ver que em algum nível Jung não está simplesmente se referindo à possibilidade de mudança desenvolvimental mas também de mudança ontológica. A noção de mudança ontológica apreende a profundidade da transformação evidentemente experimentada pelas jovens que puderam encontrar um contraponto a seu senso mais profundo de violação pela via da visão transformadora que abriu caminho para a redescoberta de um senso perdido do sagrado na pessoa da Beata Virgem Maria ou na essencialmente gnóstica Orpha. Essa compreensão das dimensões da mudança avistada no entendimento por Jung dos padrões arquetípicos da mudança nos empurra na direção do forte sentido de emergência discutido neste capítulo. O problema em foco é se nós podemos plausivelmente deduzir o curso provável do desenvolvimento no material de um caso a partir do material que se apresenta. A analogia aqui é a da capacidade de deduzir plausivelmente a emergência da água a partir da combinação de oxigênio e de hidrogênio.

Esta questão aponta para um próximo passo crucial no desenvolvimento do ponto de vista da psicologia analítica sobre o arquétipo. Ironicamente, parece-me que o curso que deverá ser tomado será pelo retorno às origens da teorização de Jung sobre o arquétipo. A questão é esta: para Jung, a inspiração para a teoria do arquétipo foi sua observação do comportamento simbólico de pacientes no Hospital Burghölzli e o trabalho que ele fez com o teste de associação de palavras. Ele viu padrões em ambas as situações, mas a princípio não soube o que fazer com eles. Saunders e Skar contribuíram muito ao examinar a relação da teoria do complexo, que deriva do teste de associação de palavras, com a teoria dos arquétipos. Jean Knox, embora talvez superestimando a formação factual do arquétipo em si, capturou importantes questões no desenvolvimento do indivíduo que fazem avançar dramaticamente nossa compreensão clínica. Contudo, nós ainda precisamos de uma explicação da natureza e das operações do símbolo que seja compatível com a teoria dos arquétipos que Jung passou a vida tentando desenvolver.

As teorias com relação à natureza do símbolo passaram por uma transformação decisiva no início do século XX, particularmente sob a influência do linguista Ferdinand de Saussure, cujo exame da natureza da linguagem rejeitou categoricamente a noção de que a referência na linguagem fosse outra coisa senão arbitrária. Isso se opõe ao pensamento dominante e sobre a linguagem nos períodos antigo e medieval, quando se considerava que pelo menos algumas formas linguísticas, e certamente os atos e representações simbólicas, eram fundamentadas nos seus referentes. Contudo, já não está claro se Saussure e os linguistas que o seguiram apreenderam todas as características do símbolo. Liderando um movimento alternativo no estudo da linguagem, o antropólogo e neurocientista Terrence Deacon desafiou muito da doutrina estabelecida sobre a natureza do símbolo. Sua objeção à noção de arbitrariedade no mundo simbólico é valiosa, pois se pode ouvir ali ressonâncias com a posição sobre a natureza do arquétipo como um fenômeno profundamente emergente que estamos desenvolvendo aqui. Deacon assinala, com relação aos fatores que podem coagir a "evolução" da linguagem:

> Eu argumentei repetidamente que provavelmente as mais importantes destas coações são as que surgem da infraestrutura semiótica implícita na própria referência simbólica. Isso tem sido quase que inteiramente ignorado tanto por linguistas quanto por cientistas cognitivos, em grande medida porque se tem pressuposto que a referência simbólica contribui com nenhuma restrição sobre a forma da linguagem, a não ser a arbitrariedade. Eu creio que esse é um pressuposto injustificado, baseado na falácia da generalização do símbolo individual – relações de objeto para sistemas de símbolos. Como argumentarei mais adiante, há de fato coações que são implícitas ao uso do símbolo. O ponto que quero enfatizar aqui, contudo, é que tais coações semióticas, conforme envolvem sistemas simbólicos, não estão localizadas nem nos cérebros, nem na sociedade, *per se*. Elas são um pouco como as coações formais que moldaram o desenvolvimento da matemática (e que produzem fenômenos universais curiosos como os números primos). Embora eu deixe aos filósofos a discussão sobre a natureza da "existência" de tais coações formais, creio que não se pode negar que a ma-

temática teve de se desenvolver levando-as em conta. De modo semelhante, no caso da linguagem, coações semióticas agiram como pressões selecionadoras na evolução tanto da linguagem quanto das estruturas cerebrais (Deacon 2003: 98).

Uma teoria dos arquétipos deve propiciar uma teoria viável da simbolização, que satisfaça as exigências do *setting* clínico, no qual a amplificação de um símbolo seja capaz de transformar a psique e o comportamento do analisando, e dê uma explicação para o leque de fenômenos que tentou reunir sob a rubrica do inconsciente coletivo. A primeira regra da investigação verdadeiramente científica é preservar os fenômenos. Jung lutou para que o fenômeno ficasse claro o bastante para que a construção da teoria pudesse ter lugar. Por vezes ele errou de pontaria, como no caso do Homem do Falo Solar, mas se se quer trabalhar com Jung deve-se começar levando a sério o esforço em que ele estava empenhado de trazer o símbolo à vida nas vidas dos seus pacientes. Sua pedra de toque nesta empreitada foi sua teoria do arquétipo, e a manifestação dele no mundo simbólico da psique humana. Retornar à interface desses fatores oferece a chave para um maior desenvolvimento na psicologia analítica.

Referências

Bair, D. (2003). *Jung*: A Biography. Boston: Little Brown.

Deacon, T.W. (2003). "Multilevel selection in a complex adaptive system: the problem of language origin". In: Weber, R.H. & Depew, D.J. (orgs.). *Evolution and Learning*: The Baldwin Effect Reconsidered. Cambridge: The MIT Press, p. 81-106.

Desmond, A. (1982). *Archetypes and Ancestors*: Paleontology in Victorian London 1850-1875. Chicago: University of Chicago Press.

Ferris, P. (1997). *Dr. Freud*: A Life. Washington: Counterpoint.

Flournoy, T. (1901/1994). *From India to the Planet Mars*: A Case of Multiple Personality with Imaginary Languages. Princeton: Princeton University Press [org. S. Shamdasani].

Gieser, S. (2004). *The Innermost Kernel*: Depth Psychology and Quantum Physics; Wolfgang Pauli's Dialogue with C.G. Jung. Nova York: Springer.

Harrington, A. (1996). *Reenchanted Science*. Princeton: Princeton University Press.

Hillman, J. (1994). *Healing Fictions*. Woodstock: Spring.

_____ (1983). *Archetypal Psychology*: A Brief Account. Woodstock: Spring.

_____ (1975). *Revisioning Psychology*. Nova York: Harper Colophon.

Hogenson, G.B. (2001). The Baldwin effect: a neglected influence on C.G. Jung's evolutionary thinking. *Journal of Analytical Psychology*, 46 (4), p. 591-611.

_____ (1983). *Jung's Struggle with Freud*. South Bend: Notre Dame University Press.

Jung, C.G. (1991). *The Collected Works of C.G. Jung* – Supplementary Volume B: Psychology of the Unconscious: A Study of the Transformations and Symbolism of the Libido. Princeton: Princeton University Press.

_____ (1989). *Analytical Psychology*: Notes of the Seminar given in 1925. Princeton: Princeton University Press [*Seminários sobre psicologia analítica*. Petrópolis: Vozes, 2014].

_____ (1977). *C.G. Jung Speaking*: Interviews and Encounters. Princeton: Princeton University Press.

_____ (1966). "Alchemical studies". Princeton: Princeton University Press [CW 13] [*Estudos alquímicos*. Petrópolis: Vozes, 2011 – OC 13].

_____ (1947/1969). "On the nature of the psyche". Princeton: Princeton University Press [CW 8, 159-234] ["Considerações teóricas sobre a natureza do psíquico". Petrópolis: Vozes, 2011 – OC 8/2].

_____ (1940/1969). "The psychology of the child archetype". Princeton: Princeton University Press [CW 9i, 151-181] ["A psicologia do arquétipo da criança". Petrópolis: Vozes, 2011 – OC 9/1].

Jung, C. (1919). Instinct and the unconscious. *The British Journal of Psychology*, X (1), p. 15-23 ["Instinto e inconsciente". Petrópolis: Vozes, 2011 – OC 8/2].

_____ (1902). "On the psychology and pathology of so-called occult phenomena". Princeton: Princeton University Press [CW 1, 3-88] ["Sobre a psicologia e patologia dos fenômenos chamados ocultos". Petrópolis: Vozes, 2011 – OC 1].

Jung, C.G. & Riklin, F. (1904). "The associations of normal subjects". In: Read, H.; Fordham, M.; Adler, G. & McGuire, W. (orgs.). *The Collected Works of C.G. Jung*. Vol. 2. Princeton: Princeton University Press, p. 3-196.

Jung, E. & von Franz, M.-L. (1980). *The Grail Legend*. Boston: Sigo Press.

Kalsched, D. (2003). Trauma and daimonic reality in Ferenczi's later work. *Journal of Analytical Psychology*, 48, p. 479-489.

_____ (1996). *The Inner World of Trauma*. Londres: Routledge.

Kant, I. (1787/1929). *Critique of Pure Reason*. Nova York: St Martin.

Kitcher, P. (1995). *Freud's Dream*: A Complete Interdisciplinary Science of Mind. Cambridge: The MIT Press.

Knox, J.M. (2001). Memories, fantasies, archetypes: an exploration of some connections between cognitive science and analytical psychology. *The Journal of Analytical Psychology*, 46 (4), p. 613-635.

Knox, J. (2003). *Archetype, attachment, analysis*: Jungian psychology and the emergent mind. Hove: Brunner/Routledge.

Noll, R. (1994). *The Jung Cult*: Origins of a Charismatic Movement. Princeton: Princeton University Press.

_____ (1985). Mental imagery cultivation as a cultural phenomenon: the role of visions in shamanism. *Current Anthropology*, 26 (4), p. 443-461.

Oyama, S. (2000). *The Ontogeny of Information*: Developmental Systems and Evolution. Raleigh: Duke University Press.

Pelikan, J. (1996). *Mary through the Centuries*: Her Place in the History of Culture. New Haven: Yale University Press.

Pietikainen, P. (1998). Archetypes as symbolic forms. *Journal of Analytical Psychology*, 43 (3), p. 325-343.

Richards, R.J. (2002). *The Romantic Conception of life*: Science and Philosophy in the Age of Goethe. Chicago: University of Chicago Press.

Robertson, R. (1987). *C.G. Jung and the Archetypes of the Collective Unconscious*. Nova York: Peter Lang.

Rosen, D.H.; Smith, S.M.; Huston, H.L. & Gonzalez, G. (1991). Empirical study of associations between symbols and their meanings: evidence of collective unconscious (archetypal) memory. *Journal of Analytical Psychology*, 36, p. 211-228.

Saunders, P. & Skar, P. (2001). Archetypes, complexes and self organization. *Journal of Analytical Psychology*, 46 (2), p. 305-323.

Shamdasani, S. (2003). *Jung and the Making of Modern Psychology*: The Dream of a Science. Cambridge: Cambridge University Press.

_____ (1990). A woman called Frank. *Spring*, 50, p. 26-56.

Stevens, A. (2003). *Archetype Revisited*: An Updated Natural History of the Self. Toronto: Inner City Books.

_____ (1982). *Archetypes*: A Natural History of the Self. Nova York: William Morrow & Co.

Stevens, A. & Price, J. (1996). *Evolutionary Psychiatry*: A New Beginning. Londres: Routledge.

Thelen, E.; Schoner, G.; Scheir, C. & Smith, L. (2001). The dynamics of embodiment: a field theory of infant perseverative reaching. *Behavioral and Brain Sciences*, 24 (1), p. 1-86.

Thelen, E. & Smith, L.B. (1998). *A Dynamic Systems Approach to the Development of Cognition and Action*. Cambridge: The MIT Press.

Tresan, D.I. (1996). Jungian metapsychology and neurobiological theory. *Journal of Analytical Psychology*, 41 (3), p. 399-436.

Van Eenwyk, J.R. (1997). *Archetypes and Strange Attractors*: The Chaotic World of Symbols. Toronto: Inner City.

Weber, B.H. (2003). "Emergence of mind and the Baldwin effect". In: Weber, B.H. & Depew, D.J. (orgs.). *Evolution and Learning*: The Baldwin Effect Reconsidered. Cambridge: The MIT Press [p. 309-326].

3
Aspectos desenvolvimentais da psicologia analítica

Novas perspectivas a partir da neurociência cognitiva e da teoria do apego: o modelo junguiano da mente

Jean Knox

Neste capítulo vou examinar as maneiras pelas quais recentes desenvolvimentos na neurociência cognitiva e na teoria do apego podem lançar uma nova luz sobre certos aspectos-chave do modelo de Jung da psique. Primeiramente farei um breve resumo dos conceitos centrais da psicologia analítica, sublinhando a emergência de cada etapa-chave do modelo como passos na formação de uma teoria integrada.

A psicologia analítica começou a emergir como uma disciplina separada quando Jung começou a questionar a natureza sexual da libido, que permaneceu sendo a pedra fundamental do modelo de Freud da psique e sobre a qual a psicanálise foi construída. Para Jung, isso parecia uma base estreita demais para a riqueza e a complexidade da vida psíquica; sua visão da libido como uma forma neutra de energia psíquica, que pode ser utilizada para uma variedade de propósitos, marcou o ponto em que ele abandonou suas tentativas de reconciliar seu modelo com o de Freud. Jung afirmou muito claramente sua rejeição da sexualidade como a fonte da vida psíquica ao escrever: "Não é possível encontrar a verdadeira etiologia da neurose nas variadas manifestações do desenvolvimento sexual infantil e nas fantasias a que elas dão origem" (Jung 1916: § 574).

A rejeição por Jung da premissa básica da psicanálise causou grande desconforto entre ambos e finalmente acarretou a ruptura permanente de seu relacionamento (Freud & Jung 1961: 534-540). Abriu também uma rachadura entre os modelos da mente erigidos por cada qual, que permanece até hoje. Para Freud, o inconsciente era um "caldeirão em ebulição" de desejos incestuosos e impulsos ligados ao complexo de Édipo, que são inaceitáveis para a mente consciente. Tendo rejeitado a natureza sexual da libido, só podia ser uma questão de tempo para Jung desenvolver uma visão muito distinta da natureza dos conteúdos inconscientes, que ele ficou livre para explorar como positivos e negativos. Em 1930, ele pôde descrever sua visão do inconsciente como "o estrato germinal, semieterno e criador em cada um de nós" e afirmar que "o inconsciente contém não somente as fontes instintivas e toda natureza pré-histórica do homem, descendo até o nível animal; mas, além disso, as sementes criadoras do futuro e as raízes de todas as fantasias construtivas" (Jung 1961/1930: § 760).

A visão de Jung de que o inconsciente é a fonte da criatividade, bem como da destrutividade, o levou a concluir que o inconsciente não pode ser unificado e então à ideia de que a dissociação, e não a repressão, é o principal mecanismo que mantém conteúdos mentais fora da consciência. O interesse de Jung na dissociação emergiu de seu estudo de sua prima Helene Preiswerk, que entrava em transes durante os quais parecia funcionar como uma médium de espíritos, um fenômeno que contribuiu para as ideias de Jung sobre subpersonalidades (Hayman 1999: 40-44).

James Astor apresenta o interessante argumento de que a resposta de Freud a esse desenvolvimento no modelo de Jung foi conceitualizar a própria dissociação como patológica, em contraste com a crescente confiança de Jung de que diferentes *eus* parciais coexistem dentro da personalidade como um fenômeno normal, e de que o inconsciente pode ser frequentemente um inconsciente dissociado e não dinamicamente reprimido (Astor 2002). Embora Jung aceitasse que tanto a repressão quanto a dissociação são mecanismos que corroboram a compartimentalização da psique, ele rejeitava a visão de Freud de que a dissociação era sempre um processo defensivo, com o propósito primário de manter impulsos instintivos fora da consciência. Jung estava familiarizado com o trabalho de Janet, e a sua experiência clínica no Burghölzli forneceu rico material para a evolução de seu entendimento próprio das operações da mente humana, como sublinha Ellenberger:

> Jung constantemente se referiu a Janet (a cujas palestras ele assistiu, em Paris, durante o semestre de inverno de 1902-1903). A influência de *Automatismo psicológico* [título da tese de filosofia defendida por Janet em 1889 na Sorbonne] pode ser vista no modo de Jung considerar a mente humana como compreendendo várias subpersonalidades (as "existências psicológicas simultâneas" de Janet). O que Jung chamou de um "complexo" não foi originalmente senão o equivalente da "ideia fixa subconsciente" de Janet (Ellenberger 1970: 406).

O estudo por Jung das ideias de Janet levou à descoberta dos complexos. Jung concebeu-os como personalidades fragmentárias ou psiques dissociadas, dentro das quais há percepção, sentimento, volição e intenção, como se um sujeito estivesse presente e pensasse e fosse guiado por objetivos. O ego é apenas um complexo entre muitos, e a consciência é uma consequência da capacidade do ego de se apropriar e de fazer uso efetiva e livremente dos complexos que já estão estruturando a existência dessa pessoa. Sem a autorreflexão do ego, os complexos funcionam automaticamente e têm uma qualidade compulsiva (Brooke 1991: 126).

Emoção e motivação estão incluídas no funcionamento dos complexos que agem como partes dissociadas da mente. Jung foi claro sobre a "tonalidade afetiva", ou emoção, agrupar memórias entre si e dissociadas do resto do funcionamento mental; esses conglomerados de representações emocionalmente baseadas existem como um fenômeno normal bem como um fator de psicopatologia, como Sandner e Beebe explicam:

> Jung pensava que, quaisquer que sejam suas raízes na experiência prévia, a neurose consiste em uma recusa – ou incapacidade – no aqui e agora, de suportar o sofrimento legítimo.

Ao invés disso, esse sentimento doloroso ou alguma representação dele é cindida da consciência e o todo inicial – o si-mesmo primordial – é rompido. Tal cisão "deriva em última instância da aparente impossibilidade de se afirmar a totalidade da nossa natureza" (Jung 1934: § 980) e dá origem a todo o leque de dissociações e conflitos característicos dos complexos de tonalidade afetiva. Essa cisão é um dado normal da vida. A totalidade inicial deve ser quebrada, e [a cisão] se torna patológica ou diagnosticável como doença apenas quando a cisão dos complexos se torna grande e profunda demais e o conflito, intenso demais. Então os sintomas dolorosos podem levar aos conflitos da neurose ou ao ego despedaçado da psicose (Sandner & Beebe 1984: 298).

As profundas implicações do conceito de Jung de complexo foram plenamente reconhecidas por Jolande Jacobi, que escreveu que este foi "o começo revolucionário que o levou para além da psicologia tradicional, pavimentando o caminho de sua descoberta fundamental das 'dominantes do inconsciente coletivo', ou arquétipos" (Jacobi 1959: 30). Jacobi afirmou inequivocamente que "A noção do complexo – se se quer compreendê-la plenamente – pede espontaneamente, por assim dizer, um esforço para clarificar o conceito do arquétipo" (Jacobi 1959: 30). O arquétipo é o traço fundamental do modelo de Jung, aquele que se tornou o mais identificado com o nome de Jung na cultura popular.

O conceito de arquétipos tem múltiplas camadas, com várias vertentes diversas que se tornaram tão entrelaçadas que se tornou extremamente difícil distingui-las; esses significados variados, frequentemente contraditórios, têm sido explorados por muitos autores (Samuels 1985; Carrette 1994; Knox 2003; cf. tb. o cap. 2 deste vol.). A ambiguidade em torno dos arquétipos pode ser diretamente remetida à escrita do próprio Jung, na qual ele se valeu de filosofia, religião, mitologia, física, biologia, antropologia, psicologia, psiquiatria e psicanálise, e usou esses quadros de referência para explorar os conceitos que pudessem ajudá-lo na luta para entender a natureza e o funcionamento da psique humana. Cada um desses quadros de referência forneceram-lhe uma perspectiva pela qual enxergar a ideia de arquétipo e definir seus traços principais. Às vezes ele escreveu sobre os arquétipos como estruturas organizadoras abstratas, às vezes como realidades eternas, e de novo sobre significados essenciais; em outras ocasiões, ele adaptou um ponto de vista etológico muito sofisticado, no qual identificava os arquétipos como manifestações do instinto, um termo que ele usou de uma maneira biologicamente muito mais precisa do que Freud (Knox 2003).

É provavelmente inútil devassar meticulosamente a Obra Completa de Jung, em busca de evidências que sugiram que um modo de encarar os arquétipos predomina sobre outro em seus escritos. Nem Jung, nem seus primeiros seguidores, como Jolande Jacobi, viam a necessidade de distinguir entre esses modos de conceptualizar os arquétipos. Antes, eles pareciam sentir que o fato de que encontrassem uma variedade de modelos de estruturas inerentes ou inatas dentro dos quadros de referência culturais, religiosos, filosóficos, psicológicos e biológicos que estudavam fornecia evidência cumulativa sobre o conceito de arquétipo (cf. tb. cap. 2).

O ponto essencial que quero ressaltar aqui é que Jung pensava serem os arquétipos núcleos de significado na psique, aprofundando seu modelo da psique compartimentalizada. A ideia de que os arquétipos atuam como núcleos de significado inconsciente também subjaz à visão de Jung de que o inconsciente não é meramente uma acumulação de tudo o que é inaceitável à mente consciente, desempenhando um papel ativo como colaborador à construção do significado simbólico na psique humana. Isso o levou a desenvolver várias ideias-chave correlatas, as de autorregulação, compensação, individuação e função transcendente.

A discussão desses processos nos leva de volta, uma vez mais, à rejeição por Jung da natureza sexual da libido enquanto força organizadora fundamental na psique humana. A ideia de Freud de impulso instintivo subsume a mente ao cérebro e ao corpo e decreta que a concretude do corpo, na forma de processos fisiológicos inatos e de seus impulsos associados, determina o simbolismo da mente. A visão de Jung era a de que isso oferecia um modelo fechado da mente humana, no qual a natureza do conteúdo mental estaria predeterminada, uma ideia que ele considerou inaceitável, escrevendo:

Diferentemente de Freud, que após um começo psicológico adequado regrediu para o antigo pressuposto da soberania da constituição física, tentando reverter tudo na teoria para processos instintivos condicionados pelo corpo, eu começo com a soberania da psique (Jung 1936: § 968).

Desta perspectiva, foi o mistério da mente em ação que também levou à clara distinção por Jung entre um símbolo e um signo. Ele escreveu:

> O símbolo não é um sinal que disfarça algo de geralmente conhecido – isto é, um disfarce do impulso básico ou da intenção elementar. Seu significado reside no fato de que é uma tentativa de elucidar, mediante uma analogia mais ou menos apta para tanto, algo que ainda é inteiramente desconhecido ou ainda em processo de formação (Jung 1966/1916: § 492 [cf. Jung, OC 7/2, p. 164]).

Esta rejeição dos processos corpóreos como determinantes diretos de conteúdos psíquicos tinha profundas implicações; ela levou Jung a procurar mecanismos ou processos alternativos que pudessem controlar a organização dos conteúdos mentais. Parece-me que essa discussão do modelo maduro de psique de Jung focaliza frequentemente demais os aspectos estruturais, tais como os complexos, arquétipos e o si-mesmo, negligenciando sua compreensão inovadora e original dos processos reguladores e organizadores da mente humana. Esses processos são mecanismos para manter um equilíbrio psíquico, e vou explorar mais adiante, neste capítulo, a presciência notável mostrada por Jung quando se examinam esses conceitos à luz da neurociência contemporânea e da teoria do apego.

Jung desenvolveu a ideia de que a autorregulação e a compensação são os processos pelos quais as inclinações conscientes são equilibradas por comunicações inconscientes na forma de sonhos, fantasias e até de sintomas neuróticos. Jung enfaticamente rejeitou a ideia de que a análise devesse consistir somente em uma relação de mão única entre as partes conscientes e inconscientes da mente. "Individuação" é o termo que Jung cunhou para descrever um processo separado para realizar mudança psicológica, e argumentou que é neste processo que o inconsciente desempenha um papel ativo e criativo. Jung foi bem específico sobre o propósito da análise permitir que o senso de identidade de uma pessoa se amplie para abranger material inconsciente, um processo que ele denominou de "individuação" e definiu como o:

> processo que gera um *individuum* psicológico, ou seja, uma unidade indivisível, um todo. Presume-se em geral que a consciência representa o todo do indivíduo psicológico. Mas o conhecimento dos fenômenos que só podem ser explicados sob a hipótese de processos psíquicos inconscientes torna duvidoso que o ego e seus conteúdos sejam de fato idênticos ao "todo" (Jung 1939: § 490).

Ele deixou claro que o conceito do "todo" deve necessariamente incluir não apenas a consciência, mas também o ilimitado campo de ocorrências inconscientes. Mais tarde, na mesma seção, ele escreveu:

> Consciência e inconsciente não constituem um todo quando um é reprimido e prejudicado pelo outro. Se eles têm de combater-se, que se trate pelo menos de um combate honesto, com o mesmo direito de ambos os lados. Ambos são aspectos da vida. A consciência deveria defender sua razão e se proteger, e à vida caótica do inconsciente deveria ser dada a chance de seguir seu caminho também – na medida em que pudermos suportar. [...] Isso é, *grosso modo*, o que denomino "processo de individuação". Como o nome indica, é um processo ou percurso de desenvolvimento que surge do conflito entre duas realidades psíquicas fundamentais. [...] O modo pelo qual se obtém a harmonização de dados conscientes e inconscientes não pode ser indicado sob a forma de uma receita. [...] Desta união emergem novas situações e novas atitudes conscientes. Designei por isso a união dos opostos de "a função transcendente". Este completar-se da personalidade em uma totalidade deve ser a meta de qualquer psicoterapia que pretenda ser mais do que uma mera cura de sintomas (Jung 1939: § 522-524).

Com afirmações como esta, Jung apoiou sua visão da psique como autorreguladora, com os sintomas neuróticos e os sonhos operando como comunicações a partir do inconsciente que compensam uma atitude consciente desequilibrada. Anthony Storr apontou que este conceito percorre a totalidade do esquema de Jung de como a mente funciona, sustentando sua classificação dos tipos psicológicos, e resumiu isso com grande clareza:

No homem ocidental, devido às realizações de sua cultura, houve uma tendência especial rumo à hubris intelectual; uma valorização excessiva do pensamento que pode alienar um homem de suas raízes emocionais. Sintomas neuróticos, sonhos e outras manifestações do inconsciente são frequentemente expressões do "outro lado" tentando afirmar-se. Havia, assim, dentro de cada indivíduo um esforço rumo à unidade, na qual as divisões seriam substituídas pela consistência, os opostos igualmente equilibrados, a consciência em relação de reciprocidade com o inconsciente (Storr 1983: 18).

Este conceito de autorregulação está pois no coração do processo de individuação e do processo de mudança na análise, que pode ajudar a realizar uma nova síntese entre consciência e inconsciente. As visões de Jung sobre a autorregulação também levaram ao desenvolvimento de sua classificação dos tipos psicológicos. Os dois principais tipos psicológicos, introvertido e extrovertido, são depois modificados pelas quatro principais funções, pensamento, sentimento, sensação e intuição, cada uma delas podendo predominar na abordagem da vida por um indivíduo (isso será discutido com mais detalhes no cap. 4).

Jung também desenvolveu o conceito de "função transcendente" como o processo pelo qual as atitudes conscientes e inconscientes são comparadas e integradas entre si, refletindo sua visão do inconsciente como um colaborador ativo no processo de construção de sentido. Jung afirmou inequivocamente que no processo de formação do símbolo "a união de conteúdos conscientes e inconscientes é consumada. Desta união emergem novas situações e novas atitudes conscientes. Designei por isso a união dos opostos de 'a função transcendente'" (Jung 1939: § 524).

Contudo, isso por si só não resolve o dilema do que determina o desequilíbrio psíquico – qual é o princípio organizador por trás do processo de autorregulação? Tendo Jung tão enfaticamente rejeitado o impulso instintivo como o alicerce sobre o qual o significado psíquico é construído, ele precisava descobrir um processo alternativo que seja governante do desenvolvimento e organização da psique humana. Sua solução foi o conceito do si-mesmo, que é tanto o centro como a totalidade da psique e que guia o processo de individuação, sugerindo que "a meta do desenvolvimento psíquico é o si-mesmo" (Jung 1963: 188). Jung escreveu:

> [...] se o indivíduo conseguir reconhecer o inconsciente como um fator codeterminante junto com a consciência, e se puder viver de tal modo que as exigências conscientes e inconscientes sejam levadas em conta tanto quanto possível, então o centro de gravidade da personalidade total muda de posição. Já não está no ego, que é meramente o centro da consciência, mas no ponto hipotético entre consciência e inconsciente. Esse novo centro pode ser chamado de o si-mesmo (Jung 1967: § 67).

Jung percebeu plenamente as inconsistências inerentes ao conceito do si-mesmo e as via como parte integrante da ideia, escrevendo: "O si-mesmo, de qualquer modo, é absolutamente paradoxal, já que representa sob todos os aspectos a tese e a antítese e, ao mesmo tempo, a síntese" (Jung 1944: § 22).

A visão de Jung da libido como energia psíquica neutra, e do inconsciente como um colaborador ativo para o significado, o levou a ver a motivação teleologicamente, não apenas causalmente. Ele aceitou plenamente o fato de que a visão de Freud do papel da biologia era restrita demais em seu foco no impulso sexual e na exclusão de outras forças biológicas. Contudo, ele sentia que a psique está também constantemente procurando significado, uma busca espiritual e filosófica que é dotada de propósito. David Tresan (2004) identifica a natureza explosiva de uma frase aparentemente inofensiva em *The psychology of the unconscious*, em que Jung escreve sobre a mobilidade da libido. Tresan reconhece que este conceito de uma libido destacável e móvel está no âmago do abandono por Jung da teoria sexual de Freud. No artigo posterior "Sobre a energia psíquica", Jung elabora sua visão de que a libido pode direcionar a motivação não apenas para um espectro muito mais amplo de gratificações biológicas do que Freud antevira, mas também, nas palavras de Tresan, "rumo à formação de símbolos, à conceptualização e à atividade cultural" (Tresan 2004: 203). As hipóteses de Jung sobre a motivação foram em grande medida negligenciadas, pelo menos em termos de suas visões sobre a libido como reflexos de suas ideias sobre os fatores que motivam o comportamento humano e o funcionamento mental. De fato, Jung identificou várias motivações instintivas; ele via a fome como a expressão característica do instinto de autopreservação, a sexualidade, o impulso de agir, que encontra expressão no "anseio de viajar, no amor pela mudança, na inquietude e no instinto lúdico". Jung também identificou o instinto reflexivo, pelo qual "um processo natural é transformado em um conteúdo consciente", e o instinto criativo (Jung 1969/1937: § 237-241).

O modelo maduro da mente em Jung teve importantes implicações para sua visão do processo de mudança na análise. Ele foi enfático sobre o analista não ser meramente um observador e intérprete neutro do inconsciente do analisando. Ele sentia que a abordagem de Freud levava a um processo estereotipado de análise, no qual o analista conhece de antemão o que emergirá do inconsciente do paciente. Jung foi enfático em dizer que uma análise efetiva exige que o analista seja tão afetado e alterado quanto o paciente, e via a análise como um processo dialético "em que o médico, como pessoa, participa tanto quanto o paciente" (Jung 1951: § 239). Essa foi a base da visão de Jung de que o analista deveria primeiramente ter passado por uma análise didática completa, embora não tivesse nenhuma ilusão de que isso representasse "um meio absolutamente seguro de impedir ilusões e projeções" (Jung 1951: § 239), mas ele argumentou que isso pelo menos desenvolveria a capacidade de autocrítica. Ele foi mais longe ao sugerir que "mais ou menos metade de cada tratamento em profundidade consiste no autoexame do médico, pois só o que ele consegue corrigir em si mesmo ele pode esperar corrigir no paciente", e propôs isso como o verdadeiro significado do conceito de "médico ferido" (Jung 1951: § 239). Esta visão culminou no seu diagrama das relações de transferência consciente e inconsciente cruzadas que ele explorou em termos alquímicos e que emerge na análise (Jung 1946: § 422).

Psicólogos pós-junguianos expandiram muitas das ideias de Jung: o papel crucial da experiência pessoal forma o alicerce da escola desenvolvimental de psicologia analítica. Michael Fordham foi um dos pioneiros desta abordagem, e uma grande inovação teórica que ele introduziu na psicologia analítica foi a exploração da aplicação do modelo de Jung no desenvolvimento infantil. Ele introduziu o conceito de um *self* primário ou original que se desintegra, dando origem a um ciclo de deintegração-reintegração sob o estímulo oferecido pelo ambiente. Isso oferece uma reconciliação mais completa da aparente contradição entre o papel do arquétipo e o da experiência interpessoal:

> Em sua essência, deintegração e reintegração descrevem um estado flutuante de aprendizado, no qual o infante se abre a novas experiências e então recua para reintegrar e consolidar essas experiências. Durante uma atividade deintegrativa, o infante mantém continuidade com o corpo principal do *self* (ou seu centro), enquanto se aventura no mundo externo para acumular experiência em ação motora e estimulação sensorial (Fordham 1988: 64).

Gordon esclareceu a relação desenvolvimental entre o imaginário arquetípico e a experiência pessoal:

> No curso do desenvolvimento, as figuras arquetípicas são domesticadas ao se encarnarem nos e por meio dos relacionamentos reais com pessoas reais; essas pessoas passam a gradualmente a serem percebidas com maior ou menor precisão em termos de sua natureza e caráter reais. Em outras palavras, elas se tornam mais humanizadas. As percepções se tornam mais adequadas, menos cruéis e mais compassivas; as projeções arquetípicas são retiradas, e a capacidade para a verdade emerge. E então tanto os mundos paradisíacos quanto os terrificantes começam a retroceder (Gordon 1993: 303).

Uma exploração da psicologia analítica a partir das perspectivas da neurociência desenvolvimental e da teoria do apego

Como esses conceitos centrais da teoria analítica junguiana se afiguram quando examinados através das lentes da neurociência desenvolvimental contemporânea e da teoria do apego? Tanto Jung quanto Freud consideravam si próprios como cientistas e seus métodos científicos, embora Jung às vezes reconhecesse, com pesar, que havia precisado se afastar deste caminho:

> Eu imaginava estar trabalhando segundo as melhores diretrizes científicas, estabelecendo fatos, observando, classificando, descrevendo relações causais e funcionais, para no fim das contas descobrir que tinha me envolvido em uma rede de reflexões que

se estendiam muito além da ciência natural e se ramificavam para os campos da filosofia, teologia, religião comparada e ciências humanas em geral (Jung 1954/1947: § 421).

Contudo, muitas das teorias de Jung podem agora ser vistas como notavelmente congruentes com os modelos contemporâneos de psique que estão emergindo em outras disciplinas psicológicas com maior base empírica. Em meu breve resumo das componentes-chave do modelo de Jung da mente, enfatizei a visão de Jung de que uma mente dividida ou dissociada é um fenômeno normal, e este é um bom momento para começar a examinar a relação entre os conceitos-chave da psicologia analítica e os de outras disciplinas psicológicas.

Dissociação e complexos

A visão de Jung da psique como compartimentalizada, tanto estrutural quanto funcionalmente, encontra respaldo em uma grande riqueza de estudos teóricos e empíricos levados a cabo por psicólogos. Fred Bartlett (1932) introduziu o conceito de esquemas, que ele descreveu como "uma organização ativa de reações passadas, ou de experiências passadas, que devemos sempre pressupor operarem em qualquer resposta orgânica bem-adaptada". Em 1943, Kenneth Craik publicou sua grande obra *The Nature of Explanation* [A natureza da explicação] na qual argumentou que os seres humanos traduzem os eventos externos em modelos internos e razão, pela manipulação dessas representações simbólicas (Craik 1943). Johnson-Laird desenvolveu as ideias de Craik e sublinhou o papel dos modelos mentais como os determinantes de nossa percepção e experiência, escrevendo que "Os limites de nossos modelos são os limites do nosso mundo" (Johnson-Laird 1989: 471). Ele assinalou que os modelos mentais são símbolos internos que, seja em relação com a percepção, o raciocínio ou a memória, fornecem um mapa mental da situação que eles representam. Peter Fonagy elucida a importância das ideias de Johnson-Laird para nossa compreensão da psique, mostrando que nós apreendemos o significado das situações com base não em regras formais de lógica, mas na ativação e manipulação do modelo mental particular em operação. Ele escreve:

A teoria do modelo mental presume que entender é construir modelos mentais a partir do conhecimento e da evidência perceptiva e verbal. Formular uma conclusão é descrever o que está representado nos modelos. Testar a validade é procurar modelos alternativos que refutem a conclusão putativa (Fonagy 2001: 120).

Outra linha correlata de investigação é o estudo da memória e o reconhecimento de que há múltiplos sistemas de memória, cada qual com seu próprio processo de registrar, armazenar e acessar informações. Daniel Schacter estendeu a investigação da dissociação, mostrando que conhecimentos conceituais e semânticos complexos podem ser processados sem atenção consciente, e mostrou que a memória de informações conceituais pode ser demonstrada testando sem qualquer lembrança consciente dessas informações pelo sujeito (Schacter 1996: 189). Um exemplo mais dramático é dado em uma investigação de pacientes que foram anestesiados; ela mostra que eles podem processar informações auditivas durante uma anestesia adequada; a presença de memória implícita para eventos que ocorreram durante a anestesia é mostrada por uma mudança no desempenho no teste, mostrando que a informação tinha sido incorporada sem que o paciente tivesse nenhuma lembrança consciente do evento (Sebel 1995).

Daniel Schacter desenvolveu o conceito da memória implícita, pelo qual "experiências passadas influenciam inconscientemente nossas percepções, pensamentos e ações" (Schacter 1996: 9). A informação pode não apenas ser codificada sem consciência, ela é também organizada e armazenada como memória implícita na forma de padrões generalizados abstratos, ao invés de registros específicos de eventos particulares; esta informação não fica disponível à recordação consciente. Significados inconscientes são construídos gradualmente por meio do processo da internalização da experiência e de sua subsequente organização em padrões generalizados na memória implícita.

O conceito de John Bowlby do modelo de funcionamento interno oferece um salto evolutivo em nossa compreensão da psique humana e da relação entre a realidade interna e externa. O modelo de funcionamento interno é um conceito que oferece uma síntese da teoria do esquema ou do modelo mental com a memória implícita no contexto das relações humanas. Modelos de funcionamento internos são os mapas implícitos e inconscientes de nossa experiência acumulada de relacionamentos pretéritos com figuras-chave de apego, dos quais nos valemos para antecipar e compreender novos encontros e relacionamentos humanos. As características-chave dos modelos de funcionamento interno demonstram os modos pelos quais as experiências de relacionamentos-chave são registradas e depois organizadas e armazenadas na memória. Nas palavras do próprio Bowlby:

> Começando, podemos supor, em fins de seu primeiro ano, e de modo especialmente ativo, provavelmente, durante seu segundo e terceiro anos, quando adquire o poderoso e extraordinário dom da linguagem, uma criança fica ocupada construindo modelos de funcionamento sobre como é que se pode esperar que o mundo físico se comporte, que sua mãe e outras pessoas significativas se comportem, que ela própria se comporte, e como cada um interage com o outro. Dentro da moldura desses modelos de funcionamento a criança avalia sua situação e faz seus planos. E dentro da moldura desses modelos de sua mãe e dela própria, ela avalia aspectos especiais de sua situação e faz seus planos de apego (Bowlby 1969: 354).

Os traços centrais dos modelos de funcionamento interno são, portanto que:

> • a experiência de relacionamentos reais é "internalizada";
> • as representações desses relacionamentos são armazenadas como esquemas, ou modelos de funcionamento, e "a forma que esses modelos tomam é de fato muito mais fortemente determinada pelas experiências reais de uma criação ao longo da infância do que se supunha anteriormente";
> • quaisquer que sejam os modelos representacionais de figuras de apego e do eu que um indivíduo construa durante sua infância e adolescência, eles tendem a persistir até e durante a vida adulta;
> • como resultado, qualquer nova pessoa com quem um apego é formado se torna assimilada em um modelo existente, e as percepções da pessoa são organizadas pelo modelo existente, mesmo em face de evidências de que o modelo é inadequado;
> • a influência que modelos de funcionamento existentes têm sobre percepções correntes opera fora da consciência;

- modelos inadequados, mas persistentes, frequentemente coexistem com outros mais adequados;
- quanto mais fortes as emoções que surgem em um relacionamento, tanto mais provável que os modelos mais antigos e menos conscientes se tornem predominantes (Bowlby 1979: 117, 141).

De fato, o modelo de funcionamento interno pode ser considerado como o fundamento teórico da teoria do apego, ao descrever a capacidade da criança de manter sua mãe (e outros) em mente quando ela não está presente e, portanto, criar modelos mentais de relacionamentos.

Pode-se mostrar que a teoria do complexo tem muito em comum com a do modelo de funcionamento interno. Jung concluiu de seus cuidadosos e rigorosos estudos de associação de palavras que um complexo consiste em:

> *imagem* de uma certa situação psíquica que recebe forte acento emocional e que é, além disso, incompatível com a atitude habitual da consciência. Essa imagem tem uma coerência interna poderosa, e sua própria totalidade, bem como um grau relativamente alto de autonomia, de modo que se submete apenas em um grau limitado ao controle da mente consciente, e assim se comporta como um *corpus alienum* (corpo estranho) animado de vida própria na esfera da consciência (Jung 1934: § 200-203).

Nessa passagem, Jung também enfatiza que a existência de complexos põe:

> seriamente em dúvida o postulado ingênuo da unidade da consciência, que é equiparada com a psique, e o da supremacia da vontade. Toda constelação de um complexo implica um estado perturbado de consciência. A unidade da consciência é rompida e as intenções da vontade são dificultadas ou impossibilitadas. Até a memória, como vimos, é muitas vezes notavelmente afetada (Jung 1934: § 200-203).

Jung constantemente enfatizou a base emocional do complexo. Ele também reconheceu que a emoção não é meramente uma experiência visceral ou fisiológica, mas que está atada inextricavelmente à cognição, uma visão que foi elaborada, de modo independente, dentro de um molde de processamento de informação por George Mandler (1975: 47) e reforçada por neurocientistas como Daniel Siegel, que argumenta que "não há fronteiras discerníveis entre nossos 'pensamentos' e 'sentimentos'" (Siegel 1998: 6).

Muitas dessas ideias são surpreendentemente compatíveis com as descobertas da teoria do apego contemporânea, com base em pesquisa, de um modo que muitas formulações freudianas e kleinianas originais, tais como "impulsos", "instinto de morte" e "fantasia inconsciente", não são. Jung reconheceu o papel-chave desempenhado pela experiência infantil real, escrevendo que:

> O neurologista constata cada vez mais que a origem do nervosismo de seus pacientes muito raramente é de data recente, mas retrocede às primeiras impressões e desenvolvimentos da infância (Jung 1919: § 1.793).

Talvez até mais surpreendente seja seu reconhecimento da natureza inconsciente da influência dos pais sobre a criança, uma característica-chave da transmissão intergeracional dos padrões de apego. Jung escreveu:

> Os pais facilmente demais se contentam com a crença de que uma coisa escondida da criança não pode influenciá-la. Esquecem-se de que a imitação infantil está menos preocupada com a ação dos pais do que com a disposição mental deles, da qual se origina a ação. Já observei várias vezes crianças que foram particularmente influenciadas por certas tendências inconscientes dos pais e, nesses casos, aconselhei o tratamento da mãe em vez do tratamento da criança (Jung 1919: § 1.793).

Esta afirmação está em sintonia com o comentário de Fraiberg de que há fantasmas do passado não lembrado em todo quarto de criança, e com a poderosa exploração por Alicia Lieberman dos processos pelos quais os bebês "se tornam os portadores dos medos, impulsos e inconscientes dos pais e outras partes reprimidas ou inconfessas de si próprios" (Fraiberg et al. 1975; Lieberman 1999). A descrição por Jung da natureza dissociada da consciência, e da contribuição da emoção e da cognição para o complexo, e sua consciência acerca do papel crucial desempenhado pela internalização e transmissão intergeracional na formação dos conteúdos inconscientes, têm muito em comum com a visão dos teóricos do apego contemporâneos sobre os modelos de funcionamento internos.

Arquétipos

Embora Jung reconhecesse plenamente o papel crucial que a experiência pessoal desempenha na formação do mundo interno inconsciente, ele lutou para oferecer uma explicação integrada da interação da experiência real com o conteúdo psíquico inato, e não ofereceu nenhuma discussão significativa do desenvolvimento psicológico infantil. Jung pensava que o complexo se organizava em torno de um núcleo inato. Ele disse que o complexo é incrustado no material do inconsciente pessoal, mas que este material consiste em um núcleo arquetípico, sendo os arquétipos sistemas de prontidão para a ação, e ao mesmo tempo imagens e emoções. Os complexos são grupos de representações com tonalidade afetiva no inconsciente e consistem em padrões "inatos" (arquetípicos) de expectativa combinados com eventos externos que são internalizados e que recebem significado pelo padrão "inato" (Jacobi 1959).

O conceito de arquétipo parece criar um problema na teoria junguiana, em termos de inatismo psicológico, semelhante ao problema que o impulso instintivo cria na psicanálise. Muitas vezes se pensa que os arquétipos são pacotes inatos pré-formados de imaginário e fantasia, esperando para espocarem como borboletas de uma crisálida, na presença do gatilho ambiental adequado, um modelo que sugere que algo, que não a própria mente, criou esses conteúdos mentais. Um dos maiores pontos de discordância entre as diferentes escolas junguianas se centrou na natureza dos arquétipos, em seu papel no funcionamento psíquico e em sua contribuição ao processo de mudança na análise e na terapia, um debate que corre em paralelo com o da psicanálise sobre o grau no qual o impulso instintivo ou a experiência efetiva molda o mundo interno.

A riqueza da pesquisa que emergiu nos últimos anos na ciência cognitiva e na psicologia desenvolvimental nos oferece novos paradigmas para a compreensão da relação entre potencial genético e influência ambiental no desenvolvimento da mente humana. O tema central aqui é o da auto-organização do cérebro humano e do reconhecimento de que os genes não codificam imaginário e processos mentais complexos, mas sim atuam como um catalisador inicial para processos desenvolvimentais a partir dos quais as estruturas psíquicas primordiais emergem. Uma explicação desenvolvimental do arquétipo confere considerável respaldo científico ao papel-chave que os arquétipos desempenham no funcionamento psíquico e como uma fonte crucial do imaginário simbólico, mas ao mesmo tempo identifica os arquétipos como estruturas emergentes que resultam de uma interação desenvolvimental entre genes e ambiente que é única para cada pessoa. Os arquétipos não são coleções geneticamente programadas (*hard-wired*) de imaginário universal esperando para serem liberadas pelo gatilho ambiental adequado.

Um modelo alternativo para os arquétipos pode se basear em evidências de pesquisas desenvolvimentais que demonstram a existência de estruturas mentais de tipo gestáltico que são provavelmente os produtos mais precoces que emergem da auto-organização do cérebro humano, um processo que continua desde o nascimento e que provavelmente começa até mesmo *in utero* (Piontelli 1992; Knox 2003). Em *The Body in the Mind*, Johnson (1987) sugere que a forma mais primária de organização mental, que oferece um senso de significado encarnado, é o "esquema de imagem". Esses esquemas de imagem são estruturas mentais desenvolvimentais precoces que organizam a experiência permanecendo, porém, elas próprias, sem conteúdo e para além do campo da consciência.

É crucial enfatizar aqui as bases corporais do esquema de imagem – é uma Gestalt mental que se desenvolve a partir da experiência corporal e que forma as bases para significados abstratos, tanto no físico como no mundo da imaginação e da metáfora. Um exemplo pode ser o esquema de imagem da "continência" (*containment*). Como Johnson escreve:

> Nosso encontro com a continência e com o contorno delimitador (*boundedness*) é uma das características mais arraigadas de nossa experiência corporal. Nós somos intimamente conscientes de nossos corpos como continentes nos quais colocamos certas coisas (comida, água, ar) e dos quais outras coisas emergem (dejetos de comida e de água, ar, sangue etc.) (Johnson 1987: 21).

Por exemplo, a experiência por uma criança de sua mãe como um continente físico e psicológico é uma extensão metafórica deste esquema de imagem ou arquétipo em si. A Gestalt da continência é simples mas dá origem a uma abundância de significado tal como expressa na riqueza da intimidade física e na compreensão e continência parentais das necessidades e emoções da criança.

Segundo Lakoff (1987) e Johnson, os esquemas de imagem estão no cerne da compreensão pelas pessoas, mesmo adultas, de uma ampla variedade de objetos e eventos e das extensões metafóricas desses conceitos em âmbitos mais abstratos. Eles formam, com efeito, um conjunto de significados primitivos (Mandler 1992). Johnson (1987) investiga sistematicamente esse processo pelo qual os esquemas de imagens são metaforicamente estendidos do âmbito físico para o não físico. Os esquemas de imagem formam a base da "extensão de uma acepção central de uma palavra para outras acepções, mediante instrumentos da imaginação humana, como a metáfora" (Johnson 1987: xii). Ele sugere que projeções metafóricas deste tipo são um dos principais meios para conectar diferentes acepções de um termo. Por exemplo, ele diz:

> O esquema OUT [referência ao termo inglês que, entre outros empregos, equivale ao advérbio "fora/para fora"], que se aplica à orientação espacial, é projetado no âmbito cognitivo onde há processos de escolha, rejeição, separação, diferenciação de objetos abstratos, e assim por diante. Numerosos casos, como *leave out* [deixar de lado, omitir], *pick out* [distinguir, escolher, destacar], *take out* [tirar, desfazer-se de, eliminar] etc. [...] podem ser ações mentais metaforicamente orientadas. O que você escolhe [*pick out*] fisicamente são objetos espacialmente extensos; o que você escolhe [*pick out*] metaforicamente são entidades mentais ou lógicas abstratas. Mas o esquema de pré-concepção relevante é geralmente o mesmo para ambas as acepções de *picking out* (Johnson 1987: 34; itálicos no original).

Esquemas de imagem teriam assim certas características-chave semelhantes a algumas das maneiras pelas quais Jung conceptualizou os arquétipos. Embora os esquemas de imagem sejam desprovidos de conteúdo simbólico em si mesmos, eles oferecem um andaime seguro sobre o qual um imaginário e pensamento significativos são construídos, assim satisfazendo a necessidade de um modelo que sustente o arquétipo em si e a imagem arquetípica. O esquema de imagem corresponderia ao arquétipo em si, e a imagem arquetípica pode ser equacionada com as inúmeras extensões metafóricas derivadas dos esquemas de imagem. As extensões metafóricas da imagem podem oferecer uma rica fonte de imaginário e de fantasia. O caráter deste imaginário deriva do esquema de imagem subjacente.

Este modelo desenvolvimental dos arquétipos exige de nós que os recategorizemos, removendo-os do âmbito do conteúdo mental inato e os reconhecendo como produtos precoces do desenvolvimento mental. Desse modo, os psicólogos analíticos podem evitar cair na mesma armadilha que os psicanalistas que consideram os impulsos instintivos a principal fonte da fantasia inconsciente. Qualquer sugestão de que a mente humana contenha pacotes pré-formados inatos de imaginário e de fantasia, esperando para espocar uma vez esteja dado o gatilho ambiental adequado, está obsoleta e deve ser desacreditada.

Parece assim haver uma qualidade de esquema de imagem, ou arquetípica, em quase todas as experiências, e este modelo desenvolvimental do esquema de imagem parece fortalecer o conceito de arquétipo mas, ao mesmo tempo, identificar as características-chave de um evento, lembrança, sonho ou fantasia que nos justifique usar o termo "arquetípico". O esquema de imagem nos capacita a ver claramente que é o padrão dinâmico de relações dos objetos de nosso mundo interno que é arquetípico, ao invés de características específicas de qualquer objeto particular na realidade interna ou externa.

Recentemente, Vilayanur Ramachandran (2003: 58) sugeriu uma possível base neurofisiológica para a capacidade para metáfora, baseando isto em estudos da sinestesia, um fenômeno apresentado por um pequeno número de pessoas para quem, por exemplo, olhar números ou ouvir músicas evoca a experiência de uma determinada cor. Ele sugere que, embora a sinestesia seja acentuadamente evidente em apenas um pequeno percentual da população, todos temos alguma capacidade para ela, e ela reflete o funcionamento do giro angular, a parte do cérebro onde os lobos occipital, parietal e temporal se encontram, e que é responsável pelas sínteses intermodais. É a região do cérebro em que se supõe que as informações de tato, audição e visão fluem juntas para capacitar a construção de percepções de alto nível. Ramachandran prossegue especulando que o papel do giro angular pode ter se desenvolvido de modo que a capacidade para se aplicar em abstrações intermodais permitisse a emergência de outras funções mais abstratas, tais como as metáforas.

Essa capacidade de refletir ligações profundas entre coisas superficialmente dessemelhantes é exatamente a função realizada pelos esquemas de imagem, que poderiam assim ser as representações mais originárias formadas como um resultado da função do giro angular na síntese intermodal. Os esquemas de imagem refletem exatamente a combinação de informações de diferentes modalidades sensoriais em um conceito no qual as características comuns dessas diferentes fontes de informação são unificadas em uma Gestalt mental – o que os junguianos chamariam de um arquétipo.

Autorregulação

As ideias de Jung sobre a autorregulação da psique encontram respaldo na teoria contemporânea do apego e na neurociência. Fundamental à autorregulação é o processo de avaliação [*appraisal*], um processo inconsciente constante pelo qual as experiências são constantemente inspecionadas e avaliadas para se determinar seu significado e importância. O próprio Bowlby escreveu:

> O fluxo sensorial passa por muitas etapas de seleção, interpretação e avaliação antes de que possa ter qualquer influência no comportamento, seja imediatamente ou mais tarde. Esse processamento ocorre em uma sucessão de etapas, na qual todas, salvo a preliminar, exigem que o fluxo seja relacionado para combinar com a informação já armazenada na memória de longo prazo (Bowlby 1980: 45).

A experiência nova está, pois, sendo constantemente organizada pelos modelos de funcionamento interno inconsciente, e padrões implícitos inconscientes estão constantemente sendo identificados na linguagem consciente. As teorias de Jung sobre a autorregulação e a compensação antecipam assim o conceito contemporâneo de avaliação. É raro que clínicos ou psicólogos pesquisadores reconheçam um papel ativo e construtivo do imaginário inconsciente, lhe atribuam uma função simbólica compensatória, e mesmo Bowlby não desenvolveu plenamente essa ideia, embora tenha tocado brevemente na ideia de que medos "imaginários" podem ter uma função defensiva perante medos desconhecidos (Knox 2003: 120). Contudo, em sua notável integração de ciência cognitiva e psicanálise, Bucci desenvolve a visão de que a fantasia tem uma função compensatória:

> Não é que os sonhos ou fantasias sejam sintomas no sentido de serem formas regressivas ou patológicas. Antes, sintomas somáticos ou psíquicos podem ser portadores de uma função simbolizadora progressiva, no mesmo sentido que os sonhos e fantasias, quando outros símbolos não estejam disponíveis para uso. Os sintomas, como os sonhos, são fundamentalmente tentativas de simbolização, de cura no âmbito psíquico, embora os sintomas possam trazer novos problemas por sua própria conta (Bucci 1997: 263).

Jung reconheceu o quão importante é ser capaz de avaliar as experiências e de fazer julgamentos sobre elas. Ele descreveu isso como a função "sentimento", que capacita uma pessoa a decidir sobre o valor de uma experiência, um conceito que assim antecipou o conceito contemporâneo de avaliação. Infelizmente, o trabalho pioneiro de Jung de identificar a importância deste processo continua amplamente ignorado por aqueles que agora investigam a avaliação segundo as perspectivas do processamento de informação e da neurofisiologia. Isso pode, em parte, decorrer do mau uso do termo "função sentimento" pelos próprios psicólogos analíticos. Ann Casement aponta que "em particular todos os tipos de ficções se juntam em torno da função *sentimento*. Esta, juntamente com a função *pensamento*, é um modo de avaliar uma experiência" (Casement 2001: 132; cf. tb. cap. 4).

A ênfase que Jung deu à tonalidade afetiva de uma experiência também pode encontrar apoio no trabalho de neurocientistas e teóricos do apego. Allan Schore (2000) faz uso de pesquisa empírica para sustentar sua visão de que o hemisfério direito é predominante na "execução de avaliações dependentes de valência, automáticas, pré-atentivas, de expressões faciais emocionais", e que o sistema orbitofrontal, em particular, é importante para a reunião e monitoramento de experiências passadas e atuais, incluindo-se seus valores

113

afetivos e sociais. Joseph LeDoux enfatiza o papel crucial do hipocampo na integração de informações conceituais de diferentes sistemas de memória. Ele escreve: "pelo fato de o hipocampo e outras zonas de convergência receberem *inputs* dos sistemas modulatórios, durante importantes estados de excitação, a plasticidade nessas redes é coordenada com a plasticidade que ocorre em outros sistemas do cérebro" (LeDoux 2002: 318).

Contudo, embora zonas de convergência tais como o hipocampo e o sistema orbitofrontal integrem informações de diferentes partes do cérebro e assim tenham um papel crucial na avaliação, Cortina (2003) faz a importante afirmação de que todo o cérebro se envolve no processo de avaliar o significado da experiência. Siegel oferece respaldo neurocientífico para esta visão e para o papel central da emoção no processo, sugerindo que a região límbica não tem quaisquer fronteiras claramente definidas e que:

> A integração de um amplo leque de processos funcionalmente segregados, tais como a percepção, o pensamento abstrato e ação motora, pode ser um papel fundamental do cérebro. Tal *processo integrativo* pode estar no âmago do que a emoção *faz* e, de fato, do que a emoção *é* (Siegel 1998: 7; itálicos no original).

Cortina liga os processos pelos quais a mente seleciona, classifica e armazena informações com a visão de Edelman dos mecanismos neurológicos que lhes subjazem:

> Nós constantemente confrontamos nova informação e novas situações. Como o cérebro lida com essa fonte desconcertante de nova informação? Seguindo a pista da seleção darwiniana, Edelman acredita que a unidade básica do cérebro consiste em grupos ou unidades de redes neuronais composta de algo entre 50 e 10.000 neurônios. Há talvez cem milhões de tais grupos. A experiência que prova o valor para o organismo é "mapeada" nessas redes neuronais. Um "mapa" não é uma representação no sentido ordinário, mas uma série interconectada de redes neuronais que respondem coletivamente a certas categorias ou tendências elementares, tais como as cores no mundo visual ou na situação particular que dispara um sentimento no mundo emocional. Edelman chama essas categorias de "valores" porque elas orientam o organismo em desenvolvimento para selecionar uma quantidade limitada de estímu-

los a partir de leque enorme de possibilidades (Cortina 2003: 274-275).

Ao longo do desenvolvimento, o cérebro, em resposta à estimulação seletiva criada pela experiência, repetidamente aumenta algumas conexões neuronais e reduz outras, de modo que as redes neuronais sobreviventes refletem as experiências que as criaram e repetidamente ativaram. Contudo, essas redes neurais sobreviventes também têm de ser coordenadas entre si para que possamos desenvolver uma visão coerente e integrada do ambiente e de nós mesmos. Isso é realizado pelo mecanismo chamado de "sinalização reentrante" que significa que:

> conforme grupos de neurônios são selecionados em um mapa, outros grupos em mapas reentrantemente conectados, porém diferentes, podem também ser selecionados ao mesmo tempo. A correlação e coordenação de tais eventos de seleção são realizadas pela sinalização reentrante e pelo fortalecimento de interconexões entre os mapas dentro de um segmento do tempo (Edelman 1994/1992: 85).

Outro traço crucial da autorregulação é que ela é inicialmente muito sensível a, e dependente do ambiente interpessoal. Pesquisas empíricas pioneiras confirmam esta visão. Por exemplo, Sander sugere que o desenvolvimento depende da:

> negociação de uma sequência de tarefas cada vez mais complexas de adaptação ou de "encaixe" entre a criança e seu ambiente cuidador ao longo dos primeiros anos de vida. Essa é uma sequência de negociações da conectividade nas interações entre a criança e a mãe, que constrói a ponte para a organização no nível psicológico (Sander 2002: 13).

Sander argumenta que cada sistema vivo, cada organismo, é assim visto como auto-organizador, autorregulador e autocorretivo dentro de seu entorno, de seu ambiente. Sanders oferece um poderoso apoio para esta visão com um experimento no qual em um grupo de recém-nascidos eles eram alimentados quando pediam, enquanto outro grupo era alimentado a cada quatro horas, não importando qual o estado deles. Os resultados foram notáveis. Dentro de poucos dias, a amostra dos alimentados a pedido começou a mostrar a emergência de um ou dois períodos maiores de sono a cada 24 horas e, após uns poucos dias mais, esses períodos de sono maiores começaram a ocorrer mais frequentemente à noite, em contraste com os recém-nascidos alimentados a cada quatro horas, que não mostraram qualquer mudança. Em outras palavras, os ritmos de sono dos bebês alimentados a pedido começaram a se sincronizar com a rotina das 24 horas por dia do cuidador. Sander conclui:

> A emergência de um novo e contínuo ritmo circadiano de 24 horas no sistema das crianças alimentadas a pedido e do cuidador pode ser vista como uma propriedade emergente de um sistema em um estado de regulação estável [...] o bebê se torna um sistema dentro de um sistema maior, sustentado pela capacidade dos biorritmos para a mudança de fase, para o aumento ou redução da extensão de períodos, entrando ou saindo da sincronia com outros ritmos (Sander 2002: 24).

O si-mesmo

O conceito de si-mesmo [Self], de Jung, é o que oferece a maior dificuldade para encontrarmos conceitos semelhantes na teoria do apego ou na neurociência cognitiva. A ideia de um centro organizador inato pré--experiencial na psique humana, que determina a direção do desenvolvimento psíquico, é muito alheio à neurociência contemporânea e à teoria do apego. Lichtenberg et al. (2002: 81-82) afirmam que nosso senso de quem somos deriva da integração de lembranças autobiográficas explícitas e implícitas e sugerem que, quando elas são congruentes, uma pessoa experimenta um senso crescente de autocoesão. Os teóricos do apego também propõem que o senso de si é adquirido por meio das relações de apego primárias (Cortina & Marrone 2003: 12). Schore é explícito sobre isso, escrevendo: "O núcleo do eu [self] consiste nos padrões de regulação de afetos que integram um senso de si ao longo de transições de estado, permitindo desse modo uma continuidade da experiência interna" (Schore 1994: 33). Não há nenhuma sugestão de um self pré-experiencial que guie este desenvolvimento.

Fonagy et al. oferecem uma rica quantidade de evidências que sustentam a visão de que o senso do *self* como um agente mental não é dado de maneira inata, mas "surge da percepção pela criança de sua suposta intencionalidade na mente do cuidador" (Fonagy et al. 2002: 11). Assim como os arquétipos podem ser reformulados como estruturas emergentes, o mesmo processo é assim necessário com relação ao conceito do *self*, que precisa ser reconceptualizado como uma realização desenvolvimental com estágios identificáveis – o *self* como um agente físico, como um agente social, como um agente teleológico e como agente representacional (Fonagy et al. 2002: 205-206). Esse modelo ecoa o trabalho de Damasio, que também oferece um modelo desenvolvimental do *self*, o proto-*self*, o *self* nuclear e o *self* autobiográfico (Damasio 1999). Contudo, Fonagy et al. oferecem uma explicação mais precisa e detalhada dos mecanismos interpessoais e intrapsíquicos que guiam este processo desenvolvimental.

As evidências de pesquisa da neurociência contemporânea e da teoria do apego dão respaldo ao modelo de Fordham de um *self* original, que contém todo o potencial psicossomático do indivíduo (cf. acima), com o caminho de desenvolvimento final emergindo da interação sempre mutável entre esse potencial e o ambiente.

Motivação

Um dos campos que está se desenvolvendo mais rapidamente como o foco da pesquisa na psicologia desenvolvimental é o da motivação. Quais são as forças que orientam a excitação e o interesse de uma criança nas características-chave de seu ambiente? Como a criança seleciona aqueles aspectos do ambiente que mais capacitarão sobrevivência e desenvolvimento? A resposta de John Bowlby foi que o intenso apego de uma criança a seu cuidador primário é o fundamento e que a seleção natural garante que as crianças são intensamente motivadas a procurar e criar relações amorosas com as pessoas de quem sua sobrevivência depende.

Lichtenberg et al. (2002: 12) se valem da teoria do apego para sugerir que há cinco sistemas motivacionais para os humanos: trata-se da necessidade de (1) regulação fisiológica, (2) apego humano, (3) exploração, (4) evitação e recuo em face de conflito ou de perigo, (5) excitação sensual e sexual.

Eles não coincidem diretamente com os cinco instintos de Jung (descritos acima – fome, sexualidade, o impulso à atividade, o instinto reflexivo e o instinto criativo), mas há claramente algumas semelhanças entre eles, ao contrário do que se passa com a força motivacional única do impulso sexual, segundo proposto por Freud.

Cortina destaca quão frequentemente a emoção e a motivação são confundidas, e as distingue na relação com a busca de um objeto, que é a característica central da motivação. As emoções podem agir como sinais psicofisiológicos, contando-nos se estamos atingindo nossos objetivos e ativando um sistema motivacional; por exemplo, o medo ativa o sistema de apego em face do perigo. É importante o fato de que Cortina (2003: 282) também destaca "um novo sistema motivacional que é quintessencialmente humano", a necessidade de criar significado, o que parece muito próximo à visão de Jung do instinto reflexivo.

Fantasia inconsciente

Bowlby foi também muito claro quanto aos impulsos instintivos não desempenharem nenhum papel na formação do mundo interno e a fantasia inconsciente não ser uma expressão da libido ou do instinto de morte (Bowlby 1988: 70). Embora Bowlby tenha feito análise com Melanie Klein e depois com Joan Riviere, ele rejeitou completamente sua herança kleiniana, descrevendo Klein como "totalmente alheia ao método científico" (Fonagy 1999: 605). Para Bowlby e subsequentes teóricos do apego, há um abismo invencível entre o modelo psicanalítico em que impulsos instintivos dão origem à fantasia inconsciente e definem grandemente a natureza dos objetos internos, e a visão de psique da teoria do apego, na qual os modelos de funcionamento interno são gradualmente construídos a partir da riqueza da experiência acumulada do mundo real e das relações reais com figuras de apego-chave.

Eu sugeri alhures que o modelo de funcionamento interno nos oferece um novo modo de conceptualizar a fantasia inconsciente, que pode, em essência, ser considerada a avaliação inconsciente da experiência e a exploração imaginativa de seus possíveis significados, e assim desempenha um papel crucial no processo de compensação que Jung identificou (Knox 2001). Eagle também extrai importantes implicações do conceito de fantasia a partir da ideia de modelos de funcionamento interno múltiplos e frequentemente em conflito. Ele sugere que "alguns modelos de funcionamento podem equivaler a representações idealizadas que refletem as operações de defesa e a fantasia do que a criança teria querido que a relação com o cuidador fosse, ao invés de uma experiência efetiva de cuidado" (Eagle 1995: 127). Lembranças precisas de experiências passadas podem coexistir com modelos de funcionamento interno defensivos e realizadores de desejos que oferecem um retrato intrapsíquico conflituoso. O constante processo de avaliação e de comparação entre esses modelos internos de funcionamento nos dá uma explicação contemporânea da função transcendente e de sua contribuição para a fantasia inconsciente. Os papéis da emoção e da motivação também são plenamente reconhecidos nesta perspectiva sobre a fantasia inconsciente, uma vez que eles desempenham um papel tão importante no modelo de funcionamento interno quanto no conteúdo cognitivo, uma visão endossada por Lieberman, que argumenta que o conceito de modelos internos precisa ser expandido para "incluir aspectos de instinto, impulso e afeto não associados geralmente com o conjunto de regras e de expectativas que moldam e projetam relações de apego" (Lieberman 1999: 754-755).

O conceito do arquétipo como esquema de imagem pode também contribuir significativamente para o mundo dos objetos internos na medida em que as extensões metafóricas dos esquemas de imagem podem oferecer uma rica fonte de imaginário e de fantasia inconsciente, conforme Johnson (1987) propõe.

O processo analítico

O significado inconsciente que atribuímos aos eventos desempenha um papel central no grau de emoção, agradável ou desagradável, que esses eventos suscitam. A psicoterapia psicanalítica de todas as orientações pretende propiciar uma mudança gradual no significado inconsciente atribuído às experiências e relacionamentos, tanto os do passado como os do presente. Neurofisiologistas como Joseph LeDoux situam a avaliação [*appraisal*] no coração do efeito da terapia, escrevendo que "a psicanálise, com ênfase no *insight* consciente e nas avaliações conscientes, pode implicar o controle da amídala pelo conhecimento explícito por meio do sistema de memória do lobo temporal e das outras áreas corticais envolvidas na atenção consciente" (LeDoux 1998: 265).

Margaret Wilkinson oferece ilustrações clínicas detalhadas para apoiar a visão de Allan Shore de que o córtex límbico pré-frontal retém as capacidades plásticas da primeira juventude e que tratamentos focados na afetividade podem literalmente alterar o sistema orbitofrontal. O principal veículo para isso é a dinâmica transferência não verbal/contratransferência, que pode ser considerada como as comunicações do hemisfério direito com o hemisfério esquerdo (Wilkinson 2003). Essas repetidas experiências de estar com um analista que é confiável, coerente e empático são internalizadas, fornecendo a base para a gradual criação de novos modelos de funcionamento interno, que refletem os novos padrões de responsividade sensível que gradualmente se desenvolvem em um relacionamento analítico intenso e os armazenam na forma de "conhecimento relacional implícito" (Stern et al. 1998). Esse processo reflete o diálogo rítmico que Sander e outros descreveram tão claramente acontecer na infância. Schore resume isso sucintamente:

> O clínico sintonizado e intuitivo, desde o primeiro ponto de contato, está aprendendo as estruturas rítmicas de momento a momento e não verbais dos estados internos do paciente, e de modo relativamente flexível e fluido está modificando seu próprio comportamento para *sincronizar-se* com essa estrutura, assim criando um contexto para a organização da aliança terapêutica (Schore 2000: 317).

O processo de comparação é o processo fundamental subjacente à função transcendente e a característica essencial do processo de simbolização, uma visão que também ganha respaldo no trabalho recente de neurocientistas. Daniel Siegel sugere que as representações implícitas e explícitas se entrelaçam entre si e que os modelos mentais de memória implícita ajudam a organizar os temas e maneiras pelas quais os detalhes da memória autobiográfica explícita são expressos dentro de uma história de vida (Siegel 1999: 42). A compreensão simbólica é, portanto, um constante processo de mão dupla. A experiência explícita consciente é internalizada e tornada menos consciente e mais automática e implícita – seus padrões identificados e armazenados como modelos de funcionamento interno de memória implícita; ao mesmo tempo, padrões implícitos inconscientes são recodificados e retranscritos em representações cada vez mais explícitas que podem por fim serem expressas em imaginário simbólico e linguagem consciente. Jung capturou essa ideia em seu conceito da função transcendente, o processo pelo qual atitudes consciente e inconsciente são comparadas e integradas entre si, refletindo sua visão do inconsciente como um colaborador ativo no processo de construção de significado. Jung afirmou inequivocamente que, no processo de formação do símbolo, "a união de conteúdos conscientes e inconscientes é consumada. Desta união emergem novas situações e novas atitudes conscientes. Designei, por isso, a união dos opostos de 'a função transcendente'" (Jung 1939: § 524). A formação de novos modelos de funcionamento interno que alicerçam a emergência de apegos seguros e da função reflexiva parecem também dar apoio ao modelo de Jung da função transcendente como um diálogo entre os processos conscientes e inconscientes de avaliação. Em seu ensaio sobre a função transcendente, Jung escreveu:

> Os dias de hoje mostram com clareza espantosa quão pouco as pessoas são capazes de levar em consideração o argumento dos outros, embora essa capacidade seja uma condição fundamental e indispensável para qualquer comunidade humana. Todo aquele que se propõe acertar as contas consigo mesmo deve reconhecer esse problema básico. Pois no mesmo grau em que ele não admite a validade da outra pessoa, ele nega ao "outro" dentro de si mesmo o direito de existir, e vice-versa. A capacidade para o diálogo interno é uma condição básica para a objetividade exterior (Jung 1957/1916: § 187).

Nesta afirmação, Jung descreve o inconsciente como o "outro", reconhecendo que ele pode estar sendo projetado em outra pessoa e se relacionar com esta pessoa, ao invés de com a própria pessoa. Contudo, Jung estava usando o termo "função transcendente" para descrever a capacidade de uma pessoa para tolerar a diferença, uma abertura para opiniões e crenças alternativas, não apenas nos outros, mas também em si mesmo. Jung escreveu: "o ir e vir entre argumentos representa a função transcendente dos opostos" (Jung 1957/1916: § 189).

Na teoria do apego, é o desenvolvimento desta capacidade que define a função reflexiva, no que essa função reflexiva depende da consciência de que as outras pessoas têm suas próprias mentes, cada qual com suas crenças e julgamentos, que podem diferir da nossa e que não podem ser desprezadas ou tratadas como insignificantes. Tanto a função transcendente quanto a função reflexiva são descrições da capacidade de se relacionar com outras pessoas física e psicologicamente separadas. O conceito de função transcendente parece assim fazer eco com os aspectos da função reflexiva que se relacionam com a separação psicológica – ou individuação –, que era o termo de Jung para esse processo.

Se aceitamos que uma parte legítima do trabalho analítico envolve oferecer o *setting* e as oportunidades para a criação gradual da capacidade do paciente para a função reflexiva, então isso também tem profundas implicações para a técnica na prática clínica. Pacientes a cujos modelos de funcionamento interno faltam representações cruciais da função reflexiva são incapazes de descobrir significado ou relevância simbólica em suas próprias ações ou nas de outros. Com tais pacientes, a natureza das interpretações do analista pode precisar ser modificada e ter por alvo a demonstração da função reflexiva do próprio analista. Isso pode ser alcançado se o analista mostrar repetidas vezes sua consciência de que todo o comportamento do paciente é simbólico, que o analista pode encontrar significado nas comunicações não verbais do paciente. Em outras palavras, o analista precisa mostrar claramente que se relaciona com o paciente como alguém dotado de uma mente, mesmo quando o paciente não tem a menor percepção de sua própria mente em ação. Este método "sintético" ou construtivo é muito familiar aos junguianos. O próprio Jung propôs que "O objetivo do método construtivo é assim extrair do produto inconsciente um significado que se relaciona com a atitude futura do sujeito", uma afirmação que demonstra sua visão do inconsciente como um colaborador ativo à mudança em análise (Jung 1921: § 702). Esta abordagem é belamente exemplificada por Michael Fordham em uma passagem em que ele descreve em detalhes seu trabalho analítico com um paciente que frequentemente permanecia em silêncio por longos períodos durante as sessões (Fordham 1996: 193). A descrição de Fordham mostra como suas interpretações demonstram sua consciência de que há comunicação significativa no comportamento silencioso do paciente. O conceito de função reflexiva só se tornou proeminente em anos recentes, portanto não foi um termo usado pelo próprio Fordham, mas ele usou de interpretações de um modo que podia facilitar o desenvolvimento da função reflexiva do paciente. Fordham descreveu sua abordagem como uma versão modificada da técnica junguiana clássica da amplificação. Modificada no sentido de que Fordham se valeu de suas próprias respostas contratransferenciais na forma de seus pensamentos e lembranças espontâneas, usando-as como amplificações particulares que não eram comunicadas ao paciente, mas usadas para aprofundar a compreensão dele das comunicações inconscientes do paciente para ele. Essas respostas contratransferenciais foram o resultado de sua própria capacidade simbolizadora, de sua própria função reflexiva em operação, que podia atribuir intencionalidade psicológica ao comportamento do paciente, embora o próprio paciente não pudesse ver nenhum significado deste tipo por si mesmo.

Conclusões

Espero ter convencido o leitor deste capítulo de que muitos dos conceitos centrais de Jung se saem bem no escrutínio segundo as lentes da neurociência cognitiva e da teoria do apego, e podem ser revigorados quando examinados deste modo, assim se tornando mais potentes como ferramentas teóricas que podem nos ajudar em nossa prática clínica. Um dos temas fundamentais na psicologia desenvolvimental é que a mente e o significado emergem de processos desenvolvimentais e da experiência de relacionamentos interpessoais ao invés de existirem *a priori*. Há uma tendência constante entre os analistas junguianos a reificar estruturas inconscientes tais como o si-mesmo, e a vê-las como estruturas inatas da mente humana, herdadas com os nossos genes. Uma perspectiva desenvolvimental e de teoria do apego oferece rica evidência de que este não é o caso, mas que, ao invés disso, a mente e o significado são construídos com base nas pedras fundamentais do cérebro, do instinto e da percepção, assim reconciliando construtivismo e biologia em um modelo da mente como auto-organizadora. Desta perspectiva, compreender o modo como a mente opera requer de nós passar de uma busca de estruturas a uma compreensão dos processos que subjazem à emergência do significado simbólico na mente humana. Espero ter esclarecido algumas das áreas nas quais o interesse de Jung nos processos mentais frequentemente antecipou desenvolvimentos posteriores da teoria do apego e da neurociência cognitiva, e um modelo junguiano pode ser fortalecido ao estudá-las à luz dessas novas áreas de descoberta.

Referências

Astor, J. (2002). Analytical psychology and its relation to psychoanalysis. A personal view. *Journal of Analytical Psychology*, 47 (4), p. 599-612.

Bartlett, F.C. (1932). *Remembering*. Cambridge: Cambridge University Press.

Bowlby, J. (1988). *A Secure Base*: Clinical Applications of Attachment Theory. Londres: Routledge.

_____ (1980). *Attachment and Loss*. Vol. 3: Loss: Sadness and Depression. Londres: Hogarth/Institute of Psychoanalysis.

_____ (1979). *The Making and Breaking of Affectional Bonds*. Londres: Tavistock.

_____ (1969). *Attachment and Loss*. Vol. 1: Attachment. Londres: Hogarth.

Brooke, R. (1991). *Jung and Phenomenology*. Londres/Nova York: Routledge.

Bucci, W. (1997). *Psychoanalysis and Cognitive Science* – A Multiple Code Theory. Nova York/Londres: Guilford.

Carrette, J.R. (1994). The language of archetypes: a conspiracy in psychological theory. *Harvest*, 40, p. 168-193.

Casement, A. (2001). *Carl Gustav Jung*. Londres: Sage.

Cortina, M. (2003). "Defensive processes, emotions and internal working models. A perspective from attachment theory and contemporary models of the mind". In:

Cortina, M. & Marrone, M. (orgs.). *Attachment Theory and the Psychoanalytic Process*. Londres: Whurr.

Cortina, M. & Marrone, M. (orgs.) (2003). *Attachment Theory and the Psychoanalytic Process*. Londres: Whurr.

Craik, K. (1943). *The Nature of Explanation*. Cambridge: Cambridge University Press.

Damasio, A. (1999). *The Feeling of What Happens*: Body and Emotion in the Making of Consciousness. Nova York: Harcourt Brace.

Eagle, M. (1995). "The developmental perspectives of attachment and psychoanalytic theory". In: Goldberg, S.; Muir R. & Kerr, J. (orgs.). *Attachment Theory* – Social, Developmental and Clinical Perspectives. Hillsdale/Londres: Analytic.

Edelman, G. (1994/1992). *Bright Air, Brilliant Fire* – On the Matter of the Mind. Londres: Penguin [1. ed.: Nova York: Basic Books].

Ellenberger, H.F. (1970). *The Discovery of the Unconscious* – The History and Evolution of Dynamic Psychiatry. Londres: Allen Lane/Penguin.

Fonagy, P. (2001). *Attachment Theory and Psychoanalysis*. Nova York: Other Press.

_____ (1999). "Psychoanalysis and attachment theory". In: Cassidy, J. & Shaver, P. (orgs.). *Handbook of Attachment* – Theory, Research and Clinical Applications. Nova York/Londres: Guilford.

Fonagy, P.; Gergely, G.; Jurist, E. & Target, M. (2002). *Affect Regulation, Mentalization and the Development of the Self*. Nova York: Other Press.

Fordham, M. (1996). "The supposed limits of interpretation". In: Shamdasani, S. (org.). *Analyst-Patient Interaction* – Collected Papers on Technique. Londres: Routledge.

_____ (1988). The infant's reach. *Psychological Perspectives*, 21, p. 59-76.

Fraiberg, S.; Adelson, E. & Shapiro, V. (1975). Ghosts in the nursery: a psychoanalytic approach to the problem of impaired infant-mother relationships. *Journal of the American Academy of Child Psychiatry*, 14, p. 387-422.

Freud, S. & Jung, C.G. (1961). *The Freud/Jung Letters*. Londres: The Hogarth/ Routledge & Kegan Paul [org.: W. McGuire].

Gordon, R. (1993). *Bridges* – Metaphor for Psychic Processes. Londres: Karnac.

Hayman, R. (1999). *A Life of Jung*. Londres: Bloomsbury.

Jacobi, J. (1959). *Complex/Archetype/Symbol in the Psychology of C.G. Jung*. Nova York: Pantheon Books [Bollingen Series].

Johnson, M. (1987). *The Body in the Mind* – The Bodily Basis of Meaning, Imagination and Reason. Chicago/Londres: Chicago University Press.

Johnson-Laird, P.N. (1989). "Mental models". In: Posner, M.I. (org.). *Foundations in Cognitive Science*. Cambridge/Londres: The MIT Press.

Jung, C.G. (1969/1937). "Psychological factors in human behaviour" [CW 8] ["Determinantes psicológicas do comportamento humano" – OC 8/2].

_____ (1967). "The detachment of consciousness from the object" [CW 13] ["A consciência desprende-se do objeto", subseção de "Comentário a 'O segredo da flor de ouro'" – OC 13].

_____ (1966/1916). "The structure of the unconscious" [CW 7] ["A estrutura do inconsciente". Petrópolis: Vozes, 2011 – OC 7/2].

_____ (1963). *Memories, Dreams, Reflections*. Londres: Collins/Routledge & Kegan Paul.

_____ (1961/1930). "Introduction to Kranefeldt's 'Secret Ways of the Mind'" [CW 4] ["Introdução a 'A psicanálise', de Kranefeldt" – OC 4].

_____ (1957/1916). "The transcendent function" [CW 8] ["A função transcendente" – OC 8/2].

_____ (1954/1947). "On the nature of the psyche" [CW 8] ["Considerações teóricas sobre a natureza do psíquico" – OC 8/2].

_____ (1951). "Fundamental questions of psychotherapy" [CW 16] ["Questões básicas da psicoterapia". Petrópolis: Vozes – OC 16/1].

_____ (1946). "The psychology of the transference" [CW 16] ["A psicologia da transferência" – OC 16/2].

_____ (1944). "Introduction to the religious and psychological problems of alchemy" [CW 12] ["Introdução à problemática da psicologia religiosa da alquimia". Petrópolis: Vozes, 2011 – OC 12].

_____ (1939). "Conscious, unconscious and individuation" [CW 9i] ["Consciente, inconsciente e individuação" – OC 9/1].

_____ (1936). "Psychological typology" [CW 6] ["Tipologia psicológica". Petrópolis: Vozes, 2011 – OC 6].

_____ (1934). "A review of the complex theory" [CW 8] ["Considerações gerais sobre a teoria dos complexos". Petrópolis: Vozes, 2011 – OC 8/2].

_____ (1921/1971). "Definitions" [CW 6] ["Definições". Petrópolis: Vozes, 2011 – OC 6].

_____ (1919). "Forward to Evans: 'The problem of the nervous child'" [CW 18] ["Prefácio ao livro de Evans: The problem of the nervous child". Petrópolis: Vozes, 2011 – OC 18/2].

_____ (1916). "Psychoanalysis and neurosis". Princeton: Princeton University Press [CW 4] ["Sobre a psicanálise". Petrópolis: Vozes, 2011 – OC 4].

Knox, J. (2003). *Archetype, Attachment, Analysis* – Jungian Psychology and the Emergent Mind. Hove: Brunner/Routledge.

_____ (2001). Memories, fantasies, archetypes: an exploration of some connections between cognitive science and analytical psychology. *Journal of Analytical Psychology*, 46 (4), p. 613-636.

Lakoff, G. (1987). *Women, Fire and Dangerous Things*: What Our Categories Reveal about the Mind. Chicago: University of Chicago Press.

LeDoux, J. (2002). *The Synaptic Self.* Nova York/Londres: Viking/Penguin/Macmillan.

_____ (1998). *The Emotional Brain*. Londres: Weidenfeld & Nicolson.

Lichtenberg, J.; Lachmann, F.M. & Fosshage, J.L. (2002). *A Spirit of Inquiry* – Communication in Psychoanalysis. Hillsdale: Analytic.

Lieberman, A. (1999). Negative maternal attributions: effects on toddlers' sense of self. *Psychoanalytic Inquiry*, 19 (5), p. 737-754.

Mandler, G. (1975). *Mind and Body* – Psychology of Emotion and Stress. Nova York/Londres: W.W Norton.

Mandler, J. (1992). How to build a baby: II. Conceptual primitives. *Psychological Review*, 99 (4), p. 587-604.

Piontelli, A. (1992). *From Fetus to Child* – An Observational and Psychoanalytic Study. Londres/Nova York: Tavistock/Routledge.

Ramachandran, V.S. (2003). Hearing colors, tasting shapes. *Scientific American*, 288 (5), p. 52-59.

Samuels, A. (1985). *Jung and the Post-Jungians*. Londres: Routledge/Kegan Paul.

Sander, L.W. (2002). Thinking differently: principles of process in living systems and the specificity of being known. *Psychoanalytic Dialogues*, 12 (1), p. 11-42.

Sandner, D.F. & Beebe, J. (1984). "Psychopathology and analysis". In: Stein, M. (org.). *Jungian Analysis*. Boulder/Londres: Shambhala.

Schacter, D. (1996). *Searching for Memory* – The Brain, the Mind and the Past. Nova York: Basic Books.

Schore, A. (1994). *Affect Regulation and the Origins of the Self* – The Neurobiology of Emotional Development. Hillsdale: Lawrence Erlbaum.

Schore, A. (2000). Minds in the making: attachment, the self-organizing brain and developmentally-orientated psychoanalytic psychotherapy. *British Journal of Psychotherapy*, 17 (3), p. 299-327.

Sebel, P. (1995). Memory during anaesthesia: gone but not forgotten. *Anaesthesia and Analgesia*, 81 (4), p. 668.

Siegel, D. (1999). *The Developing Mind* – Towards a Neurobiology of Interpersonal Experience. Nova York/Londres: Guilford.

_____ (1998). The developing mind. Towards a neurobiology of interpersonal experience. *The Signal*, 6 (3-4), p. 1-11.

Stern, D.; Bruschweiler-Stern, N.; Harrison, A.M.; Lyons-Ruth, K.; Morgan, A.C.; Nahum, J.P.; Sander, L. & Tronick, E.Z. (1998). The process of therapeutic change involving implicit knowledge: some implications of developmental observations for adult psychotherapy. *Infant Mental Health Journal*, 19, p. 300-308.

Storr, A. (1983). *The Essential Jung. Selected Writings.* Princeton: Princeton University Press.

Tresan, D. (2004). This new science of ours. *Journal of Analytical Psychology*, 49 (2), p. 195-218.

Wilkinson, M. (2003). Undoing trauma. Contemporary neuroscience: a Jungian clinical perspective. *Journal of Analytical Psychology*, 48 (2), p. 235-254.

4
Compreendendo a consciência por meio da teoria dos tipos psicológicos

John Beebe

Este capítulo mostrará como a teoria dos tipos psicológicos de Jung, um pilar de sua psicologia complexa, pode ser usada por um psicoterapeuta praticante para avaliar o desenvolvimento da consciência no curso da individuação.

Quando Jung começou a trabalhar o problema psicológico que estava tentando resolver com sua teoria dos tipos, ele tinha uma reputação internacional como um investigador do inconsciente. Desde cedo, ele tinha se aliado ao florescente movimento psicanalítico, que transformara a ideia de inconsciente, já relevante no fim do século XIX, em uma preocupação mundial. Assim, em 1921, quando seu livro *Tipos psicológicos* apareceu, com a descrição de várias atitudes de consciência, pareceu a alguns que Jung havia recuado em relação às preocupações que abraçara tão fortemente na primeira parte de sua carreira. Ele parecia um pouco como outro desbravador do pré-guerra, Picasso, que optou, na década de 1920, por abandonar suas explorações cubistas das profundezas pictóricas em troca de um estilo conservador e neoclássico que enfatizava o desenho de contornos em uma apresentação convencional da figura humana. Freud, que tanto acusara Jung de fugir do inconsciente real por não aceitar a teoria sexual, pôde jactar-se junto a Ernest Jones:

Uma nova produção de Jung, enorme, da espessura de 700 se-tecentas páginas, com o nome de "Tipos psicológicos", a obra de um esnobe e místico, nenhuma ideia nova ali. Ele agarra-se àquela fuga que detectou em 1913, negando verdades objetivas na psicologia, devido a diferenças pessoais na constituição do observador. Nenhum grande dano a esperar vindo daquele lado (Paskauskas 1993: 424)[1].

Como Freud, a maioria dos psicanalistas presumiu que Jung, em total afastamento da psiquiatria dinâmica que os pais de sua carreira inicial ti-nham esperado que ele os ajudasse a construir, havia retornado à psicologia descritiva que tinha informado Kraepelin. Aquilo com o que ele não estava mais disposto a lidar, segundo esses influentes críticos no campo em desen-volvimento da psicologia profunda, no qual Jung ainda era nominalmente um expoente, era o inconsciente.

Esta percepção, que eu chamaria de um preconceito, afetou a recepção do tema dos tipos psicológicos entre os psicólogos das profundezas desde então, inclusive a maioria dos psicólogos analíticos que trabalham hoje em dia. Eu lembro bem de um amigo em formação analítica me perguntando, alguns anos atrás, quando eu mencionara que estava trabalhando duro para entender a teoria dos tipos e sua aplicação ao trabalho clínico: "Este é um método válido de análise?" Para ele, a tipologia de Jung parecia ser, quando muito, uma abordagem à psicologia da consciência, não muito interessante nem importante para a formação de um psicólogo das profundezas. Hoje, contudo, quando porta-vozes acadêmicos dos campos da psicologia cogniti-va e da neurociência tais como Howard Gardner[2], Daniel Dennett, Antonio

---

1. Esta passagem de *The Correspondence of Sigmund Freud and Ernest Jones 1908-1939* (ed. Paskauskas) é citada pelo biógrafo de Jung – e muito crítico a ele – Frank McLynn (1996: 267), que devotou grande parte de seu capítulo sobre *Tipos psicológicos* às objeções que foram surgindo à contribuição de Jung dentro da psicologia profunda.

2. Para uma comparação das inteligências múltiplas em Gardner e das funções da consciência em Jung, cf. a resenha de Keith Thompson (1985) sobre *Frames of Mind: The Theory of Multiple Intelligences* (1983), de Howard Gardner. Thompson encontrou fortes analogias entre as sete "in-teligências" de Gardner e sete das oito "funções da consciência" de Jung (a função junguiana para a qual ele não conseguiu encontrar um análogo no sistema de Gardner foi a intuição introvertida). Este artigo é citado em Gardner 1999.

Damasio[3] e Nicholas Humphrey renovaram o interesse do público e dos profissionais na natureza da "consciência", os psicólogos das profundezas têm sido inspirados a retomar a questão de como os pacientes em análise se tornam "conscientes". Uma definição contemporânea de consciência é oferecida por Corsini (2002: 209):

> O traço distintivo da vida mental, variadamente caracterizada como: (a) o estado de consciência bem como o conteúdo da mente, isto é, o fluxo sempre mutante de experiência imediata, incluindo percepções, sentimentos, sensações, imagens e ideias; (b) o efeito central da recepção neural; (c) a capacidade de ter experiência; (d) o aspecto subjetivo da atividade cerebral; e (f) a totalidade da experiência de um indivíduo em um dado momento.

A ênfase pioneira de Jung nas "atitudes e funções da consciência" finalmente começou a parecer menos como uma digressão em relação ao conhecimento psicológico de ponta do que uma antecipação presciente de uma direção na qual a psicologia profunda descobriu que precisa ir.

Com relação à exploração do inconsciente, a guinada de Jung ao tema dos tipos de consciência foi não tanto uma regressão quanto um reposicionamento. Envolveu o que ele descreveu noutro lugar como um *reculer pour mieux sauter*, recuar para dar um salto maior. A teoria dos tipos foi uma contribuição ao problema do ponto de vista a partir do qual o indivíduo experimenta o inconsciente. Que o ponto de vista consciente do paciente dificilmente poderia ser ignorado, Jung já tinha aprendido com sua experiência prática como um psiquiatra que se esforçava em compreender sonhos e sintomas, pois a postura do paciente frequentemente vem a ser aquilo a que o inconsciente estava de fato respondendo.

Ao considerar o modo como a consciência é estruturada, Jung estava se envolvendo com o problema que Friedrich Nietzsche e William James tinham reconhecido uma geração antes, qual seja, o de que a consciência não pode ser tomada como autoevidente. Nietzsche tinha questionado seriamente a identidade da consciência como uma unidade, argumentando que não

---

3. Para uma discussão da obra de Damasio em relação com a psicologia analítica, cf. Tresan 1996.

quando nos orientamos à realidade, isto não ocorre através de um ponto de vista fixo, mas de uma série de perspectivas. E William James, de modo ainda mais desconstrutivo, tinha escrito em 1904:

> Acredito que a "consciência", uma vez que tenha se dissolvido neste estado de pura diafaneidade, está prestes a desaparecer completamente. Ela é o nome de uma não identidade, e não tem nenhum direito a um lugar entre os primeiros princípios. Aqueles que ainda se agarram a ela estão agarrados a um mero eco, o débil rumor deixado para trás pela "alma" em vias de desaparição no ar da filosofia. No último ano, eu li vários artigos cujos autores pareciam prestes a abandonar a noção de consciência [...] e substituí-la pela noção de uma experiência absoluta não devida a dois fatores [tais como "pensamentos" e "coisas", "espírito e matéria", "alma e corpo"]. Mas eles não foram radicais o bastante, não foram ousados o bastante em suas negações. Nos últimos vinte anos eu desconfiei da "consciência" como uma entidade; nos últimos sete ou oito anos eu sugeri a sua não existência aos meus alunos, e tentei lhes dar o equivalente pragmático dela em realidades da experiência. Parece-me que está maduro o tempo para que ela seja aberta e universalmente descartada.
>
> Negar categoricamente que a "consciência" existe parece tão absurdo em face disso – pois inegavelmente "pensamentos" existem – que eu temo que alguns leitores não seguirão adiante comigo. Deixe-me então imediatamente explicar que eu quero apenas negar que a palavra represente uma entidade, mas insistir o mais enfaticamente possível que ela representa, sim, uma função. Não há, quero dizer, nenhuma substância ou qualidade de ser originária, em contraste com aquela de que os objetos materiais são feitos, a partir da qual nossos pensamentos sobre eles são feitos; mas há uma função na experiência que é executada pelos pensamentos, e na execução da qual esta qualidade de ser é evocada. Esta função é conhecer. A "consciência" é suposta necessária para explicar o fato de que as coisas não apenas são, são relatadas, são conhecidas. Quem apagar a noção de consciência de sua lista de primeiros princípios deve ainda, de algum modo, dar conta da continuidade dessa função (James 1904: 477).

Ao desenvolver uma teoria que situa o conhecer dentro de diferentes tipos de orientação psicológica, Jung encontrou um modo de incorporar tanto a ênfase de Nietzsche nas perspectivas quanto a insistência de James de que a consciência só pode ser abordada praticamente por meio do cuidadoso estudo de como nós realmente "conhecemos" as coisas. Quando em *Tipos psicológicos* Jung expõe "atitudes" básicas da consciência, podemos sentir a influência do perspectivismo de Nietzsche, e quando ele escreve sobre "funções da consciência", nós encontramos uma linguagem que reflete o pragmatismo de James.

Mas algo mais tinha sido acrescentado, a partir da própria experiência de Jung, com os diferentes entendimentos do inconsciente entre Freud, Adler, e dele próprio, que dividiram o movimento psicanalítico original em "escolas" e, segundo, com os encontros diretos, via imaginação ativa, com o inconsciente, que deixaram clara para ele a realidade da psique. Jung contou aos alunos em seu seminário em inglês de 1925:

> Pelo fato de eu estar preocupado a respeito de minha dificuldade com Freud, cheguei a estudar atentamente Adler a fim de descobrir o que ele tinha contra Freud. Fiquei impressionado imediatamente pela diferença de tipo. Ambos estavam tratando da neurose e da histeria, e, no entanto, para um elas pareciam uma coisa e para o outro eram algo bastante diferente. Não pude encontrar nenhuma solução. Então tornou-se claro para mim que eu estava possivelmente tratando com dois tipos diferentes, destinados a [*fated to*] abordar o mesmo conjunto de fatos a partir de aspectos muito diferentes. Comecei a ver entre meus pacientes alguns que se encaixavam nas teorias de Adler e outros que se encaixavam nas de Freud e, assim, cheguei a formular a teoria da extroversão e da introversão (Jung 1925/1989: 31 [2014: p. 71]).

Esses termos para as atitudes básicas da consciência aparentemente derivaram das palavras *externospecção* e *introspecção*, que Binet tinha criado para descrever os diferentes tipos de inteligência manifestados por suas duas filhas pequenas (Binet 1903, apud Oliver Brachfeld 1954 in Ellenberger 1970: 702-703). A insistência de Jung sobre essa diferenciação teria sido impossível se ele não tivesse chegado à convicção, independentemente de qualquer de seus professores e colegas, de que havia uma realidade que se esperava que a consciência psicológica interpretasse sempre que o inconsciente era confrontado. Com base em sua experiência com a psique, que Jung também compartilhou com os membros do seu seminário inglês (Aniela Jaffé incluiu esse material em *Memórias, sonhos, reflexões*), Jung tinha compreendido que a consciência não era só um saber sobre, ou uma construção ou reconstrução da, mas (como a etimologia da palavra "consciência" sugere) "um saber com" a realidade inconsciente. Edinger assinalou que essa etimologia aponta para "o lado inconsciente do termo consciência":

> *Consciente* deriva de *con* ou *cum*, que significa "com" ou "junto", e *scire*, "saber" ou "ver". Ela tem a mesma derivação como *consciência*. Assim o significado raiz de consciência é "saber com" um "outro". Em contraste, a palavra "ciência", que também deriva de *scire*, significa simplesmente saber, isto é, saber sem um "com" [no original, *without* "*withness*", neologismo que substantiva a preposição "com" e também permite a remissão ao termo "*witness*", testemunha]. Assim, a etimologia indica que o fenômeno da consciência é constituído de dois fatores – "saber" e "com". Em outras palavras, a consciência é a experiência de "*saber junto com um outro*", ou seja, é a conjunção de dois em um [*twoness*] (Edinger 1984: 36).

Algo parecido com o que Jung entende por consciência é transmitido pela afirmação muito posterior de Heinz Kohut, de que "introspecção e empatia são ingredientes essenciais da observação psicanalítica" e de que "os limites da psicanálise são definidos pelos da introspecção e empatia" (Kohut 1959/1978). Na época em que se pôs a escrever *Tipos psicológicos*, a consciência tinha passado a significar para ele o modo como a realidade da psique é acessada (*accessed*) e avaliada (*assessed*), ou o que ele às vezes chamou de "compreensão" [*"understanding"*] (Jung 1972), que ele transformou na base de toda a sua abordagem da psicologia. A consciência, nesse sentido, era a ferramenta investigativa indispensável para todo trabalho posterior com o inconsciente.

Como alcançar esta consciência é o problema que Jung tenta abordar em seu livro. Como ele disse muito depois, "Eu considerei meu dever científico examinar primeiro a condição da consciência humana" (Jung 1957/1977: 341).

A individuação da consciência

O que não é imediatamente patente para quem tenta abordar a psicologia de Jung como se fosse mais uma ciência, embora uma ciência do inconsciente, é que a consciência, para Jung a ferramenta com a qual o inconsciente deve ser investigado, é uma propriedade emergente do próprio inconsciente. Só secundariamente a consciência se reúne no centro que ele chama de ego, e mesmo então não se localiza totalmente ali. Jung não deixa isso explícito em *Tipos psicológicos* como poderia ter feito. Ele define consciência ali em termos de sua relação com o ego:

> Por consciência eu entendo a conexão de conteúdos psíquicos com o ego [...] na medida em que são percebidos como tais pelo ego. Na medida em que as relações não são percebidas pelo ego, elas são inconscientes. A consciência é a função ou atividade que mantém a relação de conteúdos psíquicos com o ego. A consciência não é idêntica à psique, pois, a meu ver, a psique representa o conjunto total dos conteúdos psíquicos, e estes não estão todos, necessariamente, ligados diretamente ao ego, ou seja, relacionados a ele de um modo tal que assumissem a qualidade da consciência. Existem muitos complexos psíquicos e eles não são todos, necessariamente, conectados ao ego (Jung 1921/1971: 535-536).

Esta passagem infeliz, tentando com demasiado ar de obviedade encontrar os requisitos lógicos para se distinguir a consciência e o inconsciente, levou demasiados estudiosos de Jung a procurar uma estrutura chamada de "ego" e um processo de "desenvolvimento do ego", nenhum dos quais exatamente respaldado pela observação fenomenológica do crescimento da consciência de um indivíduo, embora alguns junguianos tenham feito esforços heroicos para demonstrar que eles o são.

Talvez a mais interessante dessas tentativas seja o emblemático livro de Erich Neumann, *The Origins and History of Consciousness*, que oferece um modelo para o desenvolvimento da consciência a partir do inconsciente, que se vale de um imaginário bem específico da mitologia mundial (Neumann 1954). Neumann usa mitos, particularmente mitos do herói no processo de sobreviver a vários monstros que podem ser equacionados a aspectos do inconsciente, para encontrar evidências da emergência, sobrevivência e progressivo fortalecimento do ego, assim organizando os mitos ao longo de um *continuum* do progresso do herói para gerar um modelo etapa-a-etapa do desenvolvimento do ego. Essas "etapas" arquetípicas da consciência do ego que ele ensina geraram uma mitologia clínica entre os junguianos (p. ex., "O ego do paciente está contido no uroboros materno"). Este tem sido o modelo do desenvolvimento da consciência dos quais muitos analistas junguianos se valeram para avaliar em que ponto seus pacientes estão na individuação da consciência. Hillman, Giegerich e outros criticaram esse modelo como estando inconscientemente identificado com a noção de progresso do século XIX.

O modo do próprio Jung falar do crescimento da consciência tendia a ser mais simples e, de um ponto de vista contemporâneo, mais *soulful* [termo que abarca acepções que vão de "comovente", "emotivo", "sentimental" a "cheio de/com alma"]. Por exemplo, Jung certa vez foi indagado: "A consciência ajuda no processo de individuação?" Sua resposta foi:

> Viver conscientemente é a nossa forma de individuação. Uma planta que é destinada a produzir uma flor não se individua se não a produz – e o homem que não desenvolve a consciência não se individua, porque a consciência é sua flor – é – a sua vida (Jung 1934/1976: 296-297).

Ao permitir que o subtítulo da primeira tradução em inglês de *Tipos psicológicos* fosse "A psicologia da individuação", Jung implicava que o florescimento da consciência tem algo a ver com a progressiva emergência dos tipos psicológicos, e é essa ideia que eu prefiro à ideia de um "ego" monádico se desenvolvendo ao longo do tempo. Atendo-me à metáfora de Jung do florescimento, acho melhor dizer que se uma pessoa se individua, ou seja, floresce, então as várias funções da consciência que Jung descreve em *Tipos psicológicos* serão as pétalas de sua flor. Esta noção não presume que a consciência se origina no ego, embora quando a consciência emerja, ela se associa com uma contínua narrativa de si, ou seja, como parte do que uma pessoa pode referir com "meu". Quando muito, a consciência parece emergir do que Jung descreveu em uma conversa com alunos como "a peculiar inteligência do *background*" (Jung 1958/1970: 178).

A ideia de que a consciência já reside em alguma forma no inconsciente dá outro sentido à ideia de "conhecer junto com um outro". A ideia de um trabalho de equipe entre a consciência do ego e uma consciência que já reside no inconsciente é particularmente adequada para a compreensão das funções psicológicas que Jung chamou de "pensamento", "sentimento", "sensação" e "intuição". Em *Tipos psicológicos*, ele as concebe como dois pares de opostos: pensamento e sentimento (funções avaliativas) definindo um eixo da consciência, sensação e intuição (funções perceptivas) o outro. Solicitado a dar definições dessas quatro funções da consciência, Jung disse a um entrevistador:

> Há uma explicação bem simples para esses termos, e ela ao mesmo tempo mostra como eu cheguei a uma tipologia como essa. A sensação te diz que *existe* algo. O pensamento, *grosso modo*, diz *o que* essa coisa é. O sentimento te diz se é agradável ou não, se deve ser aceito ou rejeitado. E a intuição – aqui há uma dificuldade. Você não sabe, ordinariamente, como a intuição funciona, quando um homem tem um palpite, você não pode dizer como ele chegou a esse palpite, ou de onde esse palpite vem. Há algo engraçado na intuição. [Jung dá um exemplo]. Assim a minha definição dessa intuição é uma percepção por meio do inconsciente (Jung 1957/1977: 306).

Até aqui, isso parece como que uma orientação razoável o bastante à realidade, do ponto de vista de um ego tentando lidar com ela. Mas, ao discutir a intuição, a função "difícil" a ser explicada, Jung nos diz:

> É uma função muito importante, porque quando você vive em condições primitivas, muitas coisas imprevisíveis são muito prováveis. Então você precisa da sua intuição porque provavelmente é incapaz de dizer através de suas percepções sensoriais o que acontecerá. Por exemplo, você está viajando em uma floresta primitiva. Só consegue ver alguns passos à frente. Talvez siga a bússola, mas não sabe o que existe mais adiante; não tem um mapa da região. Se você usar sua intuição, terá palpites. Há lugares que são favoráveis; há lugares que não são favoráveis. É impossível explicar por que, mas será melhor seguir esses palpites, porque tudo pode acontecer, as coisas mais imprevistas. [...] Você também pode ter intuições – e isso constantemente acontece – em nossa selva chamada uma cidade. Você pode ter um

palpite de que algo está errado, particularmente quando dirige um carro. Por exemplo, esse é o dia em que enfermeiras aparecem nas ruas. [...] E então você tem um sentimento peculiar e, de fato, na esquina seguinte uma segunda enfermeira se precipita diante do automóvel (Jung 1957/1977: 307-308).

Eu gosto de ler essa amplificação da função intuitiva como uma glosa sobre o propósito ao qual *todas* as funções da consciência – pensamento, sentimento e sensação também – servem. Todas elas são requeridas porque a própria vida apresenta problemas que já são de tal modo diferenciados que apenas uma determinada função da consciência pode resolvê-los. Nesse caso, seria justificado falarmos de um problema apresentado a um paciente como um problema de pensamento, um problema de sentimento, um problema intuitivo ou um problema de sensação. Similarmente, um sonho, que nos revela "a situação real no inconsciente" (Jung 1948/1960: 505) de um cliente, nos expõe a situação de tal modo que podemos "tipificá-la", se quisermos, como um problema de pensamento, um problema de sentimento, de intuição ou de sensação. O problema então está encontrando a função da consciência adequada à situação ou, em outras palavras, encontrando a consciência peculiar à própria situação. Desta perspectiva, o desenvolvimento da consciência envolve a capacidade de convocar as várias funções no tempo certo e dos modos certos.

Infelizmente, nem sempre somos tão adaptáveis. No livro *Lectures on Jung's Typology*, Marie-Louise von Franz e James Hillman (1971) abordam, cada qual, o problema de trazer uma função adequada à consciência para uma situação que a convoca. O tema de Von Franz é a desigualdade no desenvolvimento dos tipos, que leva uma das quatro funções de Jung a permanecer "baixa" em seu grau de diferenciação. Isso Jung tinha chamado de "função inferior", e eu achei essa designação precisa, fenomenologicamente, porque cada um de nós tem um complexo de inferioridade em torno dessa área particular de nosso funcionamento consciente. Von Franz assinala que a função inferior tende a se comportar como um "joão-bocó" ou o filho caçula idiota em um conto de fadas, embora, como esse filho, sirva como a ponte para o inconsciente que as funções mais diferenciadas (simbolizadas pelos arrogantes filhos mais velhos no conto de fadas típico) não é capaz de oferecer, trazendo algum tipo de renovação ao reino, isto é, à esfera da consciência. Essa função é a área da nossa consciência que está menos sob controle de nossas boas intenções, mais lenta em ser treinada a despeito de nossos melhores esforços, e a mais contaminada com o inconsciente. A descrição por Hillman da função sentimento inferior transmite bem o problema que surge na base desta associação com o que é ordinariamente reprimido:

> O sentimento inferior, para resumir, pode ser caracterizado pela contaminação com o reprimido que tende a se manifestar, como os escolásticos diriam, em *ira* e *cupiditas* [raiva e desejo]. O sentimento inferior é carregado de raiva e fúria e ambição e agressão, bem como de cobiça e desejo. Aqui nos encontramos com enormes clamores por amor, com necessidades maciças de reconhecimento, e descobrimos que a conexão de nosso sentimento com a vida é uma vasta expectativa composta por milhares de pequenos ressentimentos. A expectativa tem sido chamada de fantasia de onipotência, a expressão da criança abandonada com seus sentimentos restantes de que ninguém quer tomar conta – mas isso é o bastante? A onipotência é mais do que um conteúdo; antes, ela expressa, como o faz a criança, um funcionamento empobrecido que insiste em mais influência e exercício. Sem este exercício, o sentimento se volta contra si mesmo, morbidamente; somos invejosos, ciumentos, deprimidos, alimentando nossas necessidades e sua gratificação imediata, e então correndo intermitentemente para encontrar alguém para ajudar ou que ajude. O gato negligenciado se torna o tigre inconsciente (Hillman in von Franz & Hillman 1971: 111-112).

Deve ser assinalado que esta descrição da atitude emocional de uma função da consciência na posição inferior é fortemente semelhante à descrição de Adler do complexo de inferioridade (Ellenberger 1970: 612-613).

A descrição por Hillman do complexo que o sentimento pode manifestar quando está em uma função inferior nos ajuda a reconhecer que o comportamento de uma função da consciência é afetado por sua posição na hierarquia total das funções.

Jung tinha definido esta hierarquia segundo um modelo quádruplo, especificando uma função superior, uma função auxiliar, uma função terciária e uma função inferior, que ele frequentemente diagramou assim:

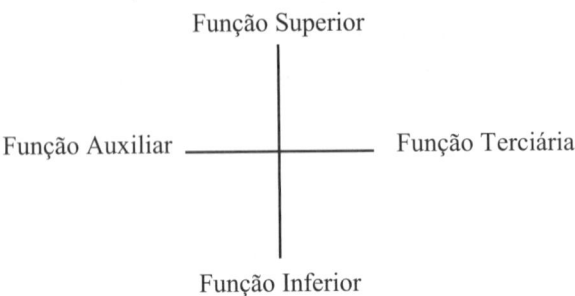

Este diagrama pode ser lido como representação figurada de uma pessoa destra, que podemos imaginar em pé, ereta, com os pés reunidos e as costas contra uma lousa, com seus braços abertos, para o propósito de revelar as relações entre suas funções da consciência. Cada um dos adjetivos qualificadores para as quatro funções mostradas no diagrama – superior, auxiliar, terciário e inferior – descreve a "posição" de uma das quatro funções da consciência em relação às outras, em uma pessoa. O que é sugerido é uma hierarquia das funções que, embora comece segundo o grau de diferenciação, acaba sendo tão qualitativa quanto é quantitativa. Ou seja, o modo como a função é experimentada, tanto pela pessoa quanto pelos outros com os quais ela lida, é tanto um resultado de sua posição na hierarquia total das funções quanto de seu grau efetivo de diferenciação. As próprias posições transmitem certas qualidades às funções que as ocupam, como von Franz e Hillman demostraram com relação à função "inferior" e como eu fiz com relação às outras três posições (Beebe 1984).

Além disso, essas posições nomeadas, conforme mostrado pelo diagrama acima, definem um par de eixos, um eixo vertical (entre a função superior e a inferior), que eu penso como a "espinha" da consciência, definindo a perspectiva consciente da pessoa, e um eixo horizontal (entre as funções auxiliar e terciária), que pode ser pensada como os "braços" da consciência, pois a tarefa dessas funções é articular a relação com o mundo, uma vez estabelecida a perspectiva individual da pessoa.

O tipo como um método de análise

Como eu dei muita atenção ao comportamento das funções em cada uma dessas posições no curso do meu próprio desenvolvimento da consciência, oferecerei agora uma série de vinhetas a partir do meu próprio processo analítico. O que se segue pode ser considerado um relato de caso autobiográfico de uma análise tipológica.

Minha descoberta da minha função superior, a intuição, ocorreu no primeiro ano de minha análise. Eu tinha entrado em terapia aos 26 anos de idade, poucos meses após me formar em medicina, e me queixando de "depressão", com o que penso que queria dizer um mal-estar geral e um sentimento de libido bloqueada, o sintoma manifesto sendo a incapacidade de ir até o fim de qualquer livro profissional que eu tivesse começado a ler. Na terceira ou quarta sessão, quando eu estava reiterando essas queixas, meu analista perguntou: "Você alguma vez sonha quando está deprimido?" Foi como se uma luz tivesse sido ligada em uma sala às escuras. Claro que sonhei; eu sempre tinha sonhado, e de fato é ali que minha mente estava quando as pessoas reclamavam de eu não estar prestando atenção. Eu estava sonhando! Não é surpresa que eu não conseguisse manter o radar nas coisas práticas. Em um *flash* eu sabia que aquilo em que eu era superior – sonhar – era a causa daquilo em que eu era inferior – prestar atenção, algo sobre o que, por sua vez, minha mãe, meu pai, meus professores e meus colegas tinham tentado, com pouco sucesso, me vergonhar e me tornar mais responsável. Poucos meses depois, eu tinha as palavras junguianas para esses processos que tinham definido meu dom e sua limitação acompanhante: eu era um tipo intuitivo, com sensação inferior. Mas imediatamente depois de perceber que aquilo em que eu era melhor e pior eram dois aspectos ou "fins" da mesma coisa, eu tive um sonho, em que eu era um obstetra trazendo à luz um bebê de mim mesmo. Ao experimentar minha função superior e minha função inferior como pertencendo à mesma realidade, eu tinha descoberto a realidade do meu próprio eixo vertical, e isso se tornou um canal para experimentar uma nova identidade.

Perceber que eu era um tipo intuitivo me deu muita energia. Os sonhos que agora estava registrando diariamente e levando ao meu analista duas vezes por semana me deram muita coisa para ler, e eu descobri que também podia ler livros junguianos que me ensinavam mais sobre a vida interior que eu estava descobrindo. No meu alívio de descobrir algo que eu realmente gostava de estudar, descobri minha verdadeira função auxiliar, o pensamento introvertido. Meu pai, um militar que tinha comandado um batalhão na Coreia, era um tipo pensamento extrovertido, e ele tinha acreditado fortemente na crença cultural norte-americana de que saber é poder. Quando eu interrompia o noticiário noturno de rádio para dar minhas próprias opiniões sobre o que os desenvolvimentos poderiam significar, meu pai dizia: "Cale-se, filho. Você não aprende de pessoas que não sabem nada". Meu analista, também um homem, nunca me interrompeu, ou quase nunca. Ele me deixava pensar em voz alta sobre meus sonhos e minha leitura do conteúdo do meu coração. Mesmo que isso significasse que eu estava repensando muito da psicologia junguiana e me apropriando dela de um modo que eu pudesse apreciá-la (e isso significava que eu não estava meramente aceitando o modo de Jung de formular suas grandes ideias, no qual meu analista tinha sido formado, ele deixava meu pensamento seguir seu caminho próprio, introvertido e subjetivo. Eu só aceitaria algo se fosse verdadeiro segundo minha própria experiência, o que, claro, era muito junguiano de certo modo, mas que não me permitia, por outro lado, aceitar o dogma que a psicologia junguiana já estava começando a se tornar. Serei sempre grato ao meu primeiro analista por (1) me permitir pensar em sua presença sem se queixar, como muitos outros terapeutas poderiam ter feito, de que eu estava intelectualizando e evitando os sentimentos que eram o "real" material de um trabalho profundo e (2) tolerar, sem retaliações, um repensar da própria psicologia na qual ele havia investido tão pesadamente. Desse modo, ele permitiu que minha função auxiliar se expressasse, o que ela não havia sido capaz de fazer antes, inibida como ela estava pelo pensamento extrovertido do meu pai e de outras autoridades, inclusive os professores de psiquiatria cujos livros eu não conseguia mais ler. Como um psicanalista poderia ter dito na época, eu era afortunado por ter uma situação transferencial que me capacitava a resolver meu problema edipiano deste modo.

De um ângulo cultural, eu percebo que também estava me beneficiando de uma forma de empoderamento muito mais acessível a homens do que a mulheres em 1966 e 1967, quando esses eventos estavam ocorrendo. Eu um médico, assim como meu analista. Havia na medicina uma longa tradição de aprendizado de como pensar e funcionar medicamente, codificado no aforismo que todos ouvimos sobre como aprender novos procedimentos médicos, "*See one, do one, teach one*" [Ver um, fazer um, ensinar um]. Esta era uma tradição totêmica e patriarcal em sua maior parte: em algumas partes dos Estados Unidos, as mulheres ainda não eram sequer admitidas em faculdades de medicina. Estou ciente de que ver minha função superior espelhada e minha função auxiliar estimulada teria sido bem menos provável de acontecer, com aquele mesmo analista, se eu fosse uma mulher. Embora problemática de uma forma diferente em relação à do meu pai, a *anima*[4] deste analista, muito provavelmente, teria insistido na expressão de sentimentos de uma mulher do meu tipo psicológico, em conformidade à noção junguiana então prevalecente de que o sentimento era mais feminino do que o pensamento.

Nenhuma barreira deste tipo ao empoderamento do meu pensamento ocorreu na contratransferência explícita inicial do meu analista, e assim eu experimentei as condições ideais para uma terapia segundo Carl Rogers e seus colegas: genuinidade, consideração positiva incondicional e compreensão empática precisa (cf. Rogers & Truax 1967.) Por essa razão, ficou-me precocemente clara a natureza da minha própria tipologia como parte da minha autoexperiência. Creio que apenas uma experiência assim direta e personalizada dos tipos, e a permissão de considerá-los do nosso próprio modo, pode capacitar um(a) paciente a se beneficiar do potencial de individuação da teoria dos tipos. Caso contrário, o tipo se torna um outro modo de aprender dos outros o que se é, e um novo conjunto de tarefas a serem aprendidas

---

4. *Anima* é a palavra latina para alma, que é definida por Jung em *Tipos psicológicos* como se referindo a um "complexo funcional definitivamente demarcado que é mais bem caracterizado como uma 'personalidade'" (1921/1971: 588). Para Jung, a anima como substantivo feminino se refere ao caráter contrassexual da atitude interior e subjetiva em um homem, que é frequentemente simbolizada nos sonhos por uma figura feminina, e no comportamento exterior do homem pelo tipo de teimosia emocionalmente carregada de opiniões que hoje consideramos sexistas acerca das obrigações das mulheres para com os homens.

no esforço de se adaptar mais eficazmente ao ambiente. Pode haver valor no tipo mesmo na descoberta de nova energia para a adaptação, mas isso não é o mesmo que a individuação.

Como meu sonho de fazer nascer um bebê de mim mesmo talvez transmita, eu tomei posse, muito cedo, na minha análise, de um senso de identidade pessoal, conforme minha tipologia se revelava de um modo que eu senti ser autêntico para mim no ambiente facilitador da terapia. Como eu indiquei em outros escritos (Beebe 1988, 1992), creio que é só apenas pela experiência de nosso pequeno e pessoal "si-mesmo" com "s" minúsculo, de um modo que tenha "integridade em profundidade", que o Si-mesmo com "S" maiúsculo da psicologia junguiana, o conhecimento instintivo de como viver, pode ser autenticamente acessado.

A abertura da minha tipologia verte grande quantidade de energia na minha psique a partir do Si-mesmo. Meu novo problema, substituindo a depressão com a qual eu tinha chegado à terapia, foi a tendência de ficar empolgado demais. Eu às vezes imaginava que minha intuição superior era a cabeça de um foguete espacial pronto para decolar. Eu precisava desesperadamente me manter na terra, permanecer com as tarefas associadas à minha formação médica. Nesse estágio inicial, minha função inferior, a sensação, simplesmente não tinha o peso necessário, a gravidade específica, para me ancorar. Mas eu reparei que minhas funções auxiliar e terciária podiam ser convocadas para me manter conectado às exigências do mundo. O pensamento, que depois da intuição era a minha função mais forte, e, portanto, minha função auxiliar, me ajudou a definir minha situação e a identificar as questões que eu precisava trabalhar. E o meu sentimento, menos confiante e mais vulnerável, me manteve estimando qual era o meu impacto em outras pessoas e o que eram minhas efetivas relações com elas. O efeito combinado de usar esses dois processos, pensamento e sentimento, me fez desacelerar e me preservar dos voos mais irracionais da minha intuição. Eu me conscientizei pela primeira vez, de um modo interior, de que meu pensamento e sentimento formam um eixo, assim como o fazem minha intuição superior e sensação inferior, quando tive o seguinte sonho.

Um pai (um homem que estava talvez na faixa dos seus 50 anos) estava perseguindo seu filho (um jovem com seus 20 anos) em torno de uma mesa de jantar, brandindo uma faca de açougueiro.

Trabalhando este sonho na minha análise, pude fazer associações com a imagem do jovem. Embora os ecos de minhas reações sentimentais ao pai crítico fossem claros, o jovem do sonho, em seu aspecto medroso, não tinha nada a ver com minha personalidade acordada. Na época, o mínimo, eu não tinha aprendido a temer. O filho no sonho me fez lembrar de um jovem que eu conhecia na época, que era fortemente sentimento e que pensava muito lentamente. A faca de açougueiro, sua capacidade de cindir e dissecar, me pareceu a imagem de uma função pensamento, usada para fazer distinções separativas entre as coisas. Que um homem mais velho a empunhasse de um modo ameaçador contra um homem mais novo, sugeria-me que uma função mais desenvolvida estava ameaçando uma menos desenvolvida. O sonho pode, é claro, ter sido um comentário sobre o modo como eu usava o pensamento em torno do meu amigo do tipo sentimento, mas ao mesmo tempo eu estava mais focado em como eu estava me relacionando comigo mesmo. Eu decidi que o pai simbolizava meu pensamento auxiliar e o filho, meu sentimento terciário. Que eles fossem pai e filho sugeria que estavam no mesmo eixo, mas eles estarem envolvidos em uma interação sadomasoquista – a caça em torno da mesa de jantar – sugeria que este eixo estava em disfunção. Não bastava reduzir o sonho às humilhações que eu tinha sofrido do meu pai quando tinha tentado expressar meus sentimentos na mesa de jantar enquanto seu *briefing de notícias* passava no rádio. À maneira de uma relação de objeto interno, essa perseguição era algo que estava fazendo agora para mim mesmo em meu próprio pensamento. Repreendido pelo sonho, eu gradualmente me tornei menos agressivo sobre aplicar minhas formulações de pensamento à compreensão do meu sentimento quando perturbado. A tempo, meu confiante pensamento assumiu uma atitude mais protetora para com meu sentimento, mais instável e imaturo.

Até essa época, meu uso da teoria dos tipos para entender-me a mim mesmo tinha se concentrado muito em quais funções eram fortes, e quais estavam em perigo. Eu não focalizei particularmente se as funções que eu estava descobrindo e analisando eram introvertidas e extrovertidas, e de fato não conseguia me decidir se eu próprio deveria ser descrito como um introvertido ou extrovertido. Meu primeiro analista tinha dito que era um *continuum*, e enquanto metade dos meus amigos me via como extrovertido, outros que me conheciam tão bem quanto diziam que era o único introvertido real que eles conheciam! Como eu tinha agora ingressado na formação analítica, era constrangedor para mim que eu não soubesse. Nessa época, eu aprendi de um membro do comitê de formação do meu Instituto, Wayne Detloff, a quem confidenciei minha confusão, que havia um ponto de vista não frequentemente expresso nos círculos frequentados por analistas e candidatos junguianos, segundo o qual se a função superior é extrovertida, a função auxiliar é introvertida e vice-versa. Apesar de eu ter feito o teste do *Myers--Briggs Type Indicator* como parte de um programa de pesquisa do qual todos os residentes de primeiro ano eram chamados a participar em 1968, e de sua descoberta de que eu era um ENTP [sigla definida pelas características da extroversão, intuição, pensamento e percepção (ao invés do julgamento)] parecer confirmar o diagnóstico de "pensamento intuitivo" que eu tinha dado a mim mesmo, com base das minhas descobertas analíticas de minha tipologia, a explicação do Dr. Detloff foi minha primeira introdução às ideias teóricas de Isabel Briggs Myers sobre o desenvolvimento dos tipos, que na época eram grandemente ignoradas em meu Instituto[5].

A versão ali hegemônica de tipo era a de Jo Wheelwright (1982), que com sua esposa Jane e com Horace Gray tinham criado seu próprio instrumento diagnóstico, o *Gray-Wheelwrights Type Test*. Nele, como no Myers--Briggs, eu apareci como um tipo extrovertido e pensamento intuitivo. E no meu Instituto isso significa que *ambas* as minhas funções dominantes eram extrovertidas. A introversão que eu tinha supostamente vinha de minha fun-

---

5. Eu abordei o desenvolvimento do pensamento sobre o tipo nos movimentos junguiano e MBTI no meu capítulo do *Handbook of Jungian Psychology* (Beebe 2004).

ção inferior, a sensação. Mas, na verdade, embora *Lectures on Jung's Typology* tivesse agora sido publicada e eu pudesse acompanhar este argumento, até certo ponto, eu ainda assim via minha função inferior de um modo menos diferenciado, como apenas "sensação inferior", e, como indiquei, eu não estava tão certo sobre o diagnóstico extrovertido para a minha função superior.

Dr. Detloff, contudo, foi muito claro sobre a sensação introvertida e a sensação extrovertida serem tão diferentes que ele chegara a se perguntar por que ambas deviam ser chamadas de "sensação". Mais tarde eu vim a ver que a sensação introvertida se refere primordialmente a encontrar ordem, organizar a experiência e monitorar o conforto do corpo por dentro, enquanto a sensação extrovertida envolve experiências imperiosas, frequentemente compartilhadas, das texturas, cheiros, visões, sons e sabores do mundo – um relacionamento direto com a realidade. Semelhantemente, eu decidi que o sentimento introvertido se preocupa sobretudo com os valores que mais importam a uma pessoa, enquanto o sentimento extrovertido busca se conectar com o sentimento dos outros. A intuição extrovertida parecia estar envolvida no captar o que se passava na mente das outras pessoas, e no ver possibilidades que outros poderiam não ter imaginado; enquanto a intuição introvertida olhava para o quadro maior no inconsciente, em que as *gestalts* que movem nações, religiões e épocas se situam, mesmo em meio à experiência aparentemente "individual". E os dois tipos de pensamento, embora preocupados, ambos, em definir as coisas, também o faziam de modos muito diferentes: o pensamento extrovertido se interessava em definições que fossem verdadeiras para todo mundo, de acordo com ideias com as quais todo mundo poderia concordar, enquanto o pensamento introvertido tinha de refletir sobre se uma construção particular realmente estava de acordo com a convicção da verdade interior, não importa qual pudesse ser a opinião hegemônica.

Essas distinções eram uma orientação útil sobre a psicologia dos outros, mas não eram de grande interesse nesta etapa de meu desenvolvimento, pois eu tinha questões mais urgentes com que lidar na minha análise, ou assim acreditava. Minha depressão essencial estava ainda intocada, e eu era frequentemente acometido, mesmo com anos de análise, por enxaquecas e esta-

147

dos de severa exaustão decorrentes delas. Nos meus sonhos eu via extensões de vegetação escassa e estéril. Minha analista (nesta época eu tinha trocado o anterior por uma mulher) interpretou isso como um retrato do meu sistema nervoso vegetativo, conforme ele parecia durante esses períodos de *burnout*.

Então eu sonhei com uma mulher sentada sozinha em uma sala. Ela era chinesa e tinha um olhar sombrio no rosto. A sala estava vazia, sem qualquer outro móvel senão a cadeira em que ela estava sentada. Isso porque seu marido gastou todo seu dinheiro com drogas e jogatina e assim não tinha nada para trazer para casa. Minha analista foi muito insistente sobre a importância deste sonho. "Ela não tem nada", assinalou.

Eu fiz associações com a mulher. Eu a conhecia em vida: ela era a lavadeira na lavanderia chinesa de que eu era cliente na época. Mulher prática, sem adornos, ela trabalhava com muita eficiência. Ela claramente não era extrovertida, mas era muito ocupada com questões de sensação à sua maneira introvertida. Eu decidi que ela era um tipo sensação introvertida. Eu tinha lido recentemente o ensaio de von Franz sobre a função inferior e também o ensaio de Gareth Hill sobre *"Men, the anima and the feminine"* [Homens, a *anima* e o feminino], que naquela época não tinha sido publicado, mas que descrevia oito tipos de *anima*, usando os quatro tipos de função (sentimento, pensamento, intuição e sensação) e os dois tipos de atitude (introvertida e extrovertida) para chegar às suas oito possibilidades para o tipo da *anima*, assim como von Franz tinha feito para estabelecer oito tipos de função inferior em seu ensaio.

O marido no sonho, dado à jogatina, me pareceu representar um lado menos lisonjeiro da minha função superior, a intuição extrovertida. Isso parecia se encaixar com a imagem do marido como um jogador, alguém que persegue possibilidades e coloca sua energia no mundo, deixando sua esposa introvertida em casa, sozinha, não lhe dando muito. Mas o que isso tinha a ver comigo? Eu não bebo nem jogo, mas era levado a buscar possibilidades de estender minha vida, mesmo depois de ser hora de voltar para casa e descansar. O filme mais recente, o último livro, mesmo o próximo sonho que um dos meus pacientes fosse me trazer, estavam me levando a transgredir os limites do meu conforto pessoal. Pela primeira vez me dei realmente conta da importância da distinção extrovertido/introvertido. Se o marido representava a extroversão desequilibrada, a mensagem clara do sonho era que eu estava negligenciando o lado introvertido de mim mesmo, representado pela figura abandonada e esvaziada da *anima*, a lavadeira chinesa. O sonho estava dizendo, muito especificamente, que a minha sensação introvertida não estava obtendo nada de mim. Quando eu transmiti minha conclusão à minha analista, ela disse: "Concordo totalmente".

Eu pensei muito sobre como retificar esse estado de coisas. A sensação introvertida, eu soube nessa época, vive do lado de dentro do corpo, e busca evitar que ele seja superestimulado, superaquecido, fique cansado demais, faminto demais ou preenchido demais com maus alimentos etc. Eu observei o que estava acontecendo com meus pacientes na minha prática psicoterapêutica em desenvolvimento. Ficava muito entusiasmado de ouvir o que eles estavam me contando, a ponto de ouvir com a respiração suspensa, descuidando até de respirar adequadamente. Não por acaso eu voltava para casa com enxaquecas: estava retendo dióxido de carbono. Convenci-me de que teria de prestar atenção à minha respiração enquanto ouvia os pacientes. Isso abriu uma série de espaços que me permitiram tomar consciência de meu corpo enquanto praticava terapia. Eu então reparei que no meu corpo, conforme eu atentava para ele, havia pistas do que estava acontecendo no meu paciente, para além do que qualquer interpretação de sonhos poderia revelar. Se meu estômago ou peito se sentiam tensos, era um sinal de que meu paciente estava se sentindo "rígido". Eu descobri que se atentasse a essas sensações, e por fim discutisse com o paciente os sentimentos que eu estava introjetivamente identificando, emergiria um material relevante que levaria a terapia para frente. Quando eu conseguia que o paciente expressasse os sentimentos que meu corpo tinha captado, não deixava a sessão com dores de cabeça, e terminava o dia de psicoterapia energizado, não esgotado. Aparentemente este método foi um tônico para minha vida interior. Um sonho subsequente sobre a lavadeira chinesa a encontrou mais feliz: seu marido a levara tomar sorvete!

Há uma tradição na análise junguiana de que o problema do tipo se torna especialmente importante quando a função inferior começa a "surgir" como um tópico na análise, e de que então é preciso prestar muita atenção ao tipo. Certamente isso se mostrou verdadeiro no meu caso. Uma vez que soube que minha *anima* era um tipo sensação introvertida, e que eu tendia não apenas a ser lamentavelmente ineficaz nessa área (como eu tinha reconhecido assim que percebi que eu era intuitivo), mas também destrutivamente negligente (o que não tinha percebido até sonhar com a lavadeira chinesa cujo marido não cuidava dela), fiquei muito mais interessado na situação exata de todas as minhas funções, e me dediquei muito a pensar no que em mim era extrovertido e no que era introvertido.

Eu percebi que minha intuição era extrovertida e meu pensamento era introvertido. Fiquei muito convencido, também, de que o meu sentimento, no grau em que chegava a se diferenciar, era extrovertido. Já que minha sensação se mostrou introvertida, como evidenciado pela *anima* sob a forma da lavadeira chinesa, eu decidi que os tipos se alternavam ao longo da hierarquia das funções em sua extroversão e introversão, como um sistema de pesos e contrapesos. No meu caso, a tipologia se mostrou algo assim:

Eis que, finalmente, de uma maneira convincente, as quatro funções que Jung tinha indicado representavam um ego orientado, sendo que a quaternidade sugeria um aspecto da identidade que eu vim a chamar, refusando as pesadas implicações kantianas da ênfase de Jung e de Neumann no "ego", o "si-mesmo" com "s" minúsculo. Essa foi a tipologia da minha autoexperiência cotidiana, a base da minha consciência continua como uma pessoa tendo seu próprio ponto de vista dotado de suas inevitáveis forças e fraquezas.

Há algo de sedutor no sentido de totalidade que vem com o número quatro, que Jung considera o número arquetípico que designa o Si-mesmo de "s" maiúsculo. Eu estava há pelo menos sete anos em minha análise antes que as quatro funções que constituem minha tipologia ficassem claras para mim, e foi difícil não acreditar que eu tivesse de algum modo "chegado lá", em termos de individuação, mesmo tendo apenas 34 anos de idade. Trinta anos depois, isso parece um pouco a ingenuidade de uma pessoa relativamente jovem, mas a inflação da autodescoberta pode ameaçar em qualquer idade. Presumir que o desenvolvimento do tipo se encerra com a descoberta da função inferior, em cujo ponto o Si-mesmo está constelado, e a partir de então se está engajado na relação com o inconsciente em seu aspecto mais profundo, pode na verdade afetar o desenvolvimento da consciência. Na realidade, o tipo permanece uma questão ao longo de todo o processo de individuação, embora os analistas nem sempre reconheçam isso.

Desenvolvimento dos tipos

Não muito depois de eu ter reconhecido a diferenciação de minhas primeiras quatro funções, inclusive sua alternância de extroversão e introversão, deparei com o livro de Isabel Briggs Myers, *Gifts Differing* (1980), que continha cinco capítulos sobre a dinâmica do desenvolvimento dos tipos. Senti-me particularmente impressionado pelo capítulo "Good type development", que confirmou grande parte das minhas descobertas sobre meu tipo na terapia, que de fato tinham parecido "boas" para mim. Elizabeth Murphy também trata deste tema em seu livro *The Developing Child* (1992: 12-13), no qual ela aponta que as funções superior e auxiliar podem se desenvolver naturalmente na infância, mas que as funções terciária ou inferior normalmente não aparecem até a idade adulta. Creio que minha primeira análise desbloqueou esse processo de desenvolvimento normal em mim. Uma das ideias mais importantes de Myers, que ela e sua mãe tinham colhido de Jung, era que:

> Para todos os tipos que aparecem no consultório, mantém-se válido o princípio de que, para além da principal função consciente, há também uma função auxiliar relativamente in-

consciente, que é sob todos os aspectos diversa da função principal (Jung 1921/1971: 515, apud Myers 1980: 19).

Como insistiu Myers:

> As palavras-chaves são "sob todos os aspectos". Se o processo auxiliar difere do processo dominante sob todos os aspectos, ele *não pode* ser introvertido onde o processo dominante é introvertido. Ele tem de ser extrovertido se o processo dominante é introvertido, e introvertido se o processo dominante é extrovertido (Myers 1980: 19).

Myers cita duas outras passagens de Jung que ela sente apoiarem esta interpretação. A primeira se refere ao tipo de atitude das funções inferior, auxiliar e terciária em alguém cuja função superior é o pensamento introvertido.

> As funções relativamente inconscientes do sentimento, intuição e sensação, que contrabalançam o pensamento introvertido, são de qualidade inferior e têm um caráter primitivo e extrovertido (Jung 1921/1971: 489, apud Myers 1980: 20).

A segunda se refere à atitude das outras funções em alguém cuja função superior é extrovertida.

> Quando predomina o mecanismo da extroversão [...] a função mais diferenciada tem uma aplicação constantemente extrovertida, enquanto as funções inferiores se põem a serviço da introversão (Jung 1921/1971: 486, apud Myers 1980: 20).

O que eu acho mais notável nessas passagens é o pressuposto de Jung de que apenas uma função, a superior, tende a ser particularmente diferenciada. Portanto, todas as outras funções vão assumir o caráter inconsciente da função inferior e operar de um modo grosseiramente compensatório. Isso realmente descreve o modo indiferenciado com que meu inconsciente me compensava antes de eu entrar em análise, mas não era particularmente útil para a compreensão dos modos pelos quais meus tipos de função se organizavam em relação à atitude, uma vez que começaram a se diferenciar na análise.

Uma maneira pela qual eu estava experimentando essa diferenciação era me tornando mais particular, e não menos, ao praticar psicoterapia, de modo que eu frequentemente sofria se uma pessoa no meu consultório tinha um sentimento introvertido do qual eu não conseguisse cuidar com meu sentimento extrovertido. Eu dediquei muita atenção a esses problemas, e fui ajudado especialmente por uma passagem no ensaio de von Franz sobre a função inferior em *Lectures on Jung's Typology* (von Franz & Hillman 1971). Haviam perguntado a ela: "Um tipo sentimento introvertido experimenta o pensamento introvertido, ou é sempre pensamento extrovertido?" Ela respondeu:

> Se você é um tipo sentimento introvertido, você também *pode* pensar introvertidamente. Você naturalmente pode ter todas as funções de todas as formas, mas isso não será um problema tão grande, e não haverá muita intensidade de vida nisso. Jung disse que a coisa mais difícil a entender não é seu tipo *oposto* – se você tem sentimento introvertido *é* muito difícil compreender um tipo pensamento extrovertido – mas é até mesmo pior compreender [o sentimento extrovertido], o mesmo tipo funcional, mas com a outra atitude! Ali sentimos não saber o que se passa na cabeça naquela pessoa, entrar nela. Tais pessoas permanecem em grande medida um enigma e são muito difíceis de compreender espontaneamente. Aqui a teoria dos tipos é de uma tremenda importância prática, pois é a única coisa que pode nos impedir de entender de modo totalmente errado certas pessoas (von Franz & Hillman 1971: 52).

Eu abordei o tema da incompatibilidade de tipos no meu primeiro ensaio abrangente sobre o papel dos tipos na transferência, na contratransferência e na interação terapêutica (Beebe 1984). Ali eu recomendei que os analistas tentem determinar para cada uma das quatro funções de um cliente se tal função está sendo usada de um modo introvertido ou extrovertido. Eu também sugeri que o analista deveria fazer um esforço para entender se está acionando essa função com a mesma atitude ou a atitude oposta, em termos de introversão e extroversão. É nesta base, ao invés de se uma pessoa na díade analítica tem o sentimento como a função superior e a outra o pensamento, ou se tem uma função superior extrovertida enquanto a outra pessoa tem uma função superior introvertida, que eu estabeleci a compatibilidade de tipos, ou seja, se aconteceria uma compreensão empática fácil entre os parceiros ou se haveria choques frequentes.

Nesse mesmo ensaio, observei a outra base potencial de incompatibilidade que Jung discute, e que Isabel Briggs Myers explora longamente em seu livro. No caso, para Jung, se a função superior da pessoa é racional (seu termo para as funções avaliativas, pensamento e sentimento) ou irracional (seu termo para as funções perceptivas, sensação e intuição). Por estar desenvolvendo um teste de personalidade que se focava em comportamentos facilmente identificáveis no mundo exterior, Myers achou que tinha que chegar à diferença entre os modos racionais e irracionais de consciência observando a função *extrovertida* predominante, fosse superior ou auxiliar. No *Myers-Briggs Type Indicator* (MBTI), esta função extrovertida recebe por isso um código de letra J ou P, para indicar se é uma função julgadora (seu modo de se referir às funções racionais de Jung) ou uma função perceptiva (seu modo de identificar as funções irracionais de Jung).

Para mim, a abordagem de Jung é mais psicológica. Ao avaliar a compatibilidade de tipos entre as pessoas, prefiro observar o eixo vertical de cada pessoa, ou sua espinha de consciência, que conecta a função superior e a inferior, ao invés de privilegiar a extroversão. Assim, eu cedo notei minha incompatibilidade de conviver com um homem tipo sentimento introvertido (nós dois éramos "P" segundo o sistema MBTI, já que a função extrovertida dominante nele era sua sensação extrovertida auxiliar). Eu descobri que nossas espinhas tendiam a se cruzar: ele frequentemente tomava minhas percepções como julgamentos, assim como eu tomava equivocadamente seus julgamentos como percepções, uma fonte de muitos mal-entendidos.

Conforme os tipos ficaram mais reais para mim, eu me tornei mais cônscio dos papéis que eles estavam desempenhando em minha psique. Seguindo Jung (1925/1989: 56-57; 1963: 179ss. e 173ss.), eu associei a função superior forte e eficaz ao arquétipo do herói. Com base no meu sonho sobre o pai e o filho, eu acrescentei a inovação de que a auxiliar se comporta como um pai, seja prestativo ou crítico; a terciária como uma criança, divina ou ferida, e assim, na linguagem da psicologia junguiana, um *puer aeternus* ou *puella aeterna*.

Puer aeternus quer dizer "menino eterno" ou, como um de meus pacientes o chamou, "menino interminável". O termo foi colhido por Jung da conhecida saudação de Ovídio ao deus infante Iacchus, que, com sua "inconsumida juventude", figurava nos mistérios eleusinos de renascimento: *tibi enim inconsumpta iuventa est, tu puer aeternus, tu formosissimus alto conspiceris caelo; tibi, cum sine cornibus adstas* (*Metamorfoses*, livro IV, linhas 18-29, tb. disponível em: http://www.sacred-texts.com/cla/ovid/meta/meta103.htm), sendo o trecho final traduzido por Rolfe Humphries (Ovid 1955) como "Behold *puer aeternus* with his angel seeming face. But oh, those invisible horns!" [Bendito *puer aeternus* com seu rosto de aparência angelical. Mas oh, aqueles chifres invisíveis!]. Esta descrição arquetípica de um estilo de personalidade tem sido aplicada a um problema do desenvolvimento adulto, o do caráter charmoso, promissor, mas em última instância não confiável de certos homens e mulheres eternamente juvenis e frequentemente muito sedutores. Von Franz (1970) e Henderson (1967), focando no seu papel no desenvolvimento masculino, relacionam a confiança excessiva neste arquétipo nas interações com os outros ao complexo materno do homem imaturo. Mas Hillman (1989) acredita que o conceito, mais amplamente, "se refere a essa dominante arquetípica que personifica ou está em relação especial com os poderes espirituais transcendentes do inconsciente coletivo", sendo assim um aspecto da criatividade em todos nós (1989: 227). Estou usando este termo, bem como *puella aeterna*, termo latim para "menina eterna", em referência à juventude eterna em todos nós, o lado brilhante, mas instável de nós mesmos que é ora o Príncipe ou Princesa imortal, ora o(a) menino(a) desamparadamente vulnerável e ferido(a).

Também há uma tradição analítica, que chegou até mim por intermédio de Bill Alex, que tinha sido da primeira turma em formação no Instituto C.G. Jung em Zurique, e que diz que a *anima* ou *animus* "carregam a função inferior". Em seus escritos, von Franz associou a função inferior com a *anima/animus*, mas menos especificamente do que eu faria. Ela afirma, "A função inferior é a porta pela qual todas as figuras do inconsciente chegam à consciência. Nossa região inconsciente é como uma sala com quatro portas, e é a quarta porta aquela pela qual entram a Sombra, o *Animus* ou a *Anima* e a personificação do Si-mesmo". Ela depois acrescenta que, "quando a pessoa se torna um pouco consciente da sombra, a função inferior dará à figura do *animus* ou da *anima* uma qualidade especial", de modo que, se personificada por um ser humano, a *anima* ou *animus* "muitas vezes aparece como uma pessoa da função oposta" (von Franz & Hillman 1971: 55-56).

No meu próprio trabalho comigo e com meus pacientes, na maioria das vezes constatei que a função inferior, com sua estranha emocionalidade, tem o caráter da *anima* ou *animus*[6], o "outro" dentro de nós, que fica profundamente consternado quando seus ideais não são atingidos, e praticamente em êxtase quando o são. Ele foi simbolizado desse modo pelos meus sonhos da lavadeira chinesa. Eu poderia então diagramar minhas quatro funções novamente, mostrando os arquétipos associados a elas conforme os tinha encontrado.

Intuição Extrovertida
Função superior
Herói/Heroína

Pensamento Introvertido
Função auxiliar
Pai/Mãe

Sentimento Extrovertido
Função terciária
(Puer aeternus)

Sensação Introvertida
Função inferior
Anima/Animus

---

6. *Animus*, que é o termo latino para mente ou espírito, é muitas vezes usado diferentemente na psicologia junguiana em relação a seu significado padrão nos dicionários de inglês como "opinião hostil", para representar o espírito de uma mulher que a ajuda a focar sua autoexperiência e expressá-la no mundo. A despeito das excelentes discussões do *animus* e de seu desenvolvimento por Emma Jung (1957/1985) e Ann Ulanov (1971), ainda há uma tendência, mesmo entre psicólogos analíticos, a depreciar o por vezes severo espírito de uma mulher como uma forma de competitividade e despeito, confundindo-o com a "personalidade opositora" que discutirei mais adiante neste capítulo.

Minha passagem ao latim, ao nomear os arquétipos associados com as funções terciária e inferior, é deliberada. Essas funções, embora ainda parte do complemento da consciência ego-sintônica de uma pessoa, são mais arcaicas do que a superior e a auxiliar, e se apresentam de modos mais classicamente "arquetípicos", tendo uma qualidade de aspecto divino, enquanto as funções superior e auxiliar são mais adaptadas ao tempo e ao espaço e mais congruentes com as perspectivas dos contemporâneos dessa pessoa.

Esta análise arquetípica das primeiras quatro funções forneceu a base do modelo tipológico que eu pude apresentar na *Chiron Conference for Jungian Psychotherapists*, realizada no Ghost Ranch em Abiquiu, Novo México, em 1983, e pôr no papel no meu ensaio de 1984. Mostrou-se muito útil para mim e para outros para esclarecer como uma consciência bem diferenciada pode se auto-organizar no curso da individuação. Podemos destacar várias características desse modelo.

1) O modelo afirma, com Jung e junguianos subsequentes, que se a função superior é irracional, a auxiliar será racional, e vice-versa.

2) Ele concorda com Myers e os conselheiros do MBTI em que, se a função superior é introvertida, a auxiliar será extrovertida, e vice-versa.

3) O modelo especifica a função terciária como oposta na atitude com relação à auxiliar, assim como a função inferior é oposta em atitude à função superior.

4) Seguindo a tradição junguiana, o modelo mantém que se a função superior é racional, a inferior também será racional; se a função superior é irracional, também a inferior será irracional.

5) A função terciária é representada como combinando com a auxiliar com relação à racionalidade ou irracionalidade.

6) O modelo assim define dois eixos de consciência, um entre as funções superior e inferior (espinha), a outra entre as funções auxiliar e terciária (braços). Se a espinha é racional, os braços serão irracionais, e vice-versa (cf. fig. 4.1.)

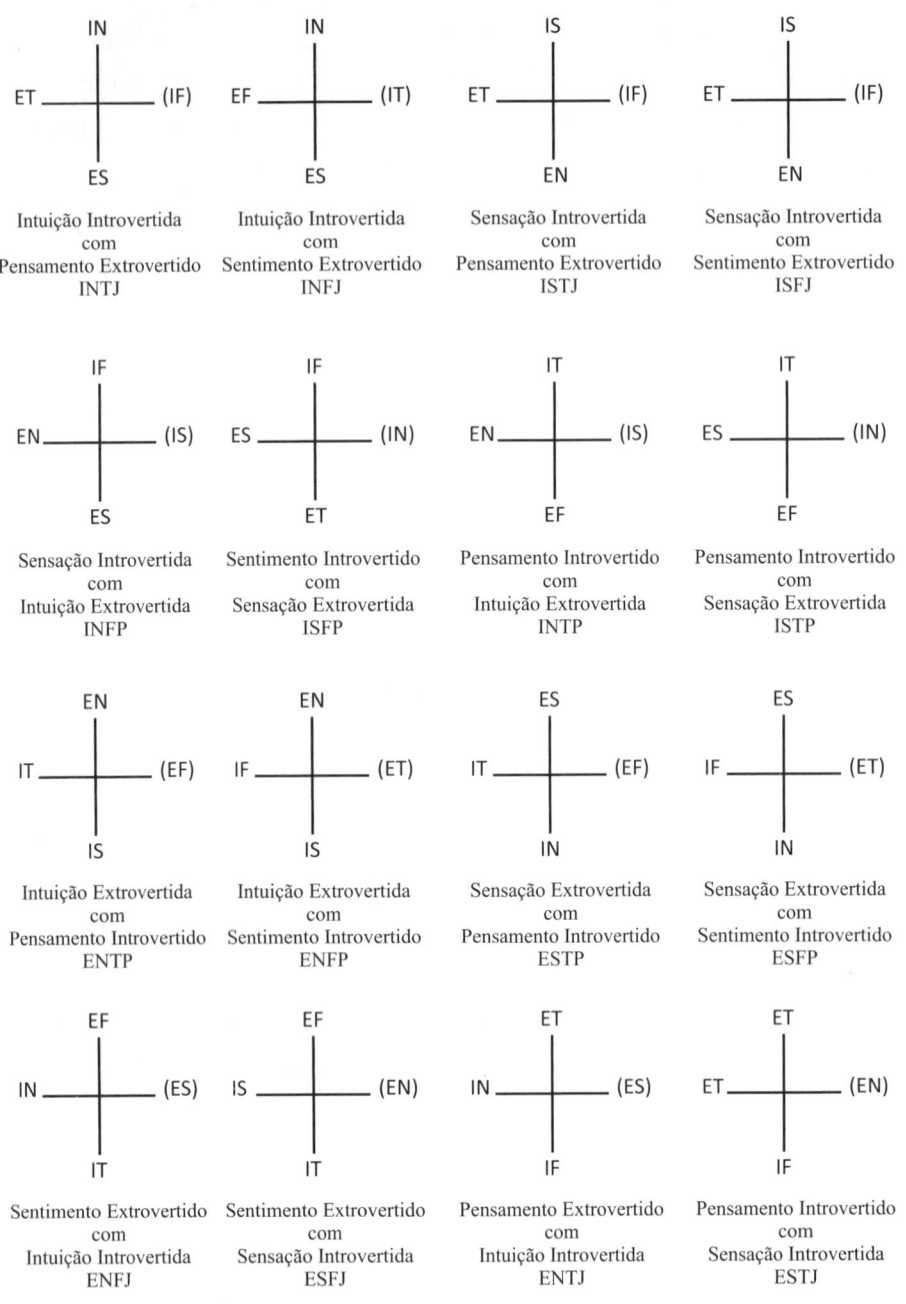

Figura 4.1 – As 16 configurações possíveis do MBTI

Eu acredito que este modelo retrata bem o modo como os tipos se diferenciam em alguém que está mostrando o que Myers chama de "bom desenvolvimento do tipo", e que Jung chamaria de individuar-se segundo a lei de seu próprio ser. Ele não responde pelas muitas falsificações de tipo (Benziger 1995) que envolvem substituir outras funções com base em uma necessidade de satisfazer ou se defender contra exigências de um ambiente que não é facilitador da individuação.

Tipos da sombra

Na conferência de 1983 estavam dois analistas em formação – Paul Watsky e Laura McGrew – cujos comentários se mostraram muito úteis para o crescimento de minha compreensão do tipo ao longo da década seguinte. Watsky assinalou que Jung lista oito funções da consciência em *Tipos psicológicos*. Se alguém é bem-sucedido em diferenciar quatro dessas funções para alcançar o bom desenvolvimento do tipo segundo Isabel Briggs Myers, Watsky disse, é como se até o extremo ao norte de seu campo psicológico tivesse sido cultivado; a pessoa ainda precisa cultivar até o extremo sul. Essas quatro estavam presumivelmente na sombra. Laura McGrew voltou ao Ghost Ranch no ano seguinte com o esboço de um diagrama indicando o que poderiam ser os arquétipos associados com as quatro funções. Para a sombra da mãe, ela tinha posto "bruxa".

"Bruxa" é um termo profundamente problemático, que já *O mágico de Oz* (1900) de L. Frank Baum [*The Wonderful Wizard of Oz*] (1900), fez bem em desconstruir, como se referindo a uma mulher no comando de uma magia que era potencialmente tão boa quanto má, e por muito tempo eu preferi usar o termo "mãe negativa" em referência à progenitora feminina que age à base de ofensas, culpas, imposição de limites. Mas eu decidi que *bruxa*, com sua carga de conotações negativas, toca na característica específica desta posição da sombra nas mulheres (e em alguns homens). Como todos os arquétipos da sombra, a bruxa "joga sujo" para defender a personalidade. Ela usa sua capacidade de lançar feitiços que imobilizam de um modo desleal, mas isso é uma consciência de sobrevivência que reside na sombra que pode ser usada para parar outros em seus caminhos quando eles estão ameaçando a personalidade ou os valores desta. Em termos de política de gênero, a bruxa usa sua autoridade feminina de um modo que pode ser extremamente paralisante para a *anima* de um homem. Na psique de um homem, o lado da sombra do bom pai seria o *senex*, que exerce o mesmo sinistro poder limitador quando "impõe as rédeas", e que pode semelhantemente paralisar o *animus* de uma mulher.

Segundo lembro, Laura McGrew e eu concordamos que a sombra do *puer aeternus* carregando a função terciária tinha de ser o *trickster*. Nem ela, nem eu, estávamos satisfeitos com as designações para o lado sombra do herói e para o lado sombra da *anima/animus*. Estava claro que o arquétipo da sombra é portador da mesma função da consciência como sua contrapartida ego-sintônica, mas com a atitude oposta com relação a extroversão e introversão.

Aqui, então, estava a minha sombra, em termos dos tipos de consciência envolvidos:

Intuição introvertida
Sombra da minha função superior

Pensamento extrovertido
Sombra da minha função
auxiliar

Sentimento introvertido
Sombra da minha função
terciária

Sensação extrovertida
Sombra da minha função inferior

Eu estabeleci como minha tarefa aprender como esta sombra estava realmente expressa nos meus sonhos e comportamento exterior. Nesse caminho, pude fazer parte do trabalho que Paul Watsky sugeriu ser ainda necessário a alguém que reivindicava um "bom desenvolvimento do tipo", e pude responder empiricamente à questão de Laura McGrew, notando as características das figuras oníricas que pareciam apresentar o negativo da minha tipologia preferida. Esse trabalho me ocupou por mais sete anos, de modo que não antes de 1990 eu finalmente cheguei ao seguinte modelo para descrever minha sombra em termos de um complemento de consciências que eram mais negativas e destrutivas em seu funcionamento arquetípico do que as consciências que eu tinha identificado como minhas no curso da minha análise:

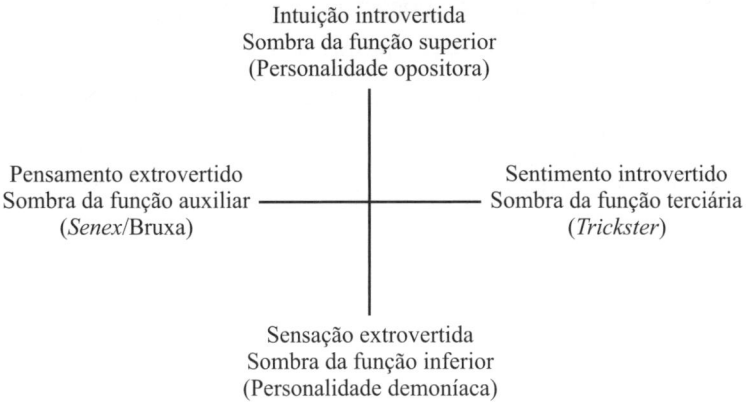

Intuição introvertida
Sombra da função superior
(Personalidade opositora)

Pensamento extrovertido
Sombra da função auxiliar
(*Senex*/Bruxa)

Sentimento introvertido
Sombra da função terciária
(*Trickster*)

Sensação extrovertida
Sombra da função inferior
(Personalidade demoníaca)

Há muita coisa na literatura junguiana sobre o *senex*[7] e a bruxa e o *trickster*, assim como há muita coisa sobre pai e mãe e *puer aeternus*. Eu introduzi os papéis arquetípicos que descobri aqui como "personalidade opositora" e "personalidade demoníaca", e esta introdução pode ser encontrada na segunda edição revisada do livro de Murray Stein *Jungian Analysis* (1995), no capítulo que escrevi com Donald Sandner, "*Psychopathology and analysis*", em uma seção intitulada "O papel do tipo psicológico na possessão".

A descoberta mais inesperada foi a do arquétipo que eu chamo de personalidade opositora, que se caracteriza por comportamentos que podem ser descritos na linguagem da patologia de caráter: oposicional, paranoide, passiva-agressiva e evitativa. Isso é uma sombra que é muito difícil de vermos em nós mesmos (parece cair no ponto cego da função superior) e muito fácil de projetar em outra pessoa, especialmente uma pessoa do sexo

---

7. "'*Senex*' é o termo latino para 'homem velho'. Nós ainda o encontramos embutido em nossas palavras senescência, senil e senador [...]. Conforme os processos naturais, culturais e psíquicos amadurecem, ganham ordem, se consolidam e se esvaem, nós testemunhamos os efeitos formativos específicos do *senex* [...]. Aspirações por um saber superior, imperturbabilidade, magnanimidade expressam sentimentos *senex*, assim como a intolerância por aquilo que atravesse os sistemas e hábitos da pessoa [...]. O temperamento do *senex* é frio, o que também pode ser expresso como distância" (Hillman 1989: 208).

oposto. O arquétipo da personalidade opositora frequentemente aparece nos sonhos como uma figura contrassexual; mas, diferentemente da *anima*, a personalidade opositora é antagonística em relação ao ego ao invés de útil para conectá-lo às necessidades do Si-mesmo. Junguianos clássicos às vezes identificaram essa figura que se opõe, critica e seduz o ego como o *animus* ou *anima* "negativos", mas essa notação ignora a real diferença tipológica entre a personalidade opositora e a *anima* ou *animus*. Ao adotar o termo "personalidade opositora", de grande ressonância clínica, ao invés de um nome como "o Adversário" ou "o Antagonista", que tem uma conotação mais dignificada e arquetípica, eu tentei transmitir a qualidade inconsciente e não declarada com a qual este arquétipo costuma operar. Ele frequentemente está mais para um sintoma do que para um elegante inimigo em um cavalo negro.

Ao fazer associações com uma figura onírica, é importante tentar estabelecer o tipo psicológico da figura, que muitas vezes é surpreendentemente fácil de determinar. Na conferência de Ghost Ranch, eu chamei a atenção para o prefácio de Jung à edição argentina de *Tipos psicológicos* (1936/1971: xiv), em que ele enfatizou que a teoria dos tipos psicológicos deveria ser usada não como um meio de classificar as pessoas, e sim de "equacionar o material empírico" que surge no curso de uma análise terapêutica. O método de análise que resulta daí tem a vantagem de capacitar um paciente a ver onde um complexo particular vive na psique.

A personalidade opositora vivia em mim como uma tendência a se tornar separada e evitativa de um modo esquizoide com relação a certos tipos de situações com que eu não sabia imediatamente como lidar. Isso apareceu em minha prática como uma tendência a me "desligar" em face de afetos com os quais eu não sabia como lidar. Era como se minha intuição introvertida estivesse funcionando deste modo sombrio para encontrar algum tipo de imagem que pudesse decifrar a emoção para mim, mas na maioria dos casos meus pacientes me vivenciavam nesses momentos como os abandonando. Ao meditar sobre este comportamento, percebi que era uma defesa do si-mesmo que eu tinha frequentemente usado na minha vida – a ponto de que alguns dos meus amigos na faculdade terem reclamado, após um verão

162

suportando a minha desatenção recolhida, que eu tinha me tornado mais "John-ish" [pessimista, infeliz] do que nunca. Até que eu decidisse, porém, encarar com firmeza o lado sombra da minha função superior, uma intuição extrovertida que muitos tinham experimentado como extraordinariamente "presente" para eles, eu nunca levei essas queixas a sério. Ao invés disso, como é tão frequentemente o caso em se tratando de uma função na sombra, eu tendia a projetar minha dificuldade interna em outras pessoas cujos traços evitativos eram particularmente pronunciados. No meu consultório, eu parecia continuar encontrando um certo tipo de mulher intuitiva introvertida que me parecia não "ser franca" com suas intuições, de modo que eu a experimentava como estando teimosamente resistente à terapia. Só gradualmente eu vim a reconhecer que a mulher oposicional era ainda mais característica de um lado de mim mesmo, e isso a ponto de eu a ter projetivamente identificado a clientes intuitivas introvertidas que poderiam ter certos "ganchos" para capturar a projeção.

O *trickster* era o único aspecto da minha sombra que eu tinha trabalhado bem cedo na minha análise. Contudo, eu não havia pensado que meu *trickster* tivesse um tipo. Eu tinha, contudo, frequentemente sido projetado em analisandos ou analisandas difíceis, cuja intensa subjetividade parecia constantemente destruir meus esforços de ajudá-los com compreensão psicológica. Esses eram analisandos ou analisandas que poderiam se encaixar no critério diagnóstico para distúrbio *borderline* de personalidade, que eu tinha alhures discutido como uma "ambivalência primária em relação ao Si-mesmo" (Beebe 1988), mas o problema que me continuava surgindo era o grau em que meu sentimento não era páreo para o dos pacientes. Para ser um bom médico, eu estava tentando usar o sentimento extrovertido de um modo sincero e compassivo que implorava a hostilidade que os pacientes estavam dirigindo contra mim. Como um homem me disse, "a medicina ocidental, a oriental também se você considerar o budismo, se baseia na compaixão. Quando as pessoas são compassivas comigo, eu me torno esse canalha".

Foi nesse contexto de sentimento que eu vim a compreender de modo mais pessoal a diferença entre extroversão e introversão. Eu tinha me concentrado em desenvolver meu sentimento extrovertido, uma vez que reconhecera esta como uma função relativamente fraca em mim mesmo, e desde que esta consciência foi trazida a mim pelo arquétipo do *puer aeternus*, eu pude saltar para alturas incomuns de compaixão empática, privilegiando o sentimento das outras pessoas mais do que o meu próprio. Eu mergulhava, porém, nas profundezas de desespero quando as pessoas com quem eu estava lidando abandonavam meu sentimento pelo delas mesmas, e não mostravam qualquer gratidão pela compaixão que eu estava dispensando. Gradualmente, eu aprendi que essa era uma diferença normal entre extroversão e introversão. Ao encontrar uma situação que envolve outra pessoa, a extroversão se movimenta para criar uma experiência compartilhada, ao conseguir de algum modo se "misturar" com a outra pessoa (Shapiro & Alexander 1975), enquanto que a introversão recua da experiência para ver se ela "casa" com um arquétipo que carrega uma compreensão *a priori* daquilo em que uma experiência assim deve consistir. Conforme eu aprendi a honrar meu sentimento introvertido, que à maneira de um *trickster* não se sentia atado por expectativas culturais médicas e cristãs, eu aprendi a fazer afirmações como "Não tenho certeza de que posso trabalhar com você se isso for tão negativo". Eu tinha percebido que a ameaça que eu havia recebido de meus pacientes "*borderline*" não estava de acordo com meu sentimento introvertido daquilo que um tratamento médico mutualmente respeitoso deve ser, e uma vez que eu aprendi a validade desta perspectiva, pude afirmá-la de um modo que, embora fosse uma manipulação da transferência, permitia a mim e a meus pacientes difíceis trabalharmos juntos em uma atmosfera de mais consideração, senão um pelo outro, o que seria um sentimento extrovertido, ao menos pelo valor do que estávamos tentando realizar. Eu descobri que meus pacientes podiam aceitar isso, embora ainda tivessem muita ambivalência, inveja e negatividade para trabalhar em sua experiência efetiva de mim como uma pessoa.

Foi particularmente difícil de ver o pensamento extrovertido *senex* como uma parte de mim mesmo. Eu tinha projetado isso completamente em meu pai, que ostentava uma personalidade retumbante ao estilo do século XIX, indiferente e, ao meu ver, de certo modo pomposa. Eu sempre me imaginei como alguém mais descontraído. Mas havia uma parte de mim, também, que podia ser bem arrogante e dogmática no modo como proferia as opiniões e interpretações. Esse era meu pensamento extrovertido *senex*.

Ao confrontar minha sensação extrovertida demoníaca, eu senti que estava encontrando o problema do mal em mim mesmo. Meu colega Herbert Wiesenfeld, um tipo sentimento introvertido cuja *anima* combatia as ideias, finalmente decidiu que o "mal", na psicologia junguiana, se refere à qualidade de ser indeterminado. A personalidade demoníaca, então, é essa parte de nós mesmos que opera na sombra para minar os outros e nós mesmos. Certamente, no meu caso, tratava-se da sensação extrovertida. Minha linguagem corporal é muitas vezes o oposto do que eu queria transmitir. Minha relação com a geografia física é tal que, ao tentar encontrar meu caminho na rota familiar, o oposto de onde penso que deveria estar é quase sempre o caminho certo. Mas, ainda mais importante, eu às vezes julgo mal, na terapia, a distância relativa da consciência de um complexo inconsciente e presumo, com minha intuição extrovertida otimista, que o cliente está pronto para se beneficiar em discutir abertamente algo que o cliente, na verdade, ainda não está pronto para ver. O cálculo errado pode levar a intervenções que chocam o cliente e, por um tempo, enfraquecem a terapia. Ocasionalmente, tais intervenções podem também avivar uma terapia que se tornara polida demais, o que nos lembra que, assim como Lúcifer é o portador da luz, o demônio às vezes é um *daimon* [diamante].

Conforme eu pesquisava minha sombra, pude ver que também ela era portadora de "consciência", mas consciência usada de modos antagonísticos, paradoxais, depreciativos e destrutivos. Os complexos arquetípicos da sombra podiam às vezes mover uma situação estagnada, mas também poderiam ser muito ofensivos para outrem e para mim mesmo. Especificar essas consciências defensivas era, contudo, útil para manuseá-las e desenvolver uma medida de escolha sobre como eu as empregava.

Nesta altura, eu estava convencido de que tinha sido capaz de localizar todas as oito funções da consciência em mim mesmo, e de ver como os arquétipos que as estavam carregando operavam para estruturar meus contatos com os outros. O que então percebi que seria necessário era uma validação deste modelo de oito funções/oito arquétipos como aplicável de modo geral. Embora eu o experimentasse frequentemente em situações clínicas, vendo as figuras nos sonhos dos meus pacientes como personificações de personalidades parciais tipológicas, que não poderiam ser apenas registradas mas também combinadas com um arquétipo dentro do esquema que eu tinha desenvolvido, percebi que precisaria de uma arena mais geralmente disponível, onde os tipos e os arquétipos pudessem ser prontamente visualizados por outrem. Isso veio por meio de filmes, pelo menos aqueles que podiam ser reconhecidos como expressões pessoais de um(a) diretor autoral expondo seus complexos para o olhar de um público. Eu descobri que meu modelo funcionava particularmente bem como um modo de analisar filmes (que eram então um tema de intenso escrutínio cultural) e registrei os resultados deste tipo de análise em numerosas palestras e em dois ensaios que analisam *O mágico de Oz* e o *Maridos e esposas*, de Woody Allen (Beebe 2000, 2002).

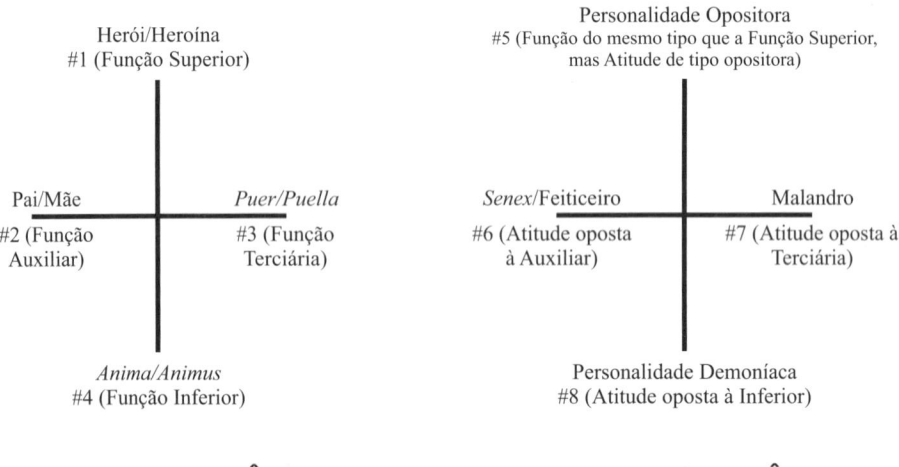

Figura 4.2 – Complexos arquetípicos compostos das oito funções

O modelo de oito funções que desenvolvi (cf. fig. 4.2), como um "acréscimo e extensão" à psicologia analítica de Jung (Henderson 1991), pede que

166

nós reexaminemos algumas das primeiras descobertas que nosso campo fez sobre os tipos ao usar um modelo de quatro funções. Por exemplo, a descrição por Hillman do "sentimento inferior", citada anteriormente neste capítulo, poderia ser mais bem compreendida como uma descrição do sentimento introvertido demoníaco em um tipo pensamento introvertido. Meu sonho sobre o "pai" brandindo uma faca de açougueiro na perseguição a seu "filho" em torno da mesa de jantar, embora me abrisse à ideia do "pai" e do "*puer*" como se referindo aos tipos mais ou menos desenvolvidos no eixo das minhas funções auxiliar e terciária, é na verdade uma situação de tal modo sombria, com uma óbvia referência à foice de Saturno, que é mais provavelmente uma descrição do *senex versus* o *trickster*. (Na época do sonho, eu não tinha desenvolvido meu sentimento introvertido o bastante para perceber que o jovem que o meu inconsciente selecionou para servir como o "filho" era na verdade uma pessoa muito provocativa, que usava seu sentimento introvertido de um modo manipulativo, assim ocasionando a resposta do *senex* no inconsciente.). Eu agora vejo minha interpretação inicial do sonho, de algum modo equivocada, como uma "desleitura criativa" – um daqueles mal-entendidos úteis que não raro servem para fazer avançar nosso pensamento (Bloom 1985).

Vamos concluir olhando de novo para a função inferior e, implicitamente, sua sombra demoníaca, na seguinte passagem de von Franz:

> A pequena porta aberta da função inferior de cada indivíduo é o que contribui para a soma do mal coletivo no mundo. Você poderia observar isso muito facilmente na Alemanha, quando o diabo paulatinamente tomou conta da situação no movimento nazista. Cada alemão que eu conhecia então, que sucumbiu ao nazismo, o fez por conta de sua função inferior. O tipo sentimento foi tomado pelos argumentos idiotas da doutrina do partido; o tipo intuição foi pego por sua dependência do dinheiro – ele não podia largar seu emprego e não via como lidar com o problema do dinheiro, então teve de ficar, mesmo não concordando, e assim por diante. A função inferior foi em cada campo pessoal a porta pela qual o mal coletivo pôde se acumular. Ou você poderia dizer que cada um que não havia trabalhado sua função inferior contribuiu para esse desastre geral – de um modo pequeno –, mas a soma de milhões de fun-

ções inferiores constitui um diabo gigantesco! A propaganda contra os judeus foi forjada muito espertamente neste aspecto. Por exemplo, os judeus foram insultados como intelectuais destrutivos, o que convenceu completamente todas as pessoas de tipo sentimento – uma projeção do pensamento inferior. Ou foram acusados de serem fazedores de dinheiro irresponsáveis; isso convenceu o intuitivo, por eles serem sua sensação inferior, e agora se sabia onde o diabo estava. A propaganda usava as suspeitas comuns que as pessoas tinham umas contra as outras por conta de sua função inferior. Assim, você pode dizer que por trás de cada indivíduo a quarta função não é apenas uma pequena espécie de deficiência; a soma delas é realmente responsável por uma tremenda quantidade de problemas (von Franz in von Franz & Hillman 1971: 66-67).

O que ela está descrevendo aqui é uma relação entre a função inferior e uma função demoníaca que testa a integridade da função inferior. No grau em que a função inferior não tenha sido assumida como um problema pelo indivíduo, ao longo do desenvolvimento de sua consciência, não há rival à altura para o aspecto demoníaco do inconsciente, como a lavadeira chinesa no meu sonho, que não tinha nenhum poder para impedir que seu marido gastasse todo o dinheiro dele bebendo e apostando. Na época em que tive esse sonho, achava que o marido representava minha própria função superior de intuição extrovertida; hoje eu diria que ele representa um aspecto meu muito mais sombrio, minha sensação extrovertida (que, como o marido no sonho, geralmente nem é vista). Na época em que tive o sonho, achava que era necessário para ele cuidar melhor dela, ou seja, que eu deveria cuidar melhor da minha *anima*. Mas uma *anima* mais saudável também teria a integridade de fazer frente a ele, trazendo a integridade dela para confrontar o problema de caráter dele (Beebe 1998).

Conforme a noção do bom desenvolvimento do tipo se move, tanto no aconselhamento MBTI quanto na análise junguiana, para um modelo de oito funções do "tipo total"[8], em que cada um dos oito tipos de consciência de

---

8. Para o desenvolvimento de um modelo de oito funções dentro de uma comunidade tipológica mais ampla, representada pela *Association for Psychological Type*, uma organização com mais de quatro mil membros, que consiste em sua maioria de aconselhadores tipológicos que usam o

Jung é representado em um retrato da consciência da pessoa que inclui as funções ego-sintônicas e as funções na sombra, os aspectos éticos deste desenvolvimento se tornarão cada vez mais evidentes. Gradualmente, talvez, a consciência [*consciousness*] realizará o seu potencial de se tornar consciência [*conscience*].

Referências

Baum, L.F. (1900). *The Wonderful Wizard of Oz*. Chicago: George M. Hill.

Beebe, J. (2004). "Psychological types". In: Papadopoulos, R.K. (org.). *The Handbook of Jungian Psychology*: Theory, Practice and Applications. Hove: Brunner/Routledge.

_____ (2002). An archetypal model of the self in dialogue. *Theory and Psychology*, 12 (2), p. 267-280.

_____ (2000). "The Wizard of Oz: a vision of development in the American political psyche". In: Singer, T. *The Vision Thing*. Londres: Routledge, p. 62-83.

_____ (1998). "Toward a Jungian analysis of character". In: Casement, A. (org.). *The Post-Jungians Today*: Key Papers in Contemporary Analytical Psychology. Londres/Nova York: Routledge, p. 53-66.

_____ (1992). *Integrity in Depth*. College Station: Texas A&M University Press.

_____ (1988). "Primary ambivalence toward the Self". In: Stein, M. & Salant, N.S. (orgs.). *The Borderline Personality in Analysis*. Wilmette: Chiron.

_____ (1984). "Psychological types in transference, countertransference, and the therapeutic interaction". In: Stein, M. & Salant, N.S. (orgs.). *Transference/Countertransference*. Wilmette: Chiron.

Benziger, K. (1995). *Falsification of Type*. Dillon: KBA.

Binet, A. (1903). *L'Etude expérimental de l'intelligence*. Paris: Schleicher.

Bloom, H. (1985). *A Map of Misreading*. Nova York: Oxford University Press [paper].

Brachfeld, O. (1954). Gelenkte tagträume als hilfsmittel der psychotherapie. *Zeitschrift für Psychotherapie*, IV, p. 79-93.

Clark, P. (2000). Work and the eight function model. *Bulletin of Psychological Type*, 23 (7).

Corsini, R.J. (2002). *The Dictionary of Psychology*. Hove: Brunner/Routledge.

MBTI em ambientes educacionais e de trabalho, cf. Thompson (1996), Geldart (1998) Myers e Kirby (2000), Clark (2000), Haas et al. (2001), e Beebe (2004).

Damasio, A. (1995). *Descartes' Error*: Emotion, Reason and the Human Brain. Nova York: Pan Macmillan.

Dennett, D.C. (1991). *Consciousness Explained*. Nova York: Little Brown & Company.

Edinger, E.F. (1984). *The Creation of Consciousness*. Toronto: Inner City.

Ellenberger, H. (1970). *The Discovery of the Unconscious*. Nova York: Basic Books.

Gardner, H. (1999). *Intelligence Reframed*: Multiple Intelligences for the 21st Century. Nova York: Basic Books.

_____ (1983). *Frames of Mind*: The Theory of Multiple Intelligences. Nova York: Basic Books.

Geldart, W. (1998). Katharine Downing Myers and whole MBTI type – an interview. *The Enneagram and the MBTI*: An Electronic Journal [Disponível em: http://tap3x. net/EMBTI/journal.html].

Haas, L.; McAlpine, R. & Hartzler, M. (2001). *Journey of Understanding*: MBTI© Interpretation Using the Eight Jungian Functions. Palo Alto: Consulting Psychologists Press.

Henderson, J. (1991). C.G. Jung's psychology: additions and extensions. *Journal of Analytical Psychology*, 36 (4), p. 429-442.

_____ (1967). *Thresholds of Initiation*. Middletown: Wesleyan University Press.

Hill, G. (1998). Men, the anima, and the feminine. *San Francisco Jung Institute Library Journal*, 17 (3), p. 49-61.

Hillman, J. (1989). *A Blue Fire*. Nova York: Harper Perennial [org.: T. Moore].

Humphrey, N. (1992). *A History of the Mind*: Evolution and the Birth of Consciousness. Nova York: Simon and Schuster.

James, W. (1904). Does "consciousness" exist? *Journal of Philosophy, Psychology, and Scientific Methods*, 1, p. 477-491.

Jung, C.G. (1972). "On psychological understanding" [CW 3].

_____ (1963). *Memories, Dreams, Reflections*. Nova York: Pantheon.

_____ (1958/1970). "Fragments from a talk with students". *Spring*, p. 177-181 [gravação de Marian Bayes].

_____ (1957/1977). "The Houston films". In: McGuire, W. & Hull, R.F.C. (orgs.). *C.G. Jung Speaking*. Princeton: Princeton University Press, p. 276-352.

_____ (1948/1960). "General aspects of dream psychology". Princeton: Princeton University Press [CW 8] ["Aspectos gerais da psicologia do sonho". Petrópolis: Vozes, 2011 – OC 8/2].

_____ (1936/1971). Foreword to the Argentine edition of *Psychological Types* [CW 6], p. xiv-xv.

_____ (1934/1976). *The Visions Seminars*. Vol. 2. Nova York: Spring.

_____ (1925/1989). *Analytical Psychology*: Notes of the Seminar Given in 1925. Princeton: Princeton University Press [org.: W. McGuire] [*Seminários sobre psicologia analítica*. Petrópolis: Vozes, 2014].

_____ (1921/1971). *Psychological Types*. Nova York: Harcourt & Brace [*Tipos psicológicos*. Petrópolis: Vozes, 2011 – OC 6].

Jung, E. (1957/1985). *Animus and Anima*. Thompson: Spring.

Kohut, H. (1959/1978). "Introspection, empathy, and psychoanalysis: an examination of the relationship between mode of observation and theory". In: Ornstein, P.H. (org.). *The Search for the Self*. Vol. 1. Nova York: International Universities Press, p. 205-232.

McLynn, F. (1996). *Carl Gustav Jung*: A Biography. Nova York: St. Martin.

Murphy, E. (1992). *The Developing Child*. Palo Alto: Davies Black.

Myers, I.B. & Myers, P.B. (1980). *Gifts Differing*: Understanding Personality Type. Palo Alto: Consulting Psychologists Press.

Myers, K. & Kirby, L. (2000). *Introduction to Type Dynamics and Development*. Palo Alto: Consulting Psychologists Press.

Neumann, E. (1954). *The Origins and History of Consciousness*. Princeton: Princeton University Press.

Ovídio (1955). *Metamorphoses*. Bloomington: Indiana University Press.

Paskauskas, A. (1993). *The Correspondence of Sigmund Freud and Ernest Jones 1908-1939*. Cambridge: Harvard University Press.

Rogers, C. & Truax, C.B. (1967). "The therapeutic condition's antecedent to change: a theoretical view". In: Rogers, C. (org.). *The Therapeutic Relationship and Its Impact*. Madison: University of Wisconsin Press, p. 97-108.

Sandner, D. & Beebe, J. (1995). "Psychopathology and analysis". In: Stein, M. (org.). *Jungian Analysis*. La Salle: Open Court.

Shapiro, K.J. & Alexander, I.E. (1975). *The Experience of Introversion*: An Integration of Phenomenological, Empirical, and Jungian approaches. Durham: Duke University Press.

Thompson, H.L. (1996). *Jung's Function-Attitudes Explained*. Watkinsville: Wormhole.

Thompson, K. (1985). Cognitive and analytical psychology. *The San Francisco Jung Institute Library Journal*, 5 (4), p. 40-64.

Tresan, D. (1996). Jungian metapsychology and neurobiological theory. *Journal of Analytical Psychology*, 41 (3), p. 399-436.

Ulanov, A.B. (1971). *The Feminine in Jungian Psychology and in Christian Theology*. Evanston: Northwestern University Press.

Von Franz, M.L. (1970). *Puer Aeternus*. Nova York: Spring.

Von Franz, M.L. & Hillman, J. (1971). *Lectures on Jung's Typology*. Zurique: Spring.

Wheelwright, J. (1982). "Psychological types". In: *Saint George and the Dandelion*. San Francisco: C.G. Jung Institute of San Francisco.

5
Métodos analíticos revisitados

Joseph Cambray e Linda Carter

Os métodos para manejar material inconsciente em análise a serem discutidos neste capítulo, especificamente amplificação, imaginação ativa e o trabalho com imagens oníricas, formam um núcleo de métodos que Jung desenvolveu depois de sua separação e diferenciação da psicanálise de Freud conforme praticada antes de 1914, ou seja, antes dos artigos de Freud sobre a técnica. Apesar de uma considerável experiência em trabalhar com material transferencial e contratransferencial, Jung geralmente não se focava nisso em sua escrita, embora tenha publicado uma monografia madura sobre o tema em 1946. O capítulo 6 tratará das visões contemporâneas sobre transferência e contratransferência.

A prática clínica de Jung como psiquiatra começou com sua chegada ao Hospital Burghölzli em dezembro de 1900. Ele foi introduzido à abordagem centrada no paciente, de seu chefe Eugen Bleuler, no que pode ser visto como um precursor do modelo de internação com "ambientoterapia" (cf. Graf-Nold 2001; Bair 2003). A pesquisa psicológica também era realizada pela equipe médica, frequentemente auxiliada por pacientes; Jung primeiro se tornou proficiente, e depois altamente criativo em seu uso do experimento de associação de palavras neste contexto (Jung 1981). Essa pesquisa serviu como a primeira verificação experimental da hipótese de Freud de um inconsciente dinâmico, e foi um *link* com o método dele de livre-associação, que Jung usou, quando muito, de modo ambivalente, até abandoná-lo (Hoffer 2001). Jung preferia uma abordagem direta e focada na imagem, permanecendo próximo à fenomenologia da experiência psicológica.

No processo de ruptura com Freud, Jung seguiu por conta própria tanto em suas formulações teóricas quanto em suas práticas clínicas. Seus métodos, originando-se nesse período, são profundamente experienciais e privilegiam a personalidade do terapeuta. Embora refinados por Jung conforme suas investigações da psique amadureciam, esses métodos permaneceram fundamentados na imediaticidade do material psicológico, juntamente com o uso pelo clínico do eu. A primeira geração dos seguidores de Jung tendeu a elaborar descritivamente com base na abordagem dele. Contudo, conforme o mundo analítico mais amplo veio a cada vez mais compreender e utilizar a contratransferência como uma fonte de informação e comunicação, os métodos junguianos se submeteram a algumas alterações adaptativas por aqueles seguidores que estavam interessados nessas abordagens, especialmente membros da Society of Analytical Psychology (SAP) em Londres e a Deutsche Gesellschaft für Analytische Psychologie (DGAP) na Alemanha.

Neste capítulo, vamos estender a reconsideração dos métodos de Jung à luz de descobertas científicas contemporâneas. Isso é congruente com uma reavaliação mais ampla dos objetivos e métodos que permeiam a maioria das escolas de terapia psicodinâmica. Embora várias linhas aparentemente díspares de pesquisa sejam mobilizadas, todas elas compartilham de uma mudança de paradigma rumo a um modelo emergentista da psique e do mundo, uma abordagem holística que requer esforço multidisciplinar para alcançar uma descrição mais completa da realidade. Contudo, antes de buscar o horizonte, começamos com a raiz da abordagem de Jung.

Um modelo de individuação

Ao refletir sobre métodos é útil começar pelo propósito para o qual eles devem ser aplicados. De uma perspectiva teleológica, à qual todos os métodos discutidos neste capítulo devem ser referidos, uma "meta" suprema, distintiva da análise junguiana tem sido, da publicação em 1921 de *Tipos psico-*

lógicos em diante, estimular ou facilitar o processo de *individuação*. Conceito ricamente nuançado e multifacetado, a individuação não pode ser capturada em uma única definição; contudo, podemos obter algumas pistas a partir de afirmações básicas de Jung e de pós-junguianos sobre o tema.

No segundo dos *Two Essays on Analytical Psychology* ["Dois ensaios sobre psicologia analítica"], Jung devota quatro capítulos especificamente para a "individuação". Ele começa afirmando que ela:

> significa tornar-se um "in-divíduo", e, na medida em que a "individualidade" abarca nossa unicidade mais íntima, última e incomparável, significa também tornar-se o seu próprio si-mesmo. Podemos então traduzir a individuação como "tornar-se si mesmo" [*Verselbstung*] ou "o realizar-se do si-mesmo" [*Selbstverwirklichung*] (Jung 1928: § 266).

Uma descrição semelhante deste conceito, do ensaio de Jung "Consciência, inconsciente e individuação" (1939: § 490), já foi apontada no capítulo 3, e em uma nota de rodapé (n. 1) àquela afirmação, Jung observou: "Físicos modernos (p. ex., Louis de Broglie) usam ao invés desta noção [de uma unidade ou 'todo' separado e indivisível] o conceito de algo 'descontínuo'". Assim, o senso de totalidade e de autorrealização que está implicado no pensamento analítico aqui, não é ser dirigido a uma mistura amarga ou fusional na inconsciência, nem o êxtase oceânico sobre o qual Freud escreveu ambivalentemente; antes, é algo que valoriza e celebra as qualidades únicas que nos níveis mais profundos definem nossos seres individuais. Jung também foi cuidadoso em identificar perigos inflacionários (distorção narcisista), diferenciando esse processo em relação ao individualismo, e do potencial de trauma psicológico se os métodos para ativação dos processos inconscientes forem aplicados prematuramente.

O si-mesmo em individuação, no modelo de psique de Jung, é concebido como muito mais do que uma função da consciência; é "não apenas o centro, mas também toda a circunferência que abraça consciência e inconsciente; é o centro desta totalidade, assim como o eu é o centro da consciência" (1944: § 44). Samuels et al. ofereceram um modo sucinto de compreender isso com relação à individuação: "o ego [ou "eu"] está para a integração (vista

175

socialmente como adaptação) assim como o si-mesmo está para a individuação (autoexperiência e autorrealização) [...] o processo de individuação é uma circum-ambulação do si-mesmo como o centro da personalidade que assim se unifica" (1986: 76).

Para Jung, o trabalho analítico de abordagem do si-mesmo indiviso é um processo multiestratificado, exigindo um mínimo de adaptações bem-sucedidas a valores coletivos antes que o ímpeto da individuação, ao que por vezes ele até se referiu como um impulso (1980: § 1.198), possa se tornar plenamente operativo. Sua noção antecipa em muito a formulação de Margaret Mahler com o mesmo nome e tem escopo consideravelmente mais amplo. Embora ambos vejam as origens da individuação na separação e diferenciação em relação à mãe (cf. p. ex. Jung 1967a: § 624, n. 15), Jung explora esse processo por meio do desenvolvimento ao longo de toda a vida da personalidade. A efetiva articulação e aplicação da visão junguiana da individuação nas vidas de crianças e jovens teve de aguardar o trabalho de Michael Fordham e de membros da SAP no Reino Unido, dos anos de 1940 em diante.

Embora um foco explícito no processo de individuação e, com ele, uma dialética contínua entre consciência e inconsciente fique em primeiro plano "quase sempre durante as últimas etapas do tratamento analítico" (Jung 1939: § 489), ele, contudo, forma o pano de fundo de qualquer abordagem analítica caracterizada como junguiana. A atenção analítica ao relacionamento entre o indivíduo e o mundo sociocultural coletivo no qual esse indivíduo está inserido cria um processo dialético começando com o valor da adaptação nas etapas formativas da mente e evolui rumo a uma maior diferenciação das normas coletivas, com o crescente amadurecimento psicológico. O valor e perigos inerentes a essa abordagem têm sido discutidos por vários autores, notadamente por Lambert em *Analysis, Repair and Individuation* (1981). Mario Jacoby, em *Individuation & Narcissism* (1990), discute o uso da própria vida de Jung como um modelo para este processo e alerta sabiamente contra a mimese. Para uma exploração da análise psicológica de longa duração que avança a terrenos psicológicos externos à psicopatologia, pondo atenção na evolução *não linear* da consciência e do espírito em níveis pessoais e coletivos, cf. Tresan 2004.

A combinação de um compromisso com o holismo psicológico (mais ativamente engajada em indivíduos com boa diferenciação), e da hipótese arquetípica que inclui uma compreensão do si-mesmo como um princípio organizativo supraordenado da personalidade, se presta a um restabelecimento da individuação em termos do campo multidisciplinar da complexidade. Em qualquer nível que escolhamos encarar os processos psicológicos (intrapsíquico, interpessoal, sociológico, global), empreendimentos transformativos que buscam estimular maior consciência podem ser examinados proveitosamente, empregando-se modelos que se valem das descobertas derivadas da teoria da complexidade, especialmente aquelas dos sistemas adaptativos complexos [*complex adaptive systems*] (CAS)[1]. Uma característica-chave de tais sistemas é sua propensão para a auto-organização, em resposta a pressões ambientais e competitivas, ou seja, eles exibem propriedades emergentes. A qualidade da complexidade nos CAS é impulsionada por essas forças externas; não é intrínseca às unidades individuais. Nas palavras do escritor de divulgação científica Steven Johnson: "Nesses sistemas (CAS), agentes que residem em uma determinada escala começam a produzir um comportamento que incide uma escala acima deles [...] o movimento de regras de menor nível para uma sofisticação de nível superior é o que podemos chamar de emergência" (2001: 18). Esse aspecto de complexidade pode ser discernido em toda a natureza, desde o subatômico ao cosmológico, e é considerado como um princípio organizativo essencial a cada nível, incluindo-se a emergência da mente a partir das interações neurais do cérebro, bem como de comportamentos sociais humanos tais como congestionamentos de trânsito, tendências da bolsa de valores e a evolução dos bairros urbanos (cf. Morowitz 2002).

---

1. Para um crescente rol de aplicações de abordagens correlatas à psicologia junguiana, além de vários capítulos neste livro, cf. Tresan 1996; Hogenson 2001; Saunders & Skar 2001; McDowell 2001; Cambray 2002; Knox 2003; os artigos vindouros da mais recente conferência do *Journal of Analytical Psychology*, "Science in the Symbolic World", realizada em Charleston, em maio de 2003; e o Congresso Internacional da IAAP, "Edges of Experience: Memory and Emergence", realizado em Barcelona no fim de agosto de 2004.

Reter ao máximo o sistema de Jung exige que também o si-mesmo seja reconsiderado como uma propriedade emergente das interações entre os componentes/complexos constitutivos da psique. A viabilidade da formulação de Jung do si-mesmo é uma área de controvérsias entre os psicólogos analíticos, especialmente em sua forma inatista; contudo, para os propósitos da presente discussão, o conceito será mantido. Se o si-mesmo for deletado, a argumentação em prol da emergência ainda pode sustentar um modelo da psique composta de processos arquetípicos emergentes, embora ele então seja necessariamente policêntrico e sem uma unidade global. Para uma discussão de pontos de vista alternativos sobre os arquétipos de modo mais geral, cf. o capítulo 2 e as suas referências.

Se, como está sendo proposto em vários capítulos deste livro, padrões arquetípicos são propriedades emergentes da psique, então a rede interativa desses padrões serve na verdade para identificá-los como nós ou *hubs* (nós com grandes números de conexões) nas chamadas redes sem escala ou redes de pequeno mundo (Barabasi 2003; Strogatz 2003). Tais redes são identificáveis por suas propriedades auto-organizativas e pela independência em relação a escalas[2]. Strogatz cita pesquisas que demonstram a tendência para a aglomeração de associações de palavras em sentenças em inglês, que seguem leis de potência, um selo característico da topologia livre de escala (Strogatz 2003: 256-257; cf. capítulo 9, nota 3 para uma explicação das leis de potência). Os próprios experimentos de associação de palavras de Jung demonstram a aglomeração impulsionada por complexos de tonalidade afetiva (1934); esses estudos foram o precursor linguístico do seu método associativo da amplificação (cf. adiante). A pesquisa contemporânea sobre redes pode respaldar a sabedoria que opera no uso por Jung da amplificação para encorpar os padrões arquetípicos – usando, com efeito, associações culturais para identificar nós de estrutura psíquica no e pelo contexto de sua interco-

---

2. Essas redes se caracterizam pelo que parece paradoxal na matemática das redes aleatórias ou hierárquicas, ou seja, elas são pequenas e altamente aglomeradas ao mesmo tempo (Strogatz 2003: 242). Como em outros fenômenos emergentes, tais redes são encontradas por todo o mundo natural e humano. Elas descrevem a forma da espinha dorsal da internet, e das estruturas neurais, inclusive do cérebro, e são também encontradas na estrutura da linguagem.

nectividade. Jung, de fato, assinala: "É quase impossível tentar arrancar um arquétipo isolado do tecido vivo da psique; mas, apesar do seu entrelaçamento, os arquétipos formam unidades de significado que podem ser apreendidas intuitivamente" (1940: § 302). Na escala mais ampla de tal organização dentro do sistema psicológico humano, temos a expectativa de descobrir o anseio pela individuação como a força dinâmica condutora. Portanto, podemos agora nos voltar para a metodologia para facilitar um processo desse tipo, conforme articulado primeiramente por Jung, e ver como os meios de abordagem podem ser modificados à luz de nosso conhecimento científico maior sobre os sistemas complexos.

Métodos emergentes

O bem-conhecido desconforto de Jung com a técnica analítica levou-o a evitar uma apresentação sistemática de detalhes do seu modo de trabalhar clinicamente. Mesmo seu artigo mais importante sobre a metodologia da psicologia analítica, "A função transcendente", escrito em 1916, não foi publicado até 1957, e então o foi só por causa das atividades dos alunos no Instituto C.G. Jung em Zurique. A aparente deficiência em como trabalhar com os analisandos que a relutância de Jung produziu pode, em parte, ser perdoada quando percebemos que neste artigo ele estava tentando o que pode ser visto como uma forma extremamente nova, embora precária, de prática (que ele reconhece no artigo). Não apenas há riscos em qualquer tentativa de codificar o trabalho com processos inconscientes, mas também, como Jung estava agudamente ciente, há o perigo de se abrir ao ataque ao fazer explorações autorreveladoras. Lido ao lado de sua biografia, especialmente o capítulo 4, "Confronto com o inconsciente" (1963), é patente que os métodos de Jung se baseiam em experiências de primeira mão, que, como os de Freud com seu livro dos sonhos, derivam da autocura no que Ellenberger denominou de uma "doença criativa". A disposição de Jung de só gradualmente tornar essas investigações conhecidas de modo mais amplo também reflete uma sensibilidade profundamente intuitiva que não poderia ser plenamente delineada, em parte devido a crescentes limitações do conhecimento científico no curso de sua longa vida.

Educado no fim do século XIX no mundo de fala alemã, Jung, quando jovem, esteve entre o grupo de cientistas que tinham a intenção de reimaginar as disciplinas da ciência de seus tempos, do positivismo mecanicista então ascendente a um ponto de vista "holístico" e mais *soulful* que pudesse se fundamentar nos escritos de Kant (cf. Harrington 1996). Em seus esforços para superar divisões entre as ciências físicas, biológicas e humanas, os modelos então disponíveis eram insuficientes; as ideias permaneciam sendo intuições. Só com o desenvolvimento da teoria dos sistemas dinâmicos e o advento dos computadores de alta velocidade, com a capacidade de chegar a soluções verificáveis para problemas não lineares anteriormente insolúveis por meio de simulações, juntamente com o trabalho revolucionário de cientistas como Ilya Prigogine, laureado com o Nobel, sobre a termodinâmica do não equilíbrio em estruturas dissipativas, que um progresso real na busca de um paradigma holístico pôde ser submetido a verificação. Isso não foi realizável até cerca de duas décadas após a morte de Jung. Não obstante, suas tentativas de uma abordagem psicoterapêutica que atentasse à personalidade como um todo, no coração de sua metodologia, mostrou-se congruente, no essencial, com as descobertas da moderna teoria da complexidade.

Jung começou seu ensaio sobre a função transcendente mencionando que fez este seu conceito derivar da analogia com a função matemática do mesmo nome (o que hoje tendemos a chamar de "números complexos"[3]). Ele prossegue, "a 'função transcendente' psicológica resulta da união de conteúdos conscientes e inconscientes" (1916/1957: § 131). A natureza radical desta formulação em 1916 reside em sua incisiva abordagem sintética. Não se limita a tornar consciente o inconsciente, sendo, isso sim, uma busca pelos meios de se envolver em processos inconscientes que permitam uma influência mútua contínua (consciente e inconsciente um sobre o outro). Jung reconhece que o potencial transformador em tal encontro só pode emergir da in-

---

3. Aquelas que têm um componente real e um imaginário (contendo um múltiplo da raiz quadrada de menos um), ou seja, $z = x + \iota y$, onde o número complexo, ou função transcendente z é composta de um número real x mais um número imaginário com ι = raiz quadrada de -1 e y sendo qualquer número real.

teração por meio da criação de "uma terceira coisa vívida [...] um nascimento vivo que leva a *um novo nível de ser*, a uma nova situação" (Jung 1916/1957: § 189, itálico adicionado). Este novo nível de ser, surgindo da interação de componentes que operam em um nível mais baixo (menos completo), é precisamente uma qualidade emergente da psique (consciente + inconsciente). Assim a metodologia holística que Jung está procurando pode agora ser mais plenamente apreciada de uma perspectiva CAS. Os métodos derivados desta abordagem pretenderiam facilitar a emergência de novas realidades psicológicas, capazes de reconfigurar a personalidade subjacente. Portanto, esses métodos precisam ser congruentes com tais transformações, fazendo parte do terceiro emergente como "algo que é mais do que" as abordagens da psicanálise clássica, às quais Jung fora exposto, poderiam transmitir.

Enquanto uma forma construtiva de tratamento, a dialética entre processos conscientes e inconscientes pode ser mediada pelo analista por meio de encontros com o que Jung identificou como "símbolos". Entende-se por símbolos "a melhor expressão possível para um fato complexo ainda não apreendido claramente pela consciência" (Jung 1916/1957: § 148). Eles surgem como os produtos sintéticos de encontros com estados da mente afetivamente carregados, saturados com material inconsciente ativado. Em uma formulação CAS, eles são a instanciação psicológica do "terceiro" emergente do campo interativo (seja intrapsíquico ou interpessoal) naqueles momentos em que o campo está posicionado no limite entre caos e ordem, o lugar das origens da vida em si (cf. cap. 9). A qualidade efêmera dessas formas, o que Jung denominou de "símbolos vivos", é vulnerável tanto a dissoluções caóticas em ativações excessivas de processos inconscientes, ou à rigidificação em entendimentos superintelectualizados. A abordagem usada para acessar e interagir com a realidade simbólica deve, portanto, buscar ficar perto da ponte criativa. Para Jung, isso se traduzia em uma tensão necessária entre a estética e o significado:

> poderíamos dizer que a formulação estética necessita da compreensão do significado, e a compreensão necessita da formulação estética. As duas se completam para formar a função transcendente (Jung 1916/1957: § 177).

Essa dialética forma a chave para os métodos efetivos sugeridos por Jung; eles devem ser astutos [*artful*] e inteligentes, ligando o sensual e o mental, encampando o sentimento e a cognição, ou psique e soma, incluindo-se estados afetivos.

Os métodos recomendados envolvem permitir que um processo inconsciente adquira expressão na consciência, geralmente por meio de uma receptividade inicial não julgadora para um humor, fantasia, parapraxia, sonho ou fenômeno semelhante. A consciência é deliberadamente relaxada para as dimensões pré-conscientes das modalidades sensoriais operativas (Jung dá exemplos de imaginário visual, diálogo interior, movimentos cinestésicos entre os quais a dança, escultura, pintura e escrita automática). Só depois que a expressão tomou forma e se desenvolveu em uma realidade psicológica encorpada, uma compreensão reflexiva ou hermenêutica é empregada. Embora as formas dessas atividades mais obviamente derivadas das artes fossem identificadas como formas de "imaginação ativa" por Jung, e fossem primordialmente visadas no interagir com e metabolizar das produções fantasísticas, os métodos podem ser usados com várias manifestações do material inconsciente dinâmico. A aplicação aos sonhos será discutida mais adiante; a relevância desta abordagem na dinâmica transferência-contratransferência será tocada brevemente neste capítulo e tratada no capítulo seguinte. De passagem, deve-se observar que Jung assinalou pela primeira vez as dimensões arquetípicas das fantasias de transferência-contratransferência em seu ensaio de 1946 "A psicologia da transferência".

Os meios explícitos, deliberados e diretos que Jung usou para dialogar com material inconsciente podem não mais serem requeridos em todos os casos, embora em alguns exemplos a incorporação de meios mais derivativos de envolvimento possam corresponder a uma erosão do discernimento na qualidade da imaginação (Schaverien, artigo submetido). Técnicas analíticas que permitem o reconhecimento de processos inconscientes mais cotidianos entraram e se desenvolveram na comunidade junguiana, notadamente por meio das pesquisas de Fordham e de outros na SAP, e na Alemanha pela obra de Dieckmann (1991), bem como de incorporações baseadas em técnicas tomadas de empréstimo a várias escolas psicanalíticas. Assim, com Plaut (1966), nós aprendemos que a habilidade de imaginar requer a capacidade de formar um relacionamento confiável e que, quando isso não está intacto, deve primeiro ser cultivado por meio do trabalho com estados mentais primordiais na transferência. Conforme o jogo da fantasia inconsciente foi cada vez mais reconhecido como modelador do campo interativo na análise, Davidson (1966) estendeu os paralelos entre essas fantasias e aquelas empregadas na imaginação ativa. Isso abriu caminho para investigar fantasias contratransferenciais não apenas pela patologia potencial do analista, ou para ajudar a metabolizar identificações projetivas do paciente, mas também como um meio de se engajar no aqui-agora com o que está emergindo no próprio campo.

Semelhantemente, na comunidade psicanalítica os usos das reações contratransferenciais gradualmente se desenvolveram. Com isso, uma apreciação renovada do valor do pré-consciente do terapeuta emergiu, especialmente ao explorar as vicissitudes do campo coconstruído ou terceiro analítico. Embora essa versão do terceiro seja mais contraída do que a visão junguiana – falta-lhe uma base arquetípica objetiva – as inovações técnicas decorrentes dessas explorações, tais como desenvolvidas por teóricos psicanalíticos, podem ser beneficamente transcritas em um modo junguiano sem excessiva distorção (p. ex. Cambray 2001). O estudo dos devaneios do terapeuta (cf. Ogden 1997), o jogo dos *enactments* (Ellman & Moskowitz 1998) e o papel da memória implícita (cf. adiante) operando no campo interativo são algumas das perspectivas úteis para o aprimoramento dos métodos de lidar com fenômenos emergentes. Nós agora nos voltamos para aplicações contemporâneas de métodos selecionados em psicologia analítica (devido a limites de espaço nós limitaremos a discussão ao trabalho com sonhos, amplificação e imaginação ativa).

Amplificação

Mesmo antes de suas primeiras formulações, em uma contribuição de 1914, do que veio a se tornar o método da amplificação (Jung 1914/1915:

§ 412-414; cf. tb. n. 12 do organizador), Jung já havia começado a explorar a prática em seu livro dissidente, agora conhecido como *Símbolos da transformação* (1967b). O método, tal como formulado, consistiu em aplicar analogias culturais e arquetípicas contextualmente adequadas para expandir e aprofundar a compreensão do significado de conteúdos inconscientes, uma vez que as associações pessoais se mostrem inadequadas para uma análise completa deste material. (Para um resumo convincente deste sistema tripartite de associação/amplificação, cf. Hall 1983: 35-36). Nessas publicações, Jung estava buscando um meio de analisar que não era apenas redutivo, remontando a causas infantis, mas construtivo, movendo-se expansivamente rumo ao objetivo ou propósito subjacente de um conteúdo psíquico (como a semente do carvalho). Ao proceder deste modo, Jung abriu à comunidade terapêutica a possibilidade de um discurso verdadeiramente interdisciplinar, oferecendo modos subjetivos (pessoais) e objetivos (culturais e arquetípicos) para nossa compreensão da noção do inconsciente. Como detalhado alhures, no trabalho clínico a subjetividade inerente às escolhas de analogias objetivas a serem aplicadas deve também ser levada em consideração e examinada em seus componentes contratransferenciais (Cambray 2001).

Como Samuels assinalou, Jung continuou ao longo da vida a refinar e elaborar seus pensamentos sobre a amplificação (in Casement 1998: 23-24). Com o passar do tempo, e com a crescente habilidade dele e de seus colegas de usar analogias externas e objetivas de múltiplas fontes (história, folclore, mito, alquimia, práticas religiosas, teorias científicas etc.; em suma, o mundo das produções culturais), para enriquecer a compreensão analítica do material simbólico e decifrar padrões arquetípicos, Jung também refletiu sobre o processo do método. Nas Conferências Tavistock em 1935, após reestruturar a amplificação em termos da descoberta do "tecido mental" no qual um conteúdo psicológico está inserido, ele diz que procura "o que *o inconsciente está fazendo com os complexos*, porque isso me interessa muito mais do que o fato de as pessoas terem complexos" (Jung 1980: § 175, itálico no original). As relações implícitas entre os complexos visadas aqui podem ser vistas como formando campos intrapsíquicos e interpessoais, de modo que Jung está articulando uma rede psicológica de complexos como nós de aglomeração de associações (cf. tb. Jung 1944: § 48).

Quando a visão da rede associativa da amplificação foi operacionalizada na escola clássica da análise junguiana (para exemplos, cf. von Franz 1970; Jacobi 1973: 84-88; Edinger 1985), o foco estava na articulação das camadas de contexto que informam um conteúdo (cf. adiante). Isso teve o efeito positivo de ligar uma dada palavra ou imagem a uma rede de associações pessoais e coletivas. Pode-se extrair benefício terapêutico ao ajudar um analisando a descobrir um *background* humano mais profundo para seu sofrimento e colocar em mais destaque a narrativa da individuação. Isso também pode, muitas vezes, ativar e/ou intensificar a dinâmica motivacional da individuação adormecida em uma pessoa. O uso habilidoso deste método pode não apenas ter valor prospectivo para um cliente, mas também pode ajudar um terapeuta a lidar com um período difícil ou penoso em um tratamento, como foi recentemente mostrado por John Beebe (in Young-Eisendrath & Dawson 1997: 192).

A integração à análise junguiana de pontos de vista e técnicas de outras escolas de psicoterapia clarificou cada vez mais as limitações e perigos nesse método. Assim, Whitmont e Perera, em seu livro sobre os sonhos, terminam o capítulo sobre amplificação com uma seção de alerta sobre a necessidade de explorar a fundo a contratransferência antes de introduzir qualquer contribuição amplificativa (1989: 54-55), e discutem com sensibilidade vários perigos e benefícios potenciais ao avaliar o uso de uma amplificação (Perera 1989: 109-110); Peters oferece uma advertência semelhante e até amplifica os próprios perigos ao citar o "leito de Procusto" (in Alister & Hauke 1998: 139). Samuels oferece outro modo de encarar este método, observando o "pensamento por trás da ideia" (in Casement 1998: 24). Ao fazê-lo, ele observou que "o procedimento ordinário e cotidiano de interpretar o material do paciente, especialmente os conteúdos transferenciais, em termos infantis, pode também ser visto como um tipo de amplificação" que torna o tênue e vago mais acessível (Casement 1998: 24). Ele prossegue notando que "relacionar o material (psicológico) a modelos gerais de funcionamento inconsciente e de desenvolvimento da personalidade tem um efeito muito semelhante ao da amplificação no sentido junguiano clássico: expandir os horizontes e aprofundar a experiência do paciente no aqui-agora, transformando os eventos da análise em experiências em análise" (Casement 1998: 24). O impacto desta linha de reflexão tem sido o de facilitar uma maior fertilização recíproca entre a escola junguiana e outras escolas de psicoterapia, demonstrando a utilidade de discussões interativas entre os grupos.

Um passo a mais rumo ao engajamento mútuo, em vários níveis dentro do mundo junguiano e cada vez mais com outras escolas e disciplinas, tem sido a reavaliação dos escritos tardios de Jung, especialmente na medida em que eles articulam um modelo de campo interativo. Com relação à amplificação, isso foi discutido por Cambray (2001), em conjunto com referências a alguma bibliografia junguiana relevante sobre campos. Uma coletânea de diferentes visões psicanalíticas pode ser encontrada no número de janeiro de 2002 do *Journal of Analytical Psychology*, onde um questionário explora como psicanalistas de várias escolas veem determinadas ideias junguianas; vejam especialmente respostas à questão 3. Em artigo de 2001, Cambray focaliza como o terapeuta processa subjetivamente as qualidades do campo interativo que se encena sempre que uma amplificação é oferecida, ou até mesmo tida em mente de maneira silenciosa, juntamente com os componentes contratransferenciais tradicionalmente envolvidos em tais *enactments*. Ao examinar um dia analítico (uma série de sessões de um dia particular), ao invés do formato da vinheta de caso habitual, ele atentou aos padrões de imagem afetiva emergentes em um conjunto de campos que têm o analista como um nó. Embora não formulado nestes termos, observou-se um sistema supraordenado, auto-organizativo moldando o campo e uma amplificação do próprio paradigma do *enactment* foi oferecida usando-se o mitologema de Pandora.

Ao longo dos últimos anos uma nova perspectiva sobre a natureza dos processos arquetípicos tem ganhado terreno na comunidade junguiana, especialmente aplicações da teoria dos sistemas dinâmicos, como mencionamos anteriormente. Dois aspectos disso merecem menção especial aqui; o primeiro é a qualidade emergente dos métodos de Jung. A amplificação é uma circum-ambulação intencionalmente *não linear* de uma imagem ou conteúdo psíquico; opera permitindo que associações contextualmente significativas sejam reunidas e entrem na consciência. Conforme o limite das associações pessoais é alcançado, se análise adicional for necessária a rede é ampliada para incluir elementos culturais e arquetípicos. Para essa expansão permanecer clinicamente relevante, deve oferecer uma dimensão experiencial tanto quanto ser um evento intelectual; o envolvimento afetivo é crucial, como será discutido no trabalho com sonhos.

Uma precondição para entrar em um estado de consciência (analítica) que possa facilitar um emprego transformador de material transpessoal foi observada por Jung, e discutida mais exaustivamente por Bion a suspensão do conhecimento ordinário – o *link* entre Jung e Bion foi delineado por Fordham, ao lado de várias outras áreas de confluência entre eles (in Hobdell 1995: 223-224). Por meio do trabalho de Bion, Thomas Ogden recentemente adotou uma perspectiva semelhante, descobrindo valor e importância em uma perspectiva emergentista. Ele observa: "o conceito filosófico de emergência corresponde muito de perto à noção de Bion (1970) da 'emergência' (ou 'evolução') de O no campo da experiência apreensível, 'sensível' (K) [...] em psicanálise, analista e analisando fazem 'coisas' (objetos analíticos como interpretações) de forma verbal e não verbal que emergem do, e sinalizam ao que é fidedigno à experiência emocional presente" (Odgen 2004). A abertura aos processos inconscientes, com os perigos e a novidade que o anular da memória e do desejo pode induzir, também orienta a mente para o limiar entre ordem e caos, o *locus* da criatividade psicológica mais profunda. Isso é o que Jung buscava com a amplificação, em que se pretendia que as associações coletivas fossem espontaneamente descobertas de uma maneira que permitisse entrever as formas arquetípicas consteladas, mas só depois que o material apresentado já tiver sido completamente trabalhado. Esta formulação alcançou sua plena expressão nas ideias tardias de Jung sobre a "imaginação ativa" (cf. adiante), que ele considerou um "processo de amplificação natural" cujo âmago profundamente afetivo seria essencial à transformação (cf. Cambray 2001: 300, n. 1).

O segundo aspecto da amplificação que ganha novos traços à luz da ciência contemporânea é o aspecto de rede da aglomeração de associações em torno de ideias ou imagens específicas. Em um de seus livros, Jacobi dá três exemplos gráficos, os diagramas 2, 3 e 4 (1973: 85-88); Edinger (1985) começa cada um de seus capítulos sobre as operações alquímicas (como metáforas de transformações psicológicas) com um mapa de ligações associativas entre símbolos, e esses próprios mapas se interligam quando estudados, formando um sistema multidimensional e interconectado. Para ajudar o leitor a melhor entender essas redes, a Figura 5.1 reproduz o diagrama 3 de Jacobi e a Figura 5.2 reproduz a rede associativa de Edinger para a *Calcinatio*. Os aglomerados associativos mostram uma semelhança notável, de fato são uma forma daquilo que cientistas contemporâneos de várias disciplinas estão identificando como "redes sem escala" (cf. acima). Tais redes são caracterizadas

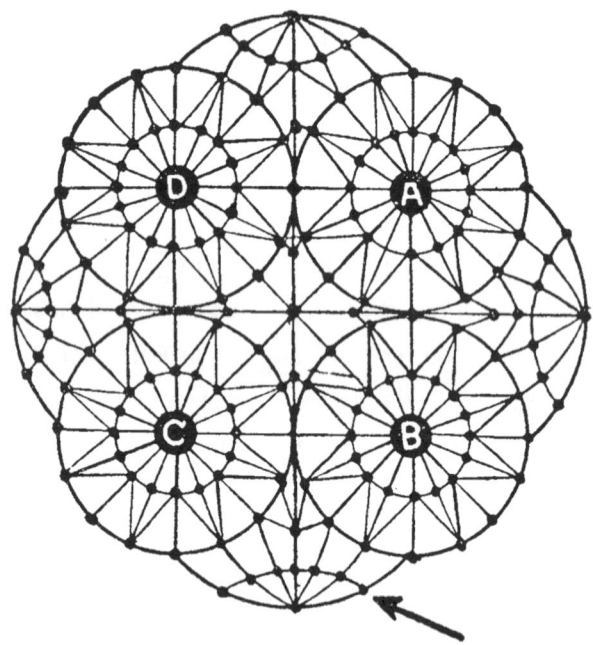

Figura 5.1 – Rede nodal de amplificações. A, B, C, D: os elementos do sonho. Os pontos nodais da rede de conexões indicados pela seta representam os paralelos ou amplificações individuais. Reproduzido de Jacobi 1973.

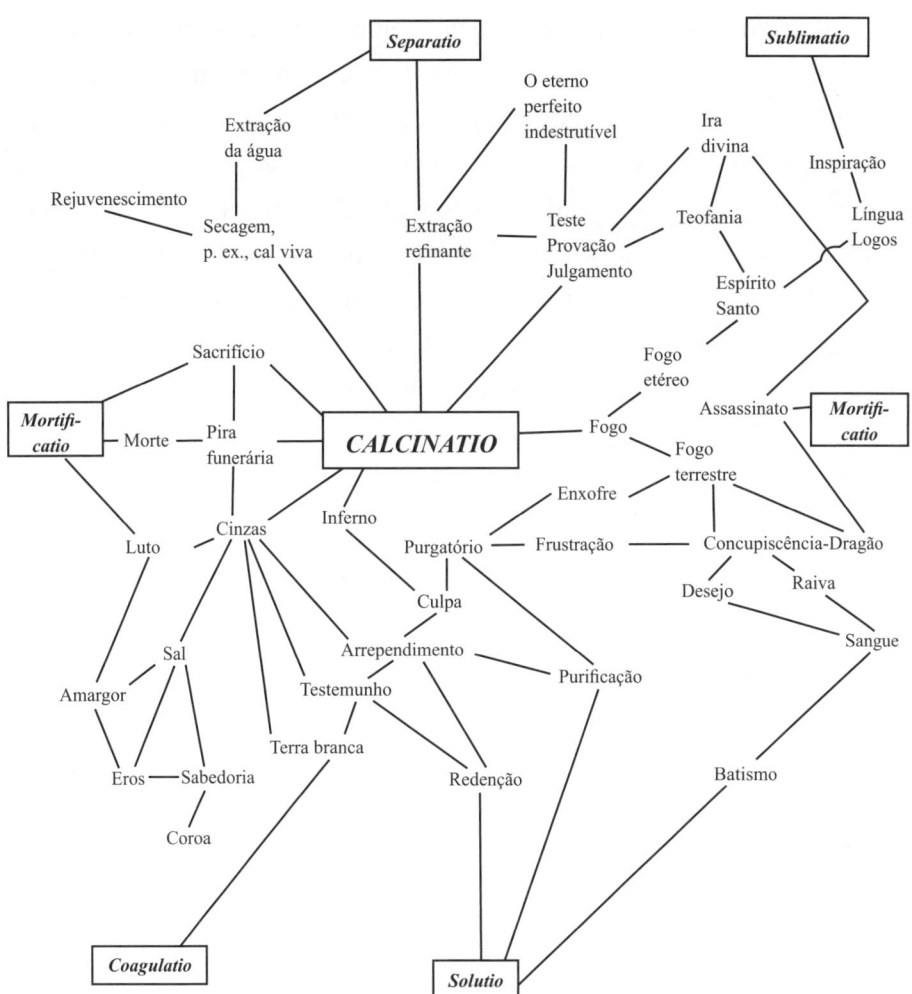

Figura 5.2 – Rede em torno da *Calcinatio*. Reimpresso com permissão da *Open Court Publishing Company*, uma divisão da *Carus Publishing Company*, Peru, IL, de *Anatomy of the Psyche* de E. Edinger, *copyright*© 1985 da *Open Court Publishing Company*.

por terem nós interconectados, com os nós mais intensamente ligados tendo o nome de *hubs*. A padronização nesses sistemas cria uma dimensão arquitetônica anteriormente não apreciada para as redes, que Barabasi e Bonabeau dizem serem "governadas por leis fundamentais – leis que parecem se aplicar igualmente para células, computadores, línguas e sociedade" (2003: 60-69; cf. tb. Barabasi 2003). A mais importante delas, como mencionado anteriormente, é a distribuição da lei de potência de ligações nodais.

189

Conforme discutido no capítulo 9, o comportamento emergente de CAS é caracterizado por distribuições da lei de potência; assim também, redes sem escala têm mostrado que possuem propriedades auto-organizadoras. Assim, sem detalhar a descoberta científica aqui, podemos comparar favoravelmente o modelo amplificativo a uma reestruturação científica contemporânea da visão de Jung da psique, e encontrar profunda correspondência. As propriedades emergentes dos complexos e arquétipos já têm sido detalhadas. Aqui queremos acrescentar que *a rede de complexos* em um indivíduo e/ou entre indivíduos (ou em comunidades, ou entre grupos etc. – uma série de sistemas cada vez mais complexos) tem núcleos arquetípicos, ou nós de atração simbólica, numinosos afetiva e diferencialmente carregados, e ativados em graus maiores ou menores com base em condições biológicas, ambientais e aprendidas/culturais, manifestando aquilo a que alguns junguianos se referem como o grau de constelação.

Conforme Barabasi e Bonabeau (2003) discutem, as implicações para a compreensão das redes sem escala são amplas, por exemplo permitindo novas estratégias para considerar como manejar vários tipos de dilemas sistêmicos: de respostas diferenciais a falhas acidentais *versus* ataques sistemáticos a redes de computador, a estratégias de campanhas de vacinação (focando no tratamento de *hubs* de indivíduos), à concepção de drogas que alvejam *hubs* de moléculas em certas doenças, à proteção de economias em relação a colapsos financeiros em cascata. Aplicando ao modelo de Jung, reconhecemos que determinados complexos tendem a se infiltrar na estrutura psíquica mais pesadamente, por exemplo padrões de interação formados precocemente na vida com os pais, isto é, introjeções identificadas pela teoria das relações de objeto. Embora a psicoterapia geralmente trabalhe com esses *hubs*, buscando reparar os danos de eventos traumáticos, internos ou externos, as etapas posteriores da análise junguiana privilegiam os nós menos frequentemente explorados em outros sistemas. Isso envolve vários nós arquetípicos ativados no processo de individuação; os métodos de amplificação e de imaginação ativa são os meios que Jung divisou para acessar e interagir com esses organizadores da experiência que estão nas margens distantes da consciência comum.

Imaginação ativa

A imaginação ativa é um modo de trabalhar com conteúdos inconscientes que Jung transformou em método após sua ruptura com Freud. Valendo-se de sua experiência com estados alterados de consciência, de sessões com estados de transe, hipnotismo e trabalho terapêutico com indivíduos que sofriam das mais extremas formas de psicopatologia, Jung deliberadamente fez experimentações de suspender a consciência racional focada, entrando no que hoje seria entendido como um estado meditativo ou de transe leve, para ganhar acesso aos funcionamentos invisíveis da mente. Isso pode ser visto como um modo de abordar a borda emergente da personalidade, como notado anteriormente na semelhança entre Jung e Bion quanto a suas atitudes de ingresso no espaço analítico.

Através de suas explorações, Jung veio a sentir que um encontro *ativo* com as profundezas da imaginação, encaradas como psicologicamente reais, teria um impacto benéfico na personalidade consciente, tornando-a menos defensiva e mais criativa no lidar com os problemas da vida. Isso por sua vez pareceu ter um impacto curador em potencial sobre os sintomas neuróticos. Jung foi cauteloso na aplicação do método, preocupado de que quem o experimentasse tivesse a força egoica adequada; suas incertezas sobre como ele e o método seriam recebidos o levou a escrever raramente sobre a prática efetiva do método. Então, como observado, seu primeiro artigo sobre o tema, escrito em 1916, não tenha sido publicado até 1957. Ele apresentou suas próprias experiências com o método em vários seminários e eles serviram como a fonte primária de informação metodológica por muitos anos. O método tem uma plasticidade que permite muitas modalidades de expressão, geralmente começando com uma imagem onírica ou um humor, e então cultivando uma atitude aberta e curiosa que busca engajamento com os conteúdos que surgem. Esses conteúdos, se imaginados como figuras personificadas, podem ser passíveis de diálogo, ou imagens emergentes podem ser desenhadas, pintadas, esculpidas, dançadas etc. Jung foi, de fato, um grande pioneiro na aplicação das artes na psicoterapia. Chodorow, em sua recente, divertida e inspirada compilação dos escritos de Jung sobre o tema, nota, que "muitos conceitos fundamentais da psicologia analítica de Jung provêm de suas experiências com a imaginação ativa" (1997: 3).

Vários dos primeiros seguidores de Jung publicaram monografias sobre o tema (von Franz 1979; Hannah 1981), bem como a australiana Rix Weaver (1973), e o método foi discutido e debatido de diferentes perspectivas no mundo junguiano quanto a seus valores, perigos e eficácia clínica – para uma revisão de determinados aspectos deste debate, ver Cwik, que também liga intimamente a prática com a teoria dos complexos de Jung (in Stein 1995). O privilégio ao imaginário psíquico e à imaginação por defensores desta abordagem se tornou um princípio central da escola arquetípica de análise (cf. Adams in Young-Eisendrath & Dawson 1997). Contudo, uma das observações clínicas mais interessantes sobre este método foi a de Davidson, que escreveu um artigo intitulado "Transference as a form of active imagination" [A transferência como uma forma de imaginação ativa] (1966), assim desafiando aqueles que dividiriam os aspectos "clínicos" da prática junguiana e a abordagem "simbólica". Esse artigo também pode ser visto como um precursor do pensamento contemporâneo sobre as aplicações do devaneio em investigações dos campos da transferência/contratransferência.

É de se esperar que agora esteja claro que a amplificação e a imaginação ativa podem ser tratadas como processos emergentes capazes de estimular e facilitar o processo de individuação. Em conjunção com explorações do imaginário onírico, eles oferecem um potente leque de ferramentas para trabalhar com todo o espectro do humano em nós. Na próxima seção, voltamo-nos para o trabalho com os sonhos, mas com uma mudança de foco com relação à abordagem de sistemas empregada. Passamos da discussão de redes a descobertas recentes importantes nas neurociências e na pesquisa do apego. Isso permite um olhar mais de perto para os processos fisiológicos que estão ativados no trabalho junguiano e ajudam a contextualizar a abordagem junguiana em termos das relações mente/cérebro/díade terapêutica.

Sonhos

O trabalho com sonhos foi e permanece um ponto central na abordagem junguiana do desenvolvimento da personalidade (cf. Jung 1974; Hall
1983; Whitmont & Perera 1989; Vedfelt 1999). Ao justapor os métodos junguianos tradicionais de avaliação da consciência mitopoética e o pensamento neurocientífico contemporâneo, esperamos demonstrar que há agora um
sólido respaldo para as práticas tradicionais que incorporam a história, a
narrativa e a metáfora. Começando com o ato de um cliente que conta um
sonho na análise, tomado como uma espécie de ritual de engajamento entre parceiros terapêuticos, diferentes atividades de cérebro/mente/sistemas
interpessoais podem ser observadas operando simultaneamente em vários
níveis e impactando-se uns aos outros. Por exemplo, oportunidades de integração hemisférica ocorrem em consonância com a apresentação de conflitos centrais dentro do contexto de uma díade terapêutica de apoio construída
mutuamente e em evolução (cf. adiante). A formulação de interações derivadas da teoria dos sistemas gerais entre conjuntos bem-aninhados tem sido
adotada de modo semelhante por pesquisadores da infância, psicanalistas
e neurocientistas para explicar um paradigma emergentista, o qual, como
vários capítulos deste livro sugerem, confluem com a teorização junguiana
contemporânea sobre processos inconscientes, entre os quais os sonhos.

Voltando-nos primeiro para o mitológico, o sonho personificado como
Hypnos e o sonho como *Oneiros* são irmãos inseparáveis e filhos de *Nyx* (noite), que domina tanto os deuses como os mortais (Meier 1987: 38-39). O
psicólogo arquetípico James Hillman diz: "cada sonho é um filho da Noite,
afiliado intimamente com o sono ou a morte e com o esquecimento (*Lethe*)
de tudo o que o mundo diurno lembra" (1979: 53). Com o abraço do sono,
o sonho emerge das contribuições colaborativas de várias áreas do cérebro
(geralmente durante os períodos REM) para formar imagens que nos des-
lumbram, maravilham e aterrorizam. Analisandos muitas vezes procuram o
trabalho junguiano porque estão curiosos sobre um sonho ou uma série de
sonhos em que vêm pensando por anos a fio, sentindo que há algo mais,
nessas visitações, do que resíduos diurnos de realização de desejos. Tal como

os visitantes do templo grego de Asclépio, eles esperam por um sonho curador (*enhypnion enarges* = sonho efetivo) que funcione como um guia nas provações da vida (cf. Meier 1987: 42). Alguns analisandos procuram o analista em busca de pronunciamentos oraculares e precisam de ajuda ao avaliar que o trabalho com sonhos é um processo de construção mútua que se desenvolve no contexto de um relacionamento contínuo e continente.

Embora seja útil considerar os sonhos tanto redutiva quanto prospectivamente, o pensamento junguiano tradicional favoreceu este segundo modo, privilegiando a expansão da personalidade pela integração criativa de conteúdos inconscientes e pela autorregulação por meio do equilíbrio compensatório entre as forças conscientes e inconscientes. A comunicação e discussão de sonhos geralmente é facilitada pela atenção aos símbolos e metáforas que oferecem descrições imagéticas dessas experiências efêmeras, frequentemente não verbais. Embora os sonhos possam ser experimentados de modo imediato, a compreensão geralmente requer o processamento via múltiplos canais. Como é frequentemente o caso, o *sentimento* associado a um sonho permanece conosco ao longo do dia; assim Shakespeare assinala (apud Meier 1987: 63):

> O sonho ainda está aqui, mesmo quando eu acordo ele está
> Sem mim e dentro de mim; não imaginado, mas sentido (Shakespeare. *Cymbeline*, ato IV, cena II).

Isso retrata um tipo de percepção holística ao invés de um pensamento articulado. Mesmo assim, os analisandos transcrevem seus sonhos, traduzindo-os em forma verbal, fazendo-nos perguntar o que se perdeu nesse processo de conversão. Por vezes, uma expressão artística de uma experiência onírica pode apresentar melhor a essência do sonho. Essencial para o valor terapêutico é que o sonhador descubra/recobre no processo analítico a experiência afetiva residente no sonho (sobre a arte de lembrar os sonhos, cf. Reed 1976). Um paralelo com a hipótese da congruência de humores pode ser encontrado em LeDoux (2003: 222): "as memórias são resgatadas mais facilmente quando o estado emocional do momento da formação da memória combina com o estado do momento do resgate". Recapturar uma presença encarnada pode ser facilitado por meio de um espírito ponderado e lento de investigação (Fosshage 2004), em que o analista encoraja a elaboração das imagens oníricas. Descrições detalhadas tornam mais ampla a qualidade efêmera do sonho, o que pode contribuir para sua presença sensível no encontro analítico (p. ex. Bosnak 1986, 1996) e muitas vezes dá uma primeira forma para sentimentos até então insuportáveis.

A interpretação prematura ameaça de colapso o campo imaginal (cf. Cambray 2001 para o impacto negativo de uma amplificação negativa), resultando em um entendimento intelectual desprovido da riqueza propiciada pela reexperimentação da região implícita no momento presente. Com a imagem mais bem-estabelecida, associações podem ser solicitadas. A tradição junguiana retornou constantemente ao sonho como uma espécie de pedra de toque para evitar se desviar da experiência direta, como Jung temia ser o caso no método associativo de Freud. A abordagem fenomenológica de Jung respeita a verdade e a integridade do sonho como uma comunicação de um estado psíquico em um determinado momento. Isso contrasta com as noções freudianas de significados escondidos e disfarçados com conteúdo manifesto e latente. Patricia Berry, da escola arquetípica, adverte contra tal redução, afirmando que "para Jung, as imagens se abriam, isto é, tinham *telos* ou propósito para além de si mesmas" (Berry 1982: 82). Permanecer perto da imagem, atentar aos sentimentos engendrados, provavelmente provocará afetos concordantes durante a exploração de um sonho (em paralelo com a hipótese da congruência de humores de LeDoux); esse tipo de reprodução permite a analista e analisando a oportunidade de avaliar, chegar a conhecer e se deixar levar pela própria imagem.

Pesquisa infantil, neurociência e análise de adultos

A moderna teorização junguiana se beneficiou de uma infusão de ideias e práticas inovadoras de outros campos, conforme detalhado ao longo deste livro. Assim também, Beebe e Lachmann (2002), Sander (1982, 2002), e Stern et al. (1998), todos eles psicanalistas à procura de aplicações da pesquisa infantil à análise de adultos, subscrevem variantes de um paradigma emergentista fundamentado em sistemas dinâmicos não lineares. As ideias de Sander sobre paradoxo e polaridade são consonantes com a percepção essencial de Jung da dissociabilidade da psique, o que leva à sua teoria dos complexos com o consequente objetivo em análise de promover a síntese e a integração por meio da função transcendente (cf. Feldman 2003 para uma revisão junguiana recente da contribuição de Sander). Assim, ao discutir os sistemas de cuidado infantil, Sander (1982: 317) nota três princípios:

> 1) polaridades existem em oposição dinâmica
> 2) processos paradoxalmente opostos operam juntos
> 3) mecanismos integrativos harmonizam essas polaridades e essas tendências paradoxais.

Ele prossegue dizendo:

> O organismo ganha coerência conforme coordenações sempre novas entre ele e o ambiente são criadas em novas combinações de ação e função, que servem para ultrapassar as disparidades geradas dentro dos e entre sistemas (Sander 1982: 317).

Cada sistema vivo deve lidar com a incerteza que o situa em um estado que fica em algum lugar entre a continuidade e a mudança, polaridades centrais para Sander (1982: 318). No *setting* terapêutico, flutuações na certeza e dúvida relacionais oferecem uma via emergente por meio da qual o terceiro coconstruído do relacionamento se torna o *locus* da função transcendente. Um cerne deste achado em Jung é: "Em termos de energia, polaridade significa um potencial, e onde quer que haja um potencial, há a possibilidade de uma corrente, de um fluxo de eventos, para que a tensão dos opostos lute pelo equilíbrio" (1945/1948: § 426). Tal vacilação pode ser transformadora para os dois parceiros, conforme evidenciado na bidirecionalidade da influência que foi bem-documentada no microprocessamento (por fitas de vídeo) da interação mãe-bebê e aplicada convincentemente à díade analítica por Beebe e Lachmann (2002). Jung pressagiou essa ideia fundamental da seguinte forma: "Quando duas substâncias químicas se combinam, ambas são alteradas. Isso é precisamente o que acontece na transferência" (1946: § 358).

Mas, perguntar-se-ia, como essa transformação efetivamente se desdobra?

Um artigo seminal do *Process of Change Group* [criado em 1995, em Boston] liderado por Daniel Stern, e intitulado "Non-interpretive mechanisms in psychoanalytic therapy: the 'something more' than interpretation" [Mecanismos não interpretativos na terapia psicanalítica: o 'algo a mais que' a interpretação] tenta responder a essa questão descrevendo dois sistemas complementares de ação terapêutica: um é explícito por meio da interpretação verbal e orientada pelo conteúdo em transferência, e o outro é implícito por meio do conhecimento não verbal e orientado por processos no contexto do relacionamento corrente compartilhado:

> Tais *saberes* integram afeto, cognição e dimensões comportamentais/interativas. Eles podem permanecer fora da consciência, como no "impensado sabido" de Bollas (1987) ou no "inconsciente passado" de Sandler (Sandler e Fonagy, 1998), mas também pode formar uma base para muito do que mais tarde vem a se tornar representado simbolicamente (Stern et al. 1998: 906).

Os junguianos podem pensar nisso como intuição. Continuando com Stern et al. (1998), note que a interpretação rearranja o relacionamento explícito e "momentos de encontro" ["*moments of meeting*"] reconfiguram o conhecimento relacional implícito. Eles dizem que "A mudança [por meio de um *momento de encontro*] será sentida e o ambiente recém-alterado então age como o novo contexto efetivo no qual ações mentais subsequentes ocorrem e são moldadas e eventos passados são reorganizados" (Stern et al. 1998: 906). Segundo Beebe e Lachmann:

> Em um momento de encontro, dois estados de consciência se combinam de um modo que o modo como um é conhecido por si mesmo corresponde ao modo como ele é conhecido pelo outro (Beebe 1998). Essa correspondência no momento do encontro facilita o desenvolvimento da capacidade de agir [*agency*] e da identidade. No momento do encontro, ocorre um reconhecimento mútuo que muda a capacidade do paciente de agir como um agente [*act as an agent*], em sua própria autorregulação (Beebe & Lachmann 2002: 32).

Este sistema expande radicalmente nossa compreensão da transferência e aponta para as possibilidades criativas inerentes a uma "nova" experiência.

Quais complexos são constelados no analista, no paciente e entre eles, nesses momentos, deveria também ser algo levado em consideração. Por exemplo, um paciente traumatizado com uma história de abusos que inclui uma mãe intrusiva, crítica e negligente pode experimentar, por meio do polo positivo da mãe arquetípica, uma figura de amparo em um momento de encontro com a analista que transmite por meio da voz, da entonação e da expressão facial uma garantia de espaço, aceitação e conexão. Um novo modo de *estar junto* pode começar a emergir.

Ideias sobre memória implícita e explícita da neurociência estão sendo integradas como indicado acima na teoria e na prática contemporâneas (cf. LeDoux 1996, 2002; Pally 1998; Damasio 1999; Fonagy 1999; Kandel 1999; Siegel 1999; Stern et al. 1998; Knox 2001). A memória explícita, também conhecida como memória declarativa, tende a ser verbal e requer consciência e atenção focal para codificação (Siegel 1999: 33). Ela inclui uma memória semântica (factual) e uma memória autobiográfica episódica que começa a operar por volta dos dois anos de idade. A memória implícita ou não declarativa e procedimental (Siegel 1999: 33) está presente no nascimento e é desprovida de um senso de recordação. Isso inclui uma memória comportamental, emocional, perceptiva e talvez somatossensorial. Essas memórias nunca foram, em sua maior parte, "conscientes", e, portanto, não podem ser esquecidas. (Uma exceção ocorre, por exemplo, no aprendizado de uma nova habilidade, como tocar piano; precisa-se de atenção consciente focada para a aquisição da habilidade, mas tendo-se alcançado essa habilidade, ela cai na memória procedimental.) A coordenação e integração desses dois domínios são influenciadas pelas primeiras experiências de apego (Stern et al. 1998; Beebe & Lachmann 2002) e afetam profundamente a autorregulação e as regulações interativas. O modo como nos relacionamos uns com os outros e com nosso próprio mundo interno emana não apenas da internalização do objeto, mas também da internalização do "processo de regulação mútua" (Stern et al. 1998: 907). A memória então é uma dança entre conteúdos factuais e mais sutis processos emocionais e corporais. Uns podem estimular os outros. Por exemplo, um sonho pode às vezes ser relembrado pelo acesso a um sentimento a respeito dele; do mesmo modo, uma face relembrada em um sonho pode antecipar uma sequência emocional. (Mais será dito, porém é importante notar aqui que traços de conhecimento e de memória explícitos e implícitos podem emergir nas interações entre figuras oníricas; a mitologia também pode em parte codificar processos implícitos nos níveis culturais e arquetípicos.)

Outro aspecto desta dança tem a ver com a lateralidade cerebral. Siegel diz que "os processos da memória também são especializados em cada hemisfério" (1999: 197) e cita Daniel Schacter como se segue:

> Neurologistas e neurofisiologistas sabiam há mais de um século que a linguagem e as habilidades verbais são fortemente dependentes do hemisfério esquerdo, enquanto as funções não verbais e espaciais são mais dependentes do hemisfério direito. A memória é lateralizada de modo similar. Pacientes com danos no hipocampo esquerdo e no lobo temporal medial tendem a ter dificuldades em relembrar explicitamente informação verbal, mas nenhum problema em relembrar formas visuais e localizações espaciais. Pacientes com danos no hipocampo direito e no lobo temporal medial tendem a mostrar o padrão oposto (Siegel 1999: 197).

O cérebro direito e o esquerdo oferecem dois modos diferentes de saber; em termos simplificados, o esquerdo é responsável pelos pensamentos lógicos, lineares, detalhados e focados, enquanto o direito se baseia em sensações e imagens (Siegel 1999). Schore expande isso em seu livro recente, dizendo que o hemisfério direito:

> é predominante para o processamento cognitivo de informações faciais, prosódicas e corporais inseridas em comunicações emocionais, para a atenção, empatia e para a resposta humana ao estresse. Esses processos essenciais – centrais tanto à regulação da homeostase quanto à capacidade de alterar flexivelmente o ambiente interior para lidar otimamente com perturbações exteriores – ocorrem de modo extremamente rápido, em níveis para além da consciência. Dados neuropsicológicos e neurobiológicos convergentes sugerem fortemente que o hemisfério direito está criticamente envolvido na manutenção de um senso de si mesmo coerente, contínuo e unificado (Schore 2003: xv).

Esta descrição do cérebro direito combina bem com a noção de Stern et al. (1998) do conhecimento relacional implícito como um aspecto fundamental da ação terapêutica, que é complementado pela interpretação, associada com a função do cérebro esquerdo. A colaboração dos dois hemisférios é altamente dependente das primeiras experiências de apego que foram reguladoras e seguras, ou que, de modo mal-adaptativo, foram desreguladoras e desorganizadas. Nessa direção, Schore afirma:

> O terapeuta psicobiologicamente sintonizado então tem uma oportunidade de agir como um regulador afetivo interativo do estado desregulado do paciente. [...] Nós podemos interagir com e assim regular os processos ineficientes do cérebro direito com nossos próprios cérebros direitos. Da parte do terapeuta, as interpretações mais efetivas são baseadas na "consciência", pelo clínico, "de suas próprias respostas físicas, emocionais e ideacionais às mensagens veladas do paciente" (Boyer 1990: 304). Da parte do paciente, os "entendimentos mais corretos" podem ser usados pelo paciente "apenas se o analista está sintonizado com o estado do paciente quando a interpretação é oferecida" (Friedman & Moskowitz 1992: xxi) (Schore 2003: 53-54).

A interação interpessoal, pois, influencia o funcionamento cerebral que, por sua vez, influencia as capacidades interativas. O compromisso afetivo do analista por meio das qualidades emergentes do novo relacionamento, bem como por meio da contratransferência metabolizada, é necessário para que qualquer transformação real ocorra; sem a capacidade do terapeuta de ser influenciado, o paciente não muda. Tal regulação interativa leva à autorregulação, integração, coerência e senso de si mesmo.

O compromisso emocional via *enactment* não pode ser exagerado. Embora "o que" dizemos possa ser importante, "como" comunicamos através do âmbito implícito dá molde e contorno por meio do tom de voz, prosódia e postura corporal. Interações coordenadas desenvolvidas pela flutuação de vinculações e desvinculações criam "esquemas de modos de ser com outrem" (Stern et al. 1998: 905) sempre presentes no subtexto não verbal. O *The Oxford English Dictionary* nos diz que *implícito* realmente significa "enredado, entrelaçado, unido ou mesclado, envolvido". Nós sentimos esse enredamento no âmago do *enactment*. Schore diz:

no momento afetivo agudo de um *enactment*, a chave para manter um ambiente sustentador e cocriador, de cérebro direito para cérebro direito, é a capacidade do clínico de "evitar o fechamento" e tolerar a ambiguidade, incerteza e falta de diferenciação para "*wonder*" ["perguntar"; o termo também comporta a acepção de se maravilhar, surpreender] (Schore 2003: 94).

Nós vemos a esfera implícita como compartilhando um mundo complicado, obscuro e não linear de complexos constelados. Neste domínio, o analista realmente vem a conhecer empaticamente a experiência do paciente sentida como pressões, desconfortos e ansiedades. Ao habitar um estado liminar, o analista pode ser afetado por pensamentos, imagens e emoções que, se acolhidas, podem ser devaneios que levem a processos emergentes pertinentes ao engajamento no aqui e agora (cf., p. ex., Ogden 1997, 1999). Como esses sentimentos, pressentimentos ou intuições clínicas surgem é uma interessante questão em aberto. Uma suposição é que em momentos carregados, por vezes (mal-)interpretados prematuramente como sincronicidades no trabalho clínico, estamos testemunhando um conhecimento implícito transmitido na voz, movimento e/ou expressão facial, residindo nas bordas da consciência, exercendo influência sobre as percepções e julgamentos e organizando a interação.

Vinheta clínica I

Nós ficamos conhecendo o sentimento dos outros significativos nas vidas de nossos analisandos por meio de sua transmissão implícita deles. A presença desses "outros" pode ser útil como espíritos-guias ou intrusivos como fantasmas no campo analítico. A lembrança de um professor inspirador, por exemplo, pode se manifestar na incorporação pelo analisando de maneirismos, gestos ou tom de voz. Por outro lado, a encarnação de uma mãe psicótica pode fazer o analisando experimentar um inexplicável pânico hiperestimulado por meio do sistema simpático, manifestando como ansiedade, ou uma dissociação hipoestimulada através do sistema parassimpático, causando desligamento e silêncio na sessão. Por meio dessa comunicação implícita na hora analítica e em sonhos, nós também nos familiarizamos bastante e respondemos, muitas vezes pré-conscientemente, a esses "outros" encarnados.

Um exemplo da presença de um "outro" deste tipo ocorreu quando uma paciente veio à análise no dia do aniversário de seu irmão. Este irmão tinha morrido dez anos antes, aos vinte e quatro anos, e nós vínhamos falando muito sobre ele em relação aos atuais interesses românticos de minha paciente, tais como emergiam nos sonhos. Durante a sessão anterior, ela tinha relatado um sonho no qual um homem por quem ela nutria sentimentos não correspondidos caía de uma árvore e morria. A centralidade do relacionamento com seu irmão e a consequente perda que a morte dele representou afetaram poderosamente suas escolhas relacionais, emocionais e profissionais. Agora este novo homem tinha se tornado o centro de suas aspirações e nós descobrimos múltiplas ressonâncias entre a personalidade dele e a do irmão dela; contudo, também como o irmão dela, ele estava indisponível. Subsequentemente, nós discutimos a árvore como um eixo do mundo e a posição central que este homem tinha simbolizado em sua vida psíquica.

Conforme minha analisanda recordava carinhosamente seu irmão, suas encantadoras qualidades e peculiaridades, eu (LC) me deparei desfrutando da presença dele por meio do conhecimento implícito dela sobre ele. Eu conheci muito mais do que informação factual, eu tive um "captei" sobre o que este homem realmente deve ter sido. Eu tive acesso sensível a seu charme e coquetismo e me vi atraída por ele. Ele tinha uma personalidade magnética e minha paciente achava difícil lhe dizer não, mesmo sabendo da inclinação dele à manipulação narcisista. Este padrão tinha se replicado na minha paciente com rapazes que eram charmosos, mas emocionalmente indisponíveis. Para desenvolver verdadeiramente um relacionamento íntimo, a paciente teria de enfrentar e fazer o luto da indisponibilidade de seu irmão e do homem na sua vida, que era agora o foco da sua atenção. Este processo tinha começado, conforme ela estava se permitindo sentimentos de tristeza e luto. Junto com a paciente, eu senti o entusiasmo da presença de seu irmão e o subsequente vazio profundo por não ter acesso a ele, primeiramente por causa das barreiras do incesto, e depois por sua morte prematura. E comentei a vivacidade da presença dele conforme ela a transmitia, e o quão esmagadora a perda dessa presença deve ser. Isso trouxe uma torrente de lágrimas que me tomou também. Implicitamente sua voz, expressão facial, risadinhas sobre o humor dele e lágrimas por sua morte tinham-no colocado completamente entre nós na sala, me dando a sensação de que eu realmente conhecia e reconhecia este jovem complexo. Eu e ela experimentamos uma intensa intimidade [togetherness], típica de um momento de encontro. Nós tínhamos conseguido coordenar o conhecimento implícito do irmão dela e de cada um, com a informação factual explícita e a interpretação direta dos símbolos oníricos. Desvencilhar-se de seu irmão como um complexo crucial abriu a paciente para outros aspectos criativos de si mesma e a outros tipos de escolhas relacionais. Nesse sentido, o imaginário onírico antecipou uma mudança necessária, mas muito dolorosa.

Memória, arquétipo e narrativa

A interação entre memória explícita e implícita frequentemente se manifesta nas artes expressivas e na literatura. Personificada mitopoeticamente como Mnemosine, a deusa grega da memória se encarna como as musas, suas filhas. Diz Eliade (1996: 21): "O passado assim revelado é muito mais do que o antecedente do presente; é sua fonte [...] o poeta inspirado pelas musas tem acesso às realidades originais". Embora a organização e o planejamento sejam necessários para uma obra criativa, o que nos inspira é um sentimento, um espírito, uma consciência que é implícita, como na visão de Virginia Woolf sobre o ritmo, apresentada em uma carta de 16 de março de 1926:

> Agora isso é profundo, o que é o ritmo, e vai muito mais fundo do que palavras. Um sinal, uma emoção, criam essa onda na mente, muito antes de ela fazer palavras que se encaixem; e ao escrever (essa é minha crença atualmente), a pessoa tem de recapturar isso, e fazer isso funcionar (o que não tem nada a ver, aparentemente, com palavras), e então, quando isso irrompe e desaba na mente, ela faz palavras que se encaixem (Desalvo & Leaska 1984: 93-94).

Esse tipo de conhecimento parece vir da memória implícita não disponível como recordação ou pensamento consciente, mas por meio de um senso de padronização no nível arquetípico. Sente-se uma presença encarnando em palavras, obra de arte ou produção dramática. Imagem e metáfora podem capturar uma vivacidade integrada de sistemas consciente e inconsciente interagindo, se movendo, vivendo. Diz Hillman:

> Os arquétipos são as estruturas ósseas da psique, embora os ossos sejam constelações variáveis ou centelhas de luz, ondas, movimentos. Eles são princípios da incerteza. Uma vez que não podem ser confrontados diretamente, eles se tornam definidos, como Jung sempre insistiu, como "incognoscíveis em si" (Hillman 1979: 157).

Processos arquetípicos não são diretamente disponíveis à consciência, mas conhecidos apenas indiretamente com uma qualidade de "como se" no mito, história e narrativa. Contar e ouvir essas histórias pode propiciar uma função organizadora e, segundo Siegel, estimular a integração. Ele diz:

> Na coconstrução de histórias, pais e filhos entram em uma forma diádica de ressonância bilateral. Cada pessoa entra em um estado de integração inter-hemisférica, que é facilitada pela comunicação interpessoal. Essa forma altamente complexa de comunicação colaborativa permite à díade se mover para estados altamente ressonantes, e também habilita a mente da criança a desenvolver sua própria capacidade de integração. Esta capacidade pode estar no coração da autorregulação (Siegel 1999: 334).

Junguianos têm reavaliado o valor da história, da narrativa e da prática, como nos artigos de Covington (1995), Dieckmann (1997) e Ekstrom (2002). Há paralelos entre o trabalho de Siegel e o de Covington, pois esta enfatiza que a cura psíquica vem da incorporação pelo paciente do processo narrativo. Ela diz:

> É criando uma narrativa que percebemos e expressamos nossa necessidade de internalizar o outro e de experimentarmo-nos como internalizado por outrem de um modo significativo. A construção da narrativa, derivada de nosso desejo de conhecer e de formar conexões uns com os outros, e de explorar o que podemos amar uns nos outros, tem um efeito mutativo, ou seja, produz mudança psíquica (Covington 1995: 43).

E, de novo, Siegel falando de narrativas, diz:

> As narrativas revelam como representações de um sistema po-
> dem claramente se entrelaçar com outro. Assim, os modelos
> mentais da memória implícita ajudam a organizar os temas de
> como detalhes da memória autobiográfica explícita são expres-
> sos dentro de uma história de vida. Embora jamais possamos ver
> modelos mentais diretamente, a manifestação deles em narrati-
> vas nos permite ao menos ter uma visão da sombra que eles lan-
> çam nos produtos de outros sistemas da mente (Siegel 1999: 63).

As metáforas na análise são tecidas nas narrativas, que oferecem um
âmbito criativo para interações lúdicas e permitem que múltiplos fios de
uma vida sejam entrelaçados. O psicanalista Arnold Modell (1997) argumenta que linguistas, neurobiólogos e psicanalistas podem compartilhar de um
paradigma comum através da metáfora. Ele defende as forças da consciência poética em relação a teorias contemporâneas sobre a memória dentro de
uma perspectiva emergentista. Diz ele:

> A metáfora, assim como a memória, está na fronteira entre a
> psicologia e a fisiologia. Pode-se dizer que a metáfora representa
> uma propriedade emergente da mente. Talvez a evidência mais
> clara de que a metáfora é a moeda corrente da mente é o fato de
> que o sonhar, um processo neurofisiológico, automaticamente
> gera metáforas visuais. [...] A metáfora é uma estrutura funda-
> mental e indispensável do entendimento humano, uma unidade
> básica e irredutível do funcionamento mental. [...] Creio que
> afetos, metáfora e memória formam um sistema unificado em
> sinergia (Modell 1997: 106).

Pally nota que Levin (1997) e Modell (1997) acreditam que o uso da
metáfora também serve à coerência integrativa bilateral. Ela continua, "ao
conter elementos sensoriais, imagéticos, emocionais e verbais, parece que
as metáforas ativam múltiplos centros cerebrais simultaneamente; elas são
modos de perceber, sentir e existir" (Pally 1998: 576). Esta simultaneidade
pode ser o correlato neurofisiológico facilitador da função transcendente,
relacionando a consciência ao inconsciente e o afeto ao *insight* e à cognição
(Siegelman 1990). Sublinhando a importância multimodal das metáforas, diz
Hillman: "As metáforas são mais do que modos de falar; elas são modos de

perceber, sentir e existir" (1979: 156). De nosso ponto de vista, elas são veículos do conhecimento explícito e implícito e permitem um meio complexo e completo de expressão e comunicação.

Dentro do paradigma junguiano, este uso da metáfora pode ser estendido a explorações do inconsciente coletivo. Para acessar o estrato arquetípico da psique, após exploração exaustiva das associações pessoais ao material inconsciente, os junguianos se apoiam em métodos tais como a amplificação por expansão analógica (cf. acima) para ir além dos limites da interpretação genética, causal. A descrição de sonhos por meio de imagens componentes é contação de história, não importa quão ilógica seja a narrativa, e uma resposta amplificativa adequada pode realçar um padrão arquetípico capaz de oferecer um senso de continência por meio da coerência descoberta.

Ao seguir o propósito de um sonho, muitas vezes é importante rastrear suas imagens conforme elas se repetem ao longo do tempo em uma sequência de sonhos. Séries oníricas frequentemente retratam problemas essenciais de modos múltiplos e evolutivos, assim detalhando, completando ou complementando o que já é sabido. Jung demonstrou isso com grande detalhe em seu estudo de uma extensa série de sonhos que narram a emergência de símbolos de um novo centro na personalidade do renomado físico Wolfgang Pauli (1944: § 44-331).

Sonhos, imaginação ativa, *sandplay* ou produções artísticas também podem oferecer janelas para a região implícita que fica fora do controle cortical consciente. Especificamente, as interações entre figuras dentro de um sonho podem revelar representações internalizadas de relevante funcionamento regulador que leva à coerência e integração ou, pelo contrário, à desintegração e fragmentação. Quando considerados atentamente, esses padrões interativos podem oferecer *insight* sobre as vicissitudes dos processos emergentes.

Vinheta clínica II

"E", um homem na faixa dos trinta anos, sonhou durante uma análise de três sessões por semana que bateu o seu carro no consultório da analista, que tinha dois grandes arcos em cada extremidade, em um esforço, junto com a mulher dele, de levar para casa um animal bebê, que cresceria até o tamanho de um cavalo. A analista (LC) estava em uma escada, de costas para o analisando, arrumando livros e folhetos em uma estante. Após alguma discussão do sonho, E decidiu trabalhar com a caixa de areia[4] e ter uma experiência tridimensional na presença da analista. O que capturou E emocionalmente na caixa foi sua experiência emocional sobre a analista estar em uma escada dando-lhe as costas, sem prestar nenhuma atenção ao drama na sala. Recobrando sentimentos de dor, decepção e abandono, ele então fez associações com sua mãe, que geralmente estava distraída pelos seus três irmãos e deveres domésticos. Ferido por essa recorrente falta de sensibilidade e de sintonia com suas necessidades, E deixou sua casa cedo, "dando as costas" para sua mãe. Ver a analista de costas para ele surpreendeu a nós dois, pois ele conscientemente me experienciava como comprometida e presente, em contraste com sua história com sua mãe, o que nos colocou diante de um visível paradoxo, uma vez que as pressões veladas rumo à intelectualização não estavam ainda evidentes. O sonho revelou uma constelação transferencial em oposição polar a nossa interação consciente. O que emergiu nos jogos de areia subsequentes, baseados no mesmo imaginário onírico, foi sua raiva pelo fato de a "analista" (mãe) não olhar, não ver nem ele nem esta incrível criatura na sala. Por meio de sentimentos contratransferenciais de ser desvalorizado e abandonado, um relance das feridas narcísicas sofridas por E entrou em foco, o que, pensando bem, permitiu a transformação da frustração inicial em compaixão. Simultaneamente, entre as sessões, E fez uma imaginação ativa na qual expressou vigorosamente sua raiva e frustração e insistiu que a analista se virasse. A isso se seguiu um contínuo trabalho na caixa de areia envolvendo uma figura de analista na caixa assistindo enquanto brincava com e cuidava do animal bebê. Nenhuma interpretação foi oferecida, pois a necessidade de brincar e a experiência tiveram a posição privilegiada como

---

4. *Sandplay* é um método junguiano tridimensional que ficou muito conhecido graças a Dora Kalff, no qual um analisando é convidado a usar pequenas figuras em uma caixa de areia de 30×20×30 polegadas, com um fundo pintado de azul embaixo. Para detalhes, cf. C.G. Jung Institute 1981; Kalff 2003; Weinrib 1983.

uma forma de elaboração. E frequentemente expressou gratidão pela "sala" e o "espaço" que ele sentiu no ambiente regulador da análise.

O brincar e a metáfora

O neurocientista Panksepp afirma que "brincar pode ser a contrapartida funcional do sonhar" (1998: 295). Prossegue dizendo que:

> O sonho REM pode exercitar os potenciais para organizar a informação afetiva em circuitos emocionais na segurança emocional relativa de um estado afetivo positivo. Em outras palavras, sonhar e brincar podem ter funções sinergísticas – oferecendo oportunidades especiais para exercer os potenciais psicocomportamentais de sistemas emocionais em operação dentro de ambientes socialmente solidários (Panksepp 1998: 295).

Segundo Siegelman, que se vale do artigo clássico de Plaut (1966), a capacidade de brincar na análise depende da capacidade de confiar que foi frequentemente danificada no nível pré-verbal, portanto requerendo reparação não por meio de interpretações; mas, sim, do que temos chamado aqui de "o domínio implícito" (1990: 173-174). Ela diz:

> O que lutamos para oferecer, portanto, é uma atmosfera ou ambiente, um espaço ou lugar no qual o paciente possa contar com nossa firmeza, confiabilidade, ausência benigna de julgamento, nossa relativa previsibilidade, e nosso "estar lá" ["thereness"] – essa própria continuidade do ser, como Winnicott a designa, que tinha sido tão danificada na infância do paciente (Siegelman 1990: 174).

Esta atitude do analista, portanto, apoiaria e fortaleceria o efeito sinergístico do sandplay, do trabalho artístico e da imaginação ativa bem como do trabalho com o sonho, tal como eles se manifestam na díade analítica.

O brincar a sério com sonhos na análise, ativando a função reflexiva e estimulando a imaginação criativa, pode iniciar a construção de uma narrativa de vida mais rica e nuançada. Escrevendo sobre a importância da memória, da narrativa e do sonhar, Siegel faz a seguinte afirmação:

> O sonhar é um processo narrativo multimodal que contém vários elementos de nossa experiência diária, eventos passados,

modelos mentais e experiência perspectiva presente. A unidade de um dia, marcada pelo processo de consolidação [da memória] do sono REM, pode assim ser vista como uma forma de capítulo em uma história de vida. Cada dia é literalmente a oportunidade de criar um novo episódio de aprendizado, no qual a experiência recente se tornará integrada com o passado e entrelaçada ao futuro antecipado (Siegel 1999: 61).

Durante o sono REM, a consolidação cortical da memória tem lugar, levando à narrativização da memória episódica (Siegel 1999: 62). O processo de relatar sonhos, juntamente com a metodologia focada na imagem, liga as memórias implícita e explícita resultando em modulação emocional, auto-organização e coerência de passado, presente e futuro (Siegel 1999: 62-63). O sonho de E com animal e o *sandplay* subsequente revelam um padrão interativo implícito de desregulação no passado entrando na transferência, que quando metabolizado levou a uma *lysis* [termo que na metodologia de Jung para a análise onírica se refere à "solução", ao desenlace do sonho, seu sentido ou "indicação compensatória", como diria Jolande Jacobi] da tensão internalizada, decorrente do abandono materno. A libido liberada ficou então disponível para uma conexão fortalecida com o si-mesmo, no contexto de um relacionamento progressivo com a analista. Dar continuidade ao sonhar desse sonho permitiu uma articulação explícita da decepção e raiva dentro da moldura analítica, facilitando uma experiência da função transcendente, ou o que o pesquisador da infância Tronick chama de "expansão diádica da consciência":

> Neste processo, o estado de consciência de cada parceiro se expande para incorporar elementos de consciência do outro em uma forma nova e mais coerente. Uma vez que ambos os parceiros são afetados por este processo, há uma expansão diádica da consciência para um estado mais coerentemente organizado e complexo de consciência diádica (p. 13). Tronick (1996) sugere que este processo descreve uma visão da ação terapêutica: analista e paciente criam e transformam estados diádicos únicos de consciência por meio da regulação mútua e da autorregulação (Beebe & Lachmann 2002: 42).

O projeto de contar histórias, ouvir histórias e de exploração das imagens gera apego que, embora assimétrico, impacta ambos os participantes, expandindo a mente e a alma. A narrativa, história ou descrição de imagem se desdobra dentro de um campo relacional coconstruído no fluxo em que dois sistemas separados se engajam para sustentar as tensões da polaridade e do paradoxo, gerando a possibilidade de uma expansão diádica da consciência. Tal flutuação dinâmica de polaridades consteladas implica movimento em um campo situado entre os constitutivos, e leva à noção de que os padrões arquetípicos podem ser mais bem concebidos como processos emergentes de campos multidimensionais.

Jung acreditava que as figuras oníricas podiam ser tomadas subjetivamente, refletindo diferentes aspectos do indivíduo, ou objetivamente, refletindo relações com outros externos (Whitmont & Perera 1989: 59). Interações entre figuras oníricas no nível subjetivo são influenciadas pela história de apego e pela flexibilidade ou rigidez do ego, que podem se espelhar na qualidade da conectividade interpessoal. A capacidade de aceitar mais aspectos problemáticos de nós mesmos como evidenciados em representações da sombra subjetivas tende a depender de como a aceitação dos outros significativos tem sido na vida cotidiana, bem como do sofrimento intrapsíquico, incluindo-se o manejo da vergonha. No extremo, por exemplo, estão sobreviventes a trauma que tendem a se dissociar sob um leve estresse e cujos sonhos frequentemente refletem essa fragmentação com afetos associados que são ameaçadores; mostrou-se que isso pode ser o resultado de apegos inseguros e desorganizadores (Schore 2003: 66-69). O que foi representado interiormente são interações desreguladoras que se tornaram de natureza persecutória e que agora impedem a conexão consigo mesmo e com outrem. A mediação disso pode vir pelo contato cérebro direito-cérebro direito, oferecido pelo terapeuta empaticamente sintonizado dentro da esfera implícita, como mostrado por Wilkinson (2003) em um quadro de referência junguiano. Sobreviventes a trauma não precisam de ab-reação, mas da expansão de sua capacidade de estarem *presentes*, o que pode ser modelado pela tolerância e atenção do terapeuta regulador (Van der Kolk 2003). Claro, as experiências dissociativas de sobreviventes a trauma representam uma versão ampliada do que todos experimentamos com uma multiplicidade de *selves*, tão bem articulada pela teoria dos complexos de Jung e atualmente adotada pela psicanálise relacional que se remete a Janet, mas raramente a Jung. (Para ligações entre as teorias de Jung e as de Janet, cf. Haule 1999.)

O modelo dissociativo de Jung, com uma crença de que há conteúdos inconscientes não decorrentes de repressão, é claramente respaldado pelas ideias contemporâneas do domínio implícito. O implícito não é o mesmo que o território psicanalítico da história antiga reprimida. Explicação adicional desta ideia pode ser encontrada com Lyons-Ruth, que diz:

> embora conhecimentos implícitos muitas vezes não sejam representados simbolicamente, eles tampouco são necessariamente inconscientes em termos dinâmicos, isto é, no sentido de serem excluídos defensivamente da consciência. O conhecimento relacional implícito, pois, está operando grandemente fora do âmbito da consciência verbal *e* do inconsciente dinâmico [mas pode frequentemente ser pré-consciente] (Lyons-Ruth 1998: 285).

De novo, este é o território dos complexos inconscientes ou "psiques cindidas", como Jung as chama, que se tornam conhecidas por intermédio de múltiplas figuras oníricas que são as representações de diferentes aspectos do si-mesmo.

Nós tentamos aqui sugerir a utilidade da bivalente consciência hermética sintonizada com a metáfora, como aplicada aos sonhos pela valorização da natureza mitopoética das ideias junguianas tradicionais, em conjunção com descobertas contemporâneas da psicanálise, pesquisa infantil e neurociência. Por meio da tensão da polaridade e do paradoxo, esperamos transmitir um senso de regulação que pode resultar na emergência da função transcendente. O foco terapêutico está na facilitação de uma integração coordenada das memórias e conhecimentos relacionais explícitos e implícitos conforme manifestos em imagens, sonhos, histórias e narrativas, bem como no relacionamento analítico.

Referências

Alister, I. & Hauke, C. (orgs.) (1998). *Contemporary Jungian Analysis*. Londres: Routledge.

Bair, D. (2003). *Jung*: A Biography. Boston: Little & Brown.

Barabasi, A.-L. (2003). *Linked*. Nova York: Plume.

Barabasi, A.-L. & Bonabeau, E. (2003). Scale-free networks. *Scientific American*, 288 (5), p. 60-69.

Beebe, B. (1998). A procedural theory of therapeutic action: commentary on the symposium on "Interventions that effect change in psychotherapy". *Infant Mental Health Journal*, 19, p. 333-340.

Beebe, B. & Lachmann, F.M. (2002). *Infant Research and Adult Treatment*. Hillsdale: The Analytic Press.

Berry, P. (1982). *Echo's Subtle Body*. Thalwill: Spring.

Bion, W.R. (1970). "Attention and interpretation". In: *Seven Servants*. Nova York: Jason Aronson, 1977.

Bollas, C. (1987). *The Shadow of the Object*: Psychoanalysis of the Unthought Known. Nova York: Columbia University Press.

Bosnak, R. (1996). *Tracks in the Wilderness of Dreaming*: Exploring Interior Landscape Through Practical Dreamwork. Nova York: Delacorte.

_____ (1986). *A Little Course in Dreams*. Boston: Shambhala.

Boyer, L.B. (1990). "Countertransference and technique". In: Boyer, L.B. & Giovacchini, P.L. (orgs.). *Master Clinicians on Treating the Regressed Patient*. Northvale: Jason Aronson, p. xiii-xxvi.

Cambray, J. (2002). Synchronicity and emergence. *American Image*, 59 (4), p. 409-434.

_____ (2001). Enactments and amplification. *Journal of Analytical Psychology*, 46 (2), p. 275-303.

Casement, A. (org.) (1998). *Post-Jungians Today*. Londres: Routledge.

C.G. Jung Institute (1981). *Sandplay Studies*. São Francisco.

Chodorow, J. (org.) (1997). *Encountering Jung*: On Active Imagination. Princeton: Princeton University Press.

Covington, C. (1995). No story, no analysis. *Journal of Analytical Psychology*, 40 (3), p. 405-416.

Damasio, A. (1999). *The Feeling of What Happens*. Nova York: Harcourt Brace.

Davidson, D. (1966). Transference as a form of active imagination. *Journal of Analytical Psychology*, 11 (2), p. 135-146.

Desalvo, L. & Leaska, M. (orgs.) (1984). *The Letters of Vita Sackville-West to Virginia Woolf*. São Francisco: Cleis.

Dieckmann, H. (1997). Fairy-tales in psychotherapy. *Journal of Analytical Psychology*, 42 (2), p. 253-268.

_____ (1991). *Methods in Analytical Psychology*: An Introduction. Wilmette: Chiron.

Douling, D.M. (org.) (1996). Arcs. *Parabola*, XI (4), p. 46-49.

Edinger, E. (1985). *Anatomy of the Psyche*. La Salle: Open Court.

Ekstrom, S. (2002). A cacophony of theories: contributions towards a story-based, understanding of analytic treatment. *Journal of Analytical Psychology*, 47 (3), p. 339-358.

Eliade, M. (1996). Mythologies of memory and forgetting. *Parabola*, XI (4), p. 68-76.

Ellman, S. & Moskowitz, M. (orgs.) (1998). *Enactment*: Toward a New Approach to the Therapeutic Relationship. Northvale: Jason Aronson.

Feldman, B. (2003). Journal review of "Thinking differently: principles of process in living systems and the specificity of being known". *Journal of Analytical Psychology*, 48 (4), p. 534-535.

Fonagy, P. (1999). Memory and therapeutic action. *The International Journal of Psychoanalysis*, 80, p. 215-223.

Fosshage, J.L. (2004). The explicit and implicit dance in psychoanalytic change. *Journal of Analytical Psychology*, 49 (1), p. 49-65.

Friedman, N. & Moskowitz, M. (1992). "Introduction". In: Moskowitz, M.; Monk, C.; Kaye, C. & Ellman, S. (orgs.). *The Neurobiological and Developmental Basis for Psychotherapeutic Intervention*. Northvale: Jason Aronson, p. xiii-xxvi.

Graf-Nold, A. (2001). The Zurich School of Psychiatry in theory and practice – Sabina Spielrein's treatment at the Burghölzli Clinic in Zurich. *Journal of Analytical Psychology*, 46 (1), p. 73-104.

Hall, J.A. (1983). *Jungian Dream Interpretation*. Toronto: Inner City.

Hannah, B. (1981). *Encounters with the Soul*: Active Imagination. Boston: Sigo Press.

Harrington, A. (1996). *Reenchanted Science*. Princeton: Princeton University Press.

Haule, J.R. (1999). "From somnambulism to the archetypes: the French roots of Jung's split with Freud". In: Bishop, P. (org.). *Jung in Contexts*: A Reader. Londres: Routledge.

Hillman, J. (1979). *The Dream and the Underworld*. Nova York: Harper & Row.

Hobdell, R. (org.) (1995). *Freud, Jung, Klein* – The Fenceless Field. Londres: Routledge.

Hoffer, A. (2001). Jung's analysis of Sabina Spielrein and his use of Freud's free association method. *Journal of Analytical Psychology*, 46 (1), p. 117-128.

Hogenson, G. (2001). The Baldwin effect: a neglected influence on C.G. Jung's evolutionary thinking. *The Journal of Analytical Psychology*, 46 (4), p. 591-611.

Jacobi, J. (1973). *The Psychology of C.G. Jung*. New Haven: Yale University Press.

_____ (1953). *C.G. Jung*: Psychological Reflections. Nova York: Bollingen Foundation.

Jacoby, M. (1990). *Individuation & Narcissism*. Londres: Routledge.

Johnson, S. (2001). *Emergence*: The Connected Lives of Ants, Brains, Cities, and Software. Nova York: Scribner.

Jung, C.G. (1981). *Experimental Researches* [CW 2] [Estudos Experimentais. Petrópolis: Vozes, 2011 – OC 2].

_____ (1980). *The Symbolic Life* [CW 18] [*A vida simbólica*. Petrópolis: Vozes, 2011 – OC 18/2].

_____ (1974). *Dreams*. Princeton: Princeton University Press [Bollingen Series].

_____ (1973). *Letters*. Vol. 1: 1906-1950. Londres: Routledge & Kegan Paul [orgs.: G. Adler e A. Jaffé].

_____ (1967a). "The battle for deliverance from the mother" [CW 5] ["A luta pela libertação da mãe". Petrópolis: Vozes, 2011 – OC 5].

_____ (1967b). *Symbols of Transformation* [CW 5] [*Símbolos da transformação*. Petrópolis: Vozes, 2011 – OC 5].

_____ (1963). *Memories, Dreams, Reflections*. Nova York: Vintage Books.

_____ (1946). "The psychology of the transference" [CW 16] ["A psicologia da transferência". Petrópolis: Vozes, 2011 – OC 16/2].

_____ (1945/1948). "The phenomenology of the spirit in fairytales" [CW 9i] ["A fenomenologia do espírito nos contos de fadas". Petrópolis: Vozes, 2011 – OC 9/1].

_____ (1944). *Psychology and Alchemy* [CW 12] [*Psicologia e alquimia*. Petrópolis: Vozes, 2011].

_____ (1940). "The psychology of the child archetype" [CW 9i] ["A psicologia do arquétipo da criança". Petrópolis: Vozes, 2011 – OC 9/1].

_____ (1939). "Conscious, unconscious and individuation" [CW 9i] ["Consciência, inconsciente e individuação". Petrópolis: Vozes, 2011 – OC 9/1].

_____ (1934). "A review of complex theory" [CW 8] ["Considerações gerais sobre a teoria dos complexos. Petrópolis: Vozes, 2011 – OC 8/2].

_____ (1928). "The relations between the ego and the unconscious" [CW 7] [O Eu e o inconsciente. Petrópolis: Vozes, 2011 – OC 7/2].

_____ (1916/1957). "The transcendent function" [CW 8] ["A função transcendente". Petrópolis: Vozes, 2011 – OC 8/2].

_____ (1914/1915). "On psychological understanding". Princeton: Princeton University Press [CW 3].

Kalff, D. (2003). *Sandplay*: A Psychotherapeutic Approach to the Psyche. 2. ed. Cloverdale: Temenos [org.: B. Turner].

Kandel, E.R. (1999). Biology and the future of psychoanalysis: a new intellectual framework for psychiatry revisited. *American Journal of Psychiatry*, 1561 (4), p. 505-524.

Knox, J. (2003). *Archetype, Attachment, Analysis, Jungian Psychology and the Emergent Mind*. Hove: Brunner/Routledge.

_____ (2001). Memories, fantasies, archetypes: an exploration of some connections between cognitive science and analytical psychology. *Journal of Analytical Psychology*, 46 (4), p. 613-635.

Lambert, K. (1981). *Analysis, Repair and Individuation*. Londres: Karnac.

LeDoux, J. (2003). The emotional brain revisited. [Artigo de conferência:] *Psychological Trauma*: Maturational Processes and Therapeutic Interventions. Boston.

_____ (2002). *Synaptic Self*: How Our Brains Become Who We Are. Nova York: Penguin.

_____ (1996). *The Emotional Brain*. Nova York: Simon and Schuster.

Levin, F. (1997). Integrating some mind and brain views of transference: the phenomena. *Journal of American Psychoanalysis*, 45, p. 1.121-1.152.

Lyons-Ruth, K. (1998). Implicit relational knowing: its role in development and psychoanalytic treatment. *Infant Mental Health Journal*, 19 (3), p. 282-289.

Maduro, R.J. (1987). The initial dream and analyzability in beginning analysis. *Journal of Analytical Psychology*, 32 (3), p. 199-226.

McDowell, M. (2001). Principle of organization: a dynamic-systems view of the archetype-as-such. *Journal of Analytical Psychology*, 46 (4), p. 637-654.

Meier, C.A. (1987). *The Meaning and Significance of Dreams*. Boston: Sigo Press.

Modell, A.H. (1997). The synergy of memory, affects and metaphor. *Journal of Analytical Psychology*, 42 (1), p. 105-117.

Morowitz, H. (2002). *The Emergence of Everything*: How the World Became Complex. Oxford: Oxford University Press.

Ogden, T. (2004). An introduction to the reading of Bion. *International Journal of Psychoanalysis*, 85 (2), p. 285-300.

_____ (1999). "The music of what happens" in poetry and psychoanalysis. *International Journal of Psychoanalysis*, 801, p. 979-994.

_____ (1997). *Reverie and Interpretation*. Northvale: Jason Aronson.

Pally, R. (1998). Emotional processing; the mind-body connection. *International Journal of Psychoanalysis*, 79 (2), p. 349-362.

Panksepp, J. (1998). *Affective Neuroscience*: The Foundations of Human and Animal Emotions. Oxford: Oxford University Press.

Plaut, A. (1966). Reflections about not being able to imagine. *Journal of Analytical Psychology*, 11 (2), p. 113-134.

Reed, H. (1976). The art of remembering dreams. *Quadrant*, 9 (1), p. 48-60.

Samuels, A.; Shorter, B. & Plaut, F. (1986). *A Critical Dictionary of Jungian Analysis*. Londres: Routledge.

Sander, L.W. (2002). Thinking differently: principles of process in living systems and the specificity of being known. *Psychoanalytic Dialogues*, 12 (1), p. 11-42.

_____ (1982). "Polarities, paradox, and the organizing process". In: Call, J. et al. (orgs.). *Proceedings of the 1st World Congress on Infant Psychiatry*. Nova York: Basic Books.

Sandler, J. & Fonagy, P. (orgs.) (1998). *Recovered Memories of Abuse*: True or False? Madison: International Universities Press.

Saunders, P. & Skar, P. (2001). Archetypes, complexes and self-organization. *Journal of Analytical Psychology*, 46 (2), p. 305-323.

Schaverien, J. (submetido). Art, dreams and active imagination: a post-Jungian approach to the image. *Journal of Analytical Psychology*.

Schore, A.N. (2003). *Affect Regulation*. Nova York: W.W. Norton.

Siegel, D.J. (1999). *The Developing Mind*. Nova York: Guilford.

Siegelman, E.Y. (1990). *Metaphor and Meaning in Psychotherapy*. Nova York: Guilford.

Stein, M. (org.) (1995). *Jungian Analysis*. 2. ed. Chicago: Open Court.

Stern, D.N.; Sander, L.W.; Nahum, J.P.; Harrison, A.M.; Lyons-Ruth, K.; Morgan, A.C.; Bruschweilerstern, N. & Tronick, E.Z. (1998). Non-interpretive mechanisms in psychoanalytic therapy: the "something more" than interpretation. *International Journal of Psychoanalysis*, 79, p. 903-921.

Strogatz, S. (2003). *Sync*: The Emerging Science of Spontaneous Order. Nova York: Hyperion.

Tresan, D. (2004). This new science of ours. *Journal of Analytical Psychology*, 49 (3), p. 369-396.

_____ (1996). Jungian metapsychology and neurobiological theory. *Journal of Analytical Psychology*, 41 (3), p. 399-436.

Tronick, E. (1996). "Dyadically expanded states of consciousness and the process of normal and abnormal development". Apresentado no *Colloque International de Psychiatrie Perinatal*. Monaco, janeiro.

Van der Kolk, B. (2003). "The psychobiology of post-traumatic stress disorder". [Artigo de conferência:] *Psychological Trauma*: Maturational Processes and Therapeutic Interventions, Boston.

Vedfelt, O. (1999). *The Dimensions of Dreams*. Nova York: Fromm International.

Von Franz, M.-L. (1979). *Alchemical Active Imagination*. Irving: Spring.

_____ (1970). *An Introduction to the Interpretation of Fairy Tales*. Dallas: Spring.

Weaver, R. (1973). *The Old Wise Woman*: A Study of Active Imagination. Nova York: G.P. Putnam's.

Weinrib, E.L. (1983). *Images of the Self*: The Sandplay Therapy Process. Boston: Sigo Press.

Whitmont, E.C. & Perera, S.B. (1989). *Dreams, a Portal to the Source*. Nova York: Routledge.

Wilkinson, M. (2003). Undoing trauma: contemporary neuroscience – A Jungian clinical perspective. *Journal of Analytical Psychology*, 48 (2), p. 235-253.

Young-Eisendrath, P. & Dawson, T. (orgs.) (1997). *The Cambridge Companion to Jung*. Cambridge: Cambridge University Press.

6
Transferência e contratransferência: perspectivas contemporâneas

Jan Wiener

Provavelmente mais palavras têm sido escritas sobre o tema da transferência e contratransferência, em uma ampla variedade de perspectivas, do que sobre qualquer outro tema dentro do âmbito da psicologia profunda. Isso é verdade entre psicanalistas bem como para psicólogos analíticos. Hoje permanece uma questão "quente" de debate e disputa, tanto quanto era entre Jung e Freud há quase um século. Nossas definições dos conceitos e o foco desses debates evoluíram e mudaram com o tempo. Nós agora temos uma riqueza de experiência clínica e de evidência teórica construídas ao longo desses anos. Sabemos muito mais sobre como definir a transferência e a contratransferência, a dinâmica das projeções transferenciais do paciente e seu efeito sobre o analista e como tecnicamente abordar e trabalhar com transferências no relacionamento analítico.

Frequentemente se cita Jung como desinteressado em trabalhar com a transferência, mas se, diferentemente de Freud, ele não nos deixou estudos de caso extensos ilustrando como ele trabalhava material transferencial, seus escritos e vinhetas clínicas mostram evidências de um profundo interesse intelectual e emocional no fenômeno, seja em perspectiva pessoal como em arquetípica, desenvolvidas, frequentemente a certo custo, a partir de sua própria prática clínica.

O movimento, com o tempo, do ver um fenômeno como um processo patológico – um impedimento da análise – para o vê-lo como uma parte normal de todas as interações conscientes e inconscientes não é em lugar nenhum mais evidente do que nas discussões sobre transferência e contra-transferência. Imagino que seria difícil encontrar algum analista junguiano no mundo todo que contestasse a inevitabilidade das projeções transferenciais que se fazem sentir no relacionamento analítico, e seu importante papel no serviço da individuação. Contudo, pensar e escrever sobre esses conceitos complexos hoje suscita a questão crucial de se estamos realmente pensando, falando e escrevendo sobre a mesma coisa. Para explorar criativamente nossas visões e diferenças sobre um problema, precisamos ser claros sobre o que queremos dizer e, embora possamos usar conceitos confortavelmente, é frequentemente mais difícil descrever o que estamos fazendo na sala do consultório. Problemas de definição, ou diferenças de ênfase, podem influenciar o modo pelo qual o interesse em conceitos modernos evolui, afetando o discurso analítico e levando às vezes constrangedoramente a uma confusão de dialetos, ao invés de à provisão de um espaço criativo para que a diferença genuína seja reconhecida e as discordâncias, veiculadas.

As noções da transferência e o que queremos dizer com ela se baseiam em nossas visões sobre a natureza da psique e sobre o desenvolvimento do funcionamento mental, no relacionamento analítico e em nossos objetivos de análise. Isso suscita a questão da importância relativa da transferência dentro da rede de conceitos que influencia a prática do analista, reconhecendo-se, claro, que alguns deles podem não ser plenamente conscientes e, de novo, podem ser difíceis de se verbalizar. Hamilton usa o *pré-consciente do analista* de Freud para explorar variações nas crenças pré-conscientes e prática do psicanalista:

> É na área entre a orientação teórica professada – "eu sou um freudiano", "eu sou um junguiano" –, por um lado, e ações terapêuticas nas trocas "aqui e agora" da situação clínica, por outro, que os analistas revelam as sobreposições confusas e coexistência desconfortável de partes de sistemas de crenças (Hamilton 1996: 2-3).

O interesse dela na mente do analista sublinha o valor de investigar e de tentar esclarecer os princípios organizadores de diferentes psicologias profundas, de modo que possamos aprender mais sobre a significância e ênfase que diferentes analistas investem em conceitos: neste caso, transferência e contratransferência.

É minha impressão que os analistas têm diferentes visões sobre seus objetivos, sobre o que é terapêutico, afetados por suas filiações a institutos analíticos e a indivíduos-chave dentro destes, por fatores sociais, experiência clínica e suas próprias personalidades. Uma das crenças centrais que nos reúnem como psicólogos analíticos é no si-mesmo como um centro organizador e unificador da psique – um impulso arquetípico de reunir e mediar as tensões entre os opostos. A análise busca acesso ao inconsciente e ao si-mesmo em todos os seus aspectos, mas pode privilegiar diferentes "lugares de ação terapêutica" (Colman 2003: 352), levando a diferentes métodos de compreender com os pacientes a experiência psicológica deles. Alguns psicólogos analíticos, especialmente os influenciados pela psicanálise, afirmariam que trabalhar na transferência, este modo específico de estar com outro indivíduo e de vir a compreendê-lo, oferece o acesso mais significativo às partes desconhecidas do si-mesmo e ao desenvolvimento da identidade. Esses analistas privilegiam mais o *processo* do relacionamento analítico do que seu conteúdo, preferindo que os pacientes usem o divã para facilitar o processo. Samuels (1985: 194) se refere a este método como a *dialética interativa*. Outros junguianos privilegiam a psique objetiva, apoiando-se mais extensamente em sonhos, associações, imaginação ativa e na amplificação para localizar os conteúdos da psique, colaborando mais conscientemente com os pacientes para que diferentes aspectos da psique entrem num melhor alinhamento recíproco. Samuels (1985: 194) se refere a este método como o *clássico-simbólico-sintético*. Aqui, os *conteúdos* da psique, tais como emergem no relacionamento analítico, têm precedência sobre o processo, e a transferência é menos relevante.

Nossas crenças se estendem para além da sala do consultório, afetando o modo como pensamos, escrevemos e ensinamos. Institucionalmente, elas determinarão os objetivos de cada currículo de formação e o programa para os estudantes, tenha o curso uma ênfase mais acadêmica ou mais clínica. Jung afirmou não querer discípulos, mas ainda assim a emergência de diferentes aglomerados de crenças, defendidos por indivíduos-chave, continuou a levar a diferenças e algumas projeções tensas entre diferentes sociedades pelo mundo, o que Eisold (2001: 343) chamou de um "*continuum* da ortodoxia junguiana à colaboração psicanalítica".

Meus objetivos ao escrever este capítulo são, primeiramente, rastrear o desenvolvimento teórico e clínico dos conceitos de transferência e contratransferência na psicologia analítica, desde Jung aos dias atuais, voltando-me à psicanálise quando for adequado. Valendo-me de algumas descobertas recentes da pesquisa infantil e da neurociência cognitiva, eu então localizo o que creio ser algumas das controvérsias teóricas e clínicas centrais para os psicólogos analíticos, explorando como essas novas descobertas afetam nossas conceptualizações da transferência e suas implicações para um trabalho clinicamente frutífero a serviço de nossos pacientes.

Teoria, pluralismo e transferência

Um capítulo que considera a teoria contemporânea precisa de algumas reflexões preliminares sobre a natureza da teoria na psicologia analítica, e mais particularmente da teoria sobre a transferência e contratransferência. A sabedoria acumulada de nossa profissão está incorporada em nossa teoria, e a psicologia analítica provavelmente ultrapassou sua classificação inicial como uma ciência natural "pura" em favor de uma abordagem mais familiar às ciências sociais, levando em conta tanto o observado como o observador.

Frosh (1997: 233) sublinha como o interesse central da psicologia analítica e da psicanálise – o inconsciente – significa que a teoria nunca pode ser completamente objetiva: "se existe sempre uma atividade inconsciente, então não se pode estar fora do sistema para observá-lo de um modo perfeitamente 'objetivo'. Forrester (1997: 235-236) pensa que, ao invés de debater se a psicanálise é uma ciência ou não, deveríamos perguntar que tipo de disciplina ela é. Na visão dele, é uma disciplina estável que produz conhecimento, "uma ciência observacional e naturalística dos seres humanos lidando com complexidade e variedade". Parsons (2000: 67) sublinha a natureza subjetiva da nossa teoria: "a psicanálise combina de uma maneira única o científico e o pessoal [...] sua natureza científica se insere em sua natureza pessoal; é científica apenas na medida em que também é pessoal".

A construção de teorias é uma atividade natural e pode ser um meio de fazer avançar o conhecimento de nossa profissão. O pluralismo não sustenta uma visão de mundo monolítica, valorizando igualmente todo um leque de alternativas que podem abranger conflito e compromisso. Implicitamente ele reconhece um papel para a subjetividade. Mas o próprio pluralismo é complexo. Samuels o define como uma "atitude de conflito que tenta reconciliar diferenças sem impor uma falsa resolução para eles, nem perder de vista o valor único de cada posição" (Samuels 1989: 1).

Esta é a face pública da teoria. Contudo, projeções sobre o conceito de "transferência", e seu uso na análise, a "transferência sobre a transferência", se se quiser, revelam uma face pessoal mais obscura e podem facilmente se tornar o gatilho acalorado para críticas e conflitos emocionais entre colegas. Teorias concorrentes sobre a transferência encontram aqueles que trabalham extensamente na transferência, sendo considerados por outros como tendo perdido a essência de sua identidade junguiana para a psicanálise. Por outro lado, aqueles que minimizam a transferência, vendo-a como uma distorção da tarefa da análise, são frequentemente vistos como excessivamente intelectualizados, se apegando cegamente às ideias de Jung em face de novas evidências ou negligenciando aspectos importantes da transferência que exigem atenção.

O ideal pluralista pode ser muito bom em teoria, mas muito mais difícil na prática, uma vez que a construção de teorias acarreta tamanho investimento sentimental e, por mais bem-analisados que sejamos, é frequentemente difícil separar as teorias nas quais acreditamos de nossas lealdades com seus proponentes originais, sejam eles objetos internos valorizados ou desdenhados.

Para alguns autores, o pluralismo tem perigos reais. Knox pensa que:

> Há o perigo de um imperialismo científico e determinístico que tenta reduzir a complexidade da psique humana à explicação em termos de uma teoria unificada [...] contudo, se o paradigma científico é totalmente descartado, o pluralismo pode facilmente demais se degradar em uma multiplicidade pós-moderna de narrativas teóricas sem nenhuma conexão com o crescente corpo de pesquisa empírica em outras disciplinas sobre o modo como a mente assimila e organiza informações (Knox 2003: 202-203).

Ela acredita que devemos nos valer de teorias de fora, especialmente sobre capacidades cognitivas e desenvolvimentais que têm sido verificadas empiricamente em outras disciplinas.

Também Stevens é bastante cético sobre o pluralismo:

> Minha posição é de que existe um espaço para pluralismo e contextualização, mas que a psicologia junguiana irá se autodestruir se não reconhecer certos princípios básicos, que não são "crenças" ou "ficções", mas hipóteses que passaram por certos testes empíricos (Stevens 2002: 349).

Hamilton (1996: 24) pensa que o pluralismo é um ideal ao qual raramente nós fazemos jus; "a psicanálise se transformou em um conglomerado de sistemas monísticos que competem entre si, cada qual se alardeando como a explicação mais completa da patologia e do desenvolvimento humanos". As pessoas parecem aspirar ao pluralismo, mas ele pode parecer cinzento em comparação com teorias mais "preto no branco". O argumento dela parece fazer eco a alguns dos debates atuais entre psicanalistas freudianos e kleinianos.

Neste capítulo, espero considerar diferentes abordagens da transferência e contratransferência, mostrando alguns pontos nodais de diferença. Contudo, minha formação na Society of Analytical Psychology e a atmosfera cultural na qual trabalho inevitavelmente enviesaram meu pensamento em favor de um papel central para a transferência na minha prática clínica. Eu lembro uma afirmação de Jung sobre sua própria escrita:

> [...] nem tudo o que exponho foi escrito com a cabeça; muita coisa saiu do coração. Pelo que isso seja levado em conta pelo

leitor benevolente, quando ele, ao buscar seguir a linha intelectual de pensamento, deparar com certas lacunas que não tenham sido adequadamente preenchidas (Jung 1917: § 200).

Uma história da teoria sobre a transferência

Diferentes autores definiram a transferência de maneiras semelhantes; mas, na verdade, sutilmente diferentes. Todos parecem concordar que a transferência é uma forma de projeção do paciente ao analista, e um fenômeno universal. Nas Conferências Tavistock, Jung se refere à transferência assim:

> O termo "transferência" é a tradução do alemão *Übertragung*. Literalmente, *Übertragung* significa: carregar alguma coisa de um lugar para outro. [...] O processo psicológico da transferência é uma forma específica do processo mais geral da projeção [...] que carrega conteúdos subjetivos de qualquer espécie para o objeto (Jung 1935: § 311-313).

Sua ênfase é ampla, sobre os "conteúdos subjetivos de qualquer espécie". Freud (1912: 104) reconheceu o papel central da resistência transferencial: "essas circunstâncias tendem a uma situação na qual, por fim, todo conflito tem de ser travado na esfera da transferência". Ele via a transferência como uma aliada no processo analítico, e que poderia assumir diferentes formas em diferentes pacientes. Ele introduziu o conceito de "neurose de transferência" (Freud 1914), a pressão de repetir no presente um material reprimido do passado, ao invés de recordá-lo.

Blum (Blum & Fonagy 2003: 499), um psicanalista freudiano, considera a complexa relação entre as projeções transferenciais e delas com experiências passadas. Ele pontua que a transferência não é literalmente um *replay* de relações de objeto passadas do paciente, mas antes uma formação de compromisso, uma fantasia inconsciente que inclui diferentes componentes, inclusive experiências reais, mas também representações de si e de objetos, defesas e fatores superegoicos. A partir disso, podemos concluir que tendem a ser as representações e fantasias sobre objetos internos projetadas no analista que são analisadas.

A definição de transferência de Fordham (1963: 7) é mais específica, "um número inespecífico de percepções (*inconscientes*) sobre o analista pelo paciente, causado pela projeção de *partes cindidas ou não integradas do paciente para o* [onto] *ou no* [into] *analista*" (itálicos meus). Ele usa duas palavras aqui, *"onto"* e *"into"* e, embora não as diferencie, elas parecem implicar que a natureza e poder dos processos projetivos podem ser diferentes. *"Onto"* transmite algo menos poderosamente projetado e introjetado pelo analista, que parece, da maneira tradicional, agir mais neutramente, disponível para "lidar com" as projeções dos pacientes. *"Into"* é mais sugestivo de uma identificação projetiva contundente que invade o analista que será afetado, quer queira ou não. Fordham também fala de partes "cindidas" [*split-off*] ou "não integradas" [*unintegrated*], mostrando seus esforços de ligar ideias junguianas e kleinianas no desenvolvimento de sua teoria pioneira do si-mesmo e do seu desenvolvimento na infância. Esses dois termos (*"split-off"* e *"unintegrated"*) têm na verdade significados muito diferentes (Astor 1995: 63; Mizen 2003: 292). *"Splitting"* [cisão, separação] foi um termo usado por Klein e seus seguidores para descrever o mecanismo primitivo de defesa empregado para preservar a experiência boa e evacuar a má e intolerável, de modo que uma não contamine a outra. Esse foi o processo mais remoto pelo qual os objetos internos foram formados. Ela foi criticada por desenvolver um modelo do funcionamento "normal" usando dados clínicos de seu trabalho com crianças doentes ou lesionadas. Fordham reserva o termo *"splitting"* para experiências desintegradoras que são patológicas, ameaçando esmagar a criança ou adulto, preferindo a ideia mais junguiana de deintegração e reintegração para descrever o processo dinâmico em que o si-mesmo primário se estende aos objetos e internaliza a experiência. Sua frase "partes não integradas do paciente" sugere que ele está se referindo ao ainda não conhecido, ao invés de ao patológico ou defensivo. A cisão só é necessária quando este processo é significativamente perturbado.

Basta pesquisar os escritos de Jung sobre a transferência para descobrir uma variedade de diferentes pontos de vista. Jung deixou a seus seguidores um legado desconcertante sobre seus pensamentos e sentimentos acerca da transferência, que pode acrescentar mais fervura à intensidade dos debates e diferenças hoje. Sua ambiguidade permite a autores desejosos de encontrar evidências em Jung para suas crenças pessoais sobre a transferência todas as oportunidades para uma extensa "suavização narrativa"! (Spence 1987: 133).

Steinberg (1988) e Fordham (1974a) escreveram relatos cronológicos sobre o desenvolvimento das ideias de Jung acerca da transferência, as quais se estenderam por mais de trinta e cinco anos. Ao longo desses anos, ele foi frequentemente contraditório em seus pontos de vista, por vezes dentro do mesmo texto. Autores se desenvolvem e mudam suas ideias, espera-se que com humildade, e tais mudanças de visão podem ser compreendidas no contexto da época em que escreveram, dos debates do dia e para quem eles se dirigiam (Fordham 1974a). Contudo, deve-se de fato perguntar por que os escritos de Jung sobre a transferência são tão ambíguos.

Steinberg (1988) pensa que essa é a única área em seus escritos onde se podem observar contradições tão grandes porque Jung se sentia magoado e furioso por Freud não valorizar suficientemente suas ideias. Steinberg é também da opinião de que Jung tinha dificuldades emocionais com as transferências de seus pacientes, especialmente as eróticas, e com os efeitos delas sobre ele: "Isso pode tê-lo levado a minimizar a importância do componente pessoal da transferência, e a tentar encontrar outros meios de tratar seus pacientes" (Steinberg 1988: 36).

Os escritos de Jung de fato respaldam o ponto de vista de Steinberg:

> Quanto a mim, sempre fico satisfeito quando há apenas uma transferência tênue ou quando ela é praticamente imperceptível. Nesses casos, ficamos pessoalmente muito menos absorvidos e podemos contentar-nos com outros fatores terapêuticos eficazes (Jung 1946: § 359).

O tratamento de Sabina Spielrein, por Jung, oferece evidências convincentes das lutas dele com a transferência. Em uma carta recém-descoberta da primeira abordagem de Freud por Jung após a alta de Sabina Spielrein do Burghölzli, ele escreve:

> Durante o tratamento, a paciente teve a infelicidade de se apaixonar por mim. [...] Em vista desta situação, sua mãe quer, na

pior das hipóteses, colocá-la em outro lugar para ser tratada, *com o que eu naturalmente estou de acordo* (Minder 2001: 69; itálicos acrescidos).

Similarmente, nas cartas pessoais de Jung a Spielrein:

> Eu eliminei do meu coração toda a amargura que ele ainda abrigava. Claro que esta amargura não foi obra sua [...] veio de toda a angústia interior que eu experimentei por sua causa [...] e que você experimentou por minha causa (Jung 1911: § 180).

Fordham (1974a: 122) é mais generoso sobre as inconsistências de Jung em termos de sua atitude para com a transferência, encontrando uma maior consistência de evidência quanto ao porquê, em pontos cruciais, Jung ter as visões que tinha, se o leitor mostrar perseverança. Ele assinala proveitosamente, usando as Conferências Tavistock como um exemplo, como Jung pode ter assumido uma visão negativa da transferência devido ao aborrecimento por sua plateia o desviar de seus devotados estudos sobre material onírico arquetípico, perguntando sobre suas visões acerca da transferência.

A despeito das inconsistências, Jung fez contribuições teóricas significativas ao estudo da transferência, enfatizando, como ele fez, tanto os seus aspectos teleológicos quanto os terapêuticos, e a importância da personalidade "real" do analista.

Na Conferência 5 (Jung 1935: § 367-380), Jung delineia o que considera serem os quatro estágios necessários do trabalho com a transferência. Eu os resumi em minhas próprias palavras:

1) ajudar os pacientes a virem a reconhecer e valorizar suas imagens subjetivas, figuras pessoais, objetos internos etc., que são projetados ao analista;

2) quando isso foi trabalhado, ajudar os pacientes a distinguir entre as projeções pessoais e as que são impessoais ou arquetípicas;

3) ajudar os pacientes a diferenciarem o relacionamento pessoal com o analista dos fatores impessoais, ajudando-os a perceber conscientemente que não são meramente pessoais, mas carregam um valor impessoal e arquetípico que pode fazê-los progredir;

4) o que Jung chamou de a "objetivação das imagens impessoais", uma parte essencial do processo de individuação, ajudando o paciente a perceber que "o tesouro" está dentro deles, não fora, "não mais num objetivo do qual ele depende".

Essas etapas contêm ideias muito complexas sobre a natureza e o papel da transferência e, como afirmações isoladas, não ajudarão o psicólogo analítico iniciante a entender "como" trabalhar com material transferencial. Surgem questões sobre como distinguir entre projeções transferenciais pessoais e arquetípicas; se o processo se desenvolve em etapas nítidas assim, e sobre como trabalhar com as defesas contra os processos que Jung delineia. Jung não nos conta como fazer, e era da opinião de que a "técnica" desvaloriza a natureza individual da análise. Vale lembrar também que Jung não estendeu sua teoria para incluir o papel da infância e do desenvolvimento do si-mesmo desde o nascimento. Ele assumiu o que pode ser visto como uma abordagem mais adulta e sofisticada da transferência.

Quaisquer que sejam as limitações clínicas de suas quatro etapas, lhes são implícitas algumas das crenças essenciais de Jung sobre a transferência:

a) Jung está de acordo com Freud ao apoiar a análise da transferência infantil:

> Sua [do analista] maior ambição deve ser apenas educar seus pacientes a se tornarem personalidades independentes, e libertá-los da escravidão deles a limitações inconscientes. *Ele deve, portanto, analisar a transferência*, uma tarefa deixada intocada pelo sacerdote (Jung 1912: § 435; itálicos meus).

b) Em contraste com Freud, que estava interessado na causalidade, Jung enfatiza o valor teleológico da transferência. Em uma carta antiga ao Dr. Löy, Jung escreve:

> Enquanto olharmos a vida apenas retrospectivamente, como é o caso nos escritos psicanalíticos da escola de Viena, nunca faremos justiça a essas pessoas [neuróticos] e nunca levaremos a eles a esperada libertação. [...] Mas o impulso que leva os outros para fora de sua relação conservadora com o pai não é, de modo algum, um desejo infantil de insubordinação, mas *um ímpeto poderoso de desenvolver sua própria personalidade*; e esta luta

para eles é um imperativo vital indeclinável (Jung 1913: § 658; itálicos meus).

Jung fez uma distinção útil entre dois tipos de causalidade, que ele chamou de *causa efficiens* e *causa finalis* (Jung 1945: § 530). A *causa efficiens* busca descobrir as razões dos acontecimentos – "por que eles acontecem?", enquanto a *causa finalis* questiona "para que isso está acontecendo?" Ajudar os pacientes a conectar as experiências passadas com o presente não é simplesmente descobrir causas, mas ajudá-los a seguir em frente. Compreender as razões das dificuldades emocionais dos pacientes e da inevitável regressão envolvida realmente facilita o movimento rumo ao contato com a experiência arquetípica.

c) Jung se sente mais confortável com um método sintético. Ele criticou a forte ênfase de Freud na infância e o método redutivo por falharem em valorizar suficientemente o significado presente para o indivíduo de produções espontâneas inconscientes, tais como imagens oníricas e sintomas. Sua preferência (embora não exclusivamente) por trabalhar por um método sintético deu corpo a sua visão do caráter teleológico do inconsciente e da capacidade deste de produzir símbolos:

> como se sabe, é possível interpretarmos conteúdos de fantasia dos instintos seja como sinais, como autorretratos dos instintos, isto é, redutivamente, ou como símbolos, como é o significado espiritual do instinto natural (Jung 1946: § 362).

d) Jung fez uma distinção entre transferência pessoal e arquetípica. As etapas de Jung do progresso da análise distinguem entre imagens que emergem na transferência a partir da experiência pessoal dos pacientes, e aquelas imagens que emanam das estruturas impessoais da psique. O modo como Jung escreve pode facilmente dar a impressão de que ele queria descartar as pessoas, movendo-se com mais interesse para as transferências arquetípicas, mas seu reconhecimento da importância de ambas é patente em sua escrita:

> As projeções pessoais devem ser dissolvidas; e elas podem ser dissolvidas por meio da percepção consciente. Mas as projeções impessoais não podem ser destruídas, por pertencerem aos elementos estruturais da psique. Elas não são relíquias de

um passado que devam ser ultrapassadas; pelo contrário, são funções propositais e compensatórias da maior importância (Jung 1935: § 368).

e) Jung atribuiu um valor extremamente elevado ao relacionamento analítico e a seu potencial de mudar não só o paciente, mas também o analista:

> este vínculo frequentemente é de tal intensidade que quase poderíamos falar de uma *ligação*. Quando duas substâncias químicas se ligam, ambas são alteradas. Isso é precisamente o que acontece na transferência. [...] essa ligação é da maior importância por produzir uma *mixtum compositum* entre a saúde mental do médico e o desajustamento do paciente (Jung 1946: § 358).

f) Jung compreendeu intuitiva e intelectualmente a natureza arquetípica do processo transferencial em si. Isso é expresso claramente em "A psicologia da transferência" e se mantém de pé até os dias de hoje:

> Uma vez que a transferência apareceu, o médico deve aceitá-la como uma parte do tratamento e tentar compreendê-la, pois senão ela será apenas mais uma peça de estupidez neurótica. A transferência em si é um fenômeno perfeitamente natural que de modo algum acontece apenas no consultório – ela pode ser vista por toda parte, pode levar a todos os tipos de absurdo, como todas as projeções não reconhecidas. O tratamento médico da transferência dá ao paciente a inestimável oportunidade para a retirada das projeções, remediar suas perdas e integrar sua personalidade (Jung 1946: § 420).

Na ausência de um analista pessoal, Jung se voltou para os estudos de história, antropologia e mitologia para amplificar suas intuições sobre a psique inconsciente e a relação entre paciente e analista. Alguns veem sua descrição detalhada do relacionamento analítico por meio do texto alquímico do *Rosarium philosophorum* como sua principal obra. Não agrada a todos, é difícil de entender e pode levar estudantes ávidos de avançar em sua prática clínica a naufragar em suas metáforas abstratas, mas os paralelos de Jung entre o esforço individual pela unidade interior e a busca dos alquimistas pelo *lapis*, a pedra filosofal, são verdadeiramente originais. Remeto o leitor à habilidosa exposição de Perry (1997: 146-155) das séries em xilogravura pela relevância delas para o trabalho cotidiano no consultório.

Contribuições pós-junguianas sobre a transferência

Uma das contribuições pós-junguianas mais significativas, em termos metodológicos, para a teoria e o uso clínico da transferência, é o artigo de Williams (1963) sobre a relação entre o inconsciente pessoal e o coletivo. Ela pensa que Jung não separou esses conceitos de uma maneira arbitrária ao tratar pacientes, embora seus escritos possam dar essa impressão. Ela assinala como o inconsciente pessoal e o coletivo, nas atividades de construção de imagens e construção de padrões, são sempre interdependentes:

> nada na experiência pessoal precisa ser reprimido a não ser que o ego se sinta ameaçado por seu poder arquetípico. A atividade arquetípica que forma o mito do indivíduo depende do material oferecido pelo inconsciente pessoal [...] a clivagem conceptual, embora necessária para fins de exposição, é considerada indesejável na prática (Williams 1963: 45).

Muito da produção junguiana contemporânea tem uma ênfase mais clínica, desenvolvendo as ideias de Jung e as tornando mais relevantes e acessíveis para praticantes. Fordham (1957, 1967, 1974b) foi um dos primeiros analistas a explorar e questionar algumas das crenças-chave de Jung sobre a transferência, dando frequentes ilustrações de casos em seus extensos escritos. Ele desconfiava da aposta de Jung na personalidade do analista, pensando que esta poderia facilmente levar a idealizações pelos pacientes e *acting out* pelos analistas. A seu ver, o que é crucial é a maneira como os analistas manejam a transferência. Os psicólogos analíticos que tomam distância da palavra "técnica" correm o risco de usar a natureza única de cada análise para se dispensarem de um escrutínio mais cuidadoso do processo interativo. Suas pesquisas sobre o método sintético de Jung mostram duvidar de que uma abordagem educativa possa lidar frutuosamente com pacientes marcados por uma transferência delirante.

Seguindo a distinção de Jung entre transferência pessoal e arquetípica, e levando em conta suas dificuldades pessoais iniciais em manejar algumas projeções transferenciais, Plaut (1956, 1970) pensa que os analistas não podem evitar serem afetados por transferências arquetípicas e que eles inevitavelmente "encarnam" a figura interior projetada. O perigo para o analista está em se identificar com essa figura, e ou não a reconhecer, ou senti-la e resistir.

Outros autores fizeram pontes entre as ideias centrais de Jung e a prática moderna. Davidson (1966) ilustra como uma boa análise pode ser pensada como a travessia de uma imaginação ativa, enfatizando a necessidade para o analista de receber as projeções transferenciais dos pacientes com uma atitude favorável a um processo interno de imaginação ativa. Mais recentemente, Cambray (2001: 283) se vale da bibliografia sobre subjetividade e intersubjetividade para reformular o método de Jung da amplificação como um processo interno que ocorre como parte das respostas contratransferenciais dos analistas a seus pacientes. Seu artigo ajuda a ultrapassar a divisão entre os analistas que defendem e os que rejeitam o valor da amplificação em seu trabalho, enfatizando que "para empregar mais plenamente amplificações, o reconhecimento de nossos envolvimentos com as imagens e histórias que vêm à mente é essencial".

Uma história do conceito de contratransferência

Freud introduziu o termo "contratransferência" em "As perspectivas futuras da terapia psicanalítica", apresentado no Segundo Congresso Internacional de Nuremberg, em 1910 (Freud 1910: 144-145). Nesse artigo, Freud descreveu a contratransferência como a resposta emocional do analista aos estímulos provenientes do paciente, que afetam o inconsciente do médico. A seu ver, era um obstáculo para o progresso da análise, o que o levou a defender a autoanálise como um modo de ajudar o analista a superar seus pontos cegos. A despeito de seu importante reconhecimento das limitações da compreensão pelos analistas de seus pacientes, ele nunca mais voltou ao tema.

Jung foi específico em seu reconhecimento precoce da necessidade de que o analista seja analisado:

> Eu até mesmo sustento ser um pré-requisito indispensável que o psicanalista se submeta primeiro, ele próprio, ao processo analítico, uma vez que sua personalidade é um dos principais fatores na cura (Jung 1913: § 586).

Diferentemente de Freud, o valor supremo que Jung atribuía à contra-transferência está implícito em grande parte de sua obra. Ele parecia reconhecer intuitivamente o valor dos afetos contratransferenciais como parte do relacionamento interativo e inconsciente em análise. Embora usasse o termo apenas raramente, seu compromisso é evidente:

> [...] qualquer projeção provoca uma *contraprojeção* [...]. A contratransferência pode tanto ser útil e dotada de sentido quanto um obstáculo, como a transferência do paciente, conforme ela busque ou não estabelecer uma conexão (*rapport*) mais favorável, que é essencial para a percepção de certos conteúdos inconscientes (Jung 1916: § 519).

Em nenhum lugar fica mais evidente do que na sua agora famosa citação acentuando a importância da personalidade do analista no tratamento:

> Nenhum artifício evitará que o tratamento seja o produto de uma influência mútua, na qual o ser inteiro do médico, bem como o do seu paciente, desempenham sua parte. No tratamento há um encontro entre dois fatores irracionais, ou seja, entre duas pessoas que não são grandezas fixas e determinadas, mas que trazem consigo, além de seus mais ou menos definidos campos de consciência, uma esfera indefinidamente estendida de não consciência. Por isso as personalidades do médico e do paciente são infinitamente mais importantes para o resultado do tratamento do que o que o médico diga e pense (Jung 1929: § 163).

As definições de contratransferência podem causar confusão, pois, às vezes, o termo é usado em uma acepção geral para descrever todos os sentimentos e pensamentos do analista para com seu paciente. Eu prefiro um significado restrito aos sentimentos e pensamentos que surgem no analista diretamente a partir das transferências do paciente. A analogia musical de Etchegoyen (1999: 269) coloca isso de uma maneira interessante: "há primeiro o contato, ao qual o contracanto responde". A definição de Fordham (1960: 41) é coerente com isso:

> transferência e contratransferência são essencialmente parte e parcela uma da outra porque ambos os processos se originam no inconsciente. O termo será, portanto, usado aqui em referência às reações inconscientemente motivadas no analista que a transferência do paciente evoca.

Sandler et al. (1992: 84) assinalaram que o prefixo "contra" tem dois sentidos diferentes. Ele transmite algo que é "oposto", uma reação à transferência do paciente, mas também algo que é "paralelo", implicando uma contrapartida. Essas distinções contribuíram para o modo como autores contemporâneos mapearam diferentes tipos de reação contratransferencial que o analista pode experienciar.

Contribuições pós-junguianas sobre a contratransferência

Estudos sobre a natureza e o processo dinâmico da contratransferência floresceram a partir dos anos de 1950, quando alguns autores perceberam que as respostas afetivas dos analistas, sua subjetividade, e a capacidade de refletir sobre as comunicações dos pacientes eram uma ferramenta terapêutica indispensável e uma via de acesso ao inconsciente. Embora com o tecido das concepções fundamentais de Jung sobre a natureza do processo analítico, foram autores posteriores, tais como Winnicott (1949), Heimann (1950) e Little (1951), que abriram caminho pàra a riqueza de ideias sobre contratransferência no contexto da intersubjetividade e de seus processos correlatos – projeção, introjeção, identificação projetiva, continência e *enactment*. Jacobs (2002: 15-16) pensa que os analistas foram gravemente afetados pelos traumas de seus pacientes logo depois da Segunda Guerra Mundial, e que isso pode ter contribuído para acelerar o interesse no assunto.

Racker (1968) publicou o primeiro estudo sistemático da contratransferência, considerando o relacionamento analítico como envolvendo dois indivíduos, cada qual com um aspecto neurótico e um saudável em suas psiques, um passado e presente pessoais e suas próprias fantasias e relacionamento com a realidade. Sua obra focou a experiência interior do analista e como ela afetava o trabalho na transferência. Ele distinguiu primeiramente entre os afetos contratransferenciais os que eram neuróticos, que se desenvolvem se o analista se identifica demais com seus próprios sentimentos infantis com relação a seu paciente, e em segundo lugar os afetos contratransferenciais "verdadeiros". A contratransferência verdadeira de Racker poderia ser de dois tipos. Primeiro, respostas *concordantes* mais confortáveis, quando o analista se descobre sentindo empaticamente com o paciente, identificando seu ego com o do paciente. A capacidade para afetos contratransferenciais concordantes se relaciona, por sua vez, com as próprias experiências do analista de "manejo bom o suficiente por outrem quando num estado de dependência" (Lambert 1981: 148). E há as reações *complementares*, frequentemente mais perturbadoras, quando o analista recebe e se identifica com os objetos internos do paciente. Grinberg (1970) estende a ideia de contratransferência complementar, levando adiante o conceito de *contraidentificação projetiva* quando, em resposta às identificações projetivas dos pacientes, os analistas podem reagir com suas próprias identificações projetivas. Em outras palavras, quando há intensos afetos na sala, eles não são necessariamente apenas o mundo interno projetado do paciente.

Entre os psicólogos analíticos, Fordham (1960) desenvolveu suas ideias sobre a contratransferência a partir do uso por Jung da empatia e também da *participation mystique*, um conceito semelhante ao de identificação projetiva. Ele fez uma distinção entre contratransferência ilusória e sintônica. Como Racker, ele considerava que os analistas projetam seu próprio material nos seus pacientes de um modo que obscurece a compreensão do paciente. Este processo inconsciente, ele o designou de *ilusório*. Fordham usou o conceito de contratransferência *sintônica* para expressar as identificações dos analistas com os objetos internos dos pacientes. Ele englobou as distinções concordantes e complementares de Racker. Mais tarde, Fordham (1979, in Shamdasani 1996: 172) propôs restringir o uso de contratransferência para a ilusória: "é quando os sistemas interativos ficam obstruídos que um rótulo especial é necessário e, para mim, é então que o termo contratransferência é adequado". Essa ideia não foi assimilada por autores subsequentes.

Autores junguianos contribuíram significativamente para elaborar os aspectos sombrios da contratransferência. Jacoby (1984: 94-113) descreve um leque de *enactments* contratransferenciais potencialmente perigosos por parte do analista, focalizando o dinheiro, o poder, sentimentos eróticos e a necessidade neurótica de sucesso terapêutico. Lambert (1981) adverte sobre *enactments* na contratransferência quando o analista se vê apanhado pela lei de talião, inconscientemente tratando ataques com contra-ataques quando identificado com os objetos internos hostis do paciente. Guggenbuhl-Craig (1971) e Groesbeck (1975) elaboram como os analistas se identificam com o arquétipo "curador", deixando seus pacientes como os únicos "feridos".

Contratransferência é na verdade um fenômeno da maior complexidade. É uma criação conjunta entre paciente e analista por implicar a importância tanto das respostas subjetivas do analista quanto os aspectos projetados do mundo interno do paciente. Ambas influenciam o processo, e também representam ricas oportunidades para sua compreensão. A contratransferência agora abarca a noção de que tanto a identidade profissional quanto a pessoal do analista estão inevitavelmente envolvidas no processo analítico. O que continua em debate hoje é como isso se traduz em métodos individuais de prática e se as reflexões do analista sobre os afetos contratransferenciais são, com todos os seus respectivos perigos, a atividade mutativa central na análise.

Novos contextos para o pensamento sobre transferência e contratransferência

Vai além do alcance e do escopo deste capítulo considerar todas as descobertas de pesquisa, em diversas disciplinas, que poderiam fornecer evidência para as posições de diferentes autores sobre a teoria da transferência e contratransferência. Para panoramas abrangentes, o leitor será remetido aos capítulos 3 e 5. Há agora uma visão suficientemente consistente, nos campos da pesquisa mente-cérebro e da pesquisa infantil, para demonstrar como o desenvolvimento do cérebro e o desenvolvimento da mente estão relacionados significativamente e, além disso, que o desenvolvimento da mente e a capacidade de produzir significados emergem por meio de relacionamentos. Processos interativos não verbais e inconscientes prosseguem ininterruptamente na infância e idade adulta e, portanto, por implicação, dentro do relacionamento de transferência-contratransferência. Processamentos implícitos que estão além da consciência podem ser tão importantes quanto os que são explícitos, conscientes ou verbais. Tem havido algumas excelentes pesquisas experimentais e clínicas que mostram as implicações dos danos para esses processos interativos implícitos (Kaplan-Solms & Solms 2000; Davies 2002; Wilkinson 2003).

Schore (1994, 2001) descreve como o cérebro sempre se organiza no contexto de outra pessoa com outro cérebro. Ele enfatiza que a regulação dos afetos subjaz ao e mantém o funcionamento do indivíduo. Ela por sua vez é afetada de maneira não verbal e inconsciente por meio dos relacionamentos. Suas descobertas têm implicações tanto para a psicanálise quanto para a psicologia analítica, que tenderam, até recentemente pouco tempo atrás, a focar mais fortemente o significado simbólico da comunicação verbal. A pesquisa de Schore respalda a ideia de que comunicações não verbais regulam a mente e o corpo entre as pessoas e, por implicação, entre paciente e analista:

> Interações de transferência-contratransferência não verbais, que ocorrem em níveis pré-conscientes e inconscientes, representam comunicações hemisfério direito-hemisfério direito de estados emocionais de alta velocidade, automáticos, regulados e desregulados entre paciente e terapeuta. [...] Num contexto terapêutico favorável ao crescimento, o significado não é descoberto solitariamente, mas criado diadicamente (Schore 2001: 315-319).

Pally (2000: 99) está de acordo com Schore:

> Como o analista sente, tanto "no corpo" como "na mente", pode ser um indicador tão importante do que está acontecendo no paciente quanto o que quer que o analista esteja pensando. Como o analista se comunica pode ser tão importante quanto o que o analista diz.

As implicações para os analistas de descobrir a capacidade de acessar tanto suas respostas subjetivas quanto seus pensamentos racionais são claras. Trabalhando a partir da premissa central de que a natureza dos processos interativos é agora vista como central, tanto para o desenvolvimento infantil quanto para a empreitada analítica, Beebe e Lachmann (2002) usam um modelo de sistemas diádicos para estudar as origens da conectividade [interpessoal] e dos padrões de comunicação não verbal na infância e idade adulta:

> uma pessoa é afetada pelo seu próprio comportamento (autorregulação) bem como pelo de seu parceiro (regulação interativa).

A regulação interativa flui em ambas as direções, de momento a momento (Beebe & Lachmann 2002: 141).

Stern et al. (1998) capturam a essência dessas ideias com sua expressão "conhecimento relacional implícito", as experiências inconscientes intersubjetivas em análise que são "momentos de encontro", tão importantes para a precipitação de mudanças quanto a interpretação. O processo de produzir conhecimentos implícitos conscientes não é o mesmo que o de acessar material reprimido. O que é importante é que esses "momentos de encontros" são novos: algo é criado intersubjetivamente que altera a atmosfera analítica. Lyons-Ruth (1998: 288) salienta que "esses momentos de encontro abrem o caminho para a elaboração de um modo mais complexo e coerente de estar junto, com a mudança correlata em como as possibilidades relacionais são representadas no conhecimento relacional implícito de cada participante".

Essas e outras descobertas dão credibilidade ao valor, para os analistas, de atentar cuidadosamente aos processos de transferência e contratransferência, porque prometem ser centrais no reconhecimento e facilitação da mudança. A teoria junguiana resiste muito bem aos testes do tempo, no contexto da descoberta de que a subjetividade é um processo emergente e interativo. A ênfase de Jung na mutualidade da mudança em análise, e na esfera indefinidamente estendida da não consciência, é respaldada pelas descobertas da neurociência e da pesquisa do desenvolvimento infantil. O conceito de Jung da função transcendente, a capacidade no indivíduo que permite que o racional e o irracional, o consciente e o inconsciente sejam comparados e afinal, reunidos, combina bem com o conhecimento relacional implícito de Stern e com a necessidade para o analista de reunir o que ele sente e o que ele pensa – desenvolver a capacidade para a autorregulação e a sensibilidade interativa. As descobertas de pesquisa fornecem subsídios para a reflexão sobre como podemos treinar analistas em potencial para afinarem suas experiências subjetivas às de seus pacientes e internalizarem a capacidade de autorregular e conter a experiência primitiva. Rastrear os estados afetivos dos pacientes em relação aos do analista parece ser um componente essencial da atitude analítica. Como isso pode ser convertido em uma linguagem significativa com a qual falar com nossos pacientes permanece controverso. As controvérsias específicas entre psicólogos profundos sobre transferência e contratransferência têm sido reenquadradas, mas não resolvidas. O que sabemos agora sobre os campos da pesquisa infantil e da neurociência cognitiva promete nos ajudar a compreender os mecanismos precisos pelos quais operam os processos de transferência e contratransferência.

Controvérsia em atitudes contemporâneas para com a transferência

O discurso de Fordham a membros da Society of Analytical Psychology no Encontro Geral Anual de julho de 1954 destacou o papel central da transferência em debates entre seus membros:

> um novo sinal de atividade dentro da Society tem sido o contínuo interesse na transferência, em torno da qual estão alguns dos conflitos dentro da sociedade. *Se minha leitura desses conflitos é correta, eles tratam não da existência dos fenômenos de transferência, mas sobre a desiderabilidade, ou ainda da interpretação deles em termos pessoais, ou dos modos de manejar e reagir a conteúdos transpessoais* (Shamdasani 1996: 6; itálicos meus).

Essas atas refletiram o trabalho de um pequeno grupo de membros da SAP que se se encontraram dezesseis vezes para tratar criativamente do tema da transferência e contratransferência. Embora o princípio central do discurso de Fordham se mantenha válido hoje, as áreas de diferença e de disputa mudaram de foco. Duas controvérsias centrais (de modo algum as únicas) estão muito em debate hoje.

1 Transferência: a situação total ou parcial?

O termo "transferência: a situação total" é o provocativo título do artigo de Betty Joseph (1985) enfatizando a ideia dela de que a transferência é a estrutura central de todas as análises. Ela segue as ideias de Klein (1952: 48-57) enfatizando a transferência como "situações totais transferidas do passado ao presente bem como emoção, defesas e relações de objeto". Em outras palavras, não é só a transferência ao analista que é importante e que pode ser interpretada, mas sim tudo o que é trazido pelos pacientes dá pistas sobre suas angústias inconscientes surgidas no relacionamento transferencial. Joseph (1985: 452) afirma:

> minha ênfase tem sido na transferência como um relacionamento no qual algo está acontecendo o tempo todo, mas sabemos que este algo é essencialmente baseado no passado e na relação do paciente com seus objetos internos, ou em sua crença sobre eles e sobre o que eles pareciam ser.

Depois ela resume sua posição:

> tudo na organização psíquica do paciente, baseado em seus modos antigos e habituais de funcionamento, suas fantasias, impulsos, defesas e conflitos, será vivido de algum modo na transferência. Além disso, tudo o que o analista é ou diz provavelmente será respondido segundo a própria constituição psíquica dos pacientes, mais do que as intenções do analista e o sentido que ele dá a suas interpretações (Joseph 1985: 453).

Joseph acredita que o principal foro da ação terapêutica está dentro do relacionamento transferencial. Parece-me que a atitude kleiniana para com a transferência se baseia na suprema importância da díade bebê-mãe como o local da perturbação. Os problemas começam no momento mais precoce e é só se esses "pontos quentes" podem se tornar experiência vivida dentro da análise, e interpretados pelo aqui e agora da transferência, que a mudança interna se torna possível. Para que isso aconteça é preciso haver uma regressão. Tentativas adequadas de interpretar a experiência passada como influenciando significativamente o presente não são excluídas, mas minimizadas como defensivas da parte do paciente ou do analista e de valor terapêutico menor do que intervenções no aqui e agora.

Esta visão levou a muitas divergências de opinião entre psicanalistas. Há um contínuo debate de Blum e Fonagy (2003: 497-515) sobre se a experiência da transferência aqui e agora de si e do outro é o foro mais importante da ação terapêutica. Dadas as distinções de Fonagy (1999) entre memória implícita e explícita, ele questiona a utilidade para a empreitada analítica do processo de recobrar lembranças da infância e concorda com Joseph ao afirmar que "o trabalho terapêutico precisa se focar em ajudar o indivíduo a identificar padrões recorrentes de comportamento baseados na fantasia e na experiência infantis, para os quais a memória autobiográfica não oferece nenhuma explicação" (Fonagy 1999: 220). Ao seu ver, o único modo pelo qual nós podemos realmente conhecer o que está acontecendo na mente de um paciente é na transferência.

Blum (Blum & Fonagy 2003: 498) desafia a posição de Fonagy: "nós não conhecemos o caráter de nossos pacientes apenas pela transferência, e o analista não é o único objeto de transferência [...] interpretações extratransferenciais envolvem transferências extra-analíticas". Blum valoriza a transferência como um elemento útil para compreender nossos pacientes, mas pensa que ele não é mais confiável do que outros, como sonhos, sintomas e outros comportamentos. Em um tom mais emocional, ele critica os analistas cujo foco único é a transferência:

> Como o paciente se sente quando só a transferência é interpretada e outras questões são ignoradas? Todas as associações, intervenções e reações são forçadas a se encaixarem no leito de Procusto da transferência. Um foco na transferência estritamente analítica é coerente com uma posição narcisista do analista; ele/ela não é apenas uma pessoa muito importante, mas é considerada a pessoa mais importante na vida do paciente. O paciente se identifica com o analista idealizado e o narcisismo da díade analítica é então gratificado e promovido. Isso é especialmente problemático em uma análise longa se os relacionamentos da vida real foram desvalorizados, e não podem se comparar ao *status* e satisfações excepcionais (Blum & Fonagy 2003: 498-499).

Blum exagera um pouco, mas sua voz ressoa entre alguns psicólogos analíticos. Peters (1991) considera que a transferência se desenvolve naturalmente e não deve ser forçada por interpretações prematuras ou dogmáticas da transferência pelo analista. Ele considera que os pacientes trazem transferências para outras figuras além do analista, que, se trabalhadas, não impedem uma análise eficaz. Ele se junta a Blum no alerta que faz aos analistas sobre os perigos de encarnarem excessivamente o arquétipo do relacionamento bebê-mãe, levando-os, ao seu ver, a atrair com volúpia as transferências de seus pacientes para si.

Astor (2001), usando detalhado material clínico, considera seu relacionamento interno entre seu supervisor psicanalítico e seu supervisor junguiano conforme eles interagem e são deslocados para a análise de uma paciente feminina. Ele mapeia a partir de dentro de si a controvérsia da importância relativa da transferência. Seu supervisor junguiano confia na capacidade organizativa do si-mesmo, valoriza o conteúdo manifesto do material de sua paciente, encontra um papel válido para a empatia e as interpretações não transferenciais. O material transferencial não é sempre enterrado. Seu supervisor psicanalítico vê a tarefa da análise como sendo trazer à luz do dia a fantasia inconsciente. As comunicações de sua paciente sempre têm significado inconsciente no aqui e agora de uma sessão. Astor usa sua empatia e intuição acerca dos sentimentos e estado mental de sua paciente para encontrar uma abordagem que seja mais útil para ela a cada momento.

Kast (2003) e Proner (2003) entram no debate sobre a importância relativa para eles da transferência. Kast é clara quanto a sua visão:

> Facilitar o desenvolvimento de símbolos é mais importante do que o processo de transferência-contratransferência em si. Os símbolos não são apenas veículos do processo de individuação, mas também se referem à história de vida e ao desenvolvimento futuro. [...] Eles moldam as emoções que se conectam com os complexos, arquétipos e o relacionamento real (Kast 2003: 107).

Proner (2003: 96) discorda, conceptualizando o relacionamento analítico como "análogo ao par mãe-bebê primordial", enfatizando a necessidade de acessar os sentimentos e imagens associados às partes infantis da psique retrabalhadas com o analista. Ele concorda com Joseph ao situar a transferência como o foro central da ação terapêutica. Ele vê a abordagem de Kast como "*analisando a transferência*", enquanto ele trabalha "*na transferência*", destacando uma diferença metodologicamente significativa entre eles: "todo o material trazido à sessão analítica, seja ele verbal ou não verbal, sonhos ou associações livres, comunica algo sobre o relacionamento interno contínuo entre o paciente e o analista" (Proner 2003: 100-101).

Essas controvérsias sublinham três diferenças centrais de opinião. Primeiro, a transferência é teoricamente o "fulcro da análise"? (Gordon 1993).

Segundo, tudo o que o paciente traz emana apenas das partes infantis da psique? Terceiro, qual é o efeito no paciente de o analista absorver todas as comunicações na transferência?

Eu concordo com Fonagy (Blum & Fonagy 2003: 506) que "o componente crucial é a provisão de uma perspectiva ou moldura para interpretar a subjetividade que esteja além daquilo a que o paciente tem pronto acesso consciente, independentemente do encontro analítico". A meu ver, essa perspectiva envolve de maneira crucial a transferência. Mas, como Etchegoyen (1999: 83), sinto que "nem tudo é transferência, mas a transferência existe em tudo, o que não é a mesma coisa".

Embora eu trabalhe *na* transferência, não posso concordar que a transferência seja "a situação total". A transferência está sempre ali, e quando emerge das experiências mais precoces dos pacientes, é óbvia dentro do relacionamento analítico e deve ser "recebida" pelo analista. Sessões frequentes e o uso do divã provavelmente estimulam projeções pré-verbais e intensamente transferenciais, mas a transferência não é sempre infantil. Se virmos (e interpretarmos) a transferência como emanando apenas da infância, então corremos o risco de perder tanto a complexidade quanto a temporalidade do significado das comunicações de nossos pacientes, e como a mente funciona em diferentes etapas desenvolvimentais. Se *todas* as interpretações são interpretações transferenciais, com o objetivo de descobrir complexos dos pacientes com relação ao analista, isso pode se tornar um tipo particular de reducionismo e traz o risco de que os pacientes aprendam "um método" do analista que limita as possibilidades deles para o jogo criativo em que os símbolos podem descobrir sentido e os sonhos podem anunciar novas possibilidades. O analista pode se tornar um novo objeto e não é necessariamente sempre a encarnação de um objeto anterior.

2 A personalidade do analista

Jung enfatizou frequentemente o papel importante da personalidade do analista e a mutualidade do processo analítico, mas nem sempre é óbvio o que ele quis dizer na prática. Obviamente, a personalidade do analista é importante, uma vez que todos trazemos à situação analítica as características únicas e essenciais das pessoas que nos tornamos. Penso que Jung está se referindo aqui ao modo no qual os analistas usam a si mesmos quando trabalhando com pacientes. A ênfase considerável de Jung na personalidade era, em parte, sua reação à muito caricaturada ênfase freudiana na neutralidade, abstinência e anonimato – vestígios do velho modelo médico. Embora as descobertas da neurociência e da pesquisa infantil mostrem que processos inconscientes não verbais estão acontecendo o tempo todo, influenciando pacientes e analistas, a análise, formação e experiência clínica pessoais dos analistas o colocam em uma posição melhor para trazer essas interações à consciência. O relacionamento entre paciente e analista não é simétrico.

Os analistas precisam da capacidade de refrear-se e de avançar no relacionamento analítico. Anonimato, abstinência e neutralidade podem ser vistas como constitutivos intrínsecos de uma atitude analítica e ética profissionais (cf. Solomon, cap. 10). Não revelamos demais nossas vidas pessoais para nossos pacientes, deixando "espaço" para projeções transferenciais (anonimato). Tentamos limitar os *enactments* e o *acting out* (abstinência) e manter uma atitude não julgadora (neutralidade). Só contribui para a criação de um *vas bene clausum* ou espaço continente no qual o relacionamento pode evoluir com segurança. Também precisamos da capacidade de avançar no sentido de nos tornarmos plenamente disponíveis, em termos emocionais, para nossos pacientes. A receptividade a projeções e identificações projetivas é um componente vital da atitude analítica. Penso que é sobre isso que Jung estava falando ao defender uma nova teoria para cada paciente, e o que Fordham (1993) estava encorajando no seu "não saber de antemão", criando o potencial para a emergência de novas teorias a cada sessão. É a abstenção de Bion (1970: 34) em relação à memória e ao desejo, de modo que o analista amplie sua capacidade de exercitar "atos de fé". Isso envolve o que prefiro descrever como o "si-mesmo do analista". Schafer (1983: 291) diz algo semelhante, discutindo a necessidade de o analista subordinar sua personalidade no trabalho analítico e se referindo a "um segundo *self*". Ele pensa que é artificial separar este segundo *self* da personalidade do analista, mas que é "uma forma que integra nossa própria personalidade nas coerções requeridas para se desenvolver uma situação analítica". Penso que ele está falando de seu modo de usar-se a si mesmo a serviço de seus pacientes.

Uma consideração do papel da personalidade inclui debates sobre se a análise é um relacionamento "real" e sobre o quanto de si mesmos os analistas devem revelar a seus pacientes. Embora Greenson (1973) recomende que o analista evite expressar sentimentos genuínos para seus pacientes, ele cita exemplos frequentes de situações em que considera que tais revelações são terapeuticamente úteis. Também Renik (1995) desafia ideias contemporâneas sobre a contratransferência, acreditando que, uma vez que a subjetividade do analista é inevitavelmente transmitida ao paciente, o analista poderia deixar à mostra suas visões. Na minha experiência, isso frequentemente pode ser contraprodutivo. É do autoconhecimento do analista que os pacientes realmente precisam.

O leque de diferentes visões sobre o quanto os analistas devem dar de si mesmos é evocado no debate entre Caper (2003) e Colman (2003). Caper, psicanalista, pensa que sempre queremos inconscientemente influenciar nossos pacientes, mais do que analisá-los. Ele considera isso um aspecto da contratransferência neurótica do analista e que isso acontece porque o analista não consegue se refrear de oferecer-se livremente na presença de um sofrimento óbvio. Nós devemos necessariamente excluir "muitos dos elementos vitais em qualquer relacionamento humano natural" (Caper 2003: 345). Ser real demais leva a colusões com o paciente e, mesmo se isso parece ser superficialmente terapêutico, na verdade não é, ao seu ver, analítico.

Ele considera que o principal papel do analista é fazer interpretações:

> A verdadeira tarefa do verdadeiro analista é identificar e compreender o significado das fantasias de transferência e de contratransferência em termos de partes cindidas da personalidade do paciente, e comunicar seu entendimento do paciente. Nesta visão, oferecer ao paciente algo mais, como amor, conselho, orientação ou apoio para sua autoestima é o analista atuando em sua contratransferência, e representa sua resistência à análise (Caper 2003: 346).

Pode-se considerar que na visão de Caper da postura técnica dos analistas e da atitude deles para com a transferência haja mais refreamento do que avanço por parte do analista. A atitude analítica privilegia a neutralidade porque, sem ela, os pacientes não descobrirão seus impulsos destrutivos.

Colman pensa que a atitude de Caper corre o risco de inibir o desenvolvimento de um processo inconsciente natural entre paciente e analista. Para ele, "a ação terapêutica da psicanálise ocorre diretamente por meio do relacionamento entre analista e paciente, e não da interpretação de seus elementos transferenciais [...] a análise acontece depois que as interpretações tiverem sido esquecidas" (Colman 2003: 352). Penso que ele está dizendo que as experiências dos pacientes sobre seus analistas, porque empáticas e "reais", podem facilitar o crescimento e não constituem uma colusão desejada, porém defensiva. É o que vem do "si-mesmo" do analista que é importante e que será sentido inconscientemente pelo paciente. Colman não está defendendo *enactments* contratransferenciais ao contar aos pacientes o que ele sente nas sessões, mas sim apoiando a visão de Jung de que uma "transferência incontaminada" é impossível e que as interpretações se desdobram por si mesmas deste relacionamento intensamente pessoal. A postura de Colman ganha respaldo de recentes pesquisas (Pally 2000; Beebe & Lachmann 2002) que mostram que o que é sentido no relacionamento pode ser mais importante do que é pensado, e que o modo como as interpretações são transmitidas pode ser mais importante do que o conteúdo delas. A pessoa do analista, por mais que seja revelada, não pode ser evitada no relacionamento analítico, e é este contato emocional que potencialmente facilita a mudança.

Conclusões

As controvérsias discutidas neste capítulo mostram a extensão em que nosso apego a teorias específicas se torna intensamente pessoal. Uma vez que, como analistas, todos nós precisamos nos tornar especialistas no manejo da incerteza, é talvez compreensível que queiramos uma teoria coerente, uma verdade e um método de pesquisa universais. Também é compreensível que disputas entre pluralismo e unidade, entre o aprendizado pela experiência e as ciências duras, sejam intensas sobretudo em nossas teorias da transferência e contratransferência, uma vez que estas estão no coração do encontro subjetivo, pessoal e único de dois "si-mesmos", tentando se encontrar num caminho autêntico para construir sentido juntos.

Neste capítulo eu enfatizei que o uso habilidoso pelos analistas de experiências contratransferenciais e sua capacidade de processar identificações projetivas podem ser um importante fator terapêutico na análise. Se esses afetos permanecem sem escrutínio, podem levar a perigosos *enactments* e impasse; se usados dogmaticamente, os pacientes podem não se sentir ouvidos nem compreendidos, ou se sentirão forçados pela técnica a se encaixarem no seu método. Os conceitos tópicos emergentes da regulação afetiva, função da memória implícita e intersubjetividade coconstruída, que integram pensamento clínico e dados da neurociência cognitiva e da pesquisa infantil, podem nos ajudar a reconsiderar visões divergentes da transferência e contratransferência, bem como os processos fisiológicos e emocionais pelos quais elas operam.

Gostaria de voltar à exortação de Anthony Stevens (2002: 349) de que a psicologia junguiana continue em sua busca de "reconhecer certos princípios básicos, que não são 'crenças' ou ficções, mas hipóteses que passaram por certos testes empíricos". Recentes descobertas de pesquisas sobre o valor da subjetividade dos analistas como um processo emergente respaldam as profundas visões de Jung sobre a natureza interativa do relacionamento analítico, em que os si-mesmos do paciente e do analista consciente e inconscientemente influenciam um ao outro, e também seu conceito de função transcendente. Elas apoiam um papel central para a identificação projetiva ou, na linguagem de Jung, a *participation mystique*, no cerne do relacionamento intersubjetivo. Nós ignoramos os fenômenos de transferência e contratransferência por nossa conta e risco.

Pesquisas cuidadosas nos ajudaram e continuarão a nos ajudar a examinar nossas teorias arraigadas, refiná-las e deixar algumas delas, relutantemente, para os livros de história. Hamilton (1996: 311) pensa que a pesquisa sobre as descrições dos analistas do modo como trabalham com os afetos de transferência e contratransferência "levaram a análise para um plano mais horizontal e transparente. Acabou a pesquisa pelo misterioso, pelo interno, pelo latente e pelo fato histórico". Com relação ao misterioso, espero que ela esteja errada. Por mais que a pesquisa contemporânea nos encoraje a reavaliar a teoria presente e sua utilidade clínica, a busca do misterioso, do ainda não conhecido, permanece crucial. O conhecimento que adquirimos pela construção imaginativa de teorias no consultório é tão importante quanto os dados objetivos de outras disciplinas. Não devemos perder contato com essa experiência vivida, em que os processos subjetivos e interativos oferecem oportunidades complementares de construção natural de teoria. Não podemos separar nossa teoria de nós mesmos. Ela evolui da inconsciência, para, assim se espera, encontrar um lugar em que enfim possa ser articulada. O significado e a compreensão vêm conforme adquirimos a capacidade de integrar o conhecimento que vem de fora – de colegas, de livros e de outras disciplinas – com o conhecimento que vem de dentro. É este processo de descobrir, de formar e de reformar, que ocorre continuamente com nossos pacientes, o que dá sentido a nosso trabalho profissional e nos permite continuar a avaliar a utilidade de nossos conceitos e modificá-los quando necessário.

Referências

Astor, J. (2001). Is transference the total situation? *Journal of Analytical Psychology*, 46 (3), p. 415-431.

_____ (1995). "Ego development in infancy and childhood". In: Astor, J. (org.). *Michael Fordham*: Innovations in Analytical Psychology. Londres: Routledge.

Beebe, B. & Lachmann, F.M. (2002). *Infant Research and Adult Treatment*. Hillsdale/Londres: The Analytic Press.

Bion, W. (1970). *Attention and Interpretation*. Londres: Tavistock.

Blum, H.P & Fonagy, P. (2003). Psychoanalytic controversies. *International Journal of Psycho-Analysis*, 84 (3), p. 497-515.

Cambray, J. (2001). Enactments and amplification. *Journal of Analytical Psychology*, 46 (2), p. 275-305.

Caper, R. (2003). "Does psychoanalysis heal? A contribution to the theory of psychoanalytic technique". In: Withers, R. (org.). *Controversies in Analytical Psychology*.

Hove/Nova York: Brunner-Routledge [tb. in: *International Journal of Psycho-Analysis* (1992), 73 (2), p. 283-293].

Colman, W. (2003). "Interpretation and relationship: ends or means?" In: Withers, R. (org.). *Controversies in Analytical Psychology*. Hove/Nova York: Brunner/Routledge.

Davidson, D. (1966). Transference as a form of active imagination. *Journal of Analytical Psychology*, 11 (2), p. 135-147.

Davies, M. (2002). A few thoughts about the mind, the brain, and a child with early deprivation. *Journal of Analytical Psychology*, 47 (3), p. 421-436.

Eisold, K. (2001). Institutional conflicts in Jungian analysis. *Journal of Analytical Psychology*, 46 (2), p. 335-355.

Etchegoyen, R.H. (1999). *The Fundamentals of Psychoanalytic Technique*. Londres: Karnac.

Fonagy, P. (1999). Memory and therapeutic action. *International Journal of Psycho--Analysis*, 80 (2), p. 215-225.

Fordham, M. (1993). On not knowing beforehand. *Journal of Analytical Psychology*, 38 (2), p. 127-137.

_____ (1974a). Jung's conception of transference. *Journal of Analytical Psychology*, 19 (1), p. 1-22 [tb. in: Shamdasani, S. (org.). *Fordham, M. Analyst-Patient Interaction*: Collected Papers on Technique. Londres/Nova York: Routledge, 1996].

_____ (1974b). Technique and countertransference. *Journal of Analytical Psychology*, 14 (2), p. 95-119 [tb. in: Fordham, M.; Gordon, R.; Hubback, J. & Lambert, K. (orgs.). *Technique in Jungian Analysis*. Londres: Heinemann, 1974 [Library of Analytical Psychology, 2]. Tb. in: Shamdasani, S. (org.). *Fordham, M. Analyst-Patient Interaction*: Collected Papers on Technique. Londres/Nova York: Routledge, 1996].

_____ (1967). Active imagination – deintegration or disintegration. *Journal of Analytical Psychology*, 12 (1), p. 51-67.

_____ (1963). Notes on the transference and its management in a schizoid child. *Journal of Child Psychotherapy*, 1 (1), p. 7-15.

_____ (1960). "Countertransference". In: Shamdasani, S. (org.). *Fordham, M. Analyst--Patient Interaction*: Collected Papers on Technique. Londres: Routledge, 1996.

_____ (1957). "Notes on the transference" [reimp. in: *New Developments in Analytical Psychology*. Londres: Heinemann, 1974. Tb. in: Shamdasani, S. (org.). *Fordham, M. Analyst-Patient Interaction*: Collected Papers on Technique. Londres: Routledge, 1996].

Forrester, J. (1997). *Dispatches from the Freud Wars*. Londres/Cambridge: Harvard University Press.

Freud, S. (1914). "Remembering, repeating and working through (Further recommendations on the technique of psycho-analysis)". *Standard Edition*, 12. Londres: The Hogarth.

_____ (1912). "Dynamics of the transference". *Standard Edition*, 12. Londres: The Hogarth, p. 104.

_____ (1910). "The future prospects of psycho-analytic therapy". *Standard Edition*, 11. Londres: The Hogarth.

Frosh, S. (1997). *For and Against Psychoanalysis*. Londres: Routledge.

Gordon, R. (1993). "Transference as fulcrum of analysis". In: *Bridges*: Metaphor for Psychic Processes. Londres: Karnac.

Greenson, R. (1973). *The Technique and Practice of Psycho-Analysis*. Londres: The Hogarth.

Grinberg, L (1970). The problems of supervision in psychoanalytic education. *International Journal of Psycho-Analysis*, 51, p. 371-374.

Groesbeck, C.G. (1975). The archetypal image of the wounded healer. *Journal of Analytical Psychology*, 20 (2), p. 122-146.

Guggenbuhl-Craig, A. (1971). *Power in the Helping Professions*. Zurique: Spring.

Hamilton, V. (1996). *The Analyst's Preconscious*. Hillsdale/Londres: The Analytic Press.

Heimann, P. (1950). On countertransference. *International Journal of Psycho-Analysis*, 31, p. 81-84.

Jacobs, T. (2002). "Countertransference past and present: a review of the concept". In: Michels, M.; Abensauer, L.; Eizirik C.L. & Rusbridger, R. (orgs.). *Key Papers on Countertransference*. Londres: Karnac.

Jacoby, M. (1984). *The Analytic Encounter*. Toronto: Inner City.

Joseph, B. (1985). Transference: the total situation. *International Journal of Psycho-Analysis*, 66 (4), p. 447-455.

Jung, C.G. (1946). "The psychology of the transference" [CW 16] ["A psicologia da transferência". Petrópolis: Vozes, 2011 – OC 16/2].

_____ (1945). "On the nature of dreams" [CW 8] ["Da essência dos sonhos". Petrópolis: Vozes, 2011 – OC 8/2].

_____ (1935). "The Tavistock Lectures" [CW 18] [tb. in: *Analytical Psychology*: Its Theory and Practice. Londres: Routledge/Kegan Paul] ["Fundamentos da psicologia analítica". Petrópolis: Vozes, 2011 – OC 18/1].

_____ (1929). "Problems of modern psychotherapy" [CW 16] ["Os problemas da psicoterapia moderna". Petrópolis: Vozes, 2011 – OC 16/1].

_____ (1917). "General remarks on the therapeutic approach to the unconscious" [CW 7] ["A interpretação do inconsciente: noções gerais de terapia". In: *Psicologia do inconsciente*. Petrópolis: Vozes, 2011 – OC 7/1].

_____ (1916). "General aspects of dream psychology" [CW 8] ["Aspectos gerais da psicologia do sonho". Petrópolis: Vozes, 2011 – OC 8/2].

_____ (1913). "Crucial points in psychoanalysis (Jung and Löy)" [CW 4] ["Questões atuais da psicoterapia – Correspondência entre C.G. Jung e R, Löy". Petrópolis: Vozes, 2011 – OC 4].

_____ (1912). "The theory of psychoanalysis" [CW 4]. Princeton: Princeton University Press ["Tentativa de apresentação da teoria psicanalítica". Petrópolis: Vozes, 2011 – OC 4].

_____ (1911). The Letters of C.G. Jung to Sabina Spielrein. *Journal of Analytical Psychology* (2001), 46 (1), p. 173-201.

Kaplan-Solms, K. & Solms M. (2000). *Clinical Studies in Neuro-Psychoanalysis*. Londres: Karnac.

Kast, V. (2003). "Transcending the transference". In: Withers, R. (org.). *Controversies in Analytical Psychology*. Hove/Nova York: Brunner/Routledge.

Klein, M. (1952). "The origins of transference". In: *Envy and Gratitude and Other Works, 1946-1960*. Londres: Hogarth.

Knox, J. (2003). *Archetype, Attachment Analysis*. Hove/Nova York: Brunner/ Routledge.

Lambert, K. (1981). *Analysis, Repair and Individuation*. Londres: Academic Press [Library of Analytical Psychology].

Little, M. (1951). Countertransference and the patient's response to it. *International Journal of Psycho-Analysis*, 32, p. 320-340.

Lyons-Ruth, K. (1998). Implicit relational knowing: its role in development and psychoanalytic treatment. *Infant Mental Health Journal*, 19 (3), p. 282-291.

Minder, B. (2001). A document. Jung to Freud 1905: a report on Sabina Spielrein. *Journal of Analytical Psychology*, 46 (1), p. 67-73.

Mizen, R. (2003). A contribution towards an analytic theory of violence. *Journal of Analytical Psychology*, 48 (3), p. 285-307.

Pally, R. (2000). *The Mind-Brain Relationship*. Londres: Karnac.

Parsons, M. (2000). *The Dove that Returns, the Dove That Vanishes*: Paradox and Creativity in Psychoanalysis. Londres/Filadélfia: Routledge.

Perry, C. (1997). "Transference and countertransference". In: Young-Eisendrath, P. & Dawson, T. (orgs.). *The Cambridge Companion to Jung*. Cambridge: Cambridge University Press.

Peters, R. (1991). The therapist's expectations of the transference. *Journal of Analytical Psychology*, 36 (1), p. 77-93.

Plaut, A.B. (1970). Comment: on not incarnating the archetype. *Journal of Analytical Psychology*, 29 (1), p. 88-94 [tb. in: Fordham, M.; Gordon, R.; Hubback, J. & Lambert, K. (orgs.). *Technique in Jungian Analysis*. Vol. 2. Londres: Heinemann, 1974].

_____ (1956). The transference in analytical psychology. *British Journal of Medical Psychology*, 29 (1), p. 15-20 [tb. in: Fordham, M.; Gordon, R.; Hubback, J. & Lambert, K. (orgs.). *Technique in Jungian Analysis*. Vol. 2. Londres: Heinemann, 1974].

Proner, B. (2003). "Working in the transference". In: Withers, R. (org.). *Controversies in Analytical Psychology*. Hove/Nova York: Brunner/Routledge.

Racker, H. (1968). *Transference and Countertransference*. Londres: Maresfield Library.

Renik, O. (1995). The ideal of the anonymous analyst and the problem of selfdisclosure. *Psychoanalytic Quarterly*, 64, p. 466-495.

Samuels, A. (1985). *Jung and the Post-Jungians*. Londres: Routledge/Kegan Paul.

_____ (1989). *The Plural Psyche*. Londres: Routledge.

Sandler, J.; Dare, C. & Holder, A. (1992). *The Patient and the Analyst*. Londres/Nova York: Karnac.

Schafer, R. (1983). *The Analytic Attitude*. Nova York: Basic Books.

Schore, A.N. (2001). Minds in the making: attachment, the self-organizing brain, and developmentally-oriented psychoanalytic psychotherapy. *British Journal of Psychotherapy*, 17 (3), p. 297-299.

_____ (1994). *Affect Regulation and the Origin of the Self*: The Neurology of Emotional Development. Hillsdale/Hove: Lawrence Erlbaum Associates.

Shamdasani, S. (org.) (1996). *Analyst-Patient Interaction*: Collected Papers on Technique by M. Fordham. Londres: Routledge.

Spence, D. (1987). *The Freudian Metaphor*: Toward Paradigm Change in Psychoanalysis. Nova York/Londres: W.W. Norton.

Steinberg, W. (1988). The evolution of Jung's ideas on the transference. *Journal of Analytical Psychology*, 33 (1), p. 21-39.

Stern, D.N.; Sander, L.W.; Nahum, J.P.; Harrison, A.M.; Lyons-Ruth, K.; Morgan, A.C.; Bruchweilerstern, N. & Tronick, E.Z. (1998). Non-interpretive mechanisms in psychoanalytic therapy. *International Journal of Psycho-Analysis*, 79 (5), p. 903-923.

Stevens, A. (2002). *Archetype Revisited*: An Updated Natural History of the Self. Hove/Nova York: Brunner/Routledge.

Wilkinson, M. (2003). Undoing trauma: contemporary neuroscience – A Jungian clinical perspective. *Journal of Analytical Psychology*, 28, p. 235-255.

Williams, M. (1963). The indivisibility of the personal and collective unconscious. *Journal of Analytical Psychology*, 8 (1), p. 45-51 [tb. in: Fordham, M.; Gordon, R.; Hubback, J.; Lambert, K. & Williams, M. (orgs.). *Analytical Psychology*: A Modern Science. Vol. 1. Londres: Academic Press, 1980].

Winnicott, D. (1949). Hate in the countertransference. *International Journal of Psycho-Analysis*, 30, p. 69-75.

7
A teoria emergente dos complexos culturais

Thomas Singer e Samuel L. Kimbles

O propósito deste capítulo é construir para o leitor uma fundamentação passo a passo de uma teoria dos complexos culturais. Através de um século de experiência clínica, os junguianos vieram a conhecer bem e aceitar que os complexos são forças poderosas na vida dos indivíduos. Em termos mais simples, definimos um complexo como um grupo emocionalmente carregado de ideias e imagens que se aglomeram em torno de um núcleo arquetípico. A premissa básica deste capítulo é que outro nível de complexos existe na psique do grupo (e dentro do indivíduo, no nível grupal de sua psique). Nós chamamos esses complexos de grupo "complexos culturais", e eles também podem ser definidos como um agregado emocionalmente carregado de ideias e imagens que se acumulam em torno de um núcleo arquetípico.

A teoria junguiana, na sua melhor forma, é aberta e em evolução, com uma longa e significativa história de modificação e adaptação. O próprio Jung nunca foi estático no desenvolvimento de suas ideias e, como resultado, há várias "teorias" diferentes coexistindo lado a lado: a teoria dos complexos, uma teoria dos tipos psicológicos, uma teoria dos arquétipos e do inconsciente coletivo e, por fim, sua teoria do si-mesmo. Essas teorias, consideradas conjuntamente, formam um todo, mas nunca pretenderam ser uma peça arquitetônica construída rígida e meticulosamente. Poder-se-ia pensar nelas como um pouco desconjuntadas – que é como muitos de nós gostamos. Nossa teoria dos complexos culturais é um novo acréscimo, concebido ao estilo de um anexo em uma fazenda da Nova Inglaterra.

A estrutura deste capítulo refletirá a construção deste novo acréscimo. O nome "complexo cultural" é em si mesmo um título construtor de teoria – colocando juntos dois blocos de construção da psicologia junguiana de um modo novo. Primeiro é a teoria dos complexos de Jung. Segundo é a elaboração por Joseph Henderson da concepção inicial de Jung da própria estrutura do inconsciente, na qual Henderson introduziu o conceito de "inconsciente cultural". Terceiro, nós agora estamos colocando essas duas teorias juntas com a ideia de "complexos culturais". De fato, nós escolhemos "complexo cultural" ao invés de "complexo de grupo" como nome deste fenômeno psicológico para nos mantermos congruentes com a nomenclatura de nossos predecessores. Fica mais claro pensar em complexos culturais emergindo no nível cultural do inconsciente. As primeiras três seções deste capítulo desenvolverão esses três temas: a teoria de Jung dos complexos; a teoria de Henderson do inconsciente cultural; e nossa teoria dos complexos culturais. As duas seções finais deste capítulo darão exemplos de como a teoria dos complexos culturais pode ser aplicada em situações específicas. Thomas Singer discutirá um exemplo de um complexo cultural na psique do grupo. E, finalmente, Samuel L. Kimbles apresentará um exemplo de caso clínico de um complexo cultural na psique de um indivíduo.

Portanto, este capítulo introduz um tema que é, ao mesmo tempo, muito antigo e muito novo – ou no mínimo considerado com um novo "giro" – na psicologia analítica. A teoria de Jung dos complexos foi sua primeira contribuição maior à psicologia, e permanece sendo um dos principais blocos de construção da tradição junguiana. Esta é a parte "antiga" da história e deve ser familiar à maioria dos leitores deste volume. A parte "nova" da história que este capítulo quer contar é que a teoria de Jung dos complexos pode e deve ser aplicada de modos que – até agora – a tradição, em geral, descurou ou negligenciou. Pensamos que a teoria de Jung dos complexos pode e deve ser aplicada à vida de grupos (e nações) e que esses complexos culturais existem dentro da psique do coletivo como um todo e dos membros individuais do grupo. Isso levanta de imediato várias questões: por que vocês os chamam de "complexos culturais"? Jung não explorou este tema na discussão do "caráter nacional", uma discussão com uma história feia que levou na maioria das vezes a azedumes e raramente a uma aplicação frutífera? Estas e muitas outras questões devem vir à mente do leitor ao examinar este ensaio e, esperamos, ficarão mais claras ao longo do percurso. Antes de entrar nestes problemas, contudo, gostaríamos de nos mover para trás e sugerir por que a teoria de Jung dos complexos não se estendeu à vida dos grupos e também por que, nessa época, o tema dos "complexos culturais" oferece um caminho frutífero para exploração criativa e mesmo um modo potencial de nossa tradição oferecer uma contribuição psicológica significativa à compreensão das forças que estão despedaçando o mundo.

Parte do gênio de Jung estava na sua sensibilidade aos perigos de o indivíduo cair nas garras na vida coletiva. Como todos os que viveram ao longo do século XX, Jung testemunhou o lado terrível da coletividade. Começando com o efeito mortificador da vida religiosa coletiva sobre o espírito do seu pai, Jung veio a *sonhar* e então ver o mapa da Europa e de grande parte do resto do mundo banhado em sangue, violência e terror ao longo de duas guerras mundiais (McGuire 1989: 41-42). Na parte final da sua vida, ele participou do pesadelo de imaginar o holocausto nuclear. É fácil ver por que Jung tinha tamanho horror perante a queda da psique à possessão por forças coletivas e arquetípicas. Por essas razões muito boas, a vida coletiva como um todo, frequentemente, escorregou para a sombra junguiana – de tal modo que é fácil sentir na tradição junguiana como se a vida do grupo e a participação dos indivíduos nela existissem em uma terra de ninguém, suspensas no éter, em algum lugar entre os âmbitos individual, muito mais importante e significativo, e/ou o arquetípico. Diríamos que esta tendência de a vida coletiva cair na sombra junguiana fez um grande desserviço à nossa tradição e ao potencial desta de contribuir a uma melhor compreensão das forças grupais na psique.

A introversão natural de Jung (e seu apelo a outros introvertidos) e seu foco fundamental na individuação tiveram uma não reconhecida tendência de colocar o indivíduo contra ou em oposição à vida do grupo. Muito naturalmente, a vida do grupo foi relegada à sombra e é muito facilmente vista pelos junguianos como monstruosa e magicamente destrutiva, assim se erigindo o indivíduo como o herói cuja tarefa é vencer o assédio devorador do grupo. A individuação e a participação convicta na vida do grupo não pareciam ser muito compatíveis. Nós argumentaríamos, contudo, que parte do ver a sombra do grupo mais objetivamente (ao invés de ver o grupo como a sombra) é compreender seus complexos como diferenciados dos complexos do indivíduo.

E Deus sabe – seja ele/ela Zeus, Yahweh, Alá ou alguma outra divindade – como a vida do grupo transborda complexos. Para onde quer que nos voltemos hoje, há um grupo que está sentindo os efeitos ou está em poder de um complexo no seu relacionamento e comportamento para com outros grupos. Complexos de grupo são ubíquos e nos sentimos inundados por seus efeitos e exigências – se ainda tivermos energia para prestar atenção neles. Frequentemente, sugerir que um grupo está sob o feitiço de um complexo em seu comportamento, afetos ou humores – particularmente se é verdade a alegação de que o grupo foi discriminado por um poder colonial ou um poder branco ou um poder masculino ou um poder feminino ou um poder negro – é se expor ao risco de ser atacado com fúria pelas defesas grupais da psique coletiva. Na maioria dos casos, esses complexos de grupo têm a ver com trauma, discriminação, sentimentos de opressão e inferioridade nas mãos de outro grupo agressor – embora os "grupos agressores" possam com a mesma frequência se sentirem discriminados e injustiçados. Os complexos de grupo sujam a paisagem psíquica coletiva e podem ser tão facilmente detonados quanto as minas terrestres literais espalhadas pelo globo e que ameaçam a vida – especialmente a vida jovem – em todo o mundo.

A psicologia junguiana – com sua teoria dos complexos – estava bem-posicionada em suas concepções teóricas mais antigas para compreender esses fenômenos culturais, coletivos e grupais. Mas, com seu viés antigrupo e preferência por compreender tal material em termos de possessão arquetípica, a psicologia analítica não fez jus a sua promessa e potencial. Nossa tendência ao reducionismo arquetípico, nosso medo e aversão pelo coletivo, e nosso foco primordial e legítimo na individuação são todos fatores que não propiciaram uma consideração cuidadosa e objetiva dos fenômenos de grupo dentro da psique individual e coletiva.

Conceito de complexos na psicologia analítica (por Thomas Singer)

Os primeiros artigos de Jung sobre o "teste de associação de palavras" foram publicados em 1905, quase um século atrás. A partir desses experimentos iniciais baseados no tempo de resposta a listas de palavras, nasceu a ideia de Jung dos complexos. É interessante que, quando o primeiro grupo formado em torno de Jung estava considerando um nome separado daquele de seu fundador, o próprio Jung pensou que deveria ser "psicologia complexa". Para muitos psicólogos analíticos, a teoria de Jung dos complexos permaneceu a pedra angular do trabalho do dia a dia da psicoterapia e da análise. Como a teoria freudiana das defesas, a noção de Jung dos complexos oferece uma ferramenta para a compreensão da natureza do conflito intrapsíquico e interpessoal.

Em termos simplificados, um complexo é um grupo emocionalmente carregado de ideias e imagens que se aglomeram em torno de um núcleo arquetípico. Jung escreveu:

> O complexo tem uma espécie de corpo, uma determinada quantidade de fisiologia própria. Ele pode perturbar o estômago. Ele perturba a respiração, ele perturba o coração – em suma, ele se comporta como uma personalidade parcial. Por exemplo, quando você quer falar ou fazer alguma coisa e, infelizmente, um complexo interfere nesta intenção inicial, então você fala ou faz algo diferente do que pretendia. Você é simplesmente interrompido, e suas melhores intenções são perturbadas pelo complexo, exatamente como se você tivesse sofrido a interferência de um outro ser humano ou de circunstâncias exteriores (Jung 1964: § 72).

Os complexos se expressam em humores poderosos e comportamentos repetitivos. Eles resistem a nossos esforços mais heroicos de conscientização, e tendem a reunir experiências que confirmem suas visões prévias do mundo. Um complexo ativado pode ter uma linguagem corporal e tom de voz próprios. Ele opera abaixo do nível da consciência, quase como o análogo psicológico dos sistemas vegetativos e automáticos que controlam a pressão sanguínea e a digestão. Não temos de pensar nos complexos para que eles realizem seus processos autônomos de estruturação e filtragem de nossa experiência de nós mesmos e dos outros.

Uma característica adicional dos complexos, elegantemente elaborada por John Perry em seu artigo intitulado "Emotions and object relations" [Emoções e relações de objeto] (Perry 1970), é que eles tendem a ser bipolares ou a se consistirem em duas partes. Mais frequentemente, quando um complexo é ativado, uma parte do complexo bipolar se apega ao ego e a outra é projetada num outro cabível. Por exemplo, num típico complexo paterno negativo, o rebelde furioso e desafiador se projeta no ego do jovem e inevitavelmente a outra metade do complexo inconsciente procura o pai autoritário em cada professor, treinador ou chefe que ofereça um bom anzol pelo qual possa ser pego. Essa bipolaridade do complexo leva a uma eterna repetição de conflitos com um outro ilusório – que pode ou não se encaixar perfeitamente no papel. Os complexos podem ser reconhecidos pela certeza simplista de uma visão de mundo e pelo lugar nela que eles nos oferecem, em face dos opostos conflitantes e não facilmente reconciliáveis. Uma colega gosta de contar uma história sobre si mesma que ilustra bem este fato psicológico. Após um dia "segurando os opostos" no consultório com seus analisandos, ela gosta de assistir filmes de John Wayne, em que fica claro quem são os vilões e os mocinhos. Ela assinala que é muito mais fácil se conformar à certeza de um complexo do que lutar com a ambiguidade emocional de uma realidade interna e externa que constantemente desafia o ego. Finalmente, é importante lembrar que os complexos podem apresentar enormes problemas a nós mesmos e àqueles com quem temos de conviver, que são realidades psicológicas cuja ocorrência é natural e que todo mundo os tem. Jung sugeriu que nossos complexos – quer nos tornemos mais conscientes deles ou simplesmente os vivamos – determinam o curso das nossas vidas:

Arquétipos são complexos de experiências que nos sobrevêm como destino, e seus efeitos são sentidos em nossa vida mais pessoal. A *anima* não atravessa mais o nosso caminho como uma deusa; mas, pode ser, como uma desventura intimamente pessoal ou talvez como nossa melhor aventura. Quando, por exemplo, um professor da mais alta reputação, aos seus setenta anos de idade, abandona a família, para fugir com uma jovem atriz ruiva, nós sabemos que os deuses reivindicaram mais uma vítima (Jung 1935: § 62).

Esta sinopse da natureza e estrutura dos complexos, conforme trabalhados pelos psicólogos analíticos ao longo do último século, tem sido, na maioria dos casos, pensada e aplicada à psique de indivíduos. De fato, a meta da análise junguiana em seu processo individual tem sido tornar os complexos pessoais mais conscientes e libertar a energia contida neles para que fique mais disponível para os propósitos de um desenvolvimento psicológico mais criativo de uma pessoa. Elizabeth Osterman, uma bem conhecida analista junguiana de outra geração, gostava de dizer de si mesma que ela tinha aprendido que os complexos nunca desaparecem de todo, mas que uma vida de combate com eles às vezes poderia resultar em que seus efeitos debilitantes, inclusive seus humores desagradáveis, durassem apenas cinco minutos, ao invés de décadas, a cada vez. Alguns dos complexos culturais que vamos explorar causaram humores desagradáveis em culturas por séculos, senão por milênios. Após Sam Kimbles discutir a noção de "inconsciente cultural", vamos reunir os blocos de construção dos complexos e do inconsciente cultural para construir a teoria dos complexos culturais. Nessa discussão, vamos transportar as características dos complexos notadas acima para o âmbito dos complexos culturais.

O inconsciente cultural (por Samuel L. Kimbles)

Psicologia analítica e cultura

O conceito do inconsciente cultural é de origem recente e tem uma história ainda relativamente não elaborada. A relação da psicologia analítica com a cultura tem sido, na melhor das hipóteses, ambivalente. Na abordagem de Jung a questões culturais podemos ver pelo menos três fios entrelaçados. Primeiro, ele era sensível a como as atitudes eurocêntricas racionalistas alienavam muitos ocidentais em relação a suas raízes primais e instintivas. Segundo, em sua conceptualização do inconsciente coletivo ele tinha uma série de pressupostos aos quais era implícito um privilegiamento de atitudes e valores ocidentais, mas também uma derrogação de culturas tradicionais. Finalmente, o conceito do inconsciente coletivo foi definido de um modo que não dava espaço para que a matriz cultural tivesse seu próprio campo de ação coexistindo com os patamares pessoais e arquetípicos.

Tomando os três fios acima pela ordem, primeiramente quanto ao impacto do desenvolvimento das atitudes racionalistas e eurocêntricas sobre os ocidentais, nós encontramos Jung afirmando num tom bem lúgubre:

> O homem se sente isolado no cosmos. Não mais está envolvido na natureza e perdeu sua participação emocional nos eventos naturais, que outrora tinham um sentido simbólico para ele. O trovão já não é a voz de um deus, nem o raio seu míssil vingador. Nenhum rio contém algum espírito, nenhuma serpente é a encarnação da sabedoria e nenhuma montanha ainda abriga um grande demônio. Nem as coisas falam com ele, nem ele fala com coisas como pedras, fontes, plantas e animais. Ele não tem mais uma alma da selva [bush-soul] que o identifique com um animal selvagem. Sua comunicação imediata com a natureza acabou para sempre, e a energia emocional que ela gerava afundou no inconsciente (Jung 1964: § 585).

Aqui Jung lamenta a perda da conexão com nossos instintos, com o inconsciente e com o si-mesmo, que acompanhou o desenvolvimento ocidental. Analiticamente, esta perda coletiva de conexão com o si-mesmo significa que os símbolos numinosos que nos fascinam e nos permitem experimentar um relacionamento com o mundo transpessoal (que tipicamente sentimos como religioso) desapareceram no inconsciente. Jung sugere que nossas psiques pessoal e coletiva são profundamente perturbadas por essa perda de conexão anímica. Hoje em dia, a conexão com o numinoso provavelmente pode ser experimentada em nossa acentuada sugestionabilidade, medo, preconceitos e irracionalidade que sobrevivem em nossa psique racionalística e são expressos em "ismos", cultos, guerras santas, terrorismo, movimentos políticos e diversos outros processos de massa. Essas forças representam o retorno do transpessoal em uma veste cultural horrível. A linguagem de nossos dias mudou desde os ataques ao World Trade Center, em Nova York, e ao Pentágono, na Virgínia, no 11 de setembro de 2001 para incluir uma infinidade de palavras e frases numinosas: malfeitores, eixo do mal, *jihad* (guerra santa), cruzada, sacrifício, armas de destruição em massa, choque e pavor [*shock and awe*, em alusão à doutrina militar que advoga demonstrações de força rápidas e avassaladoras no campo de batalha, de modo a obter a intimidação e paralisação da vontade de lutar do inimigo].

Num artigo recente intitulado "Cultural property and the dilemma of the collective unconscious" [Propriedade cultural e o dilema do inconsciente coletivo] Waldron (2003) aborda uma questão que toca o segundo fio da psicologia analítica mencionado acima. Waldron argumenta que Jung fez uma série de pressuposições sobre o inconsciente coletivo que tinham implicitamente um privilegiamento de atitudes e valores ocidentais e uma derrogação de culturas tradicionais. Uma sinopse da argumentação dela é que por meio da sua estruturação teórica do inconsciente coletivo, Jung:

1) "liga a psique das culturas primitivas e das crianças ao inconsciente" e "ao processo evolucionário da humanidade, que ele acreditava ser comparável ao desenvolvimento evolucionário da consciência";

2) sustenta a "visão de que o 'primitivo' é incapaz de reflexão pessoal que possa se colocar acima e contra o coletivo";

3) mantém a noção de um inconsciente coletivo que "nega até certo ponto uma crença de que a cultura possa ser propriedade exclusiva de qualquer grupo de pessoas" (Waldron 2003: 38-40).

Com uma certa inconsciência com relação ao papel de seus próprios pressupostos culturais, Jung às vezes se colocava acima das tradições e culturas ao adotar uma perspectiva arquetípica, e parecia perder de vista que sua própria atitude e teoria eram produto de seu tempo e espaço particulares. Em geral, Jung buscava a universalidade humana; o arquetípico tinha precedência sobre as questões da diversidade humana. Ele parecia pressupor que havia uma simbiose inconsciente entre o indivíduo e o coletivo. Mas nós observamos muito mais variedade e vemos muito mais diversidade do que a homogeneidade implicada no conceito de inconsciente coletivo. Num seminário a 6 de julho de 1925, Jung introduziu um diagrama "geológico" mostrando o indivíduo advindo de um nível comum que conecta ancestrais animais, ancestrais primatas, grandes grupos, nações, clãs e famílias. Os indivíduos são a pequena ponta no topo da montanha. Mas há uma grande diversidade sugerida nesta vasta região de grupos maiores, nações, clãs e famílias (McGuire 1989: 133).

Embora estivesse claramente ciente da cultura como um nível ou campo diferente de funcionamento, Jung contudo não identificou e/ou nem definiu um nível específico do inconsciente a ser chamado de inconsciente cultural. Isso foi deixado para Henderson.

Joseph Henderson e o "inconsciente cultural"

No seu artigo "The cultural unconscious", Dr. Henderson (1990) definiu o *inconsciente cultural* como:

> uma área da memória histórica que fica entre o inconsciente coletivo e o padrão manifesto da cultura. Ele pode incluir essas duas modalidades, consciente e inconsciente, mas tem alguma espécie de identidade originada nos arquétipos do inconsciente coletivo que assiste na formação do mito e do ritual e que também promove o desenvolvimento dos indivíduos (Henderson 1990: 102).

Queremos chamar a atenção para dois aspectos da definição do Dr. Henderson: primeiro, a localização do inconsciente cultural e, segundo, sua ênfase em "uma área da memória histórica". A localização define esse nível do inconsciente como um nível de grupo que não é nem pessoal, nem arquetípico, mas fundamentado no inconsciente coletivo de uma cultura.

Exemplificando o primeiro ponto, Carolyn Forche, em seu livro *Against Forgetting* [Contra o esquecimento] e falando da poesia como testemunho, afirma que:

estamos acostumados a distinguir entre poemas "pessoais" e "políticos" – os primeiros remetendo à lírica do amor e das perdas emocionais, os segundos, indicando uma militância pública. [...] A distinção entre o pessoal e o político dá ao âmbito político um escopo excessivo e insuficiente; ao mesmo tempo, torna o pessoal importante demais e não importante o bastante. Se desistimos da dimensão do pessoal, corremos o risco de abdicar de um dos mais poderosos lugares de resistência. A celebração do pessoal, porém, pode indicar miopia, uma incapacidade de ver como a estrutura mais ampla da economia e o estado circunscrevem, senão determinam, o frágil âmbito da individualidade. [...] Precisamos de um *terceiro* termo, que possa descrever o espaço entre o estado e os céus supostamente seguros do pessoal. Permitam-nos chamar este espaço de "o social" (Forche 1993: 31).

Nós, juntamente com Henderson, veríamos agora este espaço entre o pessoal e o político como uma manifestação do inconsciente cultural dentro de um campo energético.

A referência do Dr. Henderson a uma área da memória histórica aponta para um tipo de continuidade viva entre passado e presente no nível do inconsciente grupal. No seu artigo sobre "The cultural unconscious", Henderson diz: "ele repetidamente resgatou-me e aos meus pacientes do pressuposto arrogante de que a história vive apenas em livros e em pronunciamentos sobre o futuro" (1990: 106). Ele prossegue citando Henry Corbin, que faz uma distinção entre a história como algo exterior e a história esotérica que "está no homem". Segundo Corbin, "Assim, essencialmente o homem sempre traz consigo algo prévio à história, algo que ele nunca deixará de carregar em si e que o salvará da história externa. E isso se torna uma questão de história interior, acontecimentos no 'céu' ou 'inferno' que o homem carrega dentro de si" (Corbin 1980: 8).

Embora Jung não tenha especificamente nomeado uma área da psique como o "inconsciente cultural", ele implicou a existência de tal âmbito intermediário, como diz Murray Stein em seu artigo "Looking backward: archetypes in reconstruction" [Olhando para trás: arquétipos em reconstrução]:

A inclusão por Jung dos arquétipos dentro do nexo histórico leva à percepção de que a influência da história sobre o indivíduo é ubíqua, enraizada na cultura e no inconsciente, permeando todos os segmentos do funcionamento emocional e mental, e fundamental à identidade. Por essa razão ele adverte sobre o perigo de nos afastarmos demais de nossas raízes pessoais e culturais (Stein 1987: 61).

Mais recentemente, em seu livro *The Multicultural Imagination*, Michael Vannoy Adams faz algumas distinções importantes ao falar do inconsciente cultural e ao se referir à raça. Ao rever o método freudiano, Adams afirma que este privilegia os conteúdos latentes como sendo básicos e vê os conteúdos manifestos como derivativos. Por exemplo, um sonho em que há um conflito racial é reduzido a uma luta por agressão. Isso tem o efeito de negar a importância da raça. Referindo-se à análise freudiana, Adams diz: "Historicamente, isso tendeu a reduzir os fatores culturais a fatores instintivos, especialmente sexuais" (Adams 1996: 39). Por outro lado, os junguianos, apesar de enfatizarem abordagens construtivas da psique, reduzem a psique a "componentes típicos" (Adams 1996: 39). Como exemplo, Adams nota, "os analistas junguianos tendem a encarar negros em sonhos (esp. nos sonhos de brancos) como imagens da 'sombra' e a reduzi-los a personificações de aspectos 'escuros', negativos ou inferiores do sonhador, um si-mesmo que inconscientemente os projeta a outrem" (Adams 1996: 40). Em suma, Adams afirma, "se a análise freudiana tendeu a ser sexualmente reducionista, então a análise junguiana tendeu a ser arquetipicamente reducionista" (Adams 1996: 39).

Henderson nota que "muito do que Jung chamou de pessoal era na verdade condicionado culturalmente" (1990: 104) e Adams diz que "muito do que Jung chamou de coletivo era cultural" (1996: 40). O conceito de inconsciente cultural nos permite começar a conscientizar o tecido conectivo no qual a vida grupal é vivida, encarnada e estruturada dentro e fora do indivíduo. Podemos nos tornar melhores observadores participantes. O inconsciente cultural se torna um modo de compreender uma dimensão simbólica da experiência humana criada por interações humanas, narrativas e imagens que são preservadas e transmitidas por meio de uma espécie de dinâmica centrípeta (cf. adiante). De fato, no nível grupal, começamos a perceber uma espécie de "pele do grupo", uma função continente das condensações coletivas, vulneráveis a disseminações, rupturas, mortes e renovações. A memória cultural, como a compreendemos a partir do ponto de vista do inconsciente cultural, não é um armazém ou um processo de restauração, mas um campo vivo e dinâmico. De uma perspectiva processual, esse campo está no âmago de nossa capacidade de reflexão que, em última instância, permite um relacionamento com a história viva.

> Ao tornar eventos passados significativos, o historiador exerce uma importante capacidade psíquica, a da reflexão. Isso não confere verdade retrospectiva ao passado – de fato, quase pelo contrário – mas cria um significado que não existia antes, que não poderia existir se não fosse baseado em eventos passados e se não os transformasse em uma tapeçaria que os coloca num novo lugar (Bollas 1995: 143).

Cremos que este lugar ou campo energético de transformação é organizado pelos complexos culturais.

Complexos culturais: uma definição operacional

a) Thomas Singer

É tempo de reunir os blocos de construção da teoria de Jung dos "complexos" com a teoria de Henderson do "inconsciente cultural" e fazer o acréscimo do "complexo cultural" à desconjuntada estrutura teórica da psicologia analítica. Assim como os complexos pessoais emergem do nível do inconsciente pessoal na interação deste com os níveis mais profundos da psique, os complexos culturais podem ser pensados como surgindo do inconsciente cultural em sua interação com os âmbitos arquetípicos e pessoais da psique. Como tais, os complexos culturais podem ser pensados como formando os componentes essenciais de uma sociologia interior. Mas essa sociologia interior não finge ser objetiva ou científica em sua descrição dos diferentes grupos e classes de pessoas. Antes, é uma descrição de grupos e classes de pessoas tais como filtradas pelas psiques de gerações de ancestrais. Ela contém uma abundância de informação e desinformação sobre as estruturas das sociedades – uma sociologia verdadeiramente interior – e seus blocos de construção essenciais são os complexos culturais.

Para chegarmos ao que pensamos que os complexos culturais efetivamente são, podemos começar com o que eles *não* são, seguindo a *via negativa* de Tomás de Aquino. Os complexos culturais não são o mesmo que identidade cultural, embora às vezes eles possam parecer extremamente entrelaçados. Grupos que emergem de longos períodos de opressão lutam para definir novas identidades psicológicas e políticas incorporando, às vezes, tradições por muito tempo submersas, que podem facilmente ser confundidas com potentes complexos culturais que se acumularam ao longo de séculos de trauma. No protesto feroz e legítimo para forjar uma nova identidade grupal liberta das algemas da opressão, é muito fácil para ambos os lados de tal conflito – grupos opressores e oprimidos – serem apanhados por complexos culturais. E, para algumas pessoas, seus complexos – culturais e pessoais – são sua identidade. Mas, para muitas outras, há uma identidade cultural saudável que pode claramente ser separada dos aspectos mais negativos e contaminantes dos complexos culturais. Jung provavelmente estava chegando a essa ideia em sua discussão do caráter nacional, mas essa noção tomou um aspecto desagradável e controverso quando a discussão do caráter nacional foi enredada à controvérsia sobre Jung e o antissemitismo[1].

---

1. Em *A sombra do antissemitismo*, Jung escreve: "A questão que eu abordei com relação às peculiaridades da psicologia judaica não pressupõe nenhuma intenção da minha parte de depreciar os judeus, mas é apenas uma tentativa de precisar e formular as idiossincrasias mentais que distinguem os judeus dos outros povos. Nenhuma pessoa sensível negará que tais diferenças existem, tanto quanto não negará que haja diferenças essenciais na atitude mental dos alemães e dos franceses [...]. De novo, ninguém com qualquer experiência do mundo negará que a psicologia de um norte-americano difere de um modo característico e inconfundível em relação à de um inglês. Apontar esta diferença não pode, na minha humilde opinião, ser em si mesmo um gesto de insulto aos judeus, enquanto se abstém de julgamentos de valor. Se alguém que queira definir minhas peculiaridades observasse que isso ou aquilo é especificamente suíço, ou de aspecto camponês, ou cristão, eu simplesmente não saberia por que deveria ficar incomodado e seria capaz de admitir tais diferenças, sem nenhum problema. Eu nunca entendi, por exemplo, por que um chinês deveria se sentir insultado quando um europeu afirma que a mentalidade chinesa difere da europeia" (Jung 1992: 147-148).

Poder-se-ia dizer que a própria discussão de Jung do caráter nacional se contaminou pelo tormentoso emocionalismo ativado pelos complexos culturais que levaram ao fascismo, ao racismo e a todos os outros horrores cometidos em nome de diferenças percebidas entre grupos de pessoas. Assim, a noção de complexo cultural não é a mesma que a de identidade cultural ou a de caráter nacional, mas pode ser facilmente confundida com ambas.

Outro modo de fazer esta distinção da maior importância é voltando uma vez mais à ideia que John Perry (1970) introduziu em seu seminal artigo sobre os complexos. Perry falou do ego cotidiano como separado do ego que foi tomado por um complexo. Quando um complexo é ativado, seu potente afeto e percepções frequentemente unilaterais do mundo tomam posse do ego cotidiano e criam o que Perry chamou de "o afeto-ego". A outra parte do par bipolar é projetada à pessoa com quem se é apanhado no complexo e eles, por sua vez, se tornam o que Perry chamou de "afeto-objeto". Assim, você chega às interações ásperas e altamente carregadas entre um "afeto-ego" e um "afeto-objeto". Nenhuma das partes deste duo terrível geralmente se sai muito bem. Essa mesma noção de "afeto-ego" e "afeto-objeto" pode ser transportada para nossa discussão dos complexos culturais para ajudar a fazer a distinção entre identidade cultural e complexo cultural. Uma identidade cultural que não esteja nas garras de um complexo é muito mais livre para interagir no mundo de outras pessoas sem ser submetida a tais conteúdos emocionais altamente carregados que podem facilmente alterar a percepção e o comportamento de grupos em relação uns com os outros. Uma vez que o complexo cultural é ativado, contudo, a identidade cultural cotidiana pode ser tomada pelo afeto do complexo cultural, frequentemente construído ao longo de séculos de experiência traumática repetitiva. Então você está no território do que Perry chamou de "afeto-ego" e de "afeto-objeto" – mas no nível do complexo cultural tal como manifesto na psique do indivíduo e do grupo como um todo. Portanto é importante fazer uma distinção entre identidade cultural, complexo cultural e caráter nacional – como eles diferem uns dos outros e como eles podem ser facilmente apanhados uns pelos outros.

Tendo dito o que os complexos culturais não são, é tempo de ser mais específico sobre o que eles são. Os complexos culturais estruturam a experiência emocional e operam na psique pessoal e coletiva da mesma forma que os complexos individuais, embora seu conteúdo possa ser muito diferente. Como os complexos individuais, os complexos culturais tendem a ser repetitivos, autônomos, resistirem à consciência e coletarem experiências que confirmem seu ponto de vista histórico. E, como mencionado acima, os complexos culturais tendem a ser bipolares, de modo que, quando ativados, o ego do grupo ou o ego individual de um membro do grupo se torna identificado com uma parte do complexo cultural inconsciente, enquanto a outra parte é projetada no gancho compatível de outro grupo ou a um de seus membros. Indivíduos e grupos possuídos por um complexo cultural particular automaticamente assimilam uma linguagem corporal e posturas comuns ou expressam seu mal-estar em queixas somáticas semelhantes. Finalmente, como os complexos pessoais, os complexos culturais podem fornecer a quem foi apanhado em sua potente rede de histórias e emoções uma certeza simplista sobre o lugar do grupo no mundo em face do que, de outro modo, seriam incertezas conflitivas e ambíguas.

Devido a seu foco primário no processo de individuação, a tradição junguiana tendeu a enfatizar o desenvolvimento do indivíduo a partir de sua experiência coletiva particular, mas não foi particularmente clara ou útil em diferenciar os complexos individuais e os culturais. Certamente, Jung e seus seguidores tinham tido um senso agudo dos diferentes tipos culturais, o que é evidente, por exemplo, na discussão de Jung de características da personalidade nacional (Jung 1989: 246-247). Mas esta percepção de tipos culturais diferentes nunca foi ligada adequadamente à teoria de Jung dos complexos ou a como essas diferenças são incorporadas à psique do indivíduo e do grupo. Tanto no trabalho clínico da análise individual como na tradição junguiana mais ampla do comentário arquetípico e cultural, é de um benefício potencial enorme começar a fazer distinções mais claras entre um complexo individual e um complexo cultural. Isso oferece tanto ao indivíduo como aos grupos a oportunidade de não terem de encaixar ou condensar tudo no âmbito pessoal ou no arquetípico – mas, sim, reconhecerem as contribuições culturais e grupais legítimas (e as ilegítimas) para suas lutas, sofrimento e significado.

Pode-se facilmente imaginar como o ego do indivíduo pode se identificar com um complexo cultural como uma defesa contra um complexo pessoal mais doloroso e isolante. É bem mais fácil se cindir de um sofrimento individual (ou vê-lo como um resultado do trauma grupal) e ser tomado por um movimento de massa do que carregar o fardo de sua própria dor individual. Dentro da própria psicologia analítica há uma crescente tradição de comentário arquetípico sobre a experiência cultural que tende a negligenciar o modo como o indivíduo se relaciona com a cultura por meio de experiências e complexos mais pessoais. O comentário arquetípico sobre os mitos e as fraquezas subjacentes da cultura pode facilmente camuflar a necessidade de trabalhar duro na luta com complexos individuais. Mas é igualmente verdade que os complexos mais pessoalmente difíceis podem ter seu fundamento em complexos culturais de longa data. Diferenciar os níveis pessoal, cultural e arquetípico dos complexos requer atenção cuidadosa a cada um desses âmbitos, sem colapsar um no outro, como se um fosse mais real ou verdadeiro do que o outro.

Para resumir, os complexos culturais se baseiam em experiências grupais históricas e repetitivas que se enraizaram no inconsciente cultural do grupo. A qualquer momento oportuno, complexos culturais adormecidos podem ser ativados no inconsciente cultural e tomar posse da psique coletiva do grupo, e por esse canal as psiques individuais dos membros podem ser impactadas. A sociologia interior dos complexos culturais pode agarrar a imaginação, o comportamento e as emoções da psique coletiva e desatar forças tremendamente irracionais em nome de sua "lógica".

b) Samuel L. Kimbles

Os cinco elementos-chave a considerar em uma definição operacional de complexos culturais são: (1) funcionam no nível grupal da psique individual e dentro do grupo; (2) funcionam autonomamente; (3) organizam a vida do grupo; (4) facilitam o relacionamento do indivíduo com o grupo e o funcionamento dentro do indivíduo; e (5) podem oferecer um senso de pertencimento, identidade e continuidade histórica.

1) Um "complexo cultural" é um modo de descrever como crenças e emoções profundamente arraigadas operam na vida do grupo e dentro da psique individual, mediando o relacionamento de um indivíduo com um grupo, nação ou cultura específica. Esses complexos são sistemas dinâmicos de relações que servem à necessidade individual básica de pertencimento e de identidade, ligando experiências pessoais e expectativas do grupo tais como estas são mediadas pela etnicidade, raça, religião, gênero e/ou seus processos de identidade social. A metáfora de Jung do espectro pode ser aplicada a um eixo pessoal-coletivo: "os processos psíquicos [...] se comportam como uma escala ao longo da qual a consciência desliza" (Jung 1947: § 408). Assim, a consciência pode se manifestar ou ser empurrada na direção da identificação com as expressões culturais mais coletivas de comportamento, por exemplo muçulmanos negros, judeus hassídicos, até as expressões mais individuais, por exemplo um negro budista, um judeu pagão (Kimbles 2000: 160). Com base na bipolaridade inerente à perspectiva arquetípica:

> os polos individual e grupal de identidade são manifestações diferentes de um mesmo processo subjacente. No nível do processo subjacente do coletivo e do individual, uma atitude psicológica nos permite perguntar o que a psique está fazendo com o fato das diferenças e das similaridades, individual e coletivamente (Kimbles 2000: 162).

Assim, o nível grupal da psique e o nível individual fazem simultaneamente sua contribuição para o senso do grupo e da experiência subjetiva individual.

2) Os complexos culturais operam autonomamente abaixo de nossa consciência. Eles são expressões de um fenômeno de campo em que um complexo de grupo opera dentro do campo do inconsciente cultural. Seu funcionamento implica níveis de significado que ligam os indivíduos entre si e fornecem um senso de coerência, produzindo continuidade ao grupo. Os complexos culturais são centros nucleadores que nos permitem um

movimento contínuo de afetos e imagens, levando a narrativas e rituais que passam de geração a geração. No nível coletivo, eles constituem o "conhecimento impensado" da vida de grupo (Bollas 1995). Eles têm direção centrípeta, impondo coerções à percepção das diferenças e as acentuando; enfatizando a identificação com a diferenciação dos inimigos definidores do grupo; e permitindo sentimentos de pertencimento ou de alienação em relação ao grupo.

3) Campos energéticos criados pelos complexos culturais constituem dinâmicas impessoais. Os complexos culturais funcionam por indução psíquica. Eles criam uma ressonância entre as pessoas que produz um senso de familiaridade. Negativamente, eles funcionam por meio de signos linguísticos coletivos de tipo emocional, ultrapassando o pensamento e a reflexão, prontificando indivíduos e grupos à ação. Ao reunirmos a teoria dos complexos e o conceito de inconsciente cultural, estamos assinalando estruturas psicológicas que organizam grupos e indivíduos em torno de expectativas do grupo, de sua autodefinição, de seu destino, unicidade e processos projetivos/introjetivos, ou seja, o que é pego e o que é rejeitado na fronteira da pele do grupo.

4) Embora sintamos que os complexos culturais estão positivamente envolvidos no senso de pertencimento do indivíduo e de sua identificação com seu grupo de referência, e ofereçam um centro nucleador para a vida do grupo; negativamente, com base nesse pertencimento, nós geramos estereótipo, preconceitos e toda uma psicologia da alteridade ameaçadora. Todo grupo tem um volume de imagens sobre aqueles que são diferentes. Esses diferentes são geralmente patologizados ou demonizados, mas raramente idealizados.

5) Que os problemas em torno de economia, política e discriminação sejam socialmente construídos não diminui sua significância arquetípica para a afinidade (ou pertencimento) e para a individuação (ou formação da identidade).

Agora passamos a exemplos grupais e individuais de como esses complexos culturais efetivamente tomam forma em situações específicas.

Um tipo de complexo cultural na psique do grupo: defesas arquetípicas do espírito do grupo e A espada de Constantino (por Thomas Singer)

Esta seção do capítulo apresenta um exemplo de como o conceito de "complexos culturais" pode ser usado para se pensar sobre a psique do grupo. A primeira parte desta seção descreverá um padrão arquetípico que alimenta um tipo particularmente explosivo e virulento de complexo cultural que se pode identificar em vários conflitos em curso no mundo hoje. Chamo este padrão de "defesas arquetípicas do espírito do grupo". A segunda parte desta seção dará um exemplo específico de como este tipo particular de complexo cultural se expressou na psique coletiva de dois grupos e na psique individual de um escritor extraordinário, James Carroll, cujo livro *Constantine's Sword: The Church and the Jews: A History* (2001) [A espada de Constantino: A Igreja e os judeus: Uma história] (2001) será examinado como um "estudo de caso" de um complexo cultural.

Defesas arquetípicas do espírito do grupo

Para estabelecer as bases para a discussão de A espada de Constantino e sua história do antissemitismo na Igreja Católica como um exemplo de um complexo cultural, quero introduzir outro pedaço da desconjuntada renovação teórica que estamos sugerindo – a noção de defesas arquetípicas do espírito do grupo. A obra de Donald Kalsched oferece um modelo convincente de como a psique individual responde ao trauma em sua defesa do si-mesmo. Este modelo pode ser estendido para incluir categorias específicas do comportamento do grupo e nos permitir ver mais claramente a estrutura e conteúdo de certos tipos de complexos grupais ou culturais? Basicamente, estou sugerindo uma reformulação do título do livro de Kalsched, mudando o foco de *O mundo interior do trauma: defesas arquetípicas do espírito pessoal* para "O mundo grupal do trauma: defesas arquetípicas do espírito grupal". Vou resumir brevemente os elementos centrais das formulações de Kalsched sobre a ativação de "defesas arquetípicas" em indivíduos traumatizados para estabelecer o fundamento para considerá-las em relação a processos grupais (Kalsched 1996).

1) O trauma sozinho não devasta a psique. A psique se devasta por meio de seu próprio sistema de autodefesa. Em certo sentido, o sistema de defesa da psique é traumatogênico como um trauma extremo original porque seu foco é a sobrevivência, e ele interpreta qualquer tentativa de crescer e se individuar como perigosa e necessitada de punição. Kalsched chama isso de sistema de defesa *Daimon*-Protetor, que impede que o indivíduo gravemente traumatizado vá além de um sistema fechado de certeza, o que exporia o espírito pessoal a uma traumatização adicional.

2) Isso ocorre porque o sistema de defesa *daimônico* é desatado contra a psique com o propósito de converter a angústia de aniquilação em um medo mais administrável. Este mecanismo autoprotetor preserva um ego atemorizado em face de um trauma devastador ao invés de permitir que o ego seja aniquilado completamente. Este mecanismo autoprotetor que resulta em autoataque pode ser ligado ao sistema autoimune que se descontrola quando volta seu substancial arsenal de defesas contra os próprios tecidos da pessoa. O resultado é a fragmentação da psique.

3) As defesas *Daimon*-Protetoras são representações internalizadas dos perpetradores originais do trauma. Até mais que isso, elas são arcaicas, típicas e arquetípicas.

4) Seguindo a fragmentação da psique, um falso *self* fixa residência no mundo exterior que pode funcionar bem o suficiente em situações ordinárias, embora provavelmente entre em colapso em relacionamentos íntimos. Este falso *self* pode assumir uma função cuidadora, bem como se tornar um adulto bom e adequado.

5) Do outro lado da fragmentação, o verdadeiro *self* entra em uma hibernação interior por trás da barreira ferozmente protetora dos *Daimons* – que pode ser alternativamente protetora e torturante.

6) O indivíduo tem muito pouco acesso a uma agressão efetiva no mundo.

7) A sombra de ser uma vítima traumatizada é a tendência a um senso imperioso de ter direitos, e suas exigências correlatas de reparação. Um *self* falso e imperial pode se enraizar nessas exigências de amor, respeito, prazer sexual, liberdade e felicidade.

8) No coração deste "equilíbrio" psíquico fragmentado reside uma criança ferida e vulnerável, cercada por um sistema de defesas arcaicas que podem se alternar entre o abrigo protetor e a tortura impiedosa de si e dos outros.

E se este esboço bastante esquemático da resposta da psique a traumas se aplicar à psique grupal gravemente traumatizada, tanto quanto ao indivíduo? Minha hipótese é de que a mesma dinâmica descrita tão elegantemente por Kalsched pode ganhar vida na psique grupal traumatizada tanto quanto no horror particular de um indivíduo traumatizado. O grupo traumatizado pode desenvolver uma coorte de líderes Protetores/Perseguidores que funciona como os *Daimons* na psique individual em que as defesas arquetípicas são empregadas para proteger o espírito ferido – trate-se do grupo ou do indivíduo ou de ambos. Em outras palavras, o espírito grupal traumatizado bem pode ser submetido à mesma proteção nutridora e/ou violência torturadora nas mãos de seus *Daimons* líderes. Todas as defesas do grupo são mobilizadas em nome de um sistema de autocuidado que é designado para proteger a criança divina ferida da identidade do grupo, bem como para proteger o "ego" do grupo do senso aterrorizador da aniquilação iminente.

O grupo pode desenvolver um sistema defensivo semelhante ao do indivíduo, mas neste caso seu objetivo é proteger o espírito grupal ou coletivo e não o espírito individual. Esse grupo traumatizado apresenta apenas um "falso *self*" ao mundo exterior, que é incapaz de "ver o grupo em sua identidade mais autêntica e vulnerável. Tal complexo cultural pode facilmente dar à luz um livro como *Invisible Man*, de Ralph Ellison, em que o homem negro é literalmente invisível ao homem branco (Ellison 2002). Ou então, o resto do mundo que não é parte do grupo traumatizado pode não ver o "falso *self*" invisível ou adequado da *persona* grupal, mas sim ser confrontado com as lideranças masculinas ou femininas "daimônicas" mais endurecidas que são identificadas com as defesas arquetípicas do espírito grupal. É fácil responder aos portadores das defesas do grupo como se sua agressividade ou impenetrabilidade fosse característica da psique de todo o grupo, de modo que, por exemplo, todos os muçulmanos são vistos como se fizessem parte da al-Qaeda de Bin Laden.

Grupos traumatizados com suas defesas do espírito coletivo podem se deparar vivendo uma história que atravessa várias gerações, vários séculos ou até mesmo milênios com repetitivas experiências causadores de ferimentos, as quais fixam estes padrões de comportamento e de emoção no que os psicólogos analíticos vieram a conhecer como "complexos". Esses complexos grupais criam campos bipolares do mesmo modo que complexos pessoais ativam ou constelam na realidade exterior as mesmas divisões que fragmentaram o mundo interior. A vida traumatizada do grupo é incorporada à vida interior do indivíduo por meio de um complexo grupal – que pode ser mal-entendido como ou confundido com um complexo pessoal.

Eu não estou sugerindo que todos os complexos culturais se comportam no específico modelo de uma criança traumatizada e vulnerável e dos *Daimons* Protetores/Torturadores, tal como descrito por Kalsched. Mas muitos deles o fazem. Há dois pontos separados, mas correlatos, que eu quero enfatizar aqui:

1) Há um *continuum* no conteúdo e estrutura dos complexos que vai do pessoal ao cultural e ao arquetípico. Ao mesmo tempo, alguns complexos se tornaram de tal modo parte da identidade do grupo ao longo do tempo, por meio de experiências repetitivas, que o nível grupal do complexo se torna dominante ou proeminente, mesmo na psique de um indivíduo. Os indivíduos são frequentemente engolidos por inteiro pelo complexo grupal que veio a definir seu senso de identidade étnico, religioso, racial, de gênero ou de qualquer outro tipo primário.

2) Às vezes, grupos como um todo se comportam como se estivessem nas garras de um tipo específico de complexo cultural. Esse tipo de complexo cultural mobiliza o comportamento e o funcionamento da vida emocional do grupo como um sistema de autocuidado defensivo

semelhante ao descrito em indivíduos por Kalsched. Na versão grupal do complexo, porém, o objetivo do sistema defensivo de autocuidado é a proteção do espírito grupal e não do espírito pessoal. Os *Daimons* são mobilizados para protegerem a criança divina traumatizada ou outro portador simbólico do espírito coletivo do grupo e podem fazê-lo com uma mistura de ternura protetora e ataque persecutório que, dirigido para dentro, resulta em autodesprezo e, dirigido para fora, resulta em impenetrabilidade e hostilidade a outros grupos.

Temos apenas de dar uma olhada no noticiário diário para constatarmos a proliferação na cultura popular desses complexos grupais em funcionamento. De fato, se tornou quase que um esporte nacional para grupos traumatizados enviarem *Daimons* (advogados e outros) atacarem o público geral por negligenciar os interesses por direitos de seu específico grupo vitimizado. Uma grande parte do grupo se mostra cada vez mais cansada desta institucionalização de defesas grupais do espírito coletivo. Frequentemente, membros dos grupos vitimizados estão tão identificados consigo mesmos como crianças divinas feridas que é difícil para eles entenderem como seus *Daimons*-Protetores, encarnados em porta-vozes/atacantes públicos, são encarados com hostilidade por aqueles que não se identificam com sua queixa. Na arena psíquica de nossa rede global de vida grupal, é como se muitos grupos mostrassem sinais de trauma grupal, com sua criança divina grupal e seus *Daimons* (Protetores/Perseguidores) grupais prontos para entrar em ação. Talvez este seja o preço inevitável de viver num mercado global onde a facilidade de transporte, comunicação e a rápida importação/exportação de bens, ideias, valores, dinheiro e pessoas também favorecem o comércio e o intercâmbio quase instantâneo de complexos culturais que estão em alerta máximo, prontos para explodir em qualquer lugar e a qualquer momento.

Um exemplo de complexo cultural: *A espada de Constantino*, de James Carroll

Nenhuma explosão de emoção coletiva na história ocidental é mais antiga ou mais repetitiva do que o antissemitismo. Como um complexo cultural, é o para-raios de conflitos quase intermináveis entre vários grupos. Mais visível hoje, claro, é a forma muçulmana-judaica do complexo cultural, mas a história do antissemitismo na Igreja Católica tem aproximadamente 2.000 anos, e encontra em *A espada de Constantino*, de James Carroll, um notável historiador cuja narrativa revela as dimensões pessoais, culturais e arquetípicas do complexo. A história de Carroll pode ser lida como um exemplo espantoso da interface dinâmica entre complexo cultural e defesas arquetípicas do espírito do grupo. Ela também oferece um vislumbre raro do *continuum* de um complexo cultural tal como ele interpenetra e se move entre os níveis individual, cultural e arquetípico. Ao buscar um exemplo familiar de um complexo cultural, seria mais fácil focalizar grupos como os *gays*, negros, mulheres, deficientes e outras pessoas obviamente marginalizados e historicamente traumatizados, para ver como se dá a dinâmica dos complexos culturais e das defesas do espírito do grupo. Mas *A espada de Constantino: A Igreja e os judeus: Uma história* me sugeriu que a mesma dinâmica pode ser vista nos católicos, um grupo que hoje poucos caracterizariam como uma minoria marginalizada e traumatizada (Carroll 2001).

A espada de Constantino é uma história do antissemitismo cristão – mais especificamente católico. Começando com a velha crença cristã de que os judeus foram os "assassinos de Cristo", Carroll sistematicamente examina camada após camada eventos históricos, contexto político, clima emocional, justificação teológica e consequência psicológica. Ele começa sua narrativa descrevendo reações de católicos e judeus contemporâneos à cruz memorial colocada em Auschwitz como o último episódio de um relacionamento tempestuoso e violento de dois milênios. Suas reflexões sobre a cruz de Auschwitz se situam no contexto de suas lembranças de crescer na Alemanha logo após a Segunda Guerra Mundial e de sua crença, na infância, de que os judeus foram de fato os "assassinos de Cristo". Após investigar cuidadosamente os detalhes de sua formação católica, Carroll passa a uma exploração em profundidade todo o alcance histórico das relações entre católicos e judeus. Obviamente, não pretende contar toda a história do desenvolvimento do catolicismo, do judaísmo nem das relações entre as duas religiões.

Permita-nos seguir brevemente o fio do trabalho de Carroll. Do lado pessoal, o desenvolvimento inicial de sua fé teve lugar no epicentro de um dos eventos mais traumáticos da história ocidental moderna – o Holocausto. O pai de Carroll foi comandante da força aérea norte-americana na Alemanha imediatamente após a Segunda Guerra Mundial. A família viveu em quartéis-generais em Wiesbaden, Alemanha. Acompanhando sua mãe muito católica, o adolescente Jim Carroll viajou a muitos dos santuários católicos importantes da Europa Ocidental. Graças a seu profundo amor pela mãe e a seu conhecimento íntimo do sofrimento dela por causa da doença paralisante (pólio) de seu irmão, Carroll desenvolveu uma fé enraizada na cruz, na mãe e no filho sofredor. Crescendo na Alemanha pós-nazista, Carroll teve uma extensa visão da grande tradição católica e da devastação da Segunda Guerra Mundial, mas aprendeu pouco sobre o Holocausto e o sofrimento dos judeus naquela época.

É aqui que o complexo pessoal de Carroll e o complexo cultural judeu--católico se entrelaçam – não apenas na história da sua infância, mas nos 2.000 anos de história que ele se põe a explorar neste livro. A religião cristã que alimentou sua aspiração juvenil ao sacerdócio localizou o sofrimento e a morte traumática no centro da experiência coletiva ocidental, na verdade no centro de toda a história da humanidade. E bem no cerne desta história, conforme ele a ouviu, estava a crença de que os judeus foram responsáveis pelo sofrimento e morte traumática do jovem deus que verdadeiramente encarnava o espírito do grupo, Jesus Cristo. A crença de que os judeus foram os "assassinos de Cristo" – reforçada por uma longa história de amplificação teológica juntamente com perseguições políticas, sociais e religiosas – serviu de combustível a virulentas emoções coletivas de desprezo e fúria que queimaram sem interrupção por séculos. Dois milênios de emoção coletiva exigindo vingança dos "assassinos de Cristo" foram combustíveis de uma longa linhagem de *Daimons*, dos cruzados aos nazistas.

Uma das muitas revelações surpreendentes da jornada histórica de Carroll é que o sofrimento e a morte traumática do jovem deus, pelos quais os judeus foram responsabilizados, nem sempre estiveram no centro da fé

279

cristã. De fato, o culto da cruz não parece vir para o centro do palco até a época de Constantino, na primeira parte do século IV d.C. Mesmo hoje, a Igreja Ortodoxa Oriental põe mais ênfase no mistério da ressurreição ou renascimento do que na morte traumática simbolizada pela crucificação. Imagine por um momento o que a história do mundo ocidental poderia ter sido se o sofrimento e o trauma não tivessem sido postos no cerne da história ocidental desde o tempo de Cristo. Claro, nós agora sabemos que a morte traumática da crucificação foi o ponto focal da ortodoxia ocidental desde o tempo de Constantino.

Quando Constantino estava atravessando a Ponte Mílvia para atacar Roma em 312 d.C., ele teve uma visão e uma experiência de conversão na qual sua espada e a cruz se tornaram uma só. Carroll escreve:

> O lugar da cruz na imaginação cristã mudou com Constantino. "Ele disse que, por volta do meio-dia, quando o dia começava a declinar" – este é o relato de Eusébio do que o próprio Constantino disse sobre o que viu no céu na véspera da batalha na Ponte Mílvia – "ele viu com seus próprios olhos o troféu de uma cruz luminosa nos céus, acima do sol, com a inscrição "SOB ESTE SIGNO VENCERÁS". A história prossegue contando que Constantino então reuniu seu exército – "Ele sentou em meio a eles, e descreveu-lhes o sinal que tinha visto" – e lhes deu um novo estandarte para carregar na batalha. "Ele foi feito da seguinte maneira: Uma longa lança, revestida de ouro, formou a figura da cruz por meio de uma barra transversal colocada sobre ela". Como vimos, o exército atrás deste estandarte de fato venceu, e Constantino, segundo Eusébio ouviu-o dizer, foi convencido deste modo da verdade do cristianismo. "O imperador constantemente fez uso deste sinal de salvação como uma salvaguarda contra todo adversário e potência hostil, e ordenou que outros semelhantes fossem carregados à frente de todos os seus exércitos" (Carroll 2001: 175).

Constantino se tornou um cristão, e nele a fé cristã encontrou um *Daimon*/Protetor/Perseguidor de primeira grandeza. No momento da visão de Constantino, o símbolo da ferida traumática – a cruz – e de seu protetor vingador na forma da espada de Constantino se conjugaram. Eu diria que este casamento simbólico entre a cruz e a espada é um exemplo da emergência histórica de uma "defesa arquetípica do espírito do grupo". O acoplamento arquetípico inevitável da criança divina em perigo e dos *Daimons* guerreiros e protetores que a cercam está no coração desta história. Cristo entra na linhagem de seres humanos/divinos que acabam atraindo potentes *Daimons/Protetores* dispostos a cometer atrocidades inimagináveis em seu nome.

Grupos vão ao ataque em defesa de seu espírito coletivo quando temem ser aniquilados, especialmente se há uma história de trauma nos seus inícios. A história cristã se origina em um trauma. Após cerca de trezentos anos da crucificação de Cristo, o divino ser divino encontra seu *Daimon/Protetor/Perseguidor* arquetípico e histórico em Constantino, a partir de cuja espada Carroll traça uma linha direta às Cruzadas, à Inquisição e finalmente ao Holocausto. Pode-se argumentar, em suma, que no coração do complexo cultural e do evento narrativo centrais da psique cristã ocidental está a emergência de uma defesa arquetípica do espírito de um grupo, tendo por características primárias: (1) ferimento traumático a um ser divino vulnerável representante do espírito do grupo; (2) medo de aniquilação do espírito do grupo; e (3) emergência de defesas vingadoras protetoras/perseguidoras do espírito do grupo.

Na conjunção cristã de cruz e espada, as defesas arquetípicas do espírito do grupo voltaram sua energia agressiva mais sombria para fora, e se vê mais presunção [*self-righteousness*] do que autodesprezo. (Note: evidentemente esta não é toda a história do cristianismo ou do judaísmo desde Constantino. Antes, é uma das vertentes, mas que contribuiu para um complexo cultural particularmente potente/virulento.) Os judeus sofreram as consequências de ataques por parte deste sistema defensivo arquetípico católico de 2.000 anos, e até certo grau espelhou a agressividade dele no autodesprezo, até que o sionismo e o Holocausto dessem à luz uma geração de judeus que pudessem dizer com uma autoafirmação igualmente agressiva: "Nunca mais". O "Nunca mais" cresceu a partir de um sofrimento humano inimaginável e da resolução de proteger o espírito de grupo judeu a qualquer custo, dando à luz toda uma nova geração de *Daimons* judeus que os palestinos e os israelitas conhecem muito bem.

Se aplicarmos a ideia de John Perry da bipolaridade dos complexos à vida grupal e aos complexos culturais, podemos ver nessas terríveis histórias de judeus e católicos ou de judeus e palestinos que, quando o complexo cultural bipolar inconsciente é ativado, uma metade do complexo agarra o ego cotidiano da identidade do grupo e se torna um afeto-ego. A outra metade do complexo busca um gancho adequado no qual projetar-se, e isso se torna o afeto-objeto. Tanto o afeto-ego quanto o afeto-objeto são identificáveis pela intensidade da emoção gerada na interação deles. Quanto maior a intensidade da emoção nessas explosões entre dois grupos, tanto mais provável é se estar no território de complexos culturais. A emoção coletiva irracional é o traço distintivo de um complexo cultural em cujo núcleo há um padrão arquetípico.

Portanto, o livro de Carroll pode, de uma certa perspectiva, ser visto como o esforço extraordinário por parte de um indivíduo de distinguir seus complexos pessoais de um complexo cultural; até que sejam conscientemente examinados, eles de fato são tão entrelaçados e contínuos que seria impossível saber onde a parte pessoal do complexo termina e o complexo cultural começa. Carroll não descreveria seu esforço na linguagem da teoria dos complexos de Jung, mas fica claro que suas consideráveis paixões emocionais e intelectuais foram todas devotadas a destrinchar os diferentes níveis do conflito pessoal, cultural e arquetípico que estão no coração de sua história dos católicos e dos judeus. A jornada pessoal de Carroll para se libertar do mito dos judeus como os "assassinos de Cristo", e toda a emoção coletiva que foi deflagrada em nome dessa crença, estão profundamente enredadas com a longa história de animosidade, desentendimento, perseguição e trauma que caracterizam as relações de judeus e cristãos. Um dos aspectos mais importantes do seu livro, de uma perspectiva junguiana, é que ele nos dá um raio-X da estratificação das dimensões pessoais, culturais e arquetípicas do complexo que ele está investigando. Esta abordagem o expõe à crítica por parte dos historiadores mais "objetivos", alguns dos quais rejeitaram sua obra como sendo "pessoal" demais.

De fato, a busca de Carroll da objetividade histórica começa com um exame de sua própria subjetividade. Na minha opinião, a objetividade que ele adquire a partir deste duro trabalho introspectivo de olhar para sua própria história individual e familiar é mais autêntica do que a objetividade desapaixonada meticulosamente cultivada de um historiador convencional que é treinado para se impedir de injetar sua própria experiência e vieses na história. O método de Carroll é mais leal a nossa própria experiência de como o pessoal e o cultural se entrelaçam no inconsciente de nossa vida familiar e na história cultural e religiosa da humanidade. Paradoxalmente, ao lutar publicamente com as dimensões pessoais de seu desenvolvimento como um católico devoto, ele nos conduz a uma profunda consideração do desdobramento das relações históricas entre católicos e judeus. Isso porque as autorrevelações de Carroll naturalmente evocam e nos convidam a considerar nossos próprios complexos pessoais e culturais em relação a esta história. Sua história nos abre para a nossa história e somos mergulhados em uma história muito antiga, com a qual estamos intimamente relacionados. De certo ponto de vista, pois, este livro é um registro de um complexo pessoal situado no contexto de um complexo cultural de dois milênios, bem como estes complexos culturais se situam no contexto de um complexo pessoal. Sendo assim, é um exemplo extraordinário de um complexo cultural em que as defesas arquetípicas do espírito do grupo são mobilizadas do modo mais destrutivo, geração após geração. E é um exemplo monumental do esforço exigido de um indivíduo singular para tornar mais conscientes em si mesmo os efeitos corrosivos de um complexo cultural que tem sido predominante na civilização ocidental por tanto tempo.

Um complexo cultural na psique de um indivíduo: um exemplo de caso clínico (por Samuel L. Kimbles)

Na área clínica, algumas das questões desafiadoras que a exploração dos complexos culturais levanta são: Qual a relação dos complexos individuais com os complexos culturais? Uma questão correlata é, como os complexos culturais entram na situação clínica/analítica? Quais são as relações dos complexos culturais com a dinâmica de transferência e contratransferência? Os complexos culturais iniciam dinâmicas inconscientes que vêm a se expressar por meio da dinâmica transferência/contratransferência? Se sim, qual é o propósito delas? No seguinte exemplo de caso, os eventos em torno do 11 de setembro pareceram ativar e intensificar um complexo pessoal enquanto expressavam um complexo cultural. Podemos ver a flagrante emergência de um complexo cultural que se torna parte do processo clínico neste caso.

Introdução ao caso

Os eventos do 11 de setembro constituíram um golpe narcísico na psique norte-americana, e expuseram muitos de nós a um novo nível de vulnerabilidade coletiva e pessoal. Algo do "outro" numinoso parece ter rompido o senso de invulnerabilidade tão característico da consciência coletiva dos Estados Unidos. Nosso nível coletivo de vulnerabilidade e o senso de ameaça podem ser lidos parcialmente pelas palavras e linguagem que emergiram para expressar os sentimentos de grupo sobre esses eventos: eixo do mal, malfeitores, o inimigo, inocência, guerra santa, sacrifício, vítima, vingança etc. Essas palavras constituem uma linguagem coletiva de signos que nos induzem a agir em conformidade com nossos complexos culturais, especialmente aqueles elucidados acima por Tom Singer em sua noção de defesas arquetípicas do espírito do grupo. Durante o período do 11 de setembro e imediatamente depois, a interface do que estava acontecendo dentro de nós e do que estava acontecendo no mundo exterior parecia alcançar uma ressonância que clamava pela comunidade – uma resposta de grupo. Na minha descrição do caso a seguir, primeiramente compartilharei um sonho que tive dois meses após o cataclismo que foi o 11 de setembro, e então descreverei um breve aspecto de meu trabalho com uma paciente, Julie, que ocorreu duas sessões após o sonho. A ressonância da paciente, bem como a minha, ao evento coletivo de 11 de setembro afetou a transferência/contratransferência por meio da ativação de complexos pessoais e culturais. Mas primeiramente meu sonho:

> Eu estava em uma cidade devastada pela guerra. Soldados estavam por toda parte. Num certo momento, eu corri e me escondi na entrada de um prédio trancado. Um soldado norte-americano com um rifle no ombro me viu e veio me tirar do esconde-

rijo. Eu saí e lhe ofereci um punhado de soldados de brinquedo como os que uso no meu trabalho de *sandplay*. Ele os rejeitou e, a seguir, eu soube que eu tinha uma arma e estava em um uniforme do exército.

O sonho me lembrou de uma linha do *I Ching* (Hexagrama 7, "O exército"). A linha é: "Quando o perigo ameaça, todo camponês se torna um soldado; quando a guerra termina, ele volta para o seu arado". Eu encarei meu sonho como apontando a inevitável transformação ocorrida na minha psique e na da maioria dos norte-americanos conforme este país caminhava para a guerra. Movendo-se coletivamente nessa direção, não havia como ficar à margem, nem muito espaço para uma atitude simbólica, ou seja, soldados de brinquedo e *sandplay*. Minha psique, na tentativa de se haver com o processo coletivo que eu e muitos outros estavam experimentando, produziu este sonho. Eu pensei no meu sonho como uma expressão de um complexo cultural emergente no qual os dilemas que estavam sendo criados pela possível guerra eram simbolizados pelos meus esforços de criar uma atitude simbólica num período em que uma situação coletiva estava se movendo com sua própria força e direção. Em outras palavras, o sonho provinha parcialmente das minhas reações ao grupo. Minha resposta era uma expressão de minha angústia em conjunção com a angústia do grupo. A emergência do complexo cultural na minha psique na época estava mudando minha relação comigo mesmo, manifestando um senso acentuado de vulnerabilidade e medo. Eu senti estar menos articulado e que o espaço analítico havia sido invadido pelos eventos da vida cotidiana, ativando em mim um tipo de confusão arcaica que se tornou parte da análise, assim criando uma nova situação psicológica que eu tinha de trabalhar.

A paciente

Julie é uma mulher casada de 57 anos. Embora tenha ajudado a criar um enteado e uma enteada, não tinha filhos biológicos. A enteada morrera num acidente de carro cerca de dez anos antes do início da análise. Julie trabalha como advogada em uma pequena firma jurídica em que se especializou em direito imobiliário. Ela começou a análise se queixando de isolamento e depressão após ter sofrido uma série de reveses no trabalho e em casa. No trabalho ela não tinha sido selecionada para uma comissão importante, porque era vista pelos colegas como "demasiadamente pouco assertiva". Em seu casamento, ela sentia pouca libido, e rejeitada e indesejada pelo marido, que paradoxalmente expressava interesse sexual exigente e obsessivo por ela. Ela foi criada em uma comunidade conservadora do Meio-oeste, em que descrevia seu pai como dominador, crítico e raivoso. Por outro lado, ela se sentia próxima da mãe, mas com raiva da passividade dela, que a impedia de confrontar o pai. Eu trabalhei com Julie por cerca de três anos.

Na análise, Julie falava tipicamente de um modo desconexo e reservado sobre os eventos em sua vida, como se descrevendo uma peça que estava observando. Raramente eu tinha uma percepção clara de onde ela estava emocionalmente. Interpretar sua distância de mim em termos de angústia defensiva (sobre conexão) parecia deixá-la com um aspecto vago no rosto – como se ela não soubesse do que eu estava falando. Frequentemente ela parecia ter dificuldade de acessar sentimentos, e mais ainda de expressá-los. As sessões que são o presente foco ocorreram duas semanas após o meu sonho que relatei no começo desta seção.

Primeira sessão

J: Eu me identifico com os afegãos! Nós trouxemos as bombas das Torres Gêmeas em nós mesmos. Nós mesmos causamos o atentado.

S: O que aconteceu afetou todos nós.

J: Talvez eu seja autista, pois não pareço entender isso.

S: Qual "isso"?

J: Essa terapia piegas. E a política do que está acontecendo? Bush? Iraque? A arrogância dos Estados Unidos? O que está acontecendo no mundo? Você e eu estamos tendo um problema. Você está tentando me fazer desistir dos meus sentimentos políticos! (Julie tinha me contado anteriormente, em nosso trabalho, que ela tinha sido uma radical nos anos de 1960. Isso tinha sido dito de um modo não emocional e superficial, de passagem). Você não me entende! Você reduz tudo a um mundo piegas.

S:	Você está estabelecendo uma diferença entre nós ao atribuir o mundo sentimental a mim e o mundo político a você. (Minha interpretação a enfureceu.)

J:	Ah! (Julie respondeu com um rosto indignado.)

S:	(Eu tive então a imagem de uma grande onda desabando sobre meu escritório.) Embora eu valorize sua paixão, nós dois corremos o perigo de sermos afogados pela força dos seus sentimentos, e quero compreender melhor o que é importante para você aqui.

J:	Sam, você não entende!

S:	(Nesse momento eu lembrei meu sonho dos soldados e dos brinquedos de *sandplay*. Senti que estávamos ambos sendo movidos por um complexo cultural emergente relacionado a nossa raiva, medo e impotência na relação entre nós e com a situação mundial.)

Segundo encontro

J:	(Julie chegou parecendo desencorajada e desanimada.) Eu desisto! Você não tem nenhuma esperança de que minha atitude política terá qualquer impacto no mundo.

S:	Talvez sua afirmação, "você não entende, Sam", seja sua experiência de mim como não o apoiando... que estou tentando tirar algo importante de você.

J:	Não há amor o bastante no mundo, para mim.

S:	Estou interessado em sua atitude para com o mundo, mas igualmente na parte "para mim" da sua atitude. A parte de você que quer meu apoio, amor e que quer que o mundo seja um lugar mais amoroso.

J:	Eu não pretendi transformar a sessão em uma discussão de política, mas eu quero que meus pensamentos sobre política sejam respeitados.

S: Você trouxe mais de si mesma para o consultório ao falar de algo que é realmente importante para você, política (querendo um mundo mais amoroso) e querendo amor e apoio de mim... e isso parece um movimento positivo.

Discussão

Embora o conteúdo (você não entende!) expresso por Julie durante sua explosão comigo fizesse sentido de um ponto de vista tanto político quanto psicológico (ou seja, seu sentimento não visto ou apoiado em sua família, trabalho, casamento e terapia), ela não me parecia interessada em compreender a relação entre sua intensidade emocional e a atitude política que ela estava expressando. Ela foi pega por um complexo pessoal que refletia seu senso de não se sentir segura em uma situação na qual ela não se via apoiada. Além disso, ela não sentia que podia falar sobre a situação em que estava. Por meio de sua política, Julie refletia um mundo focado apenas em uma dinâmica de poder, e isso reforçava sua crença de que não encontrava compreensão do desamparo e vulnerabilidade que estava experimentando com relação ao evento do 11 de setembro e a mim. Seu confronto comigo era uma tentativa tanto de expressar seu desejo de apoio e de recobri-lo por meio de um retorno a uma posição encapsulada. Em suma, um evento externo, o 11 de setembro, tinha ativado um complexo cultural (no campo analítico) expresso por uma atitude política e um complexo pessoal correlato em torno da desconfiança de Julie sobre os outros. Sua necessidade de reasseguramento estava escondida em sua explosão.

A raiva emergente de Julie na transferência expressava também seus sentimentos de que não estava segura no continente analítico. Nem o continente analítico nem a análise tinham-na protegido da vulnerabilidade que sentia no mundo. Ao contrário, seus sentimentos sobre o evento do 11 de setembro tinham ativado nela seu conflito pessoal sobre confiança. Tanto suas expectativas básicas de ser amparada no ambiente norte-americano mais amplo como no *setting* analítico foram rompidas. O golpe narcísico no nível da psique grupal ressoou com a dor do fracasso da sua família (de origem) em ampará-la, com as decepções em seu casamento e as frustrações no trabalho, que se expressaram como uma decepção quanto à análise ampará-la ou mantê-la em segurança. Ao apresentar sentimentos políticos, ela estava utilizando uma atitude social para recobrir seu conflito em torno de sua necessidade de confiar e de encontrar apoio. Henderson se refere à relação entre atitude social e defesa pessoal em seu livro *Cultural Attitudes in Psychological Perspective*, quando ele diz:

> Eu muitas vezes vi que esta atitude [social] fornece uma resistência particular à análise, uma vez que o paciente pode presumir que, se os problemas sociais de nossa época fossem resolvidos, todo conflito desapareceria e a psicoterapia seria desnecessária (Henderson 1984: 17-18).

Na contratransferência, minha imagem da onda tinha ganho intensidade com minha inabilidade de simbolizar e sustentar adequadamente meus sentimentos sobre a situação mundial. Ao invés disso, meu sonho sugeriu que também eu, inconscientemente, tinha me tornado um soldado relutante, isto é, tinha me misturado ao esforço coletivo de combater o inimigo, que é uma agressão tanto interna quanto externa. Havia pouco espaço para eu me separar ou diferenciar de Julie sem que isso fosse experimentado como um insulto a ela. Quando me apercebi de que sua raiva de mim por meu mundo "piegas" era uma expressão do seu desejo de conexão comigo e do seu desejo de se sentir empoderada em sua relação com o mundo, eu pude confiar na ação reparadora no complexo pessoal e no cultural, isto é, seu desejo de sentir amor e um senso de pertencimento. Aparentemente, neste caso, o complexo cultural ativado estava parcialmente a serviço de Eros.

Conclusão

Os complexos culturais mediam a relação bilateral entre as influências culturais e sociais sobre a psique individual, bem como o impacto recíproco do indivíduo na cultura. O conceito de complexos culturais se constrói a partir do trabalho inicial de Jung sobre os complexos e o de Joseph Henderson sobre o inconsciente cultural. Esses complexos existem dentro da psique

289

do coletivo como um todo e dentro dos membros individuais de um grupo. Num nível individual, os complexos culturais são expressões da necessidade de pertencimento e têm uma identidade valorizada dentro do contexto de um específico grupo de referência, mesmo se isso possa levar a cisões, rigidez e a todo o leque de fenômenos que reconhecemos como perturbações psicológicas. No nível do grupo, os complexos culturais parecem oferecer coesão que provê um senso de afinidade e de espírito de grupo. No extremo patológico, esta afinidade se expressa em defesas arquetípicas do espírito do grupo.

Nós mal estamos num lugar em que podemos identificar a ubiquidade dos complexos culturais. Precisamos desenvolver uma linguagem que inclua uma nova sensibilidade cultural em combinação com a dinâmica intrapsíquica individual, para lidar com a manifestação de ambos os tipos de complexos na situação clínica, bem como na vida cotidiana. Assim como em nosso trabalho com complexos individuais, a meta é a percepção obtida na perseverança com o sofrimento produzido pelos complexos culturais, até que se desenvolva uma consciência que possa conter e tolerar a energia. Semelhantemente, cultivar uma atitude para com os complexos culturais, sempre que se manifestem, tem o potencial de desenvolver uma personalidade capaz de utilizar conscientemente a conectividade da identidade grupal e individual. Nesse sentido, a ativação de um complexo cultural se torna um processo de ampliação de afinidade, que contribui ao desenvolvimento da consciência psicológica.

Referências

Adams, M.V. (1996). *The Multicultural Imagination*. Londres: Routledge.

Bollas, C. (1995). *Cracking Up*. Nova York: Hill and Wang.

Carroll, J. (2001). *Constantine's Sword*: The Church and the Jews: A History. Boston/Nova York: Houghton Mifflin.

Corbin, H. (1980). *The Question of Comparative Philosophy*. Dallas: Spring.

Ellison, R. (2002). *The Invisible Man*. Nova York: Random House.

Forche, C. (1993). *Against Forgetting*. Nova York: W.W. Norton.

Henderson, J. (1990). "The cultural unconscious". In: *Shadow and Self*. Wilmette: Chiron.

_____ (1992). *C.G. Jung Letters*. Vol.1: 1906-1950. Princeton: Princeton University Press [orgs. G. Adler, A. Jaffé e R.F.C. Hull] [Bollingen Series, XCV].

_____ (1989). *Memories, Dreams, Reflections*. Ed. rev. Nova York: Vintage Books [org.: A. Jaffé].

_____ (1984). *Cultural Attitudes in Psychological Perspective*. Toronto: Inner City.

_____ (1964). "Symbols and the interpretation of dreams" [CW 18] ["Fundamentos da psicologia analítica" e "Símbolos e interpretação dos sonhos". Petrópolis: Vozes, 2011 – OC 18/1].

_____ (1947). "On the nature of the psyche" [CW 10] ["Considerações teóricas sobre a natureza do psíquico". Petrópolis: Vozes, 2011 – OC 8/2].

_____ (1935). *Archetypes and the Collective Unconscious*. Princeton: Princeton University Press [CW 9i] ["Sobre os arquétipos do inconsciente coletivo". Petrópolis: Vozes, 2011 – OC 9/1].

Kalsched, D. (1996). *The Inner World of Trauma*: Archetypal Defences of the Personal Spirit. Londres: Routledge.

Kimbles, S. (2000). "The cultural complex and the myth of invisibility". In: Singer, T. (org.). *The Vision Thing*. Londres: Routledge.

Maidenbaum, A. (org.) (2002). *Jung and the Shadow of Anti-Semitism*: Collected Essays. Berwick: Nicolas-Hays.

McGuire, W. (org.) (1989). *Jung's Analytical Psychology*: Notes on the Seminar Given in 1925. Princeton: Princeton University Press [Jung, C.G. *Seminários sobre psicologia analítica*. Petrópolis: Vozes, 2014].

Perry, J.W. (1970). Emotions and object relations. *Journal of Analytical Psychology*, 15 (1), p. 1-12.

Singer, T. (org.) (2000). *The Vision Thing*: Myth, Politics and Psyche in the World. Londres: Routledge.

Singer, T. (2003). The cultural complex and archetypal defenses of the collective spirit: baby Zeus, Elian Gonzales, Constantine's sword, and other holy wars. *The San Francisco Jung Institute Library Journal*, 20 (4), p. 4-28.

Stein, M. (1987). "Looking backward: archetypes in reconstruction". In: *Archetypal Processes in Psychotherapy*. Wilmette: Chiron.

Waldron, S. (2003). Cultural property and the dilemma of the collective unconscious. *Quadrant*, XXXIII, p. 35-49.

8
Aspectos espirituais e religiosos da análise moderna

Murray Stein

A função religiosa

Jung propôs que uma função religiosa nativa existe dentro da psique humana (cf., entre muitas referências, Jung 1966: § 150). O *homo religiosus* é de modo algum uma criatura excepcional. De fato, todo mundo tem, até certo ponto, uma inclinação religiosa, pelo menos implicitamente. A função religiosa é uma espécie de instinto mitopoético, e evidencia a tendência intrínseca da humanidade a criar mitos. Essa função se manifesta sempre que as pessoas fazem cultura e tentam descobrir significado. Ela surge espontaneamente em indivíduos, e pode ser estudada nos registros históricos de religiões e nas práticas rituais de todos os seres humanos em todos os períodos do tempo.

Também nos tempos modernos, a função religiosa continua a mostrar seus efeitos. Uma vez que eles podem estar vestidos nos nossos modismos contemporâneos do pensamento e da imaginação, frequentemente não são reconhecidos como fenômenos religiosos. Num artigo tardio intitulado "Um mito moderno sobre coisas vistas no céu", Jung (1958) discutiu as frequentes "observações" de naves espaciais extraterrestres circulares como uma evidência de que um novo mito estava sendo elaborado na psique coletiva dos ocidentais. Sempre que os humanos confrontam o desconhecido – nesse caso, o "espaço exterior" e a perspectiva de explorá-lo ou de ser confrontado por seus habitantes –, imagens arquetípicas e padrões psicológicos são projetados e experimentados. A manifestação dessas imagens primordiais, entretecidas em estruturas narrativas típicas comuns às mitologias desde tempos imemoriais, representa a ativação da função religiosa conforme os humanos tentam mapear o território para além das fronteiras do conhecido. A morte é outra fronteira desse tipo, e imagens arquetípicas da vida após a morte são geradas nessas regiões fronteiriças para que se conquiste alguma espécie de domínio consciente sobre o mistério da morte.

Assim também, quando uma pessoa entra em análise, um espaço para projeções se abre e se torna disponível para que a função religiosa seja estimulada a entrar em ação. A princípio, este é um território desconhecido. A realidade da análise é e permanece em grande medida um enigma, assim como a noção geral de "o inconsciente" da qual derivam muitas interpretações. Os aspectos do mundo interior que estão além do alcance da mera reflexão e introspecção apresentam um enigma desafiador. Muita coisa precisa ser conscientizada e solucionada. Conforme entramos nesse terreno, torna-se evidente que mais do que lembranças e associações pessoais se escondem lá. Fatores dinâmicos peculiares entram em jogo na transferência e por meio de eventos sincronísticos que não podem ser facilmente explicados ou compreendidos. Na análise, uma pessoa está entrando em uma *terra incógnita*, e por isso projeções arquetípicas são evocadas.

Como Jung observou, a função religiosa está presente e ativamente em operação no relacionamento analítico, elaborando-se tipicamente na transferência. É instrutivo notar que, quando Jung introduz a noção de arquétipos em sua obra seminal *Two Essays in Analytical Psychology* (1966), ele o faz discutindo a transferência. O analista é mitologizado na psique do analisando porque a realidade do analista permanece mais ou menos escondida e recoberta em obscuridade ao longo do tratamento analítico. Imagens arquetípicas (p. ex., o herói ou demônio, o salvador ou o guru) e temas (como partir para uma aventura, atravessar o mar aberto) se entrelaçam na experiência concreta deste encontro humano íntimo.

A psique do analisando responde ao analista e ao espaço analítico, caracteristicamente, ao projetar neles traços míticos. A moldura física e mental do ser humano conduzindo sessões analíticas é maculada ou embelezada com conteúdos do inconsciente pessoal do analisando e do inconsciente coletivo. Algo estranho, escondido, e por vezes até numinoso é percebido e sentido como estando em operação na análise. Conforme um "campo analítico" se desenvolve, o espaço físico no qual a análise acontece se torna altamente simbólico na percepção e no sentimento do analisando. Objetos tais como como lâmpadas e decorações de parede podem ser investidos de valor simbólico numinoso. Às vezes, esse aspecto da análise é vividamente exposto em sonhos, que podem retratar o analista como uma figura mítica, maior do que a vida, com traços demoníacos ou divinos. (Isso não difere em nada do tipo de projeções coletivas que recaem sobre celebridades e líderes políticos. Também estas revelam a função religiosa em ação, para o bem ou para o mal.)

Jung colocou a função religiosa no mesmo nível do "instinto", tão imperioso e onipresente quanto a sexualidade, a agressividade ou a fome. A função religiosa, tal como Jung a entendia e escreveu a respeito dela, gera projeções arquetípicas e experiências de numinosidade usando objetos e coisas bastante ordinárias do mundo ao redor. Seguindo o entendimento de Rudolf Otto da experiência religiosa em *A ideia do sagrado*, Jung compreendeu-a como a experiência do *numinosum*, e definiu a "atitude religiosa" como uma atitude que compele a pessoa a prestar atenção cuidadosa e escrupulosa a um "agente ou efeito dinâmicos não causados por um ato arbitrário da vontade" (Jung 1937: § 6) mas pelos "poderes" que estão além do mundo visível e conhecido e criam efeitos numinosos dentro dele. A atitude religiosa e a função religiosa caminham de mãos dadas conforme o indivíduo desenvolve sensibilidade para manifestações da dimensão arquetípica do inconsciente. Segundo Jung concebia a atitude religiosa, ela não é primariamente defensiva na medida em que seu objetivo e propósito não são fundamentalmente afastar a angústia sobre insegurança ou morte. Antes é observadora e respeitadora dos aspectos arquetípicos da experiência, que os povos religiosos tradicionais normalmente atribuem à ação de um Deus objetivo. (É evidentemente bem conhecido que a religião pode ser usada para propósitos defensivos, mas seu propósito real é conservar e respeitar os poderes e, com seus rituais, reproduzir a numinosidade que geralmente está em seu ponto de origem.)

Jung usou ambas as derivações possíveis da palavra "religião". Por um lado, ela pode ser vista como originando-se no latim *relegere*, significando "juntar, ler atentamente"; alternativamente, e talvez mais precisamente, se considera que ela derive de *religare*, significando "ligar fortemente" (Onions 1966: 754). (No linguajar católico, um "religioso" é alguém "ligado" por votos.) Jung empregou ambas as opções: a "atitude religiosa" (a partir de *relegere*) implica prestar "atenção cuidadosa e escrupulosa" à experiência numinosa; a "função religiosa" (a partir de *religare*) liga ou vincula a consciência do ego e os níveis arquetípicos do inconsciente.

Jung considerava a ligação vital entre o ego e o nível arquetípico da psique, mais tarde denominada "eixo ego/si-mesmo" por Erich Neumann e Edward Edinger, essencial para a saúde mental. Isso forma o próprio fundamento e a precondição necessária para a completude humana. A neurose ocorre quando essa ligação é perturbada, ou seja, quando o ego consciente se desvia de seu ancoradouro e se precipita num estado de alienação interior em relação ao si-mesmo, a fonte e fundamento psíquicos de sua existência. Jung chamou esta condição patológica de "unilateralidade". A função religiosa chama uma pessoa de volta à fonte, e assim o esforço intato da psique por sua própria saúde e completude está intimamente relacionado à função religiosa.

Uma vez que o objetivo da análise, tal como Jung a praticou e ensinou, é estimular a completude psicológica, seu propósito coincide com o objetivo da função religiosa. Ambas buscam estimular e promover a completude psicológica criando e mantendo uma conexão forte e vital entre o ego consciente e o fundamento interior de sua existência, as imagens arquetípicas primordiais do inconsciente coletivo, no centro do qual está o si-mesmo.

Como um comentário à margem aqui, vale notar que Jung (e a maioria dos analistas depois dele) acreditara frequentemente que os analisandos tinham se apropriado e utilizado dos ensinamentos e estruturas da religião estabelecida para, na verdade, frustrar a operação da função religiosa. A prática da religião organizada atravanca a função religiosa quando é usada defensivamente ou tomada concretamente demais e aplicada pelas operações defensivas do ego. Ao invés de ajudarem as pessoas a fazerem e manterem um contato vital com as imagens primordiais da psique, as crenças e práticas religiosas podem ser mal-utilizadas pelas pessoas, primordialmente para se defenderem contra a angústia do abandono e os medos de aniquilação. Se a crença religiosa oferece uma doutrina consoladora e tranquilizadora da vida eternal para seus adeptos, por exemplo, eles podem cair na armadilha da dependência infantil de padres e de autoridades religiosas que controlam os instrumentos da graça. Nesse caso, a análise procura desfazer os efeitos de hábitos religiosos que estimulam traços neuróticos e padrões de comportamento tais como transtornos obsessivo-compulsivos ("escrupulosidade"), reações de culpa exageradas para supostos pecados, medo de castigo por figuras parentais, dependência infantil de outrem e assim por diante. As religiões não são panaceia para a doença mental. Pelo contrário, podem exacerbá-la, se não mesmo encorajá-la ou mesmo criá-la. Líderes religiosos são famosos por traumatizarem as pessoas com crenças e regras disciplinares.

Análise e Modernidade

A análise surgiu dentro do contexto cultural e histórico da Modernidade (para uma excelente discussão disso, cf. Homans 1995). Aqui ela encontrou seu papel especial como um método para a "cura de almas". A análise, como uma profissão distinta da psiquiatria médica, nunca teria prevalecido em uma cultura tradicionalmente religiosa, que cobre as contingências de sentido à sua própria maneira e oferece outros métodos de lidar com o conflito mental e a angústia emocional. Até os dias de hoje, a análise prospera apenas onde a Modernidade lançou raízes profundas e moldou expectativas culturais e angústias concomitantes. As sociedades tradicionais, e as partes mais tradicionais das sociedades modernas, são geralmente inóspitas à profissão analítica. De fato, muitos tradicionalistas e fundamentalistas religiosos consideram a análise subversiva e perigosa.

Jung tinha uma aguda consciência de seu contexto cultural e comenta sobre isso em muitos lugares de seus escritos. Geralmente, as pessoas que iam até ele e a seus seguidores e alunos eram "pessoas modernas". Ou seja, não eram religiosas no sentido familiar do termo, embora muitas delas tivessem crescido em famílias e entornos tradicionalmente religiosos, como o próprio Jung. Em sua própria análise do contexto cultural em que se viu trabalhando como médico e analista, Jung seguiu a distinção bem conhecida entre culturas tradicionais e modernas. As tradicionais se enraízam e se baseiam em mitos religiosos, enquanto a cultura moderna cresceu a partir de uma crítica racional ("iluminada") da religião com suas imagens míticas e pressupostos metafísicos. Como Karen Armstrong escreveu tão convincentemente no livro *Em nome de Deus*, usando a útil distinção de Johannes Sloek (1996) entre *mythos* e *logos* enquanto formas de pensamento, as culturas tradicionais se fundamentam no *mythos*, e a cultura moderna se baseia no princípio do *logos* (Armstrong 2001). A análise se originou e continua a ter seu lar principalmente na cultura do *logos* da Europa pós-iluminista, ou seja, na Modernidade. Jung considerava-se um kantiano no sentido de que aceitava a crítica da razão pura e do conhecimento metafísico feita por Kant. Jung não acreditava que se possa provar a existência de Deus ou que a teologia tenha acesso a um conhecimento especial ("revelação") sobre a natureza do cosmos. Como a maioria das pessoas ao redor dele, ele subscrevia a abordagem científica do conhecimento. Ele era "moderno".

Os problemas religiosos e espirituais que Jung abordava em seu trabalho prático com pacientes e em seus escritos eram aqueles de pessoas modernas que tomaram distância das crenças da tradição religiosa. Elas não mais estão contidas religiosamente em um sistema de crença definido e devem fazer seu próprio caminho espiritualmente dentro de uma cultura orientada cientificamente que oferece pouca orientação em questões de natureza espiritual. A Modernidade rejeita (se não ridiculariza) todos os padrões de pensamento e de comportamento baseados em mitos. A grande vantagem da cultura científica moderna é que ela funciona. Ela produziu um constante aprimoramento na eficácia técnica de ferramentas e instrumentos poderosamente capazes de moldar e transformar a natureza. Elas falham, porém, em entregar o que as culturas do *mythos* podem, ou seja, um senso de destino pessoal e de significado dentro de um enquadramento da história e de um sistema simbólico cosmológico.

Jung combateu o viés da Modernidade contrário ao mítico e ao simbólico. O problema básico do "homem moderno em busca de uma alma" (o título de um dos trabalhos mais conhecidos de Jung em inglês) é a ausência de "alma". Não há nenhuma transcendência na Modernidade. Assim, o problema é que, sem a possibilidade de imaginar um significado pessoal num universo vasto, impessoal e totalmente material, a função religiosa fracassa e a completude psicológica se enfraquece como uma opção viável. Na Modernidade, o humano é geralmente visto como um mero fenômeno temporário num universo material temporal. A experiência religiosa, ou seja, a experiência do *numinosum*, acaba sendo interpretada como nada mais do que um surto emocional subjetivo baseado no fluxo arbitrário da química cerebral e de hormônios. Ela não contém nenhum valor intrínseco, e não aponta para nada além de si mesma. Não há símbolos verdadeiros em tal universo, apenas sinais e delírios. Este é o viés modernista.

Além disso, a pessoa moderna, uma vez inculcada com a visão de mundo científica e esclarecida (*logos*), considera impossível retornar à religião tradicional como uma fonte de significado. Uma adesão existencial ao mito se torna essencialmente impossível. A crença religiosa é indefensável de uma perspectiva científica. Diferentemente da cultura baseada no *mythos*, a cultura do *logos* opera estritamente com base na racionalidade científica, em que toda "verdade" é continuamente questionada e não há certezas permanentes. Não há fatos espirituais indiscutíveis, apenas teorias, e cada teoria está aberta à dúvida e à revisão. Portanto as pessoas modernas, assim parece, estão condenadas a viver uma vida de pobreza e de parcialidade psicológicas em meio à plenitude material, sem a opção da totalidade porque a função religiosa foi desativada. Elas não podem criar uma ligação efetiva com os arquétipos numinosos do inconsciente coletivo. Elas devem viver uma estéril existência egoica, sem deuses, sem significado transcendente e impermeável a qualquer acesso às camadas mais profundas da psique. Elas não têm nenhum mito pelo qual viver e estão amaldiçoadas a se virar assim.

Este é o dilema que Jung buscou abordar na análise. A totalidade é possível para pessoas modernas? Há um modo de permitir que a função religiosa cumpra sua tarefa psicológica natural dentro da cultura da Modernidade?

A função religiosa

Como as pessoas podem ser espirituais e ao mesmo tempo manter suas conexões culturais com a Modernidade e seu compromisso com a abordagem científica do conhecimento? A partir desta questão floresceram muitas das afirmações escritas de Jung sobre a relação entre a análise e a função religiosa. Em trabalhos como "Psicanálise e religião", "A vida simbólica", "Relações entre a psicoterapia e a direção espiritual", "Psicanálise e direção espiritual" e "Um estudo do processo de individuação", Jung formulou a defesa do cuidado às necessidades espirituais dos homens e mulheres modernos dentro do enquadramento da prática analítica. (Em tempos recentes, o termo "espiritual" substituiu "religioso" para diferenciá-lo das formas e práticas religiosas tradicionais). Para muitas das pessoas que o procuraram para tratamento psicológico, Jung afirmou mais de uma vez, o maior problema não era médico, mas espiritual. Isso recaiu no problema da ausência de significado e falta de contato com o arquetípico. Eles estavam sofrendo da falta de completude porque a função religiosa não estava operando efetivamente. Eles estavam alienados de suas próprias raízes psicológicas, sem ancoradouro interior, à deriva no mar aberto da Modernidade sem uma bússola. Jung também veio a reconhecer que os sintomas neuróticos podiam ser uma expressão de necessidades espirituais insatisfeitas, e, portanto, eram frequentemente a expressão distorcida de uma função religiosa em funcionamento precário. Ele ocasionalmente afirmou que as pessoas deveriam ser gratas a suas neuroses, porque estas as impediriam de ir ainda mais longe na unilateralidade racionalista. A neurose paradoxalmente as traz de volta a si mesmas e à observação cuidadosa e escrupulosa dos poderes em ação na psique que não podem ser controlados pelo ego. A neurose é, ironicamente, um tipo moderno de atitude religiosa. Woody Allen seria um exemplo emblemático deste estado de coisas.

Independentemente do que possa acontecer na superfície da vida consciente, Jung teorizou, a função religiosa pode estar ainda ativa no inconsciente. Ele então recrutou sonhos para estudar a função religiosa em operação dentro do inconsciente de pessoas científicas modernas, com base na teoria de que os sonhos oferecem uma espécie de raio-X do que está acontecendo sob a superfície no inconsciente. Em um desses estudos, apresentado como uma interpretação de uma série de sonhos em *Psicologia e alquimia*, Jung procurou demonstrar o movimento teleológico da psique rumo a símbolos da completude. O sonhador era um "homem moderno" com elevadas credenciais científicas (hoje sabemos que era o físico Wolfgang Pauli), e que estava sob tratamento psicológico de uma aluna de Jung. Nessa obra, Jung argumentou que a função religiosa poderia ser detectada na produção de símbolos oníricos. Em seu comentário, ele nada diz sobre os aspectos pessoais do "caso". Ele se atém às imagens dos sonhos e as liga em uma cadeia de peças que levam a vários símbolos altamente numinosos do si-mesmo.

Também em sua própria prática analítica, Jung frequentemente observou os sinais de uma espiritualidade obstruída nos sonhos de pacientes, bem como na transferência arquetípica. Além disso, seu método da imaginação ativa, conforme usada em conjunção com a análise de complexos, sonhos e transferência, se tornou um tipo moderno de disciplina espiritual, semelhante aos Exercícios Espirituais de Santo Inácio de Loyola, ou às práticas meditativas de algumas tradições religiosas orientais. Na experiência analítica, uma pessoa poderia descobrir e recobrar a função transcendente.

O que Jung fez na análise com pacientes se tornou um meio de abrir a pessoa moderna à função religiosa ativa dentro do inconsciente. Se os "fatos" do inconsciente, tais como ficam disponíveis por meio de sonhos e da transferência, são cuidadosamente acompanhados e observados no curso de uma análise detalhada, o analisando entra em contato com o *spiritus rector* (i. é, a função espiritual) que reside inerentemente dentro da psique. Este contato propicia uma ruptura das modernas defesas contra o espiritual (o viés cultural da Modernidade) e abre o caminho para um novo tipo de percepção espiritual e religiosa fora de quaisquer tradições religiosas definidas. A análise se tornou para Jung uma estrada para contornar o impasse espiritual criado pela Modernidade.

Seguidores de Jung: os junguianos e os pós-junguianos

Essa estrada se tornou fortemente trafegada por seguidores de Jung, que expandiram os *insights* originais dele e transportaram seu modelo de análise para muitas outras áreas do mundo. Mesmo uma revisão modesta e rápida da bibliografia junguiana no tema da espiritualidade e da função religiosa na análise comporta uma infinidade de títulos e de autores. Entre os mais notáveis na primeira geração de junguianos esteve C.A. Meier (1977), cujo livrinho *Jung's Analytical Psychology and Religion* resume belamente as visões de Jung e os mínimos acréscimos dos primeiros junguianos. Muitos outros junguianos bem conhecidos também contribuíram para este tópico: Gerhard Adler, Barbara Hannah, Esther Harding, Jolande Jacobi, Aniela Jaffé, James Kirsch, M.L. von Franz, para nomear apenas alguns dos mais destacados. O *Guild for Pastoral Psychology* em Londres – para a qual o próprio Jung proferiu uma palestra em 1939, intitulada "A vida simbólica", James Kirsch ofereceu a primeira palestra impressa em panfleto sobre "O aspecto religioso do inconsciente" e Michael Fordham (que não era conhecido por uma ênfase na função religiosa) deu a quadragésima sexta palestra em folheto sobre "Psicologia analítica e experiência religiosa"– tem patrocinado palestras anuais sobre o tema da psicologia analítica e espiritualidade desde 1939. O número de folhetos publicados até agora chega a cerca de 300. Este é um indicativo do montante da atenção dada à função religiosa no curso das últimas sete décadas. Nem todos eles, é claro, têm a ver com a espiritualidade na análise, mas quase todos os trabalhos de junguianos pressupõem a análise como foro primordial no qual o espiritual ganha forma dentro do contexto cultural da Modernidade.

Com a era dos "pós-junguianos", que são geralmente identificados como aqueles que se seguem à primeira geração de "junguianos", uma mudança de tom e ênfase aconteceu, e um novo grupo de autores, com um diferente tipo de sensibilidade, entrou em cena. Os livros antigos de James *Suicide and the Soul* (1964) e *Insearch* (1967) deram o novo tom. Hillman conferiu ao termo "alma" uma definição psicológica e ampla credibilidade no mundo anglófono. Isso culminou com seu *best-seller The Soul's Code* (1997). Entre os pós-junguianos que seguiram a liderança de Hillman, a espiritualidade foi subsumida no termo "arquetípico", que foi sutilmente redefinido para significar "essencial" ou "importante", sem referência a "o inconsciente" ou a "os arquétipos do inconsciente coletivo". A "psicologia arquetípica" de Hillman também desafiou fortemente a noção de "monoteísmo" psicológico tal como representado pela centralidade do si-mesmo nos escritos de Jung e da primeira geração de seguidores. Ao invés disso, ele propôs abrir a psicologia ao "politeísmo" que apresentava um tipo de espiritualidade com uma multiplicidade de imagens e centros. Usando os mitos dos gregos como o modelo de sua versão da ação da função religiosa na psique, a aparição do espiritual dentro da análise se tornou mais amplamente disponível e generalizada. Atualmente incluiria também a aparição de imagens arquetípicas na consciência vindas seja de "o inconsciente", como nos sonhos, de "projeções", como na transferência, ou do mundo fenomênico da experiência cotidiana. A vida contemporânea na cidade e no cinema, em relacionamentos tais como o casamento e a amizade e na vida familiar, bem como na análise são investigadas quanto às imagens arquetípicas em jogo. Onde quer que estas fossem encontradas, haveria a ocasião para uma epifania passageira, um *insight* da psique como um *unus mundus* ou *anima mundi* subjacente a todo o mundo fenomênico. As portas da análise foram abertas e a psicologia profunda foi levada do consultório para o mundo mais amplo. Isso permitiu um tipo de ressacralização psicológica do mundo moderno, pois a construção de mitos poderia ser assumida por indivíduos com sensibilidade para a imagem e a estrutura arquetípicas. A espiritualidade se tornou um modo de ver, através de uma perspectiva arquetípica. Por sua vez, esta sensibilidade para a imagem arquetípica na experiência consciente foi levada de volta para a análise, onde se descobriu uma multiplicidade de campos arquetípicos sendo constelados na interface dinâmica de psiques dentro do *setting* analítico.

Da obra de Hillman derivaram os livros populares de Thomas Moore (p. ex., *Care of the Soul: A Guide for Cultivating Depth and Sacredness in Everyday Life*), as obras mais devocionais de Robert Sardello (p. ex., *Love and the World: A Guide to Conscious Soul Practice*), os livros e palestras psicológicas e teológicas de David Miller (p. ex., *The New Polytheism: Rebirth of the Gods and Goddesses*), e os livros de inclinação filosófica de Robert Romanyshyn (p. ex., *Mirror and Metaphor: Images and Stories of Psychological Life*).

Ao mesmo tempo, porém, outros pós-junguianos contemporâneos seguiram mais ortodoxamente os trabalhos de Jung e dos primeiros junguianos, e estenderam isso para a área clínica com importantes contribuições. Entre esses, talvez os mais notáveis tenham sido Ann Ulanov, professor de Psicologia e de Psiquiatria no Union Theological Seminary na cidade de Nova York (cf., p. ex., seu artigo "Spiritual aspects of clinical work"), e Edward Edinger, um dos decanos entre os analistas norte-americanos (cf. sua obra clássica *Ego and Archetype*). Além deles, Lionel Corbett fez uma importante intervenção com sua obra *The Religious Function of the Psyche*.

Uma abordagem crítica dos aspectos religiosos e espirituais na análise

O que torna a análise junguiana moderna diferente da análise tradicional é uma atitude crítica com relação à técnica e à interpretação, bem como a incorporação de perspectivas de figuras psicanalíticas modernas tais como Winnicott e Bion. Conforme a análise junguiana evoluiu desde a fundação de institutos de treinamento formal após a Segunda Guerra Mundial, um forte e contínuo debate teve lugar (e ainda persiste, até certo ponto) entre o que às vezes é referido como as abordagens clínica e simbólica ou a desenvolvimental e clássica da análise. Esta disputa, por vezes bastante áspera, moldou o pensamento de ambos os lados da divisão, e em termos recentes uma espécie de aproximação aconteceu na medida em que ambos os lados parecem agora se ouvirem e respeitarem mutuamente. Além disso, há hoje muitas "misturas" dos dois polos opostos, tentando incorporar as forças e minimizar os *deficits* de cada qual.

O modo como as falhas sísmicas apareceram foi o seguinte. Uma ênfase nos aspectos simbólicos (ou seja, arquetípicos e espirituais) era vista como característica da escola de Zurique e dos mais fortemente influenciados pelo próprio Jung. A crítica a isso, derivada, a princípio, da escola de Londres liderada por Michael Fordham e seus alunos, era de que tal abordagem deixava importantes traços do trabalho analítico escaparem, ao negligenciar os aspectos pessoais da transferência e do desenvolvimento infantil. Os analistas da escola de Londres, profundamente influenciados pela teoria das relações de objeto tal como vinha sendo elaborada na Inglaterra nas décadas de 1940 e 1950, procurou tornar a análise junguiana mais alinhada com a técnica e o entendimento psicanalíticos emergentes (ou seja, kleiniano e do Middle Group). A forte ênfase deles em uma maior frequência de sessões (quatro ou cinco por semana, *versus* o padrão de duas por semana do padrão de Zurique), o uso do divã ao invés do sentar-se frente a frente, a avaliação positiva da regressão na análise até à infância e a níveis infantis de transferência, e o trabalho detalhado com as fases desenvolvimentais primárias dentro do espaço estruturado da análise, tudo isso parecia contradizer a ênfase de Jung na experiência do numinoso, a elaboração do significado pessoal na vida do indivíduo e do destino voltado ao futuro, e o simbólico. Enquanto Jung enfatizava o aspecto religioso da análise na atenção cuidadosa e escrupulosa à atividade dos fatores arquetípicos em operação no processo analítico, os críticos atacaram sua aposta na interpretação dos sonhos e na ativação das camadas arquetípicas do inconsciente por meio da imaginação ativa e sua relativa negligência da transferência pessoal. Eles afirmaram que os analistas de Zurique ("clássicos") estavam perdendo de vista as dimensões mais importantes da análise, notadamente a reconstrução cuidadosa do desenvolvimento psicológico inicial e do apego entre pais e bebês, conforme reexperimentados na transferência. Em suma, a abordagem simbólica, eles argumentaram, não era aguda nem fundamentada o bastante, clinicamente. Ela não abordava as dificuldades psicológicas de pacientes que procuravam ajuda para suas condições neuróticas comuns, a maioria das quais girando em torno de seus relacionamentos.

A isso, os analistas simbolicamente orientados responderam que a chamada abordagem clínica falhava em deslindar o problema mais importante de todos, a saber, o estabelecimento da conexão ego/si-mesmo e a geração de um senso de significado pessoal. Faltava-lhe o elemento religioso, assim como à Modernidade, e, portanto, ela falhava em conectar o ego moderno ao transcendente, ao si-mesmo. Sem essa conexão, a completude é impossível. Uma pessoa poderia estar em análise por centenas de horas, poderia entender todas as razões para seu sofrimento baseado em traumas infantis, poderia se tornar mais racional e competente em relações humanas ordinárias, mas não estaria "curada" da doença do moderno, a saber, a falta de conexão com a função religiosa e com os símbolos que trazem o ego a um relacionamento mais consciente com o si-mesmo.

Conforme os debates aconteciam nos Congressos e publicações, os dois lados gradualmente começaram a ouvir um ao outro e mudanças aconteceram em ambas as partes. O grupo de Zurique se tornou menos arquetípico e simbólico, e o grupo de Londres começou a falar do Si-mesmo de um modo que poderia justificar o "S" maiúsculo. Uma importante figura de intersecção é Mario Jacoby, um analista didata sênior em Zurique, mas que fez parte de sua própria formação em Londres. Seu livro sobre a transferência, *O encontro analítico*, demonstra uma conjunção apaziguadora de perspectivas e técnicas clínicas e arquetípicas/simbólicas. De modo similar, Rosemary Gordon, uma das decanas da escola de Londres, escreveu obras que abraçam a atitude e a perspectiva simbólicas e as entrelaçam com uma sólida abordagem clínica em obras como "The symbolic experience as bridge between the personal and the collective" [A experiência simbólica como ponte entre o pessoal e o coletivo] e "Masochism: the shadow side of the archetypal need to venerate and worship" [Masoquismo: o lado sombrio da necessidade de venerar e cultuar]".

Hoje se tornou geralmente aceito na psicoterapia e na psicanálise que há uma necessidade humana legítima de experiência religiosa e que a função religiosa tem um papel saudável na vida psicológica. O sentimento religioso é mais do que simplesmente um remanescente da dependência infantil em relação às figuras parentais. A compreensão de Jung dos símbolos como ligações entre o racional e o irracional, que colocam o ego e o inconsciente num contato mais próximo, veio a ser entendida como não tão "mística" como era vista antes. De fato, em muitos círculos psicológicos e psicanalíticos, o misticismo se tornou menos demonizado e mais respeitado do que até meados do século XX. O misticismo não é necessariamente contraditório à racionalidade e praticidade. Ele pode até ser de extrema utilidade médica. Tem sido demonstrado experimentalmente que a oração "funciona" para ajudar pessoas a se recuperarem de doenças físicas. E hoje em dia muitos terapeutas aceitam a noção de que os seres humanos são naturalmente espirituais, se não forem bloqueados por preconceitos coletivos. A espiritualidade é vista como potencialmente uma parte da saúde mental, e não um sinal de doença.

Conforme os analistas junguianos ficaram mais críticos, a técnica e a interpretação também mudaram. Já não é tão fácil quanto antes fazer interpretações puramente redutivas ou puramente sintéticas. Há a percepção de que ambas as bases precisam ser abrangidas.

Além disso, somando-se à reflexão crítica sobre a espiritualidade e a função religiosa tal com ela entra na prática analítica, uma nova corrente de pensamento entrou na discussão dos elementos religiosos e espirituais na análise. Esse pensamento tem se centrado no potencial destrutivo das constelações arquetípicas dentro da psique e dentro do processo analítico. Em um artigo desafiador apresentado em 1985, Jeffrey Satinover afirmou que estruturas psíquicas arquetipicamente baseadas são compensatórias de *deficits* desenvolvimentais. Elas entram em jogo quando o cuidado ordinário ("suficientemente bom") não está disponível, e servem ao propósito de compensar o *deficit* ao oferecer figuras e projeções imaginais que servem ao propósito de fornecer reasseguramento apaziguador, proteção, conforto e presença. Nesta perspectiva, a função religiosa é vista como de natureza fundamentalmente defensiva. Esta perspectiva se originou da obra de Satinover sobre distúrbios de personalidade narcisistas, em que as fantasias de grandeza compensatórias substituem realizações efetivas a serviço de reforçar a autoestima. Semelhante atividade defensiva e por vezes altamente destrutiva e tóxica da parte de imagens e estruturas arquetípicas foi notada por Nathan Schwartz-Salant em seu livro sobre o narcisismo e em sua obra posterior sobre o distúrbio de personalidade *borderline*. Donald Kalsched ofereceu o clímax deste ângulo de visão em seu livro *The Inner World of Trauma*, onde argumenta que as defesas arquetípicas do si-mesmo surgem das experiências infantis precoces de trauma grave. O "sistema de autocuidado" que entra em jogo a partir de experiências de traumas psicológicos graves e precoces emprega defesas primitivas, arcaicas (i. é, arquetípicas) para garantir a sobrevivência psíquica do indivíduo por um lado, mas como doenças autoimunes que atacam o corpo, elas também têm o efeito desafortunado de minar e frequentemente destruir a viabilidade social e psicológica das pessoas que supostamente elas deveriam proteger. Estas são estruturas defensivas aparentemente impenetráveis e espinhosas enfrentando o analista que tenta trabalhar com vítimas de trauma precoce, que frequentemente apresentam graves distúrbios de personalidade *borderline*.

Esta visão de que a função religiosa tem um potencial negativo não é completamente sem referência na obra do próprio Jung. Ele reconheceu o lado sombrio do si-mesmo claramente em obras tais como *Resposta a Jó*, mas nem ele nem seus seguidores imediatos empregaram este *insight* em seu trabalho clínico com pacientes. Foi mais tarde, conforme os analistas começaram a trabalhar com distúrbios de personalidade narcisistas e *borderline*, que este aspecto da função religiosa começou a ser visto com clareza. (O mesmo fenômeno pode ser encontrado em reações sociais e políticas a situações de guerra e de trauma econômico. Sociedades e culturas mostram a mesma inclinação a defesas religiosas conforme buscam proteger suas identidades nacionais e culturais conturbadas. O "espírito do grupo" se torna o foco de ações defensivas, que frequentemente têm o efeito de traumatizar ainda mais as pessoas que supostamente receberiam proteção.)

Sobre a "espiritualidade negativa"

Analistas junguianos de todas as escolas atualmente são treinados para estarem abertos à manifestação da função religiosa na análise, manifeste-se ela positivamente em símbolos oníricos numinosos, por exemplo, ou negativamente nas defesas do si-mesmo. O que isso significa na prática? Fundamentalmente significa que os analistas são preparados para prestar "atenção cuidadosa e escrupulosa" aos fatores inconscientes em operação no processo analítico, que podem aparecer na forma de imagens oníricas relatadas, fenômenos de transferência e contratransferência, reações defensivas e qualquer outro "fenômeno de campo", tais como podem aparecer no "aqui e agora" da análise. Também é importante notar que os analistas são ensinados a se refrearem de "sugestões", e em sua formação eles não são encorajados a criarem "*enactments* espirituais" dentro do enquadre analítico. Esta combinação de abertura a emergências espirituais e religiosas (ou seja, arquetípicas) da psique, combinada com a abstinência de sugerir ou representar roteiros espirituais (tais como preces, citações de Escrituras, encorajamento de estados alterados de consciência dentro da sessão) é o que vim a chamar de "espiritualidade negativa". Com este termo, quero distingui-la da "espiritualidade positiva" que é praticada em ambientes religiosos como igrejas, templos, mesquitas etc., onde a ação ritual visa precisamente a suscitar ou evocar os poderes numinosos da dimensão arquetípica.

Os adjetivos "negativa" e "positiva" não denotam juízo de valor, mas sim a ausência ou presença de conteúdo. Essa distinção entre espiritualidade "negativa" e "positiva" se inspira na distinção de Isaiah Berlin entre dois tipos de liberdade. "Liberdade negativa" é liberdade de compulsões e coerções exteriores; "liberdade positiva" é liberdade para realizar um programa de ação. Na análise, praticamos a disciplina do vazio ("abstinência"), que estabelece um "espaço livre e protegido" (na boa expressão de Dora Kalff) para que a psique do analisando entre e se revele tão completamente quanto possível.

A análise se apoia em uma relação inerentemente assimétrica entre analista e analisando, porque o analista aceita a responsabilidade ética, profissional e legal pelo processo e é pago para isso, por um lado, e, o que é mais importante, porque é "para o paciente" e seu benefício, cura e crescimento psicológicos rumo à totalidade. O que o analista traz é treinamento (incluindo muitos anos de análise pessoal e supervisão), autodisciplina e respeito pela psique tal como ela se desdobra e revela seus *deficits* e potenciais. O analista deve permanecer mais ou menos livre de expectativas, pressões programáticas ou *enactemets* autogratificantes. Nesse contexto, não há analistas cristãos, judeus, hindus ou muçulmanos – há apenas analistas. Suas próprias posições religiosas, filosóficas ou mesmo teóricas (com exceção dos métodos empregados) positivas devem ficar entre parênteses quando do trabalho com analisandos individuais. O "espaço analítico", portanto, é idealmente vazio (negativo) até que entre material do analisando individual que vem a uma sessão. (Eu reconheço que este é um "ideal" a ser buscado, não um dado garantido ou mesmo algo plenamente alcançável. Todos os analistas, independentemente de suas convicções ou crenças pessoais, crescem em, e são profundamente influenciados por seus ambientes culturais, boa parte dos quais correspondendo ao *ethos* religioso prevalecente.)

Vou oferecer alguns exemplos clínicos para ilustrar como compreendo a espiritualidade negativa na análise. O primeiro é um caso no qual o espiritual apareceu como uma figura predatória perigosa à espreita, um anjo escuro. Um novo paciente trouxe um primeiro sonho à análise. Ele está tomando café da manhã no quarto de um hotel *resort*, e a janela está aberta. Lá fora, ele vê o oceano. Uma levemente forte brisa do mar esvoaça uma cortina branca no quarto. Eu peço a ele para descrever este detalhe mais cuidadosamente.

"É uma brisa suave", diz ele, "muito refrescante. Às vezes há uma rajada de vento e a cortina, você sabe, esvoaça", acrescenta, fazendo ampla gesticulação com os braços. "É um dia lindo e a brisa é um tanto forte, mas não ameaçadora. É um bom dia para praia, ou para velejar."

Conforme me conta isso, ele entra num leve estado de devaneio, e eu o sigo. Por um momento é como se eu tivesse entrado no sonho junto e posso quase sentir a brisa e saborear o ar salgado. Ele prossegue com associações para a imagem, e eu penso comigo mesmo: a janela está aberta, há acesso ao inconsciente, e o *timing* parece propício. Eu também penso: vento = *pneuma* = espírito. Algo ligeiramente espiritual está no ar. Ele também me conta que eu, o analista, apareço no sonho. Estou assistindo-o tomar o café da manhã, e ele quer saber se eu serei crítico a ele. Então percebo que há uma transferência potencialmente negativa já em operação, e que eu posso facilmente me transformar em uma figura parental julgadora.

Várias semanas depois, ele trouxe um segundo sonho, que se tornou o centro de nosso trabalho analítico por meses. Nesse sonho, ele está em pé à beira de um grande rio. Novamente o elemento da água é central. Em torno dele e na água ele vê muitas mulheres e crianças brincando, se banhando e, de modo geral, relaxando. É uma cena pacífica, quase paradisíaca. Conforme ele entra na água e começa a nadar, nota o quão claro e limpo o rio está. Ele pode ver o fundo, e gosta do sentimento refrescante da água limpa em sua pele desnuda. Ele nada por uma grande distância e está para fazer uma curva quando subitamente depara com a forma de um grande tubarão branco deitado calmamente no fundo do rio, há uns 30 ou 40 pés abaixo da superfície. Ele fica chocado, rapidamente retorna e sai da água. Ele não pode entender como as mulheres e crianças parecem não se importar e continuam a nadar e brincar na água. Elas não veem o tubarão? Ou sabem que ele não é perigoso? Ou ele alucinou o tubarão e ele não é real? Ele não sabe.

Este sonho foi inquietante; mas, na verdade, não terrivelmente ameaçador. Ele associa o tubarão ao surto psicótico que teve ao se drogar muitos anos antes. Essa foi uma grande experiência traumática na sua vida. Sua vida foi completamente alterada por ela, e ele levou anos para recuperar a integridade do ego. No estado paranoide em que entrou durante a experiência com a droga, ele disse: "Estava congelado no olho de Deus. Não podia ver meu pecado. Deus estava apontando seu dedo acusador para mim. Eu *sabia* [disse com forte ênfase] que estava totalmente corrompido e podre. Tudo o que eu fazia era mau. Eu era o maior pecador do mundo. Apenas não havia mais ninguém por perto. Eu era tudo para o que Deus estava olhando, e seu julgamento era absoluto e definitivo".

O grande tubarão branco – um predador psíquico – tinha uma vez atacado e devastado seu ego. Para ele, esta foi uma experiência espiritual de primeira ordem, mas também resultou em uma reação gravemente patológica. O lado furioso e rejeitador de um terrível Deus de julgamento apareceu na experiência com a droga, e seu ego enfraquecido ficou gravemente traumatizado. No nível pessoal, ele pôde associar a isso cenas infantis de reprimendas e brutalidade por parte de um pai alcoólatra. Seus pais não eram confiáveis. Coisas imprevistas e ameaçadoras podiam acontecer subitamente e sem aviso.

"Foi por isso que saí do rio da vida", disse, se referindo à *bad trip* com a droga. "Minha vida parou naquele momento. Eu quis voltar a ser a pessoa que eu era antes do ataque, mas não pude. Eu fui preso por este conhecimento de que Deus me tinha em sua visão e de que eu era totalmente mau. E eu não podia imaginar por que outras pessoas não eram igualmente devastadas por este conhecimento". O famoso pregador puritano Jonathan Edwards teria reconhecido esta crise espiritual como algo familiar.

Nesta imagem onírica do tubarão latente, produzida dentro do contexto da análise muitos anos depois, nos foi dado acesso de volta a um evento traumático e a um ego traumatizado. O sonho aponta o fator arquetípico subjacente, o lado sombrio do si-mesmo. A presença desta força potencialmente traumática no inconsciente continuou a assombrá-lo nos anos seguintes. E agora ingressa no espaço analítico, olhando de modo leve e dócil no momento, mas potencialmente explosivo e perigoso. Talvez ela possa ser domada e metabolizada por meio de reflexão e se torne mais benigna pela experiência da transferência.

O trabalho com esta culpa e medo patológicos da retribuição divina, experimentados no surto psicótico e imaginados pelo sonho do tubarão, mostrou evidências de alguma melhoria (i. é, normalização) em outro sonho (tb. arquetípico) que ocorreu um ano depois. Ele sonhou:

> Uma estranha aranha, tendo três partes no seu corpo (uma cabeça, um tórax e um corpo de aranha propriamente dito), está sentada em uma esfera de plástico, que é um recipiente côncavo cheio de líquido do qual ela pode se alimentar [cf. o desenho do paciente, fig. 8.1]. Essa esfera está pendurada na varanda da frente de uma casa, perto da entrada. Eu vivo na casa com outras pessoas, talvez membros da família. A aranha parece sintética, mas está viva e é real. As patas são ocas, a cabeça é azul e esférica e alguns elementos parecem meio que abstratos. É uma aranha feminina, uma mãe com filhos. A aranha está completamente feliz, maravilhada e totalmente viva, fazendo o que é preciso ser feito. Subitamente e sem provocação, eu a mato. Arranco quatro das suas patas. Ela faz uma careta em agonia conforme eu destruo por completo seu pequeno mundo. Então eu fito a

esfera e vejo que a aranha não está mais lá, fico muito chateado de ver que seu lugar está vazio. Alguém na casa pergunta: "Cadê a aranha?" A aranha é evidentemente insubstituível. Sinto-me terrível por tê-la matado, e percebo que algo essencial desapareceu da casa. Sinto-me muito deprimido quando acordo.

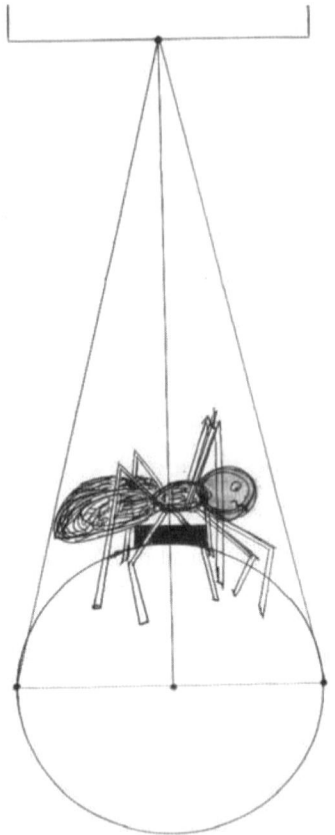

Figura 8.1 – Desenho de uma aranha onírica

Este sonho foi compreensivelmente muito perturbador para o analisando (e para mim), e nós passamos várias sessões refletindo sobre ele. O analisando temia ter feito algum dano irreparável a si mesmo, a sua totalidade e a seu equilíbrio psicológico. Talvez tivesse até destruído o si-mesmo, se perguntou? Seu ato gratuito de destrutividade foi uma surpresa para ele tanto quanto para mim. Ele é uma alma bondosa e gentil, ambientalmente sensível e acolhedora. Remexendo este sonho como pudemos, explorando cada faceta e caminho extensamente e em grande detalhe, nada deu um "clique" para ele, e nós dois permanecemos insatisfeitos com a interpretação. Umas seis semanas depois ele teve outro sonho que ofereceu a resposta satisfatória. Foi um sonho simples, no qual se fazia referência à aranha onírica, e a frase "RESPEITO À ALTERIDADE" apareceu e foi registrada. O pensamento foi de que a aranha, vivendo em seu próprio mundo, representava a "alteridade" radical. A palavra "respeito" girou a chave na fechadura do significado. A partir de experiências como essa nasceu o que Hester Solomon chamou de "a atitude ética". É uma atitude fundada na percepção e no respeito pelo "outro". Mas o sonho vai até mais longe, para defender respeito pela "alteridade" em si. Isso é precisamente o que Jung entendia pelo termo "religioso", que se baseia na "atenção cuidadosa e escrupulosa" (i. é, no respeito) para com a alteridade, para com os fatores em operação na psique e no mundo que estão além do entendimento do ego, com os quais o ego não pode se identificar a não ser por meio do delírio e da insanidade. Seguindo Kierkegaard, podemos dizer que o "religioso" tem um alcance até mesmo para além das dimensões "éticas" da experiência e da maturidade psicológicas para abraçar o respeito pela alteridade em si conforme se torna manifesta no numinoso. Esses sonhos se tornaram o professor da atitude religiosa.

Eu ofereço isso como um exemplo não de brilho clínico ou interpretativo da minha parte ou da dele. É antes um exemplo do que quero dizer por "espiritualidade negativa", que é afim à "capacidade negativa" defendida por John Keats e recomendada aos poetas. Um sonho propôs um enigma, e o outro solucionou o enigma. A tarefa do analista aqui é simplesmente manter o espaço aberto o bastante para receber e conviver com a frustração e a ambiguidade de não saber a resposta até que a psique ofereça sua própria solução.

Outro exemplo clínico de como a espiritualidade negativa desempenha um papel na análise é o seguinte. Um paciente que eu vinha atendendo por um pouco mais de um ano trouxe um sonho que o surpreendeu totalmente. É, a meu ver, um exemplo da liberdade e do gênio do espírito inconsciente para revirar nossas atitudes conscientes de ponta-cabeça. Essa também é a tarefa da função religiosa. O contexto do sonho foi extraordinário. O analisando me contou que teve o sonho enquanto estava sentado no hospital esperando que a filha desse à luz o terceiro bebê dela. Ele e a esposa não estavam satisfeitos pela filha ter essa criança – ela não estava casada e não tinha meios para sustentar-se e às outras crianças, quanto mais essa outra. O pai do bebê tinha desaparecido. Ela tinha se recusado a abortar e insistiu em levar a gravidez até o fim. Assim ele estava às duas da manhã, esperando com ela, até que fosse levada à sala de parto. Ele caiu no sono no banco e sonhou que estava no quarto de hospital de sua filha. Algumas mulheres estavam em torno e arrumando coisas. Subitamente ele teve uma visão (no sonho), e na visão ele vê umas vinte pessoas de pé em torno da cama da filha e esperando que o nascimento aconteça. Elas estão aqui para celebrar este evento *alegre*. Então ele percebe que reconhece todas essas pessoas. Cada uma delas é alguém que ele conhece do passado. Ele investiga seus rostos – há seu amigo íntimo da infância, há seu amigo da escola, há seu ex-orientador, e assim por diante. Ele conhece todo mundo. Na visão onírica, eles têm as idades em que estavam quando ele os conhecia. Ele fica em êxtase e cheio de alegria, por perceber que, embora algumas dessas pessoas na verdade já tenham morrido, elas ainda estão aqui e voltaram a estar com ele no nascimento de seu novo neto. Ele é vencido pela gratidão e chorando de alegria por estar de novo com seus amigos, quando sua filha o acorda e diz que é hora de entrar e dar à luz.

Este sonho/visão de uma rede viva de relações, de ligações entre passado (amigos da infância), presente (a situação no hospital) e futuro (o novo neto, símbolo de futuridade) é semelhante a visões místicas da interconexão de todas as coisas e seres no cosmos, visíveis e invisíveis. Em tais momentos temos o privilégio de transcender nossas limitadas visões e preferências egoicas. A posição do ego é relativizada. O ego deixa de lado suas preocupações limitadas e imediatas conforme uma perspectiva maior se impõe. O sonho ajudou esse homem a mudar de atitude com relação à sua filha e neto.

A espiritualidade que surge na análise é espontânea, surpreendente e quase sempre contrária às limitadas atitudes e expectativas do ego. Isso só é possível se o analista pratica a espiritualidade negativa e não preenche o continente analítico com conteúdo e procedimentos positivos. A psique do paciente faz o trabalho necessário.

Outra vinheta clínica ilustra a aparição da função religiosa por meio de um evento sincronístico relatado em análise. A sincronicidade é a coincidência significativa de fatores subjetivos e objetivos. Mais frequentemente, este momento de exposição à surpreendente conectividade das coisas internas e externas deriva do contexto de um relacionamento humano íntimo. Um paciente, sem nenhum traço de mentalidade mística, e que se esforçava para ser um homem moderno, racional e cético o tempo todo, relatou um acontecimento inusitado. Ele ficou perplexo com um incidente acontecido no dia anterior à sessão. Sua filha tinha ligado para ele de outro país e contou-lhe sobre um acidente quase que fatal que sofrera ao dirigir um velho carro alugado em uma estreita estrada de montanha. Um pneu do seu veículo estourou e quase a fez deixar a estrada e despencar para a morte no desfiladeiro profundo. Ela estava abalada, mas OK. Ele estava contando este terrível evento para outro filho enquanto estavam indo de carro ver um *show*. Bem quando ele estava para falar do estouro no carro dela, um dos pneus do seu próprio carro estourou com um barulho horrível e com uma tal força que o aro da roda instantaneamente ficou triturando o asfalto. Ele ficou estupefato. A rede oculta de relações de objeto, que incluem os domínios psicológico e físico das nossas vidas, às vezes mostra sua presença de modos chocantes. Se pudéssemos ver toda a extensão disso, veríamos que somos cada qual conectados por fios num grande tecido cuja extensão e *design* íntimo ultrapassam nosso entendimento e que nos tocamos uns aos outros de modos estranhos e em lugares surpreendentes. O resultado de tal experiência sincronística é uma convicção de que há fatores invisíveis em ação nos bastidores, e que não podemos controlar nem entender. Se prestarmos atenção a eles, estamos engajados no que Jung chamou de a atitude religiosa.

Referências

Armstrong, K. (2001). *The Battle for God*. Nova York: Balantine Books.

Berlin, I. (2002). *Liberty*. Oxford/Nova York: Oxford University Press.

Corbett, L. (1996). *The Religious Function of the Psyche*. Nova York: Routledge.

Edinger, E. (1984). *The Creation of Consciousness*. Toronto: Inner City.

_____ (1972). *Ego and Archetype*. Nova York: Putnam.

Geoghegan, W. (2002). *Jung's Psychology as a Spiritual Practice & Way of Life*. Lanham/Oxford: University Press of America.

Gordon, R. (1987). "Masochism: the shadow side of the archetypal need to venerate and worship". In: *The Archetype of Shadow in a Split World*. Einsiedeln: Daimon, p. 283-295 [Tenth International Congress of Analytical Psychology. Berlim, 02-09/09/1986].

_____ (1977). The symbolic experience as bridge between the personal and the collective. *Journal of Analytical Psychology*, 22 (4), p. 331-343.

Hillman, J. (1997). *The Soul's Code*: In Search of Character and Calling. Nova York: Warner Books.

_____ (1971). "Psychology: monotheistic or polytheistic?" In: *Spring*, 193-207 (Nova York: Spring).

_____ (1967). *In search*: Psychology and Religion. Nova York: Charles Scribner's Sons.

_____ (1964). *Suicide and the Soul*. Londres: Hodder and Stoughton.

Homans, P. (1995). *Jung in Context*: Modernity and the Making of a Psychology. Chicago: University of Chicago Press.

Jacobi, J. (1965). *The Way of Individuation*. Nova York: New American Library.

Jacoby, M. (1984). *The Analytic Encounter*: Transference and Human Relationship. Toronto: Inner City.

Jung, C.G. (1968). *Psychology and Alchemy* [CW 12] [*Psicologia e alquimia*. Petrópolis: Vozes, 2011].

_____ (1966). *Two Essays in Analytical Psychology* [CW 7] [*Psicologia do inconsciente*. Petrópolis: Vozes, 2011 – OC 7/1].

_____ (1958). "Flying saucers: a modern myth of things seen in the skies" [CW 10, § 389-824] [*Um mito moderno sobre coisas vistas no céu*. Petrópolis: Vozes, 2011 – OC 10/4].

_____ (1952). *Answer to Job* [CW 11, § 553-758] [*Resposta a Jó*. Petrópolis: Vozes, 2011 – OC 11/4].

_____ (1937). *Psychology and Religion* [CW 11, § 1-168] [*Psicologia e religião*. Petrópolis: Vozes, 2011 – OC 11/1].

_____ (1932). "Psychotherapists or the clergy" [CW 11, § 488-538] ["Relações entre a psicoterapia e a direção espiritual". Petrópolis: Vozes, 2011 – OC 11/6].

_____ (1922). "Psychoanalysis and the cure of souls". Princeton: Princeton University Press [CW 11, § 539-552] ["Psicanálise e direção espiritual". Petrópolis: Vozes, 2011 – OC 11/6].

Kalsched, D. (2003). Daimonic elements in early trauma. *Journal of Analytical Psychology*, 48 (2), p. 145-170.

_____ (1996). *The Inner World of Trauma*: Archetypal Defenses of the Personal Spirit. Londres/Nova York: Routledge.

Meier, C.A. (1977). *Jung's Analytical Psychology and Religion*. Carbondale/Edwardsville: Southern Illinois University Press.

Miller, D. (1974). *The New Polytheism*: Rebirth of the Gods and Goddesses. Nova York: Harper and Row.

Moore, T. (1994). *Care of the Soul*: A Guide for Cultivating Depth and Sacredness in Everyday Life. Nova York: HarperCollins.

Neumann, E. (1954). *The Origins and History of Consciousness*. Nova York: Pantheon.

Onions, C.T. (org.) (1966). *The Oxford Dictionary of English Etymology*. Oxford: Clarendon.

Otto, R. (1923). *The Idea of the Holy* [trad. J.W. Harvey]. Oxford: Oxford University Press.

Romanyshyn, R. (2001). *Mirror and Metaphor*: Images and Stories of Psychological Life. Pittsburgh: Trivium.

Sardello, R. (2001). *Love and the World*: A Guide to Conscious Soul Practice. Great Barrington: Lindsfarne.

Satinover, J. (1985). "At the mercy of another: abandonment and restitution in psychosis and psychotic character". In: Schwartz-Salant, N. & Stein, M. (orgs.). *Abandonment*. Wilmette: Chiron, p. 47-86.

Schwartz-Salant, N. (1989). *The Borderline Personality*: Vision and Healing. Wilmette: Chiron.

_____ (1982). *Narcissism and Character Transformation*. Toronto: Inner City.

Sloek, J. (1996). *Devotional Language*. Nova York/Berlim: Walter de Gruyter.

Solomon, H. (2001). Origins of the ethical attitude. *Journal of Analytical Psychology*, 46 (3), p. 443-454.

Ulanov, A. (1995). "Spiritual aspects of clinical work". In: Stein, M. (org.). *Jungian Analysis*. Chicago: Open Court.

9
Sincronicidade como emergência[1]

Joseph Cambray

> *O propósito da ciência não são as coisas em si mesmas,*
> *como os dogmáticos em sua simploriedade imaginam,*
> *mas as relações entre as coisas; fora dessas relações não há*
> *realidade cognoscível.*
> Poincaré, H. *Science and Hypothesis*, 1905.

Background histórico

Vários dos pioneiros em psicologia profunda se interessavam por aquilo que hoje seria considerado como um fenômeno anômalo. Por exemplo, o fascínio ambivalente de Jung, Freud e Ferenczi pelos médiuns espíritas é hoje bem conhecido. Jung escreveu sua dissertação médica "Sobre a psicologia e patologia dos fenômenos chamados ocultos" (1902) com base na análise de sessões espíritas de que participou, observando sua prima e médium Helly Preisewerk (Goodheart 1984). Ferenczi, cujo primeiro artigo, pré-psicana-lítico, foi sobre mediunidade, induziu Freud a juntar-se a ele em viagens de

---

1. Trechos deste capítulo foram publicados primeiramente em *American Imago* 59 (4), 2002, e aspectos da seção sobre o *background* histórico foram apresentados na conferência "Science and the Symbolic World". *Journal of Analytical Psychology*, abr./2003.
Como esta é uma publicação de uma série avançada, pressupõe-se que o leitor tenha familiaridade básica com as ideias de Jung. Além de sua monografia "Sincronicidade: um princípio de conexões acausais", o leitor desejoso de um *background* mais detalhado se beneficiaria lendo *Encountering Jung: Jung on Synchronicity and the Paranormal*, selecionado e introduzido por Roderick Main, e *C.G. Jung's Psychology of Religion and Synchronicity*, de Robert Aziz. Esses volumes têm ensaios críticos e eruditos sobre o tema. Para o leitor especializado, um texto essencial é *Synchronicity and Intellectual Intuition in Kant, Swedenborg, and Jung*, de Paul Bishop.

visita a vários médiuns. Assim, a partir das várias cartas entre esses pioneiros, agora publicadas, sabemos que Freud e Ferenczi foram encontrar a médium Frau Seidler em Berlim, em 1909, na viagem de volta dos Estados Unidos, tão logo Jung partiu para Zurique. Freud, que escreveu amplamente sobre telepatia, sobre o bizarro, sonhos e ocultismo (cf., p. ex., Rieff 1963; Devereux 1953), também comentou com Karl Abraham que sua irmã Anna possuía "sensibilidade telepática" (Falzeder 2002: 550).

O *background* desse interesse persistente tem várias origens, desde a habilidade de Mesmer em curar pacientes pelo uso de "magnetismo animal" – uma vitória sobre Gassner com seu método tradicional de exorcismo (Ellenberger 1970: 53-57) – ao surgimento do movimento espiritualista popular a partir de 1848 (Taves 1999), ao uso médico de técnicas hipnóticas propriamente ditas, especialmente na França em fins do século XIX. O emprego dessas técnicas por Jean-Martin Charcot permitiu a primeira diferenciação clínica de pacientes com doenças funcionais (sintomas com base psicológica) daqueles com problemas "orgânicos" (que apresentam deficiências primariamente neurobiológicas), e se tornou parte do regime de tratamento psicológico. Se mantivermos uma atitude de abertura aos dados clínicos, independentemente de sua "adequação" à teoria prevalente, então uma das mais imediatas e importantes fontes para o profundo fascínio psicológico com fenômenos anômalos pode ser remontada até a Society for Psychical Research (SPR) [Sociedade de Pesquisa Psíquica] que nos anos de 1880 iniciou uma série de experimentos de "transmissão de pensamentos". Frederic W.H. Myers, que foi um membro fundador da SPR, renomeou a "transmissão de pensamentos" com o neologismo *"tele-pathy"*, ou seja, telepatia (contato emocional a distância) no contexto das "tele-"tecnologias emergentes (sendo o telégrafo e o telefone as mais proeminentes). Myers em seus últimos trabalhos traçou paralelos entre suas próprias noções de uma "consciência subliminar" (derivada de trabalhos de Charcot) e o inconsciente de Freud – e Myers foi ainda responsável pela introdução do pensamento de Freud na Inglaterra em 1897 e, de acordo com Luckhurst, seus escritos foram a fonte para o primeiro contato de Joan Riviere e James Strachey com as ideias de

Freud (Luckhurst 2002: 269 e n. 94; Thurschwell 2001: 19 e n. 21); mesmo Ernest Jones, um dos mais ferrenhos opositores aos interesses de Freud no ocultismo, leu Myers no início de sua carreira (Luckhurst 2002: 270 e n. 95). A influência de Myers no pensamento de Jung foi destacada em uma conferência no *Journal of Analytical Psychology* (JAP), apresentada por Eugene Taylor e Sonu Shamdasani (Taylor 1998; Shamdasani 1998); outros aspectos do interesse de Jung em sessões espíritas, no oculto e matérias relacionadas podem ser encontrados em Ellenberger (1970), o capítulo introdutório da seleção de escritos de Jung, feita por Main (1997), e em numerosas publicações de Sonu Shamdasani e no livro de F.X. Charet (1993).

De acordo com diversos estudiosos da história desse período, Freud estava especialmente preocupado com experimentos da Sociedade de Pesquisa Psíquica (SPR) e teorias relativas a eles, não obstante seu envolvimento com a SPR (ele publicou "Uma nota sobre o inconsciente" nos Autos da SPR, em 1912, como parte de sua eleição como 'membro correspondente'; cf. Jones 1957: 397). Ele estava se esforçando para especificar um mecanismo psicológico para a "transmissão de pensamento" para diferenciá-lo do seu nascente modelo intrapsíquico de transferência analítica, como uma recapitulação afetiva de protótipos infantis deslocados para o analista. Após visitar Frau Seidler, Freud escreveu, em uma carta para Ferenczi: "Deve-se agora, como resultado dessa experiência, comprometer-se com o ocultismo? Certamente não, é apenas uma questão de transmissão de pensamento. Se isso pode ser provado, então deve-se acreditar – então não é um fenômeno [psicanalítico], mas simplesmente um fenômeno somático, certamente uma novidade da maior importância" (Thurschwell 2001: 123). A preocupação de Freud persistiu, e vinte e quatro anos depois ele escreveu em "Os sonhos e o oculto": "com respeito a transmissão de pensamento [...] ela parece verdadeiramente favorecer uma extensão do modo científico (ou mecanicista, como os opositores diriam) de pensar para o esquivo mundo da mente [...]. Ao inserir o inconsciente entre o físico e [...] o mental, a psicanálise preparou o caminho para a aceitação de processos como a telepatia" (Devereux 1953: 108).

Chertok e Stengers examinaram a angústia por trás do pensamento de Freud sobre isso:

> se os pensamentos podem ser transferidos de um modo direto, então como se poderia separar sugestões e análise? [...] Como Freud descreve, o contexto é de uma rivalidade potencialmente perigosa entre a ciência da psicanálise por um lado, e o ocultismo e o caráter fascinante da telepatia de outro [...]. A tarefa da psicanálise é, de um lado, evitar ser fascinada pela telepatia, e, de outro, elucidar os materiais da transmissão de pensamento assim como elucida fantasias, sonhos comuns, e outras produções subjetivas (Chertok & Stengers 1992: 71-73).

Como Thurschwell e Luckhurst discutem em seus livros, por trás dessa diferenciação dos mecanismos para tipos de transferência estão preocupações sobre estados não delimitados da mente, com medos que vão daqueles em torno de plágios até os relativos à contaminação por processos psicóticos. Além disso, acredito que estamos aqui entrevendo sinais de angústias políticas de Freud. Ele está em luta para salvar a pureza do jovem movimento psicanalítico da identificação com ocultismo, especialmente aquele aspecto associado com fenômeno hipnoides por meio de um truque de mágica cartesiano e dicotomizador. Separar a comunicação psicológica e a somática em face de anomalias que rompem as fronteiras das formulações intrapsíquicas compartimentaliza falsamente processos inconscientes, os quais são irredutivelmente psicossomáticos. O conceito de Jung de "psicoide" é uma abordagem alternativa que não fica refém dessa divisão[2].

---

2. Jung tomou emprestado o termo "psicoide" de Hans Driesch (que o cunhou em 1929 como parte de um movimento na biologia para conceptualizar os organismos em termos *holísticos* não redutivos – cf. Harrington 1996: 48-54) e expandiu o significado psicossomático que seu ex-chefe, Eugen Bleuler, lhe tinha dado. Os organizadores das cartas de Jung fazem uma referência concisa a seu conceito do psicoide como pertencendo "às áreas transconscientes em que os processos psíquicos e seu substrato físico se tocam" (Jung 1975: 22, n. 5). Em passagens correlatas, o próprio Jung discute a natureza "irrepresentável" dos "arquétipos *per se*" e dos fenômenos sincronísticos como compartilhando de um fator psicoide que fornece um significado ou "equivalência" [de aspectos físicos e psicológicos de uma experiência] *a priori*.
Ferenczi, em seu *Diário clínico*, também estava começando a abordar a região psicoide, como quando ele observou que "em seres humanos, dadas certas condições, pode acontecer que a substância (orgânica, talvez também a inorgânica) recupera sua qualidade psíquica [...] a capacidade de ser compelida por motivos, ou seja, a psique continua a existir potencialmente também em substâncias" (Dupont 1988: 5).

Ao longo da primeira geração de pensadores analíticos que seguiram Freud houve um interesse persistente pela telepatia e a clarividência, especialmente conforme observada no encontro clínico – o interesse do público mais amplo nessas questões durante este período vai além de um único capítulo. Curiosamente, o livro organizado por Devereux, *A psicanálise e o oculto* – uma compilação de trinta e um artigos sobre esse tópico, publicados entre 1899 e 1950 – surgiu em 1953, pouco depois da publicação de Jung *Sobre a sincronicidade* (1951) e *Sincronicidade: um princípio de conexão acausal* (1952) (agradeço a Roderick Main por ter me chamado a atenção para isso). Há uma surpreendente ausência de qualquer menção a Jung e a sua obra no livro de Devereux, embora se deva notar que a concepção de Jung da sincronicidade como um princípio básico do mundo tem escopo muito amplo do que o foco clínico da antologia de Devereux. Pode ser que uma tarefa não declarada do livro fosse se contrapor às inovações de Jung, uma reminiscência dos esforços de Freud para providenciar que Ferenczi atacasse Jung pela sua publicação de *Transformações e símbolos da libido* (Falzeder & Haynal 2003). Desde 1953, os comentários psicanalíticos sobre questões do "oculto" persistiram, entrando e saindo de moda (o pep-CD-Rom de artigos psicanalíticos lista mais de 150 novas publicações nos 45 anos entre 1953 e 1998). Contudo, só raramente esses escritos tocam nas reflexões e contribuições de Jung na área. Muitas dessas publicações, embora não todas, mantêm um enquadramento conservador, insistindo num modelo reducionista para explicar ocorrências tão radicalmente transgressivas na moldura terapêutica. Creio que este é um problema dos modelos científicos do mundo e da mente que informam o pensamento analítico. Este capítulo tentará corrigir algumas dessas preocupações e, em sintonia com a série da qual este volume faz parte, permanecerá mais próximo da experiência clínica do que da visão de Jung da sincronicidade como um todo.

Recentemente, a psicanalista Elizabeth Lloyd Mayer apresentou diversos artigos e palestras em que abordou uma visão mais expansiva dos fenômenos anômalos a partir de uma perspectiva científica e psicanalítica contemporânea. Em alguns deles ela liderou com Carol Gilligan grupos sobre

"Intuição, Comunicação Inconsciente e 'Transmissão de Pensamento'" nos encontros bienais da American Psychoanalytic Association. Embora os candidatos tivessem de escrever um relatório sobre uma experiência anômala de natureza pessoal ou clínica, como pré-requisito para se juntarem ao grupo, as organizadoras ficaram impressionadas com os candidatos, muitos deles clínicos bem conhecidos e respeitados (Mayer 2002a). Mayer também se envolveu com o PEAR (Princeton Engineering Anomalies Research group) e ali se voltou para várias disciplinas científicas contemporâneas em busca de uma fundamentação mais atualizada para esses fenômenos. Neste processo ela se tornou algo como que um psicopompo para seus colegas psicanalíticos, oferecendo um vaso de contenção para a divulgação de ocorrências clínicas secretas que em geral eram discutidas apenas por junguianos. Neste veio, ela recentemente publicou um artigo póstumo de Robert Stoller sobre sonhos telepáticos que, como ela conta num artigo em *JAPA* (2001), ele escondeu devido aos apelos de um supervisor.

A preocupação com a relação entre estados mentais limitados e ilimitados ou, como Mayer os vê, radicalmente conectados, foi apresentada por ela num artigo na *JAP* (2002b) e, em maior extensão, em uma conferência na *JAP* sobre "A ciência e o mundo simbólico". A divergência fundamental dos modelos da natureza da psique, implícitos às visões de mundo científicas que informam cada qual, torna o entrelaçamento dos fios de pensamento junguianos e freudianos difícil, na melhor das hipóteses, o que requer uma postura pós-moderna e multiperspectivista para suportar a tensão necessária para que qualquer síntese possa emergir. Uma tentativa interessante nesta direção é um grupo eclético de ensaios organizados por Nick Totton (2003) com contribuições de uma seleção multicultural e multidisciplinar de eruditos e analistas. Todos esses esforços compelem os leitores a considerarem experiências fora dos limites tradicionais da psicologia do ego, exigindo que examinemos o espectro de nossa credulidade. Este foi um dos problemas persistentes para a SPR em sua tentativa fracassada de se despir do espiritualismo do século XIX e colocar seus dados sobre o chão "científico" firme da atualidade, e esta abordagem, quando aplicada à pesquisa parapsicológica, tendeu a deparar-se com dificuldade semelhantes. Ao invés de tentar encaixar essas experiências num paradigma científico que, ele próprio, tem sido profundamente reconsiderado devido a suas limitações, este capítulo vai considerar modelos científicos que deliberadamente exploram fenômenos complexos que muitas vezes não podem ser descritos apenas por soluções matemáticas não ambíguas.

Coincidência

O primeiro uso formal por Jung do termo "sincronicidade" foi em 4 de dezembro de 1929 em um seminário sobre os sonhos; sua primeira menção pública (e publicada) do termo ocorreu alguns meses depois, em 10 de maio de 1930, em seu discurso em memória de seu amigo sinólogo Richard Wilhelm (1930: § 56). Mas foi apenas com alguma apreensão, após seu ataque cardíaco, que Jung considerou a insistência de Wolfgang Pauli para publicar os detalhes de suas ideias sobre sincronicidade em 1951 e 1952 – as cartas entre Jung e Pauli, editadas por C.A. Meier, surgiram recentemente em inglês, com uma introdução instrutiva de Beverley Zabriskie, sob o título *Atom and Archetype* (Meier 2001).

Levando adiante um novo princípio, pelo menos na ciência ocidental, de conexões de raízes não causais a partir de anos de observações registradas de coincidências significativas, Jung se esforçou em sua exposição para explicar os limites do entendimento do "acaso" e "coincidência" dentro do enquadramento causal da ciência daquela época. A justificativa para introduzir um novo princípio foi a deficiência da descrição prevalente, estritamente cartesiana, de eventos na ciência daquele tempo para dar conta de fenômenos externos com um simples paradigma de causa e efeito. Jung se valeu dos resultados das experiências ESP [sigla em inglês para experiências extrassensoriais] do pesquisador J.B. Rhine, da Duke University, especialmente aqueles com indicadores pré-cognitivos e preditivos de futuro, para dar suporte a suas críticas da visão clássica de espaço, tempo e causalidade. No centro de seus argumentos, Jung empregou uma hipótese energética:

é impossível, com os recursos atuais, explicar a percepção extrassensorial, isto é, a coincidência significativa, como sendo um fenômeno de energia. Isto elimina também a explicação causal, porque os "efeitos" não podem ser entendidos senão como um fenômeno de energia. Por isso, não se pode falar de causa e efeito, mas de uma coincidência no tempo, uma espécie de simultaneidade. Devido a este caráter de simultaneidade, eu escolhi o termo "sincronicidade" para designar um fator hipotético de explicação equivalente à causalidade. [...] considerei a sincronicidade como uma relatividade do espaço e do tempo psiquicamente condicionada (Jung 1952: § 840).

Embora o trabalho de Rhine e o seu uso por Jung tenham sido submetidos a críticas ao longo dos anos, a hipótese da energia no centro do argumento de Jung para um princípio acausal em operação na coincidência significativa não foi adequadamente explorado até hoje. O entendimento sobre a energia de Jung baseou-se nas leis da termodinâmica articuladas no século XIX, que se aplicam apenas a sistemas fechados em equilíbrio ou próximos do equilíbrio. A descrição científica de processos energéticos em sistemas abertos longe do equilíbrio não estava disponível na época de Jung. Como cientistas modernos apontam:

A primeira e segunda leis estabelecem que a energia se conserva, e que a entropia aumenta, respectivamente. Infelizmente a entropia é estritamente definida apenas para situações de equilíbrio. Assim essas afirmações não são suficientes para discutir situações de não equilíbrio, que é o âmbito de todos os sistemas auto-organizadores, incluindo a vida (Schneider & Kay 1994: 631).

Antes de exploramos isto, entretanto, vamos observar as visões modernas de eventos "casuais" que não são considerados psicologicamente significativos. Geralmente a ocorrência desses eventos tem sido modelada usando técnicas estatísticas e teoria da probabilidade. Uma das mais importantes aplicações de tais modelos tem sido no estudo da evolução biológica por meio da seleção natural, baseada na teoria das mutações genéticas. Ocorrências casuais e aleatórias, como modificações induzidas quimicamente ou por radiação sobre componentes de DNA, foram consideradas como fator de vantagem adaptativa apenas em raros casos. Estas produzem, nas criaturas com peculiaridades originadas de tais modificações, uma vantagem comparativa para a sobrevivência. Por essa razão a descendência de indivíduos com esses traços, se herdados, tenderão a prevalecer, em um ambiente estável, sobre outros com falta dessas características. Considera-se que variações menores se acumulam gradualmente para criar a ordem e os órgãos complicados que vemos em diversos organismos de nosso mundo. Esta visão da evolução biológica é ainda cartesiana na medida em que a psique não teve qualquer papel. Na verdade, a *coincidência impulsiona a evolução*, mas é explicada apenas por meio da teoria da probabilidade e tratada como totalmente acidental.

Tentando estender esta perspectiva pela aplicação de análise estatística ao estudo das coincidências no reino humano, os matemáticos Persi Diaconis e Frederick Mosteller procuraram avaliar o modelo de Jung de sincronicidade. Em um artigo publicado, eles concluem que:

> Uma vez que coloquemos de lado coincidências que têm causas evidentes, quatro princípios explicam grande número de coincidências remanescentes: causas obscuras; a psicologia, incluindo memória e percepção; multiplicidade de desfechos, incluindo a contagem de eventos "próximos" ou quase semelhantes como se eles fossem idênticos; e a lei de números verdadeiramente grandes, que diz que, quando um número enorme de eventos e pessoas e suas interações se acumulam ao longo do tempo, quase sempre algum evento insólito deverá acontecer. Essas fontes explicam muito da força de sincronicidade (Diaconis & Mosteller 1989: 853).

Eles deixam uma porta entreaberta, porém, no final de seu artigo: "Sempre que temos controle e conhecimento sólidos, as taxas de ocorrências se aproximam do esperado [...] mas nossa falta de experiência com, e a falta de informação empírica sobre os tipos de coincidências problemáticas propiciam muitas surpresas" (Diaconis & Mosteller 1989: 860). No modelo estatístico usado até hoje, o significado é tratado como completamente subjetivo, não inerente ao mundo. Isso de novo chancela uma separação cartesiana dos mundos interno e externo ao invés de explorar sua interpenetração.

Pauli, em suas interações com o mundo, assume uma postura radicalmente diversa, como ele comenta: "sempre que uma aplicação de métodos estatísticos, sem consideração do estado psíquico das pessoas envolvidas no experimento, *não* mostra uma 'influência perniciosa' [do próprio método estatístico na determinação da sincronicidade] então há algo muito diferente da sincronicidade acontecendo" (Meier 2001: 54). Pauli estava se referindo aqui à observação de Jung de que um conjunto sincronístico inicial de respostas a uma pesquisa que ele fizera para sua monografia sobre o tema tinha desaparecido e se perdido com a coleção de dados subsequentes *junto com* o decrescente interesse afetivo no projeto, um fator não explicado na abordagem estatística.

De modo semelhante, o uso da mecânica quântica como uma fonte de metáforas para a experiência psicológica é potencialmente problemática, especialmente porque os fenômenos quânticos operam primariamente no nível micro, e não se traduzem geralmente em fenômenos no macro, ou de escala humana. Alguns filósofos, como Kirk Ludwig, argumentaram que a mecânica quântica não oferece um maior esclarecimento do dilema mente/corpo do que a mecânica clássica (1995). Ao invés disso, teóricos contemporâneos da relação mente-corpo se voltaram cada vez mais para o conceito de "superveniência" para tentar capturar a natureza do relacionamento entre eventos físicos e mentais (p. ex., Kim 1998; Tresan 1996), um projeto que tem suas raízes no século XVII após Descartes, com a obra do filósofo-polímato Leibniz, curiosamente considerado um dos maiores precursores de Jung na sua ideia de sincronicidade (isso é desenvolvido alhures; cf. Cambray 2003). Movendo-se fora do âmbito da microfísica (de onde Jung em parte estava derivando suas preocupações sobre energia, além das formulações termodinâmicas clássicas), existem hoje outros modos de observar cientificamente aparentes coincidências que ocorrem na escala das percepções normais, para além da abordagem probabilística?

Emergência

No mesmo período da pesquisa SPR, um grupo de movimentos culturais e intelectuais paralelos, especialmente nos países de língua inglesa e alemã, desafiaram os modelos mecanicistas da vida e do universo que derivavam das disciplinas científicas positivistas do século XIX. Várias formulações de perspectivas holísticas, incluindo-se a psicologia Gestalt, tiveram origem nesses movimentos. O grupo britânico incluiu figuras como John Stuart Mill, George Henry Lewes, Samuel Alexander, Conway Lloyd Morgan e C.D. Broad, que eram conhecidos coletivamente como "emergentistas". Lloyd Morgan, que fez as conferências Gifford de 1922 sobre o tema da "Evolução Emergente", foi uma fonte de exemplificação entomológica para Jung quando da construção de sua teoria dos arquétipos; por exemplo, Jung usa o exemplo da formiga cortadeira de *Habit and Instinct*, de Morgan, em "Considerações teóricas sobre a natureza do psíquico" (cf. OC 8/2, § 398, n. 112). Lloyd Morgan também foi amigo de James Mark Baldwin, um desenvolvimentalista norte-americano cujas visões sobre a relação entre o aprendizado cultural com a evolução tiveram um renascimento na era das simulações computacionais, e que pode também ter impactado o pensamento de Jung (Tresan 1996; Hogenson 2001). Harrington rastreia o fascínio alemão com a totalidade até Kant em sua postulação de uma causalidade teleológica, quando considera como os sistemas vivos, que têm partes componentes, foram organizados em um todo (Harrington 1996: xvii). A partir de Kant a distância é curta até Goethe, e então até toda a tradição romântica com sua *Naturphilosophie*. Esta linhagem é, evidentemente, aquela com a qual Jung se identificou ao longo da vida, embora Paul Bishop ofereça um cuidadoso reexame crítico da relação de Jung com suas fontes em suas várias publicações (para uma crítica do uso de Kant por Jung na formulação da sincronicidade, cf. Bishop 2000).

Com o surgimento da biologia molecular esses movimentos naufragaram, pois muito do comportamento dos sistemas vivos pareciam em última instância derivar da, e serem explicados pela genética. As coisas ficaram nesse pé, em sua maior parte, até os anos de 1970, quando um novo modo de pensamento científico começou a abrir investigações científicas em áreas anteriormente julgadas complexas demais para se resolver. O trabalho do laureado pelo Nobel Ilya Prigogine sobre a termodinâmica no não equilíbrio de estruturas dissipativas foi uma das chaves desta reviravolta. Prigogine desenvolveu uma visão de energética que supera os modelos causa/efeito simplistas da ciência positivista. Juntamente com Stengers, ele veio a apontar que suas conclusões se aproximam de muitos fenômenos de nossas vidas ordinárias cotidianas, que são vividas muito longe do ponto de equilíbrio (Prigogine & Stengers 1984). O campo de estudo que cresceu a partir desta abordagem é chamado de "teoria da complexidade" e explora as maneiras pelas quais a ordem pode emergir por meio da auto-organização no limiar do caos. Diferentemente da mecânica quântica, as descobertas desta abordagem podem ser aplicadas tanto ao mundo macro como ao micro. Os processos organizacionais subjacentes operam em todos os níveis dos mundos físico e humano, e assim não se conformam a categorias especializadas. Em termos de teoria, esse paradigma transgride e transcende divisões disciplinares clássicas como física, biologia e economia. A complexidade, como um aspecto de sistemas dinâmicos, ocorre quando interações entre as partes componentes dão origem a comportamentos novos e imprevisíveis, tais como podem ser encontrados em certas reações químicas, no clima, ecossistemas, tendências econômicas e assim por diante. A emergência é postulada como sendo um princípio organizador essencial operando em todos os níveis (p. ex., Morowitz 2002); isso inclui a maneira como eventos mentais têm superveniência sobre as interações neurais do cérebro.

Para explorar as ramificações envolvidas na adesão à complexidade, um "laboratório de ideias", o Santa Fe Institute, foi organizado. Este instituto é composto de um grupo eclético de brilhantes cientistas de muitas disciplinas. Uma subseção particularmente interessante dos estudos resultantes deste grupo é sobre os "sistemas adaptativos complexos" (cuja sigla em inglês é CAS). Trata-se de sistemas que têm o que se chamam propriedades "emergentes", características auto-organizadoras que surgem em resposta a pressões competitivas ambientais – na verdade, este esforço está fornecendo formulação científica para as intuições anteriores dos emergentistas; contudo, por vezes chegam em conclusões diferentes. Embora forças externas impulsionem a qualidade da complexidade em CAS, essa complexidade não é inerente a componentes individuais. CAS formam padrões ou Gestalts nos quais o todo é verdadeiramente maior do que a soma das partes. Como notado no capítulo 5, os CAS têm agentes operando em uma escala e produzindo ali comportamentos que ficam uma escala superior a eles, e a transição de níveis inferiores a superiores é a "emergência". Sistemas complexos tendem a exibir características "sem escala", mostrando padrões semelhantes em uma série homóloga, ou fenômenos emergentes aninhados. A rede em evolução de bairros formando cidades ao logo do tempo é um dos exemplos de Steven Johnson (2001), derivados do trabalho de Jane Jacobs. Em geral, os sistemas não são considerados emergentes até que "interações locais resultem em algum tipo de macrocomportamento discernível" (Johnson 2001: 19). Entre os exemplos de Johnson de emergência biológica há um em que células de bolor limoso se agregam em uma entidade coletiva em períodos durante os quais o solo da floresta está repleto de material orgânico em decomposição, ou seja, quando há excesso de alimento, então espontaneamente se revertem a uma célula única em tempos de menor abundância, tudo isso sendo feito sem um "líder", mas sim como uma organização coletiva de baixo para cima.

Outro exemplo impressionante do mundo dos insetos foi registrado na *Scientific American* por Diane Martindale:

> Centenas de larvas de minúsculos besouros, ou escaravelhos, parasitários, se agrupam em bolhas, vesículas, para mimetizar a forma e cor de uma abelha fêmea. Quando um macho amoroso de abelha tenta acasalar, a larva de besouro se agarra em seus pelos do tórax e os arranca. Então, quando o macho enganado acasala com uma fêmea verdadeira de abelha, a larva se transfere para a colmeia, onde se reproduz e se alimenta de pólen e néctar. O comportamento cooperativo das larvas de besouro era praticamente desconhecido no mundo dos insetos, exceto entre espécies sociais, como as abelhas e formigas. O relato destaca também que as massas de larvas de besouro devem também emitir cheiro semelhante às abelhas fêmeas, pois modelos pintados de fêmeas não enganam a abelha macho (Martindale 2000).

Este modo de ser coletivo [no original, *collective bee-ing*, trocadilho entre o verbo "*to be*", ser/estar, e "*bee*", abelha] aparece aqui como uma forma emergente adaptativa.

A auto-organização que se manifesta nos CAS parece transcender o que se conhece sobre o comportamento de agentes individuais (e transcender da perspectiva da consciência, se o sistema é biológico, inclusive humano). Isso, é claro, nos leva à reconsideração da formulação de Jung dos arquétipos, como se tem discutido ao longo deste livro, mas especialmente no capítulo 2. Quando um modelo emergente é estendido à psicologia humana, o conceito de Jung de padrões arquetípicos, recolocado em termos de CAS, parece bem menos "oculto" e mais verdadeiramente visionário do que geralmente se considerou. Parece haver uma crescente reavaliação da teoria de Jung em termos de emergência, como discutido em vários lugares. Assim, Saunders e Skar, usando exemplos físicos, que são descritos com a ajuda da matemática e da física contemporâneas, argumentaram que "o arquétipo é uma propriedade emergente da atividade do cérebro/mente" (2001: 305). George Hogenson mostrou como as fontes do entendimento biológico de Jung eram predominantemente neodarwinistas, uma perspectiva que em última instância leva Hogenson à conclusão de que "os arquétipos são as propriedades emergentes do sistema dinâmico desenvolvimental do cérebro, ambiente e narrativa" (2001: 607). Jean Knox, em um livro recente (2003) sintetizou uma grande quantidade de pesquisas neurobiológicas, das ciências cognitivas e da teoria do apego em uma visão junguiana da mente emergente. Uma medida da importância geral da reformulação emergentista da teoria junguiana pode ser discernida a partir do título do 16º Congresso Internacional de Analistas Junguianos: (2004): "*Edges of Experience: Memory and Emergence*" [Bordas da experiência: memória e emergência]. A visão de Jung dos arquétipos, como padrões nodais no inconsciente coletivo (discutida no cap. 5), engendrando ordem e moldando nossas psicologias, parece uma articulação intuitiva notável do modelo CAS agora sendo construído cientificamente.

Como sistemas abertos capazes de dissipar energia do ambiente, os CAS não são limitados pelas considerações termodinâmicas que Jung levou em conta em seu enquadramento original da sincronicidade, e assim permitem reconsiderar a definição de causalidade a ser usada ao avaliá-las. Nesta visão, os fenômenos emergentes parecem coincidências significativas, embora inexplicáveis, para a consciência ordinária. Aspectos da ordem composta superior ou de estruturas supraordenadas podem aparecer à mente como imagens, tais como aquelas que Jung identificou como símbolos do si-mesmo, que, quando correlatas afetivamente coincidem, muitas vezes, com um senso de propósito ou função mais profundas, que mal podem ser intuídas, se é que minimamente perceptíveis. Isso me leva a sugerir que as sincronicidades podem ser exploradas como uma forma de emergência e podem ter um papel central na individuação, ou no amadurecimento psicológico (tomado como um homólogo da evolução biológica), fortalecendo esta linha do pensamento de Jung.

Stuart Kaufman, um membro fundador do Santa Fe Institute, conduziu em vários livros um reexame do papel de sistemas auto-organizadores nas origens e evolução da vida. Saudados por eminentes biólogos como Steven Jay Gould, as obras de Kaufman mostraram em detalhes como os CAS são um fator de igual importância para a seleção natural na evolução. Sublinhando a qualidade interconectada desses sistemas, Kaufman afirma: "Redes no regime à beira do caos – este compromisso entre ordem e surpresa – parecem os mais aptos a coordenar atividades complexas bem como a evoluir. É uma hipótese muito atraente que a seleção natural realiza redes reguladoras genéticas que se colocam no limiar do caos" (1995: 26). Se esta hipótese oferece um entendimento mais completo da evolução somática, podemos antecipar que ela também tem correlatos na evolução da psique, como Jung observou em "Considerações teóricas sobre a natureza do psíquico". "Tendo em vista a estrutura do corpo, seria de espantar se a psique fosse o único fenômeno *biológico* a não mostrar traços claros de sua história evolucionária, e é sumamente provável que estas marcas estejam intimamente conectadas com a base instintiva" (1947/1954: § 398; itálico nosso). Indo além, em uma carta a Erich Neumann (de 10 de março de 1959), falando sobre os eventos envolvidos na evolução dos mamíferos, Jung prossegue comentando:

> neste caos de causalidades, fenômenos sincronísticos provavelmente estiveram em ação, operando com e contra as leis da natureza para produzir, em momentos arquetípicos, sínteses que nos parecem milagrosas. [...] Isso pressupõe não só um

significado latente e onipresente que pode ser reconhecido pela consciência, mas também, durante aquela época pré-consciente, um processo psicoide com o qual o evento físico coincide em termos de significado. Aqui o significado não pode ser reconhecido porque não havia ainda nenhuma consciência (Jung 1975: 494-495).

Das notavelmente prescientes intuições de Jung, eu extrapolo que assim como a evolução somática ocorre no limiar do caos físico, assim também a "evolução" psicológica se origina em uma interface entre ordem e caos. O aspecto de rede do modelo também dá apoio à abordagem metodológica de Jung. Por exemplo, conforme mencionado no capítulo 5, o uso por Jung da amplificação gera, com efeito, redes sem escala de símbolos. O valor e propósito dessas redes está em sua capacidade de engendrar consciência dos campos interativos e dos estados emergentes da mente, aqueles posicionados no limiar entre ordem e caos, como será discutido na próxima seção. Também se segue, pois, que o que era visto como eventos aleatórios – agrupamentos casuais e sem sentido – em uma visão estritamente darwinista dirigindo a evolução, tem sido substituído por uma leitura determinista não redutiva dos mesmos eventos, adotando-se a teoria da complexidade. Por analogia, coincidências significativas, na acepção sincronística, podem ser reconhecidas como fatores psicológicos que estimulam a evolução da psique (pessoal e coletiva). Elas também servem, quando compreendidas desta maneira, como estímulos motivacionais que potencialmente organizam imagens e experiências de formas anteriormente inimagináveis. Como então esta perspectiva pode ser considerada no trabalho clínico?

Visões clínicas

O cerne do trabalho analítico pode ser visto como uma abertura à experimentação das propriedades emergentes da psique, isto é, a entrada em contato com níveis de organização psicológica que transcendem a psicologia do ego, tais como detectados por meio de coincidências significativas – com efeito, toda a descoberta da vida mental inconsciente deriva da observação e da atribuição de sentido à "coincidência" entre padrões da vida consciente e a dinâmica inconsciente. É de esperar que as manifestações da emergência potencialmente transformadoras envolvam campos arquetípicos constelados, especialmente aqueles que implicam encontros com o si-mesmo, o princípio supraorganizador postulado por Jung e composto da rede de todos os nós arquetípicos. O estado mental ideal para o trabalho analítico, a partir de um modelo CAS, seria aquele em que as personalidades envolvidas estejam posicionadas perto da interface entre ordem e caos – o limiar criativo (aliás, Jung se referiu à sincronicidade como um "ato de criação"). Um modo de conceber a boa técnica analítica é vê-la como orientando a e, sempre que possível, tentando a mudança da díade analítica em um campo intersubjetivo rumo a essa região. Um livro recente de Palombo, *The Emergent Ego* (1999), fornece um modelo analítico valioso com base nesta perspectiva; mas, para mim, é incompleto por não trazer nenhuma discussão de uma dimensão emergente ou supraordenada do si-mesmo.

Até agora, a maioria dos relatos de ocorrências sincronísticas associadas ao encontro analítico tenderam a cair em duas grandes áreas de discussão na literatura junguiana. Em um grupo, a ênfase é nessas ocorrências como evidência de processos arquetípicos em operação, mostrando como a personalidade consciente do paciente se coloca em relação aos conteúdos arquetípicos. O exemplo bem conhecido de Jung do caso do escaravelho é paradigmático aqui. Jung fez várias apresentações desta importante vinheta em sua monografia de 1952; na versão mais longa ele fala de:

> uma jovem paciente que, a despeito dos esforços feitos de parte a parte, se mostrava psicologicamente inacessível. A dificuldade residia no fato de que ela sempre sabia mais que os outros sobre tudo. Sua excelente formação tinha lhe fornecido uma arma adequada para isto, a saber, um racionalismo cartesiano aguçadíssimo, acompanhado de uma concepção impecavelmente "geométrica" da realidade. Após várias tentativas infrutíferas de atenuar seu racionalismo com um entendimento de algum modo mais humano, tive de me limitar à esperança de que algo de inesperado e irracional acontecesse, algo que quebrasse a retorta intelectual na qual ela se fechara. Bem, certo dia eu estava sentado diante dela, de costas para a janela, escutando sua torrente de retórica. Ela tinha tido um sonho impressionante na

noite anterior, no qual alguém lhe tinha dado de presente um escaravelho dourado – uma joia preciosa. Enquanto ela ainda me contava este sonho, eu ouvi alguma coisa que estava batendo de leve na janela, por trás de mim. Voltei-me e vi que se tratava de um inseto alado de certo tamanho, que se chocou contra a vidraça, pelo lado de fora, com a intenção evidente de entrar na sala escura. Isto me pareceu muito estranho. Eu abri a janela imediatamente e apanhei o inseto no ar, em pleno voo. Era um escarabeídeo, da espécie da *Cetonia aurata*, o besouro-rosa comum, cuja cor verde-dourada o torna muito semelhante a um escaravelho de ouro. Estendi-lhe o besouro, com estas palavras: "Aqui está o seu escaravelho". Esta experiência abriu a brecha desejada em seu racionalismo e quebrou o gelo de sua resistência intelectual. O tratamento pôde então prosseguir com resultados satisfatórios (Jung 1952: § 972).

Nesse caso, o conhecimento de Jung do simbolismo do escaravelho (amplificação) o levou a postular que o arquétipo do renascimento estava sofrendo resistência por meio do temor do irracional pela paciente, até que o evento sincronístico "abriu a brecha desejada em seu racionalismo [...] [e o] tratamento pôde então prosseguir com resultados satisfatórios.

No segundo grupo, a atenção tem sido direcionada para os aspectos interativos do tratamento, com as ocorrências sincronísticas sendo lidas como um comentário sobre o estado do relacionamento de transferência/contratransferência. Esta abordagem deriva das observações de Michael Fordham de 1957, sobre o tópico, especialmente; "a sincronicidade depende de um estado mental relativamente inconsciente, isto é, de um *abaissement du niveau mental*" (um rebaixamento do nível mental, primeiramente discutido por Pierre Janet). Ou seja, sincronicidades tendem a acontecer em momentos de estresse, em que os dois parceiros perdem importantes dimensões de consciência. Vários exemplos clínicos deste tipo de leitura podem ser encontrados em *Bridges* [Pontes], de Rosemary Gordon (1993), especialmente no capítulo 24.

Exemplos do primeiro grupo são frequentemente apresentados em apoio à hipótese arquetípica. Um perigo nesta postura é que conteúdos arquetípicos podem facilmente ser superestimados ou reificados e tomados como a única fonte legítima de transformação; a dimensão relacional do intercâmbio é relegada a um segundo plano. Clinicamente, tal abordagem corre o risco da estagnação, especialmente se experiências simbólicas se tornam prescritas e são consideradas como o objetivo do tratamento. Descrito em termos de energética, isso seria um retorno a um estado de equilíbrio de um sistema fechado. O efeito de rede de tal atitude na verdade seria um declínio na experiência emergente, pois a análise recua para a segurança da racionalidade ordinária, renunciando à constante incerteza de permanecer próximo ao limiar do engajamento em processos inconscientes. Quando esta postura é hegemônica, os eventos sincronísticos podem se reduzir a um meio de desmantelar bloqueios irritantes, romper resistências, de modo que o que "realmente" importa na análise possa avançar. Faltam a tal abordagem reflexões dinâmicas sobre a significação da experiência no contexto específico ao qual o evento está atrelado. Assim, Fordham criticou o manejo por Jung do incidente do escaravelho por ter ignorado a transferência. Eu acrescentaria uma ênfase nas implicações contratransferenciais do evento: conforme contado em *Memórias, sonhos, reflexões*, a mãe de Jung teve para ele um forte senso do misterioso, associado com um aspecto da personalidade dela, que serviu como um modelo parcial para as visões dele sobre si próprio (suas personalidades número um e número dois). Nas histórias de Jung sobre sua mãe, ela inconscientemente endossa os comportamentos narcisistas agressivos do filho (1963: 48-50). Esses elementos podem ser vistos se infiltrando no tratamento por Jung de sua paciente: sua irritação com o racionalismo dela, esperando pelo ingresso do irracional para ajudá-lo, e o prazer maldisfarçado que ele teve em oferecer o besouro sincronístico com um floreio, praticamente um gesto mágico, uma conjuração que produziu "resultados satisfatórios". Em um nível mais profundo, ele parece ter rompido o silêncio que o coagia com sua mãe; por exemplo, após sua mãe ter cometido um ato falho, inconscientemente confirmando a concordância dela com seu "crescente ceticismo religioso" focado em queixas sobre "a melodia enfadonha de certos hinos litúrgicos", Jung assinala: "Como no passado, eu fingi que não tinha ouvido e tive o cuidado de não ostentar a minha alegria, a despeito do meu sentimento de triunfo" (1963: 50).

Paul Bishop (2000: 17 e n. 24) também assinalou que Jung relatou uma imaginação ativa em 1913, na época de sua dolorosa ruptura com Freud, que incluiu um "gigantesco escaravelho negro [...] e um sol vermelho recém-nascido, surgindo das profundezas da água", que Jung amplificou como uma imagem de renascimento. Contudo, a imaginação ativa também continha imagens do cadáver de um jovem com uma ferida na cabeça e jatos de sangue que nausearam Jung; ele percebeu a qualidade anormal da imagem e na época "abandonou toda tentativa de entender" (Jung 1963: 179). Assim, quando encontrou uma imagem paralela no sonho de sua paciente, nós podemos especular que houve alguma ativação de seus próprios processos pré-conscientes e inconscientes, pois a imagem evocava uma época de grande sofrimento, tanto pessoal quanto coletivo, que não pôde ser aliviado pelo entendimento racional. Isso, é claro, no mínimo fez parte da contribuição de Jung ao campo analítico neste caso e oferece algum *insight* sobre seu alívio por ser finalmente capaz de metaforicamente apanhar, penetrar e fixar em uma definição [*pin down*] o "besouro".

Por outro lado, a atitude do segundo grupo, orientada para o aspecto interativo de tais eventos, tenta evitar a grandiosidade frequentemente associada a essas experiências, mas então tende a patologizá-las. Ocorrências sincronísticas são vistas em termos de complexos não resolvidos do paciente e, por vezes, do analista. O objetivo implícito nesse grupo é analisar o material até que tais ocorrências cessem, o que então é lido pelo menos como uma resolução parcial do complexo. Embora isso tenha algum mérito clínico, creio que é uma sutil distorção da teoria da sincronicidade.

Robert Aziz assinala que em fenômenos sincronísticos, os eventos compartilham de uma "complementariedade mútua, ao invés de uma identidade mútua" (1990: 188). Ele nota que a sincronicidade tal como descrita por Jung deve ser entendida simbolicamente, não concretamente, e assim não se trata de *participation mystique* porque sujeito e objeto estão, em última instância, diferenciados. Aziz argumenta que, ao invés disso, que é uma reação anormal para os indivíduos não identificar e distinguir o que "pertence" a cada um no sentido compensatório. Ele prossegue apontando três tipos de reações patológicas a eventos sincronísticos: primeiro, a *participation mystique* com o objeto... [isto é,] o sujeito não diferencia o significado compensatório específico que o objeto tem para ele e o que o objeto é em si; segundo, o fracasso de interpretar corretamente o significado compensatório do evento sincronístico [p. ex., lido como uma ideia de referência], e terceiro, ver equivocamente o evento sincronístico como uma manifestação do poder pessoal de um indivíduo ou do outro (Aziz 1990: 191).

Então ele nota que típicas leituras erradas desses eventos se baseiam no emprego psicopatológico de defesas, como a identificação arcaica do sujeito com o objeto, bem como estar a serviço da grandiosidade do sujeito.

A abordagem delineada por Aziz está, creio, em harmonia com a visão de Jung de que as experiências sincronísticas são "normais", mas que as dificuldades surgem dependendo do modo como elas sejam interpretadas. De fato, Jung argumentou pela qualidade não patológica dessas experiências ao responder ao Dr. L. Kling, um psicólogo analítico, uma questão sobre ideias de referência e sincronicidades no tratamento de esquizofrênicos: "o efeito sincronístico deve ser compreendido não como um fenômeno psicótico, mas sim normal" (1975: 409). No presente modelo isso significaria que a capacidade de detectar e intuir com precisão os processos emergentes da psique, por meio de nosso manejo de coincidências significativas, pode ser comprometida por quaisquer estruturas e dinâmicas patológicas em operação em, ou ao redor de tais eventos. Isso, é claro, está em linha com a exigência reconhecida para o analista de que empregue reflexões autoanalíticas no campo analítico sempre que necessário, ou seja, a personalidade do analista é crucial como um instrumento da análise. O que pode ser novo aqui é a oportunidade de considerar mais sistematicamente o uso de coincidências significativas como um guia para essa reflexão. Para esta finalidade, eu propus um breve esquema do modo como as sincronicidades podem ser distorcidas em determinados setores da psique associados com diferentes formas de patologia.

Como tem sido notado frequentemente na literatura analítica mais ampla, as formas mais dramáticas do que se pode rotular de sincronicidade frequentemente ocorrem no tratamento de indivíduos com traços psicóticos e *borderline*. Supõe-se que isso decorre de expectativas de campos arquetípicos fortemente constelados que não são bem mediados, devido ao sofrimento emocional crônico que tais pacientes tendem a sofrer e a seus inadequados recursos egoicos. Eu notaria que as sincronicidades muitas vezes entram em jogo em estados altamente traumatizados, o que vai ao encontro da visão de Jung de que tais eventos ocorrem com frequência quando um sério risco ou perigo é percebido. Um paralelo na moldura CAS seria o reconhecimento de que os estados psicológicos de pacientes fortemente perturbados se localizam longe do limiar ideal entre ordem e caos; eles são aprisionados em estados disfuncionais, seja imersos no caos, como em psicoses histéricas ou estado maníacos, seja congelados longe disso, como em estupores catatônicos, depressões psicóticas e fenômenos dissociativos em geral. As sincronicidades, embora frequentes em tais estados, podem ser radicalmente disruptivas para eles na medida em que o entendimento pelos pacientes desses eventos é vulnerável a distorções maciças. Forças homeostáticas são com frequência mobilizadas em uma tentativa de sustentar esses pacientes em seus estados de equilíbrio anteriores, por mais que disfóricos. Assim, a concepção por tais pacientes de sua experiência, estejam eles conscientes ou não da ocorrência de uma sincronicidade, fornecerá informação valiosa sobre o relacionamento deles com fenômenos emergentes.

Ao acentuar a *intensidade* afetiva associada às experiências sincronísticas de pacientes gravemente perturbados, surge a possibilidade de ver a intensidade como uma variável em funcionamento ao longo de um espectro. Se isso é descritivamente acurado, poderia levar a um novo modo de abordar essas experiências, isto é, por meio da criticalidade da dimensão auto-organizadora. Isso envolveria a aplicação do modelo apresentado com pioneirismo por Per Bak, em que "o comportamento complexo na natureza reflete a tendência de grandes sistemas com muitos componentes a evoluírem a um estado 'crítico' fora de equilíbrio, no qual as menores perturbações podem levar a eventos chamados de avalanches, de todos os tamanhos" (1996: 1), a sincronicidades, presumindo-se que eles possam se manifestar ao longo de uma ampla variedade de intensidades. Para verificar isso, seria preciso um projeto de pesquisa que examinasse sistematicamente a distribuição e intensidade da coincidência significativa na análise – como um primeiro passo, eu ofereci um escalonamento qualitativo de tais experiências, com a intensidade sendo cruzada com a ativação inconsciente (Cambray 2002). Se se mostrasse que essas ocorrências seguem uma lei de potência, têm uma geometria fractal e/ou exibem ruído 1/f[3], então haveria forte apoio experimental para a hipótese de serem essas coincidências evidências de um sistema complexo auto-organizador situado em, ou próximo de um estado crítico. Isso não explicaria o mecanismo pelo qual eles ocorrem, mas demonstraria que um amplo leque de tais coincidências tem uma dinâmica subjacente comum, mesmo se essa dinâmica em si não seja elucidada, assim como Bak mostrou ser verdade para vários fenômenos geofísicos, tais como terremotos, todos os quais devem, portanto, partilhar de uma dinâmica comum. Essas considerações também abrangem muitas atividades humanas, especialmente atos criativos. Assim, investigações mostraram que as notáveis e distintivas características da *drip painting* de Jackson Pollock [referência à sua técnica de pintura por gotejamento da tinta] se devem em parte à sua natureza fractal, identificar isso pode ser útil

---

3. Esses conceitos da matemática e da ciência contemporâneas devem ser usados com cuidado e reflexão; as três medidas citadas aqui são marcas de muitos sistemas críticos auto-organizadores. Uma vez que este não é um texto de ciência, eu vou apenas fazer breves observações sobre as leis de potência: elas são formulações matemáticas nas quais uma variável pode ser expressa em termos de uma potência exponencial de outra variável, o que se expressa mais simplesmente como $N(s) = s^{-a}$, onde N e s são as variáveis, digamos uma população total N, que em nosso caso seria o número total de sincronicidades em um estudo de s eventos sincronísticos individuais de intensidade variável. Tomando o logaritmo de cada lado: $\log N(s) = -a \log (s)$, então um gráfico log-log vai resultar em uma linha reta com inclinação = -a. A importância disso é que, quando uma lei de potência é vigente, as dinâmicas envolvidas são de escala invariante ou sem escala. Sua relação exibe propriedades fractais (tendo características geométricas em todos os comprimentos de escalas) e, se isso se manifesta no tempo (ao invés de espacialmente), frequentemente aparece como o que é denominado ruído 1/f (que alguns cientistas afirmam ser o que dá à música clássica suas qualidades especiais).
Algumas dificuldades técnicas importantes para pesquisadores que tentem implementar um estudo sincronístico deste tipo seriam como obter medidas de intensidades (correlatos psicofísicos poderiam ser explorados) em conjunção com a observação da frequência de tais eventos (isso poderia ser abordado em níveis inferiores de intensidade por estudos sobre *enactments* e devaneio analítico, o que eu postulo serem sincronicidades de baixo nível no âmago; cf. a próxima sessão do texto).

até para detectar fraudes (Taylor 2002). Sole e Goodwin notam que "tem sido mostrado que a música de Mozart é fractal [no tempo]" (2000: 50).

Em uma publicação anterior, eu apresentei os rudimentos de uma nosologia para eventos sincronísticos que ocorrem no *setting* analítico (Cambray 2002). Aqui incluirei várias vinhetas clínicas para dar ao leitor uma sensação do modo como eu penso sobre a aplicação deste modelo na prática efetiva. No primeiro exemplo, uma paciente gravemente traumatizada, em análise com múltiplas sessões por semana durante o primeiro ano de tratamento, requeria a hospitalização profilática quando em intervalos do tratamento por uma semana ou mais. Após considerável trabalho analítico, a paciente pediu para permanecer fora do hospital durante um hiato de dez dias, com o uso de seu psicofarmacologista como apoio e com uma ligação telefônica agendada comigo. A ligação foi arranjada antes que eu saísse da cidade e nós nos falamos na hora combinada. A princípio, durante a ligação, a paciente estava bem agitada, recontando rapidamente o seu sonho da noite anterior: eu (o analista) estava na Floresta Negra e perdido para ela. Ela se sentia aterrorizada e me perguntou se eu estava na Alemanha. Por eu saber que a sua incapacidade de reter na memória a experiência analítica a estava expondo a um grave trauma de abandono, eu respondi concretamente, talvez ingenuamente, a assegurando de que eu não estava na Alemanha (eu não revelei minha localização, no Caribe) mas pude ver que ela se sentia em perigo de perder contato comigo. Nós discutimos as suas preocupações; ela reconheceu a fragmentação em curso e eu foquei em ajudá-la a restabelecer suas ligações comigo e, por meio disso, com a realidade, pois ela parecia em perigo de se perder num mundo infantil, mas terrível, ao estilo dos Irmãos Grimm, de figuras arquetípicas, bruxas e monstros. O contato foi continente o bastante para que a estabilidade reconquistada pela paciente se sustentasse e ela permaneceu em casa, fora do hospital, até o meu retorno. No dia seguinte à ligação telefônica, eu fui para uma segunda aula de mergulho. Após uma manhã de trabalho na piscina, o instrutor decidiu o ponto em que eu deveria ir no mergulho da tarde, o primeiro em mar aberto. Foi, portanto, com apreensão que eu me juntei aos outros experientes mergulhadores para irmos ao mar. Foi apenas quando nos aproximamos do local que o instrutor nos falou do mergulho. Fiquei totalmente chocado ao descobrir que o lugar escolhido se chamava "a Floresta Negra". Após a perturbação momentânea causada pelo reconhecimento do aspecto pré-cognitivo do sonho da minha paciente, eu me vi consciente da assimetria de nossas atitudes respectivas sobre a "Floresta Negra". A região em que eu estava para entrar, embora desconhecida e contendo alguns riscos reais, era com efeito uma fonte potencial de prazer. Na verdade, o nome do lugar se refere aos corais negros que crescem no recife local e a viagem submarina para visitá-los foi, para dizer o mínimo, maravilhosa, não maculada pelo incidente externo. Há também uma preocupação transferencial maior e correlata se expressando no sonho: se a "floresta negra" for considerada uma metáfora para as numerosas experiências que cercavam essa paciente, então havia o perigo de que eu, como analista, ficasse absorvido (ou fascinado) e perdido nessas comunicações sincronísticas elípticas e perdesse seu sofrimento humano.

A história terrivelmente traumática desta paciente a imergia em uma psicose histérica sempre que ameaçada pela perda de contenção, aqui ligada à minha saída em férias. Ela estava absorvida em um mundo de caos psíquico. Contudo, no ato de oferecer a minha paciente uma medida de contenção, oferecendo um senso de compreensão ordenada, eu fiquei menos vulnerável aos efeitos dissolventes por parte dos elementos caóticos no campo. Minha orientação mais racional com relação aos conteúdos do sonho foi minada por uma mudança rumo ao polo caótico. Embora eu tenha escolhido não revelar à paciente o que me ocorreu nas férias, minha atitude e atenção ao poder comunicativo dos processos inconscientes dela foram certamente fortalecidas. A sincronicidade do sonho/local do mergulho parece ter tido um efeito oposto em cada um de nós, fazendo com que ambos, e a própria análise, nos movêssemos para o limiar entre caos e ordem. Alternativamente, isso poderia ser descrito com um crescente engajamento em uma série de terceiros analíticos que convergem para os processos emergentes conforme revelados por esta série.

Sintomas psicossomáticos formam outro aglomerado de observações clínicas que têm sido debatidas na literatura junguiana acerca da sincronicidade. C.T. Frey-Wehrlin (1976) e M.L. von Franz (1992: 249-251) argumentaram por uma visão causal da relação psique-soma, enquanto C.A. Meier defendeu a tese de uma conexão acausal entre elas. Ele diz:

> Propõe-se abordar todo o problema dos fenômenos psicossomáticos como uma relação acausal, de acordo com as visões mantidas pelos médicos da Grécia antiga, expressas na palavra *symptoma* [sinônimo grego para *coincidentia* em latim], a coincidência acausal, mas significativa, de pelo menos duas magnitudes distintas. Este conceito é idêntico ao expresso no moderno termo *sincronicidade*; ele pressupõe um *tertium*, superior à soma ou à psique, e é responsável pela formação de sintomas em ambos – aproximando-se da teoria do *corpo sutil*. [...] Parece que a cura só pode acontecer por meio da constelação de um *tertium* de uma ordem superior – um símbolo ou o arquétipo da totalidade –, mas como um evento sincronístico e não como uma cadeia causa-efeito (1986: 188).

Contudo, se o *tertium* ou o terceiro é compreendido como um fenômeno emergente, então nós temos agora um modo de avaliar esses sintomas que nos permite uma exploração da natureza "coincidente" de suas ocorrências em termos de um sistema auto-organizador sem precisarmos apelar a uma causalidade estritamente redutiva.

Isso leva ao segundo exemplo clínico: um jovem bastante obsessivo estava em tratamento seminal comigo por cerca de um ano, quando nós tivemos as seguintes duas sessões. Na primeira, nos encontramos no último horário de um dia muito longo, fora do seu horário normal; ele tinha pedido o reagendamento várias semanas antes. A sessão foi trabalhosa para mim. Embora eu estivesse familiarizado com os estados constrangidos que frequentemente acompanhavam suas dificuldades em se expressar, especialmente se sentimentos estivessem envolvidos, eu me senti incomumente exausto conforme a sessão transcorria. Nos últimos minutos dela, o paciente surpreendentemente produziu um sonho que continha a imagem de uma criança em um armário. Não houve tempo para associações ou exploração do imaginário. Após ele ir embora, sentia-me tão desgastado que precisei me deitar e descansar antes de dirigir para casa; eu me sentia à beira de uma gripe; contudo, no dia seguinte eu me senti bem. Na semana seguinte nós nos encontramos no dia e hora habituais. E embora o campo afetivo não estivesse muito diferente ao daquela semana, nós pudemos retornar ao sonho; o paciente não parecia ter percebido meu estado de fatiga na sessão anterior (nenhuma referência nem derivações foram detectáveis no material que discutimos). Ao explorar as imagens do sonho, porém, nós desvelamos um pedaço de sua história ainda desconhecido para mim. Ao perguntar a idade da criança no armário, e então obter associações a essa época da vida dele, descobri que ele tinha tido uma determinada alergia alimentar, cujos sintomas eram notavelmente semelhantes ao que eu tinha experimentado após a sessão na semana anterior. Durante a fase seguinte da análise, a figura do sonho veio a ser compreendida por nós como representando uma época de sua vida em que muito de sua espontaneidade natural tinha diminuído. Começar a "tirar do armário" a alegria paralisada e assustada foi o ponto de partida de um trabalho longo, e por vezes tortuoso, sobre defesas obsessivas que operavam em um nível somático.

Este caso foi simetricamente oposto ao anterior. Aqui o paciente estava bloqueado e trancado em uma rígida ordem que coagia corpo e psique. Em um modelo do curador ferido, eu, como analista, de certo modo absorvi involuntariamente uma parte das defesas inconscientes; eu adoeci mas consegui metabolizar suficientemente o complexo no campo por meio da ajuda do sonho para reconquistar uma medida de ordem em minha própria mente, reconhecendo a coincidência significativa entre os meus sintomas e sua história, de modo que uma lenta dissolução das defesas pôde começar.

Dado o postulado de um núcleo arquetípico, por mais que profundamente enterrado, dentro de todos os fenômenos psicológicos, a sincronicidade pode ser uma característica onipresente do trabalho clínico. Sob condições "normais", aquelas da esfera da consciência mundana, as coincidências sincronísticas são de baixa intensidade e de aparência não dramática, talvez prestes a desaparecer, dependendo do grau de constelação do campo arquetípico e da quantidade da tensão afetiva residente em qualquer evento. Como então poderíamos considerar as coincidências mais mundanas no trabalho analítico? Nas últimas décadas, tem havido desenvolvimentos no pensamento psicanalítico que creio oferecerem novos caminhos para o exame de tais coincidências, às quais as formulações junguianas podem lançar uma luz alternativa. Em particular, estou me referindo ao estudo dos *enactments* e ao uso do devaneio no processo analítico – cf. Cambray 2001 para uma discussão dos *enactments* contratransferenciais dentro de um modelo junguiano. Similarmente, o estudo do que é vagamente chamado de "processo paralelo" na supervisão se baseia na observação de coincidências significativas entre as características dinâmicas de uma terapia e as da supervisão desta terapia (Cambray, submetido). O momento específico no qual tais processos se manifestam pode participar de um campo sincronístico. Em acréscimo a qualquer comunicação causal sutil (inconsciente) que possa estar envolvida nestas experiências, eu sugiro, a partir de um modelo CAS, que eles também podem ser indicadores de processos emergentes que, da perspectiva da consciência ordinária, podem ter uma qualidade sincronística para eles.

Embora características infantis ou regressivas sejam fatores óbvios nessas explorações analíticas, não deveríamos nos restringir a tais formulações. Por exemplo, Ogden recentemente reexaminou a preocupação de Winnicott de que a mãe suficientemente boa "tente isolar seu bebê de coincidências" (Winnicott 1949/1958: 245). Ao tentar desvendar seu próprio entendimento desta observação enigmática, Ogden sugere que "as coincidências ou complicações das quais um bebê precisa ser isolado envolvem simultaneidades casuais de eventos que acontecem nas realidades internas e externas do bebê, em uma época em que ambas estão apenas começando a se diferenciar uma da outra" (2001: 230). A partir disso eu extraio a conclusão de que sempre que a diferenciação é fraca, um grande cuidado deve ser usado no manejo clínico de fenômenos sincronísticos, mas em estados mais maduros, quando o significado compensatório de um evento sincronístico pode ser submetido a reflexão, então uma oportunidade de entrever a psique em emergência pode ser transformadora. Isso nos traz à questão da "atitude analítica", como e pelo que somos guiados no encontro clínico.

Em 1997, George Bright publicou um artigo-chave, "*Synchronicity as a basis of analytic attitude*" [A sincronicidade como uma base da atitude analítica]. Ele argumenta ali, convincentemente, que a teoria de Jung da sincronicidade oferece uma orientação diante da experiência psicológica em que as conexões se fazem na base de significado e não por meio de atribuições de causa e efeito (algo de que Winnicott também estava fortemente ciente), e que, a pretexto de formulações sobre transferência/contratransferência, aplica "pressão incessante tanto no analista quanto no analisando para tentarem atribuir significado e ordem" (Bright 1997: 613), ao invés de lhes permitirem ser descobertos e criados, objetivos e subjetivos. Dentro deste modelo, "qualquer atribuição consciente de significado, tal como uma interpretação analítica, deve ser vista como subjetiva e provisória" (Bright 1997: 618). Se isso for levado a sério, penso que permite uma maior tolerância à incerteza, e aumenta a capacidade de garantir um maior grau de autonomia aos processos inconscientes conforme eles ocorrem no *setting* clínico.

No tratamento de analisandos que têm setores razoavelmente bem-desenvolvidos de suas personalidades com bolsões de complexos traumáticos não resolvidos, uma abordagem intersubjetiva frequentemente pode ser empregada com proveito. Uma combinação entre, por um lado, formar uma aliança de trabalho com os aspectos mais maduros da personalidade e, por outro, a análise simultânea de raízes infantis das perturbações no campo da transferência/contratransferência pode ser um método viável de tratamento em tais casos. Sob essas condições, trabalhar com os sonhos como produções que emanam do terceiro analítico pode ser mutativo. Jung efetivamente sugeriu isso em pelo menos algumas ocasiões, por exemplo em seu comentário em 1934 para James Kirsch sobre uma série de sonhos explícitos de transferência que uma paciente de Kirsch estava tendo:

> Com relação a sua paciente, é bastante correto que os sonhos dela são ocasionados por *você*. [...] No sentido mais profundo, todos nós sonhamos não a partir de *nós mesmos*, mas a partir daquilo que existe *entre nós e o outro* (Jung 1973: 172).

Ao discutir "sonhos telepáticos" com Charles Baudouin naquele mesmo ano, Jung resumiu seus pensamentos sobre o tema, segundo Baudouin:

> representando-os na seguinte encenação: com gestos breves e firmes, ele tocou primeiro em minha testa, depois na dele e, em terceiro lugar, traçou um grande círculo com sua mão no espa-

ço entre nós; os três movimentos sublinharam as três cláusulas deste enunciado: "Em suma, uma pessoa não sonha aqui, nem sonha aqui, uma pessoa sonha ali". E *ali* a mão permaneceu volteando, como o estilingue acima mencionado, e a ideia, à semelhança do mensageiro, foi lançada (McGuire & Hull 1977: 80).

Isso pode operar com o material do sonho do analista bem como com o do analisando. De fato, isso foi corroborado no caso de um homem que, a despeito de numerosos abandonos precoces, se tornou muito bem-sucedido nos negócios, mas suscetível a sutis desconexões dissociativas, quando a seguinte "coincidência" onírica aconteceu. No meio de uma sessão em que nós tínhamos tocado certo afeto doloroso com o qual o paciente estava se permitindo gradualmente entrar em contato limitado, exigindo de mim que permanecesse calado, mas receptivo, eu me vi subitamente recordando um sonho da noite anterior. Na época, eu estava estudando a relevância psicológica de um texto renascentista e, no sonho, eu elucidara uma imagem real deste manuscrito, no qual três pássaros estavam ou lutando ou mortos dentro de um frasco – não havia referência ou conexão evidente no sonho a esse caso particular. Quando o sonho retornou à consciência, eu me perguntei como ele poderia estar ligado ao momento presente e observei meu paciente cuidadosamente, discernindo nele um olhar ligeiramente vidrado. Quando perguntei a respeito, ele relatou ter "saído da sala". Tratando isso como um fenômeno de campo, eu notei que tinha eu próprio me deparado refletindo em minhas próprias imagens anteriores a esse momento, e quis saber a que este estado difuso poderia se referir. Isso reduziu a sensação dele de vergonha e exposição, permitindo-lhe ir além em seu "desaparecimento". Nós subsequentemente descobrimos uma tentativa inconsciente de suicídio que ele tinha feito quando criança, caindo num poço e ficando inconsciente. Isso tinha acontecido num momento de solidão atroz, mas nunca tinha sido conscientemente reconhecido como um ataque interior ou uma tentativa de se autoaniquilar. Foi como se o "meu" sonho tivesse sido ressonhado dentro da sessão, amplificando o estado do campo com a raiva inconsciente que estava batendo às portas da consciência por meio da dissociação. O uso compartilhado desta coincidência, embora não explicitado, ajudou a mudar o rumo da terapia, colocando-a em uma fase mais carregada afetivamente.

Isso nos traz ao lugar dos fenômenos emergentes no processo de individuação. A teoria da sincronicidade, quando focada em eventos raros ou únicos, o que foi a orientação primária de Jung, implica um respectivo aumento de valorização da unicidade do indivíduo. O núcleo da individualidade foi personificado pelos gregos antigos na figura do *daemon* operando na psicologia de uma pessoa, ou no que os latinos chamavam de o *genius*, a divindade tutelar responsável pelo ser de cada um, gerando a individualidade embora operasse num nível coletivo ou familiar (para um estudo desta figura, cf. Nitzsche 1975). Assim, ao articular o princípio da sincronicidade, Jung também estava apresentando uma psicologia do gênio ou daquelas centelhas do gênio, maiores ou menores, que por vezes pode eclodir no mundo. E esta teoria dele, como muitas outras produções de gênio, é em si mesma uma amálgama equilibrada de *insight* brilhante e irracionalidade, ou seja, é uma teoria no limiar entre caos e ordem. Devido às terríveis tensões inerentes a esta residência em tal local, é uma região perigosa, por vezes levando a incríveis avanços no pensamento e na experiência humanos e em outras vezes resultando na loucura.

Em "*Synchronicity and emergence*" (Cambray 2002) eu comecei a explorar esta região através das vidas de dois matemáticos: Georg Cantor, o criador, no século XIX, do campo de estudo dos infinitos práticos com suas explorações sobre os "números transfinitos" e a hipótese do *continuum*, que também construiu o primeiro fractal (o Conjunto de Cantor), mas que lutou com acessos repetidos de depressão psicótica (Aczel 2000), e John Forbes Nash, laureado com o Nobel e recentemente tema de livro, filme e produções teatrais (cf. Nasar 1998), que sofreu por trinta anos com esquizofrenia paranoide antes de entrar em remissão. Ambas as figuras de gênio trabalharam com sucesso problemas que eles "resolveram" com abordagens extraordinariamente novas que implicavam a re-visão de dilemas anteriormente insolúveis a partir da perspectiva de uma ordem ou dimensão superior. Infelizmente esses esforços arrastaram suas personalidades ao, e além do ponto de ruptura múltiplas vezes. É como se muita desta pressão viesse da tentativa de permanecer na, ou próxima da fonte da criatividade deles, os vislumbres que cada qual teve de fenômenos de uma ordem superior que resolveram os problemas e a tensão insolúveis na ordem anterior do nível inferior, ou seja, eles estavam, em certo sentido, viciados em experiências emergentes sem terem a capacidade psicológica de tolerar tais estados mentais ou de discernir quando eles estavam se perdendo em suas visões da ordem superior. Além do mais, os fenômenos emergentes são efêmeros: o que é emergente em um momento particular pode, com tentativas repetitivas de fixá-lo ou codificá--lo, resultar na perda da qualidade vivida.

Para concluir, muitos aspectos da experiência sincronística podem ser reconsiderados à luz da ciência contemporânea como uma forma de emergência psicológica. Anunciado a constelação de estados auto-organizadores supraordenados, as sincronicidades oferecem pistas valiosas do desdobramento da psique ou da individuação, mas devem ser tratadas como tendo valor neutro, ou seja, em si mesmas elas não transmitem direção para a consciência. Isso só pode vir das lutas éticas e reflexivas com o significado que atribuímos subjetivamente a essas ocorrências.

Referências

Aczel, A. (2000). *The Mystery of the Aleph*: Mathematics, the Kabbalah, and the Human Mind. Nova York: Pocket Books.

Aziz, R. (1990). *C.G. Jung's Psychology of Religion and Synchronicity*. Albânia: Suny Press.

Bak, P. (1996). *How Nature Works*. Nova York: Copernicus Springer-Verlag.

Bishop, P. (2000). *Synchronicity and Intellectual Intuition in Kant, Swedenborg, and Jung*. Ceredigion: Edwin Mellen.

Bright, G. (1997). Synchronicity as a basis of analytic attitude. *Journal of Analytical Psychology*, 42 (4), p. 613-635.

Cambray, J. (2003). 17th century precursors to synchronicity. *3rd History Symposium*, São Francisco, nov.

_____ (2002). Synchronicity and emergence. *American Imago*, 59 (4), p. 409-434.

_____ (2001). Enactments and amplification. *Journal of Analytical Psychology*, 46 (2), p. 275-303.

_____ (submetido). "Ethics in supervision". In: Solomon, H. & Cambray, J. (orgs.). *Ethics Matter*. Londres: Karnac.

Charet, F.X. (1993). *Spiritualism and the Foundations of C.G. Jung's Psychology*. Albany: Suny Press.

Chertok, L. & Stengers, I. (1992). *A Critique of Psychoanalytic Reason*. Stanford: Stanford University Press.

Devereux, G. (org.) (1953). *Psychoanalysis and the Occult*. Nova York: International Universities Press.

Diaconis, P. & Mosteller, F. (1989). "Methods for studying coincidence". *Journal of the American Statistical Association*, 84 (408), p. 853-861.

Dupont, J. (org.) (1988). *The Clinical Diary of Sandor Ferenczi*. Cambridge: Harvard University Press.

Ellenberger, H.F. (1970). *The Discovery of the Unconscious*. Nova York: Basic Books.

Falzeder, E. & Haynal, A. (2003). Ferenczi and Jung: some parallel lines? *Journal of Analytical Psychology*, 44 (4), p. 467-478.

Falzeder, E. (org.) (2002). *The Complete Correspondence of Sigmund Freud and Karl Abraham 1907-1925* – Completed Edition [trad. C. Schwarzacher]. Londres: Karnac.

Fordham, M. (1957). *New Developments in Analytical Psychology*. Londres: Routledge/ Kegan Paul.

Freud, S. (1922). "Dreams and telepathy". *Standard Edition*, vol. 18, 197-220.

_____ (1921/1941). "Psychoanalysis and telepathy". *Standard Edition*, vol. 18, 177-193.

_____ (1919). "The 'uncanny'". *Standard Edition*, vol. 17, p. 219-256.

Frey-Wehrlin, C.T. (1976). Reflections on C.G. Jung's concept of synchronicity. *Journal of Analytical Psychology*, 21 (1), p. 37-49.

Gleick, J. (1987). *Chaos*: Making a New Science. Nova York: Viking.

Goodheart, W. (1984). C.G. Jung's first "patient": on the seminal emergence of Jung's thought. *Journal of Analytical Psychology*, 29 (1), p. 1-34.

Gordon, R. (1993). *Bridges*: Psychic Structures, Functions, and Processes. Londres: Karnac.

Harrington, A. (1996). *Reenchanted Science*. Princeton: Princeton University Press.

Hogenson, G. (2001). The Baldwin effect: a neglected influence on C.G. Jung's evolutionary thinking. *Journal of Analytical Psychology*, 46 (4), p. 591-611.

Johnson, S. (2001). *Emergence*: The Connected Lives of Ants, Brains, Cities, and Software. Nova York: Scribner.

Jones, E. (1957). *The Life and Work of Sigmund Freud*. Vol. 3: The Last Phase 1919-1939. Nova York: Basic Books.

Jung, C.G. (1975). *Letters*. Vol. 2: 1951-1961. Princeton: Princeton University Press [orgs. G. Adler e A. Jaffé].

_____ (1973). *Letters*, Vol. 1: 1906-1950. Londres: Routledge & Kegan Paul [orgs.: G. Adler e A. Jaffé].

_____ (1963). *Memories, Dreams, Reflections*. Nova York: Vintage Books.

_____ (1952). *Synchronicity*: An Acausal Connecting Principle [CW 8] [*Sincronicidade*: Um princípio de conexões acausais" – OC 8/3].

_____ (1951). *On Synchronicity* [CW 8] [*Sincronicidade*. Petrópolis: Vozes, 2011 – OC 8/3].

_____ (1947/1954). "On the nature of the psyche" [CW 8] ["Considerações teóricas sobre a natureza do psíquico". Petrópolis: Vozes, 2011 – OC 8/2].

_____ (1930). "Richard Wilhelm: In Memoriam" [CW 15] ["Em memória de Richard Wilhelm". Petrópolis: Vozes, 2011 – OC 15].

_____ (1902). "On the psychology and pathology of so-called occult phenomena". Princeton: Princeton University Press [CW 1] ["Sobre a psicologia e a patologia dos fenômenos chamados ocultos". Petrópolis: Vozes, 2011 – OC 1].

Kaufman, S. (1995). *At Home in the Universe*. Oxford: Oxford University Press.

Kim, J. (1998). *Mind in a Physical World*. Cambridge: MIT Press.

Knox, J. (2003). *Archetype, Attachment, Analysis*. Hove: Brunner/Routledge.

Luckhurst, R. (2002). *The Invention of Telepathy*. Oxford: Oxford University Press.

Ludwig, K. (1995). "Why the difference between quantum and classical physics is irrelevant to the mind/body problem". *Psyche*, 2 (16) [Disponível em: http://psyche.cs.monash.edu.au/v2/psyche-2-16-ludwig.html].

Main, R. (org.) (1997). *Jung on Synchronicity and the Paranormal*. Princeton: Princeton University Press.

Martindale, D. (2000). "Beetle to bee". *Scientific American*, 283 (1), 26/07.

Mayer, E.L. (2002a). "How the unconscious continues to surprise us" [palestra proferida no San Francisco Psychoanalytic Institute, 09/12; outra versão desta palestra foi apresentada na conferência do JAP, "Science and the Symbolic World", ocorrida em Charleston, mai./2003].

_____ (2002b). Freud and Jung: the boundaried mind and the radically connected mind. *Journal of Analytical Psychology*, 47 (1), p. 91-99.

_____ (2001). On "telepathic dreams?" [artigo inédito de R.J. Stoller]. *Journal of the American Psychoanalytical Associates*, 49, p. 629-658.

_____ (2000). "Psychodynamic therapy: heading in new directions". In: Shay, J. & Wheelis, J. (orgs.). *Odysseys in Psychotherapy*. Nova York: Ardent Media.

_____ (1996a). Subjectivity and intersubjectivity of clinical facts. *International Journal of Psychoanalysis*, 77, p. 709-738.

_____ (1996b). Changes in science and changing ideas about knowledge and authority in psychoanalysis. *Psychoanalytic Quarterly*, 65, p. 158-200.

McGuire, W. & Hull, R.F.C. (orgs.) (1977). *C.G. Jung Speaking*. Princeton: Princeton University Press.

Meier, C.A. (org.) (2001). *Atom and Archetype*: The Pauli/Jung Letters, 1932-1958. Princeton: Princeton University Press [com assistência de C.P. Enz e M. Fierz; trad. D. Roscoe; ensaio introdutório por B. Zabriskie].

_____ (1986). *Soul and Body*. San Francisco: Lapis.

Morowitz, H. (2002). *The Emergence of Everything*. Oxford: Oxford University Press.

Nasar, S. (1998). *A Beautiful Mind*. Nova York: Touchstone.

Nitzsche, J.C. (1975). *The Genius Figure in Antiquity and the Middle Ages*. Nova York: Columbia University Press.

Ogden, T. (2001). *Conversations at the Frontier of Dreaming*. Northvale: Jason Aronson.

Palombo, S.R. (1999). *The Emergent Ego*: Complexity and Coevolution in the Psychoanalytic Process. Madison: International Universities Press.

Prigogine, I. & Stengers, I. (1984). *Order Out of Chaos*. Nova York: Bantam.

Rieff, P. (org.) (1963). *Studies in Parapsychology*. Nova York: Collier.

Saunders, P. & Skar, P. (2001). Archetypes, complexes and self-organization. *Journal of Analytical Psychology*, 46 (2), p. 305-323.

Schneider, E. & Kay, J. (1994). Complexity and thermodynamics: towards a new ecology. *Futures*, 24 (6), p. 626-647.

Shamdasani, S. (1998). From Geneva to Zurich: Jung and French Switzerland. *Journal of Analytical Psychology*, 43 (1), p. 115-126.

Sole, R. & Goodwin, B. (2000). *Signs of Life*: How Complexity Pervades Biology. Nova York: Basic Books.

Taves, A. (1999). *Fits, Trances, & Visions*. Princeton: Princeton University Press.

Taylor, E. (1998). Jung before Freud, not Freud before Jung: the reception of Jung's work in American psychoanalytic circles between 1904 and 1909. *Journal of Analytical Psychology*, 43 (1), p. 97-114.

Taylor, R.P. (2002). Order in Pollock's chaos. *Scientific American*, 287 (6), p. 116-121.

Thurschwell, P. (2001). *Literature, Technology and Magical Thinking, 1880-1920*. Cambridge: Cambridge University Press.

Totton, N. (org.) (2003). *Psychoanalysis and the Paranormal*. Londres: Karnac.

Tresan, D. (1996). Jungian metapsychology and neurobiological theory. *Journal of Analytical Psychology*, 41 (3), p. 399-436.

Von Franz, M.L. (1992). *Psyche and Matter*. Boston: Shambhala.

Winnicott, D.W. (1949/1958). *Through Paediatrics to Psycho-Analysis*. Nova York: Basic Books.

10
A atitude ética na formação e na prática analíticas

Perspectivas arquetípicas e desenvolvimentais
e implicações para o contínuo
desenvolvimento profissional

Hester McFarland Solomon

Tem havido um surto de interesse recentemente em questões relativas a problemas éticos dentro das profissões analíticas e psicoterapêuticas. Sem dúvida, este interesse tem sido ativado, em parte, pelas crescentes cobranças de responsabilização nas profissões de ajuda junto ao público em geral, por medidas tomadas em prol de um registro voluntário e agora estatutário dos psicoterapeutas, por questões éticas relacionadas à pesquisa genética e fetal que suscitaram uma consciência de problemas éticos em geral, e por um crescente número de queixas éticas contra praticantes. Mas eu suspeito que essas reações por si sós não dão conta do que está envolvido em uma mudança radical no foco e no interesse por questões éticas. A expectativa de que padrões éticos elevados sejam consistentemente mantidos na prática analítica foi um princípio consagrado na Constituição e no Código de Ética da International Association for Analytical Psychology (IAAP). Recentemente, a IAAP devotou considerável tempo e energia da organização para aprimorar e atualizar suas disposições éticas. Mas por mais que exijamos no nível institucional que

354

a ética seja considerada um valor essencial, e por mais rigidamente que insistamos no princípio de padrões éticos elevados para a nossa profissão, não desenvolvemos verdadeiramente uma compreensão psicológica profunda deste valor essencial. Tem havido pouco esforço de localizar e compreender a atitude ética como um componente intrínseco do si-mesmo ou, de fato, de localizar a atitude ética como uma componente intrínseca da atitude analítica, que busca proteger o desenvolvimento do si-mesmo e de um relacionamento tão íntimo como este entre paciente e analista. Na verdade, de modo bastante curioso e com algumas notáveis exceções, a ética não recebe muita exposição, se é que alguma, em nosso currículo de formação, e teorias sobre as origens e funcionamento de uma capacidade ou atitude éticas nos seres humanos aparecem ainda menos na literatura analítica. Este capítulo tentará dar uma contribuição a essa investigação necessária.

Talvez uma razão para a escassez de teorização sobre as origens e dinâmica da atitude ética na literatura psicanalítica pertença ao aspecto sombrio de nossa profissão, um pressuposto comum de que enquanto o Código de Ética não tiver sido violado, ela, em sua essência, e seus princípios subjacentes não precisam ser pensados. É como se pensar em questões éticas fosse uma interrupção ou intromissão indesejada na verdadeira tarefa analítica. Parece-me que onde quer que essa atitude exista, há um *deficit* ético. Desmentidos ou negações, conscientes ou inconscientes, sobre o lugar da ética na nossa prática analítica ou em uma organização constituem sinais indicativos do lado sombrio da ética profissional.

De onde se originam os princípios éticos que os clínicos estão ansiosos para enfatizar sob sua prática profissional? De onde vem uma capacidade para o pensamento e o comportamento éticos? A atitude ética é inata, ou nós a aprendemos? Os princípios éticos que formam a base profissional de nossa prática clínica se relacionam com nossas teorias da psicologia profunda? Uma capacidade para o pensamento e o comportamento éticos é um potencial arquetípico que espera ser ativado pelas circunstâncias certas, ou a aprendemos por meio de processos de socialização e da qualidade de nossas relações de objeto? E por que há tão pouco sobre a atitude ética na literatura analítica?

Perspectivas históricas

Freud e Jung, fundadores da tradição analítica, compartilhavam um terreno comum em suas visões da psique como impregnada da onipresença do conflito inconsciente, de processos e comportamentos psicológicos que são multideterminados e multimotivados, de impulsos e desejos inconscientes e subversivos que podem minar a intenção consciente, e da possibilidade de contraponto, dentro da psique, por parte da escolha do ego consciente, da energia moral e da luta ética. A essa visão em comum, Jung acrescentou uma convicção profunda com relação à natureza teleológica predominante do si-mesmo e à sua luta continua para se autorrealizar, mesmo em face de tremenda resistência interior ou de forças externas malignas. Esses são os elementos constitutivos de uma profunda visão da psique que têm relação direta com nossa compreensão da conquista de uma atitude ética.

Freud apontou o desenvolvimento de dois sistemas regulatórios relevantes ao comportamento moral que parecem refletir a operação da lei de talião e o princípio do ágape, respectivamente. São eles: (i) o superego arcaico, representando o poder e a autoridade, e capaz de evocar de modos taliônicos afetos como a vergonha, humilhação, o temor da vingança e o desejo de triunfo; e (ii) o ideal do ego, baseado em emoções de tipo mais ágape, tais como a culpa empática e o anseio de preservar e se identificar com os pais bons internalizados. Klein elaboraria o sistema dual das posições esquizoparanoide e depressiva. Embora ela não as especificasse nesses termos, a posição esquizoparanoide pode ser pensada como operando segundo os princípios taliônicos, os quais podem dar espaço às respostas mais ágape da posição depressiva por meio da capacidade de preocupação e reparação.

Muitas e muitas vezes ao longo da Obra Completa, Jung enfatizou a centralidade dos valores morais e éticos como estando profundamente implicados no tratamento psicoterapêutico. Ele enfatizou o valor emocional das ideias éticas e o fato de que questões éticas exigem que o afeto e o pensamento lutem juntos para alcançar discernimento ético (cf., por exemplo, Jung (1964): § 855ss.).

Para Jung, a compreensão do desenvolvimento teleológico do si-mesmo, operando por meio da função transcendente ao longo dos estágios da vida inteira, respalda uma visão da capacidade ética do si-mesmo. Em particular, o reconhecimento e integração da sombra é crucial ao potencial do si-mesmo para se desenvolver e crescer, para se individuar e assim realizar a natureza ética do si-mesmo. Como disse Murray Stein (1995), "para Jung [...] a ética é a ação da pessoa inteira, do si-mesmo".

Jung repetidas vezes reconheceu (p. ex., Jung 1959/1968: § 14-16) que a sombra é um problema moral que desafia o todo da personalidade, requerendo considerável esforço moral para superar, e encontrando considerável resistência interior no processo de conquista de autoconhecimento. A sombra, a porção do si-mesmo que o ego designa como má e projeta como indesejável, carrega o que é traiçoeiro e subversivo – o que é não ético e imoral – dentro do si-mesmo e o esconde, relegando seus conteúdos para áreas inconscientes dentro da psique, onde podem ser vividos em projeção, usando e abusando do outro como um veículo portador dos aspectos maus do si-mesmo. Retirar projeções da sombra requer uma enorme luta de natureza ética, trazendo à consciência o que é inconsciente e projetado. Beebe enfatizou as poderosas forças negativas ativadas na luta com a sombra que ameaçam a integridade: ansiedade, dúvida, vergonha, dor, uma ausência de bem-estar e o anseio de reparação do relacionamento danificado (Beebe 1992: 38).

Perspectivas filosóficas

É claramente impossível revisar neste capítulo toda a literatura filosófica sobre a ética. É verdadeiramente vasta e se estende por mais de dois milênios de investigação filosófica de que se tem registro. Eu aqui pretendo avançar três axiomas ou princípios que embasam minha abordagem da ética pessoal e profissional, e que reúnem, a meu ver, as principais tendências do pensamento filosófico sobre a ética relevantes a esta discussão.

1) O si-mesmo não é compelido a ser ético num vácuo. Para cumprir sua função ética, o si-mesmo deve reconhecer a realidade substantiva e a subjetividade do outro. Os modos pelos quais isso é alcançado têm

tanta relevância para o trabalho no consultório quanto para o funcionamento ético cotidiano como seres humanos.

2) A integridade do si-mesmo é posta em questão se partes do si-mesmo são desconhecidas ou evitadas, e projetadas fora do si-mesmo, em particular suas partes imorais e não éticas. Na medida em que o outro é usado como um objeto de projeção, o si-mesmo permanece dividido e, portanto, diminuído. O projeto teleológico do si-mesmo de alcançar a completude requer a retirada das projeções da sombra e a integração dos seus conteúdos na personalidade.

3) O pensamento e comportamento éticos pertencem a uma região não contingente de relações de objeto. Seguindo a noção de Kant do imperativo categórico, Zygmunt Bauman (1993) assinalou que a capacidade ética do eu deriva de um sistema de valor e de construção de significado que pertence a uma ordem distinta e superior e ao âmbito incondicional do relacionamento com o outro. É a natureza única e irreversível da minha responsabilidade com outrem, *independentemente* de o outro ver ou não seus deveres do mesmo modo para comigo, que me faz um ser ético.

Assim, podemos perguntar, de onde vem este valor e significado, este senso de responsabilidade incondicional? Como podemos explicar a disposição do si-mesmo de tolerar o fardo ético, a luta real envolvida na retirada das projeções e na integração da sombra?

Perspectivas neurocientíficas

A internalização da experiência do relacionamento não taliônico nutre física, mental e emocionalmente, como recentes pesquisas neuropsicológicas indicaram (Schore 1994). O jovem si-mesmo se desenvolve por meio de um ambiente sustentador suficientemente bom, permitindo ao bebê experimentar-se amparado e protegido sem temor indevido de respostas retaliatórias ou consideração indevidas para aplacar outrem para sua sobrevivência. Isso dá ao jovem si-mesmo a segurança e a liberdade para se expressar como um ser autêntico. A situação total se torna, por sua vez, a base para que o potencial de uma capacidade ética venha a se desenvolver. Quando essas condições não são encontradas, surgem patologias do si-mesmo, tais como o falso *self*, a personalidade "como se" e as várias patologias relacionadas às defesas do si-mesmo e aos sistemas de autocuidado conforme discutidas por Solomon (2004).

O novo e florescente campo da psiconeurobiologia mostrou que o desenvolvimento *post partum* dos circuitos e estruturas neurais do cérebro infantil que regulam o desenvolvimento das capacidades humanas superiores (i. é, cognitivas e socioafetivas) dependem da existência e da qualidade das primeiras interações entre o bebê e a mãe ou cuidador. Allan Schore (2003a, 2003b), Daniel Stern (1985), Jean Knox (2003) e Margaret Wilkinson (2003), entre outros, deram poderosas contribuições a partir de abordagens distintas mas complementares a esta área. Eles mostraram através de diferentes perspectivas de pesquisa que há uma ligação direta entre a qualidade da sintonia do bebê e de sua mãe e o desenvolvimento do circuito neural infantil. Uma vez que o bebê busca instintivamente participar da ativação desses intercâmbios mútuos, podemos inferir que o bebê, como um parceiro proativo, está participando diretamente no desenvolvimento de seu circuito neural, em seu próprio crescimento neural. Além disso, o circuito particular envolvido é o que determina a atividade cognitiva e socioafetiva, os sistemas límbicos corticais e subcorticais, que devem por fim sustentar e alicerçar a realização das capacidades psicológicas superiores, inclusive da capacidade ética. Isso sugere que há fundamentos para considerar que a capacidade ética é, pelo menos em parte, inata, derivada dos intercâmbios mais remotos e instintivamente dirigidos com o cuidador primário, incluindo-se intercâmbios iniciados pelo bebê; e, pelo menos em parte, é influenciada por fatores ambientais, pelo impacto da capacidade do próprio cuidador de ser responsivo a, e de iniciar interações adequadas e significativas com o bebê (para uma discussão mais completa, cf. Solomon 2000a).

Emergência de uma capacidade ética

Ao considerar essas questões e perspectivas, quero oferecer uma imagem que sublinha um potencial arquetípico para a capacidade ética. Ao pensar sobre as possíveis origens da atitude ética, uma imagem primordial emerge de uma função parental combinada. O que estou combinando são as funções materna e paterna: combinando, por um lado, na evocativa noção de Winnicott (1964), a mãe preocupada primária, precursora da mãe habitualmente devotada; e, por outro lado, a noção da função pensante, discernidora, discriminadora, que é muitas vezes imaginada em termos masculinos, paternos. É pela combinação dessas funções – a devoção e a pensamento – que a atitude ética é mantida no casal parental, e por fim internalizada na psique. A ideia da mãe ou cuidadora habitualmente devotada representa um modo profundamente ético na devoção instintiva e incondicional a outrem, o bebê, pois ela trabalha para superar suas próprias necessidades narcísicas e raivas frustradas, projeções da sombra, resistindo em grande medida ao impulso de evitar o desenvolvimento de seu bebê mediante a aquiescência indevida a suas solicitações. Em um ponto adequado, começará o processo de socialização, tão necessário como uma parte do desenvolvimento ético – a capacidade de dizer, de diferentes maneiras, "não", assim estabelecendo fronteiras e expectativas de autorregulação, particularmente em relação a outrem. A ativação do potencial arquetípico para o comportamento ético será assim reforçada em situações ordinárias suficientemente boas por cuidadores capazes de partilhar atos de devoção atenciosa e de pensamento empático sobre seu bebê. Essa visão arquetípica-desenvolvimental combinada da realização gradual por etapas de uma capacidade ética foi discutida por Stein, referindo-se à obra de Bachofen (Stein 1993: 67).

Estou conjecturando que a identificação com, e a internalização da função ágape das figuras parentais em seu amparo empático, bem como seus aspectos pensantes e discriminadores, desencadeiam ou catalisam uma capacidade ética nascente em uma mente jovem, cujos primeiros passos incluem aqueles primitivos atos mentais de discernir o bom e o mau, que constituem os fundamentos das defesas psíquicas da cisão e da projeção. Cisões e projeções precoces (bem como posteriores) podem assim ser instâncias de atividade moral primitiva, o que Samuels (1989) chama de moralidade original – a expulsão do si-mesmo do que é indesejado e sentido como sendo mau, lançado no outro, onde é identificado como mau e evitado. Mesmo em situações em que o bom é cindido e projetado, é a serviço de manter uma estrutura psíquica discriminatória, mas altamente defensiva. Assim nós fechamos o círculo: os atos primitivos de discriminação do mau, e de sua visão da psique pela projeção nos cuidadores, constituem as próprias precondições para a criação da sombra que por fim exigirá uma ação ética adicional de reintegração – a princípio, o discernimento primordial ou prototípico anterior ao estado em que há suficiente força egoica para que qualquer coisa semelhante a um comportamento moral ou ético adequado surja.

Fordham (1969/1994) colocou a noção de Jung de si-mesmo num arcabouço desenvolvimental ao posicionar o si-mesmo como primordialmente integrado, autônomo, mas em grande medida relacionado com outro ou outros. Assim também nós estamos sós como seres morais enquanto ao mesmo tempo descobrindo nossa natureza moral em relação a outrem. Verdadeiramente descobrir o outro implica transcender maneiras narcísicas de se relacionar, nas quais o outro é apropriado para uso no mundo interior, negando-se a realidade subjetiva do outro. Conviver com as implicações disso – uma capacidade de reconhecer e se relacionar com a verdade do outro – é um passo no desenvolvimento da (e talvez, por fim, para além da) posição depressiva. Normalmente se considera que a posição depressiva contém atos de reparação por meio da culpa e do medo de que o objeto possa ter sido danificado e, portanto, tornado incapaz de continuar cuidando do eu da pessoa (Hinshelwood 1989). Como tais, os atos de reparação permanecem dependentes da preservação do outro para o benefício do eu. A atitude ética visada aqui vai além desta contingência e sugere um âmbito não contingente de comportamento ético. Esta situação tem implicações diretas para o que acontece no consultório entre o par analítico (para uma discussão adicional, cf. Solomon 2000b).

Emergência de uma capacidade ética no consultório

Muito do trabalho entre paciente e analista se refere às vicissitudes nos modos e na capacidade para a *coniunctio* entre eles. Jung enfatizou a importância da mutualidade no relacionamento entre paciente e médico, e estava muito consciente dos perigos psicológicos e das pressões éticas que surgem disso, como aspectos do que ele chamou de identidade inconsciente ou *participation mystique* (Jung 1964: § 852), hoje em dia geralmente conceptualizado como identificação projetiva, na qual níveis primitivos de comunicação podem levar a estados de diferenciação psicológica extremamente reduzidos entre os dois indivíduos do par correlato. Isso hoje é pensado como a dinâmica do relacionamento de transferência e contratransferência. Por mais úteis que tais estados possam ser para oferecer canais de comunicação inconscientes, assim fortalecendo o entendimento clínico, os perigos muito reais são claros. Identificação inconsciente sem a função discriminadora do pensamento e da reflexão pode levar à perversão da atitude ética. Fronteiras podem ser burladas, *enactments* permanecem sem metabolização, *actings out* se tornam possibilidades, e a segurança do continente se perde, reduzindo assim a liberdade psicológica necessária à realização do trabalho analítico (exemplos detalhados disso são dados por Gabbard & Lester 1995).

O "ato especial de reflexão", como Jung o chamou (Jung 1964: § 852), e tal como surge no consultório, requer, ele próprio, condições especiais, em particular a manutenção e proteção de um espaço com fronteiras, o *vas bene clausum*, ou, nos termos de Langs (1974), o enquadre analítico. No relacionamento analítico assimétrico, manter um espaço com fronteiras garante que o trabalho analítico possa avançar com segurança e com a necessária liberdade analítica, de modo a que a regressão e estados de poderosa deintegração e, às vezes dramática desintegração, possam ocorrer. Inevitavelmente, o enquadre analítico pode ser questionado, e Wiener (2001) discutiu alguns dos problemas que podem estar envolvidos, exigindo a manutenção do que ela chamou de "espaço ético". Isso indica a importância de contínua supervisão ou consulta na prática analítica pós-qualificação. Uma implicação disso para a formação é a necessidade de revisar um objetivo primário de formação anterior, que tinha sido preparar e avaliar quais candidatos estão prontos para trabalhar "independentemente". Voltarei a esse ponto logo a seguir.

A liberdade ante a apropriação para uso narcísico no mundo interior e íntimo do outro pode preceder a capacidade de se relacionar eticamente com um outro íntimo. Esta é uma liberdade que resulta da regra da abstinência, seja a familiar entre as gerações, ou profissionalmente entre paciente e analista, ou entre supervisor e supervisando, que também são de duas diferentes gerações (analíticas). Em condições nas quais a liberdade não esteja disponível, o si-mesmo pode ter tido de criar modos de se proteger de tais incursões, erigindo defesas do si-mesmo, e uma perda da capacidade ética pode ter resultado disso. Muito do trabalho analítico é então dedicado a reinstalar esta liberdade, pelo enfrentamento das inevitáveis forças de sabotagem que tentam minar a atitude ética no trabalho analítico.

A natureza desequilibrada da díade analítica lembra a situação que eu descrevi anteriormente, na qual uma pessoa assume responsabilidades éticas incondicionais perante outra que não é obrigada a ser recíproca de um modo equivalente; assim também é no consultório, onde o analista empreende a manutenção de uma atitude ética à qual o paciente não é convocado a aderir nos mesmos termos. Claro, o paciente obedece a outras regras, tais como o pagamento de honorários e frequentação regular (dentro de certos parâmetros). É mantendo a atitude analítica que a psicopatologia do paciente, inclusive as pressões por vezes inconscientes que o paciente traz ao relacionamento analítico, pode emergir, e ser tolerada em prol da transformação posterior. Kenneth Lambert (1981) discutiu a importância, para o tratamento contínuo, de que o analista mantenha uma função ágape em face dos impulsos do paciente, e dos seus próprios, de se comportar segundo a lei de talião. Se tal pressão pode ser contida dentro do ambiente de *holding* da atitude analítica, conforme sustentada pela capacidade do analista para a ágape, é então que, como Jung afirmou, a função transcendente pode ser ativada e uma solução pode ser encontrada.

Além da posição depressiva

Se a obtenção de uma atitude ética é uma realização desenvolvimental, então poderíamos avançar uma visão de que a atitude ética é uma posição desenvolvimental e depende da *qualidade* do relacionamento entre o eu e o outro, e do significado do relacionamento para cada qual – uma situação interior e exterior. Nas seções seguintes, eu argumento que a atitude ética representa um passo desenvolvimental para além da noção kleiniana da posição depressiva.

Jung enfatizou a visão teleológica do si-mesmo em que a capacidade inata para o si-mesmo se tornar o que é, por meio do processo de individuação, é um aspecto fundamental. Uma atitude eticamente madura não se baseia na conduta ética do outro para com o eu, mas sim na experiência mais remota da devoção incondicional de outrem em relação ao eu, independentemente da relação do eu com o outro. Na visão de Klein, por outro lado, a capacidade de culpa, preocupação e o anseio de reparação vistos no bebê resultam da capacidade do eu de imaginar o dano que causou ao outro e assim como o desejo ou capacidade do outro de continuar a amar e cuidar do eu podem diminuir ou desaparecer. Eles também representam a preocupação e o temor da perda dos objetos internos bons do próprio eu que são necessários como suporte da viabilidade contínua do eu, e sem os quais a dissolução psíquica pode acontecer (cf. Klein 1935, 1940). Eis um sistema de contabilidade interna em ação que permanece relacionado deste modo às ansiedades evocadas pela lei de talião da posição esquizoparanoide.

Falando da luta com um conflito ético que pode fazer a pessoa se sentir trancada num dilema no qual não parece haver nenhum desenvolvimento ou recurso possível, Jung afirma:

> O fator decisivo [...] provém não do código moral tradicional, mas do fundamento inconsciente da personalidade. A decisão é tirada das águas escuras das profundezas. [...] Se se é suficientemente escrupuloso, o conflito é suportado até o fim. [...] A natureza da solução entra em acordo com os fundamentos mais profundos da personalidade, bem como com sua totalidade; ela abarca a consciência e o inconsciente e, portanto, transcende o ego [...] um conflito de deveres encontra sua solução por meio da criação do terceiro ponto de vista (Jung 1964: § 856-857).

Triangulação e o terceiro arquetípico

A importância do terceiro ponto de vista é um conceito central dentro da posição filosófica e clínica de Jung, e remonta até 1916, quando ele escreveu sobre a dialética da função transcendente (cf. Solomon 1994). Ao mesmo tempo, logo após a ruptura com Freud, quando estava sofrendo do que poderia ser descrito como uma regressão psicótica em face da sua perda de Freud, que representava em algum nível a função psíquica centralmente organizadora da figura paterna que ele não tinha tido, Jung escreveu dois artigos fundamentais, que podem parecer diametralmente opostos em conteúdo e forma: "*VII Sermones ad mortuos*" ("Sete sermões aos mortos") e "*A função transcendente*". O primeiro foi publicado na época, mas não em uma edição à parte em inglês até 1982, enquanto o segundo não foi publicado até 1957, apenas poucos anos antes da morte dele, em 1961. Ambos refletem, de diferentes maneiras, a imediaticidade das experiências psíquicas penosas e ameaçadoras de Jung, surgidas de sua autoanálise, que ele empreendeu, como a autoanálise de Freud, por sua conta e risco. Ao mesmo tempo, Jung continuou a exercer a função de diretor clínico do hospital em Zurique e também era pai em uma família crescente. Se o tom dos "Sete Sermões" foi o de um relato assustador das experiências psíquicas terrivelmente vívidas que ele suportou durante o período de seu "confronto com o inconsciente" (Jung 1961: 194), o da "Função transcendente" foi o de uma contribuição ponderada e científica à construção teórica analítica concernente à dinâmica do movimento, crescimento e mudança psíquica, que ele comparou a uma "fórmula matemática" (Jung 1960: § 131). Poderíamos interpretar isso como uma exteriorização desapaixonada de seu estado interno altamente emotivo na época, uma espécie de autossupervisão, com relação a sua própria reação perturbadora e desequilibrada à perda de seu relacionamento com Freud poucos anos antes. Nesse artigo, propôs um esquema estrutural profundo e arquetípico de triangulação no qual demonstrava que a mudança psíquica ocorre por meio da emergência de uma terceira posição a partir de uma situação interna ou externa conflitiva e polarizada, posição cujas características não podem ser preditas apenas por aquelas da díade original. Com relação a essa ideia, é interessante notar que a filósofa e psicanalista Marcia Cavell, que recentemente avançou a ideia de triangulação em um contexto psicanalítico, se refere à noção de Polanyi de "propriedades emergentes", muito à maneira da natureza dialética da função transcendente, ou seja, como "propriedades que em um processo desenvolvimental surgem espontaneamente de elementos dos níveis precedentes e que não são especificáveis nem predizíveis em termos deles" (Cavell 1998: 461). O paradigma da "emergência" foi recentemente abordado na construção teórica analítica por Cambray (2002) e Knox (2003).

Tenha ou não se aproveitado conscientemente de suas origens filosóficas, a noção de Jung de função transcendente se baseia na ideia de uma natureza estrutural profunda e dialética de toda mudança no mundo vivo, tal como exposta por Hegel, filósofo alemão do século XIX, em sua grande obra *Fenomenologia do espírito* (cf. Solomon 1994). Hegel postulou um esquema tripartite como sendo fundamental a toda mudança, inclusive a mudança psíquica; uma situação na qual um par oposicional original, uma díade, que ele chamou de tese e antítese, se digladia até que, sob as condições corretas, uma terceira posição, uma síntese, é alcançada. A terceira posição anuncia a transformação dos elementos oposicionais da díade em uma posição ou estado com novas propriedades que não poderiam ter sido conhecidas antes de seu encontro – o *tertium quid non datur* nos termos de Jung. Hegel chamou esta luta ubíqua de dialética, porque ela demonstrava como as transformações no mundo natural acontecem por meio da resolução de uma luta oposicional e podem ser compreendidas como tendo significado e propósito. Isso era uma padronização estrutural profunda da mudança dinâmica que era arquetípica em sua natureza, e desenvolvimental enquanto um movimento dinâmico no tempo. Jung seguiu a linguagem dialética de Hegel – tese, antítese, síntese.

Pode-se também considerar esse esquema arquetípico como a base da situação edipiana tripartite, em que a transformação a partir de fora de um par primordial, mãe e criança, pode ser alcançada por meio de uma terceira posição permitida pela função paterna, trata-se de um pai real ou de uma capacidade da mente na mãe ou na criança. Recentemente, vários psicanalistas deram contribuições com relação à importante dinâmica do terceiro ponto de vista (p. ex., Steiner, Britton, Ogden, Bollas e Fonagy), que se refere à centralidade do terceiro arquetípico tal como evidenciada no complexo de Édipo que foi a pedra angular da metapsicologia de Freud. Peter Fonagy (1989) desenvolveu uma teoria da mente que a criança alcançou quando está consciente de que os pensamentos dela e os dos outros estão separados e não estão disponíveis diretamente de parte a parte (como presumido em estados de fusão ou identificação), mas apenas por meio da referência a uma terceira perspectiva. Como Marcia Cavell afirma:

> a criança precisa não de uma, mas de duas outras pessoas, uma das quais, pelo menos em teoria, poderia ser apenas a ideia da criança de um terceiro [...] a criança deve passar da interação com sua mãe para a apreensão da ideia de que tanto a perspectiva de uma quanto a da outra são *perspectivas*; que há um terceiro ponto de vista possível, mais inclusivo que o delas, a partir do qual o da mãe e o da própria criança podem ser vistos e a partir do qual a interação entre eles pode ser compreendida (Cavell 1998: 459-460).

É nesse sentido que podemos falar na emergência da identidade da criança como algo separado de sua mãe, por meio da provisão de uma terceira perspectiva. Para Jung, isso seria pensado como a gradual emergência do si-mesmo, por meio de sucessivos estados de transformação e de individuação via função transcendente.

Valendo-me dessas perspectivas, quero avançar a visão de que a provisão de supervisão contínua, uma terceira área de discurso analítico, oferece a possibilidade de que paciente e analista sejam ajudados a emergirem da *massa confusa* da díade analítica e, seguindo o preceito de Jung, ambos sejam ajudados a mudar conforme a individuação progride.

Na teoria psicanalítica, a importância da negociação do trio edipiano, a tríade arquetípica *par excellence*, constitui grande parte da compreensão psicanalítica da realização desenvolvimental. Freud usou o termo "complexo de Édipo" pela primeira vez em 1910, seguindo as pesquisas científicas de Jung sobre os complexos que ele demonstrou por meio do teste de associação de palavras [em inglês, *word association test* (WAT)]. Naquela época, ambos consideravam que o complexo de Édipo era um dos muitos complexos orga-nizadores da psique, mas ele logo se tornou o conceito psicanalítico central.

Britton resume a situação edipiana assim:

> nós percebemos nos dois diferentes sexos os mesmos elemen-tos: um casal parental [...] um desejo de morte dirigido ao pro-genitor do mesmo sexo [...] e um sonho ou mito de realização do desejo de tomar o lugar de um progenitor e se casar com o outro (Britton 1998: 30).

Britton evoca a noção de triangulação interior, que requer a tolerância de uma versão interior da situação edipiana. Ele descreve o "espaço psíquico triangular" como "uma *terceira* posição no espaço mental [...] a partir do qual se pode observar o *self subjetivo* tendo um relacionamento com uma ideia" (Britton 1998: 13). Ele conclui que "em todas as análises a situação edipiana básica existe sempre que o analista exercita sua mente independentemente do relacionamento intersubjetivo de paciente e analista" (Britton 1998: 44).

A meu ver, a manifestação e facilitação exteriores desse estado triangu-lar interior é presente quintessencialmente no relacionamento supervisório ou consultativo. Aqui, duas pessoas, o analista e o supervisor, estão ligados em relação a um terceiro, o paciente. Igualmente, no consultório, o analista com o paciente trabalha com referência ao terceiro ponto de vista internali-zado, ou seja, o supervisor e a atitude analítica representada pelo supervisor em sua mente; e de modo similar, o paciente na presença do analista está mais ou menos consciente do relacionamento do analista com sua atitude analítica, isto é, do terceiro analítico.

Dentro da psicanálise, o debate corrente sobre a intersubjetividade, no qual analista e paciente são vistos como agindo em conjunto dentro da rela-ção de tratamento (p. ex., Atwood & Stolorow 1993: 47), tem afinidade com o estudo atento por Jung das vicissitudes da *coniunctio* (Jung 1966). A noção de "triangulação progressiva", da psicanalista Marcia Cavell (1998), tem re-levância aqui: "para conhecermos nossas próprias mentes, requeremos uma interação com outra mente em relação ao que se chamaria de realidade objetiva" (Rose 2000: 454, resumindo Cavell). Eu sustento que a provisão de supervisão, inclusive da supervisão interior que acontece quando o analista pensa sobre aspectos do paciente e do relacionamento analítico, é uma instância importante de "triangulação progressiva" na medida em que permite a contínua interação com outra mente em relação a um terceiro, o paciente, o qual pode ser pensado porque diferenciado da díade relativa ao casal paciente-analista.

Espaço triangular e supervisão na prática analítica

A provisão e função da supervisão no trabalho analítico e psicoterapêutico com indivíduos, crianças, casais ou famílias cria um espaço triangular essencial ao cuidado e manutenção – a higiene contínua – do relacionamento terapêutico. Eu uso o termo "higiene" no sentido de que, por meio de sua provisão, a supervisão mantém constantemente ativa a consciência da atitude analítica, inclusive do seu componente ético, na, e por meio da presença de uma terceira pessoa (o supervisor), ou de uma terceira posição (o espaço supervisório), e de que isso atua como um auxílio na restauração das atitudes analítica e ética quando, por vezes, elas possam se perder no turbilhão da prática clínica, em que proliferam dinâmicas identificatórias e projetivas, como é o caso em qualquer relacionamento intenso e íntimo. A supervisão é em si a representação dessa atitude por meio da provisão de uma terceira área de reflexão. O tratamento, em níveis profundos, da psique em sofrimento sempre envolve em empuxo regressivo e/ou narcisista de volta para modos primitivos de relacionamento, esses estados mentais dicotômicos ou/ou, que estão sujeitos a serem dominados por forças arquetípicas e as defesas resultantes que são armadas para protegerem o si-mesmo e garantirem sua sobrevivência (Kalsched 1996; Solomon 1997). A provisão de um espaço triangular sustentado via a situação supervisória cria a necessária oportunidade para a reflexão analítica, em que duas pessoas trabalham juntas para pensarem sobre um terceiro, seja este terceiro um indivíduo, um casal, uma família ou uma ideia ou aspecto dentro do terapeuta ou analista, que é relevante para seu trabalho clínico. A provisão de um espaço triangular por meio de supervisão interior ou exterior, ou de ambas, é essencial à manutenção da atitude analítica em face da multidão de forças e de pressões em ação dentro da situação analítica e terapêutica, surgindo de dinâmicas conscientes e inconscientes dentro de, e entre paciente e analista, e os intercâmbios intersubjetivos consequentemente inevitáveis, frequentemente inconscientes, entre eles como um par, que procurariam, por razões defensivas, minar as conquistas analíticas.

Na medida em que este espaço triangular criado pela supervisão é necessário à higiene do casal analítico (assim como o princípio reflexivo paternal é essencial à higiene da díade mãe-bebê, oferecendo o espaço para que ocorra crescimento psicológico), a supervisão tem um papel ético bem como clínico e didático em todo o trabalho analítico e terapêutico, não obstante os anos de experiência do praticante. Se a supervisão será dada da mesma maneira que durante a formação, com encontros semanais e em uma situação personalizada, ou em consultas com um praticante sênior em intervalos combinados, ou ainda se a supervisão por pares em pequenos grupos será escolhida como o meio de oferecer o espaço triangular, essas são questões que cabem a cada clínico decidir, conforme sua necessidade pessoal, inclinação e recursos disponíveis.

No caso da análise e da supervisão de candidatos em formação, em que há contínuas questões particulares de fronteiras e outras pressões inerentes à situação de formação, que geralmente não dizem respeito ao trabalho com pacientes que não estão em formação, tais como a necessidade de ver um paciente sob supervisão regular com uma certa intensidade mínima, por uma certa quantidade mínima de tempo, a supervisão ajudará a identificar e trabalhar sob essas coerções sem esquecer a atitude analítica. Isso por sua vez estimulará nos candidatos sua própria atitude ética, conforme eles internalizem a expectativa de que todo trabalho analítico, inclusive o trabalho de seus próprios analistas e supervisores, é por sua vez supervisado. O aluno então irá saber desde o início de sua formação que sempre há um terceiro espaço criado, no qual ele, como paciente ou supervisando, será pensado por um outro par supervisor-praticante.

Estimular a expectativa ética de uma provisão supervisória contínua trará mais probabilidade de engendrar um compromisso geracional com a atitude analítica dentro de uma instituição formadora, conforme a tradição da boa prática clínica é transmitida ao longo das gerações de alunos em formação. Atualmente, há um pressuposto de que a meta e os objetivos da formação podem ser resumidos da maneira oposta: ou seja, que o progresso do candidato ao longo de sua formação é avaliado segundo se julga que ele esteja pronto para "trabalhar independentemente". Claro, a avaliação da capacidade do aluno para o julgamento independente e um senso de sua própria autonomia viável é um fator importante, na verdade crucial, no processo de avaliar se alguém está pronto para se qualificar à prática de analista ou terapeuta. O que estou argumentando aqui é que esta avaliação deveria incluir um julgamento sobre a consciência do candidato acerca da necessidade e da utilidade da provisão de um espaço triangular para discutir sua prática clínica, de modo a se obter uma melhor garantia contra os riscos de trabalhar de maneiras tão íntimas e psicologicamente profundas, inclusive os perigos de estados identificatórios mútuos ou abuso de poder.

Meu ponto de discordância é que, assim como suas óbvias vantagens, a expectativa de que o praticante se assegure de que terá incessante supervisão ou consulta em sua prática clínica é um sinal de maturidade, da parte do praticante e também da instituição formadora, conforme eles avaliam sua própria competência clínica e a dos outros. Isso é parte do processo de avaliação, que resulta na autorização de praticar como membros da instituição formadora. Há a dimensão adicional de que alguns membros prosseguem para se tornarem formadores, ou seja, analistas didatas, supervisores e organizadores de seminários clínicos e teóricos, incumbidos da responsabilidade da formação de futuras gerações de analistas. A expectativa no aluno de contínua provisão supervisória e consultiva, modelada pelos formadores, estimula o respeito e o entendimento, da parte dos candidatos, das condições que criam e sustentam a atitude analítica e ética. Isso inclui a atenção a questões de fronteiras que podem surgir na, e por meio da intensidade da dinâmica intersubjetiva, dentro do relacionamento analítico e terapêutico (para uma discussão detalhada dos problemas de fronteira na prática analítica, cf. Gabbard & Lester 1995). Essas dinâmicas intersubjetivas são inevitavelmente deflagradas pelos intercâmbios interpenetrativos, projetivos, introjetivos e de identificação projetiva dentro da transferência e contratransferência.

A recomendação de que (i) os membros de instituições de formação analítica busquem estabelecer um *ethos* supervisório contínuo para discutir seu trabalho, mesmo se a supervisão não for mantida sistematicamente, e que (ii) todos os analistas didatas e supervisores das instituições tenham consultas regulares com relação a seus casos de formação (inclusive pacientes, supervisados e pacientes em formação) representa um desenvolvimento adicional dessas tríades ubíquas criadas pela situação de formação: aluno--analista didata-supervisor; aluno-paciente em formação-supervisor; e aluno-supervisor-comitê de formação. A expectativa de prover um espaço para reflexão com outro beneficiaria todas as partes envolvidas e ao mesmo tempo aumentaria a consciência clínica. Sem esse benefício, corremos o risco da identificação com aqueles processos e pressões patológicos, por exemplo de tipo narcisista, inevitáveis na prática analítica, pois somos suscetíveis a tratar aqueles aspectos em nossos pacientes que correspondem a e ressoam nossas próprias questões interiores e histórias pessoais. Daí a importância da "higiene" clínica, de criar o terceiro espaço da supervisão; isso pode nos ajudar a mantermos nossa conexão com genuínas relações de objeto e permanecermos alertas às armadilhas de relações diádicas intensas.

Conclusão

Neste capítulo, explorei maneiras pelas quais o si-mesmo descobre, define, cria e luta com valores éticos. Parece-me que o conceito de atitude ética pode funcionar como um conceito essencial no trabalho em psicologia profunda. Ele o faz porque leva o clínico a se estender profundamente às bases da psique em desenvolvimento e inclui valores essenciais em comum, coletivos, assim oferecendo uma oportunidade para o estudo conjunto das fontes e condições para se manter uma das mais profundas expressões de nosso funcionamento superior e mental. Além disso, como se lida com questões éticas pragmáticas no consultório, em organizações analíticas e com colegas, é uma preocupação comum que todos os profissionais precisam abordar.

Quanto mais pesei sobre a questão da ética em termos desenvolvimentais e arquetípicos, mais eu percebi que a ética está conosco profissionalmente o tempo todo no consultório, a cada dia, a cada hora. Embora não estejamos necessariamente conscientes de nossa atitude ética ao trabalharmos, nós estamos, como profissionais, constantemente vivendo com uma dimensão ética. Cada ação que empreendemos em relação a nossos pacientes e supervisandos e, eu acrescentaria, a nossos colegas, tem um aspecto ético que, se ignorado, pode acarretar graves consequências para a nossa capacidade de manter a atitude analítica, o enquadre analítico, e de fazer nosso trabalho analítico em um contexto adequadamente profissional.

Eu também explorei alguns aspectos da função supervisória na prática analítica em relação a perspectivas desenvolvimentais e arquetípicas. A provisão, por meio da supervisão, de um espaço triangular no qual o trabalho clínico com pacientes possa ser pensado, cria a necessária dimensionalidade para que a transformação psicológica ocorra e tenha ressonância com a realidade desenvolvimental e a verdade arquetípica. O aspecto ético da provisão e processo supervisórios se baseia na noção de que uma genuína relação de objeto surge de tal dimensionalidade, na qual uma mente está consciente da realidade subjetiva da outra, e escolhe assumir responsabilidade ética perante a outra, como os pais em relação à criança, e o analista ou terapeuta em relação ao paciente. Isso é estimulado no *setting* supervisório, em que o relacionamento triangular de supervisor-analista-paciente torna manifesta, de uma forma concreta, universal, uma situação estrutural triangular e profunda que é necessária ao desenvolvimento psicológico.

A emergência de uma capacidade ética representa um desenvolvimento a partir da posição depressiva, porque busca fornecer e proteger um espaço ou lugar não contingente para reflexão sobre o outro, seja este uma pessoa, um relacionamento ou uma ideia. Tal reflexão pode resultar em decisões tomadas com relação ao outro, e pode ser seguida por ações, que incluem o conteúdo, a forma, o *timing* e outras características das interpretações e outros, mais sutis, modos de estar na presença do outro, que terão um impacto direto na qualidade de seu mundo interior. É por essa razão – devido à possibilidade de causar dano à realidade interior vulnerável de outrem – que o Juramento de Hipócrates foi estabelecido 2.500 anos atrás tendo por principal premissa *nolo nocere*, "não lesar", e é porque nós, como praticantes, continuamos a buscar aperfeiçoar o seu *ethos*.

A atitude ética é uma parte essencial e integral do relacionamento analítico, e não apenas um adendo ao trabalho do praticante. Se experimentado pelo analista como um problema exterior, o trabalho analítico pode se tornar nada mais do que um exercício intelectual, e o Código de Ética, um mero *checklist* que pode ser esquecido enquanto não for transgredido. A prática analítica e a atitude ética estão intimamente ligadas entre si; uma permeia a outra e define e dá valor à outra. Isso reflete o próprio relacionamento analítico em que, como Jung enfatizou, ambos os parceiros se tornam disponíveis e suscetíveis a serem mudados pelo encontro com o outro. Essa é a essência tanto do trabalho analítico quanto da atitude ética. Portanto, podemos dizer que a atitude analítica é em essência uma atitude ética, e que assim nossa atitude analítica e ética está inserida profundamente em nossa humanidade.

Agradecimentos

Um esboço deste capítulo foi apresentado em uma conferência, "Ethics Matters" [A Ética Importa], organizada pela IAAP em Cambridge, Reino Unido, em julho de 2003. Uma versão anterior deste artigo foi apresentada em uma conferência intitulada "Diversity and its Limits: New Directions in Analytical Psychology and Psychoanalysis" [Diversidade e seus limites: novas direções na psicologia analítica e na psicanálise], organizada pelo *Journal of Analytical Psychology* em Praga em maio de 2001. Isso também apareceu como:

• "The ethical self" [O si-mesmo ético] in: Christopher, E. & Solomon, H. (orgs). *Jungian Thought in the Modern World*. Free Association Books, 2000.

• Origins of the ethical attitude [Origens da atitude ética]. *Journal of Analytical Psychology*, 46 (3), 2001.

• "The ethics of supervision: developmental and archetypal perspectives" [A ética da supervisão: perspectivas desenvolvimentais e arquetípicas]. In: Christopher, E. & Solomon, H. (orgs.). *Contemporary Jungian Clinical Practice*. Karnac, 2003.

• "The ethical attitude: a bridge between psychoanalysis and analytical psychology" [A atitude ética: uma ponte entre psicanálise e psicologia analítica"]. In: Solomon, H. & Twyman, M. (orgs). *The Ethical Attitude in Analytic Practice*. Free Association Books, 2003.

• "The ethics of supervision: developmental and archetypal perspectives". In: Solomon, H. & Twyman, M. (orgs.). *The Ethical Attitude in Analytic Practice*. Free Association Books, 2003.

Referências

Atwood, G. & Stolorow, R. (1993). *Structures of Subjectivity*. Northvale: Analytic.

Bauman, Z. (1993). *Postmodern Ethics*. Oxford: Blackwell.

Beebe, J. (1992). *Integrity in Depth*. College Station: A & M University Press.

Britton, R. (1998). *Belief and Imagination*. Londres: Routledge.

Cambray, J. (2002). Synchronicity and emergence. *American Imago*, 59 (4), p. 409-434.

Cavell, M. (1998). Triangulation, one's own mind and objectivity. *International Journal of Psychoanalysis*, 79, p. 3.

Fonagy, P. (1989). On tolerating mental states: theory of mind in borderline personality. *Bulletin of the Anna Freud Centre*, 12, p. 91-95.

Fordham, M. (1969/1994). *Children as Individuals*. Londres: Free Association.

Freud, S. (1910). *Leonardo da Vinci and a memory of his childhood*. Londres: Hogarth (1950/1974) [SE, 9].

Gabbard, G. & Lester, E. (1995). *Boundaries and Boundary Violations in Psychoanalysis*. Nova York: Basic Books.

Hegel, G.W.F. (1807/1977). *The Phenomenology of Spirit* [trad. A.V. Miller]. Oxford: Oxford University Press.

Hinshelwood, R.D. (1989). *A Dictionary of Kleinian Thought*. Londres: Free Association.

Jung, C.G. (1966). *The Practice of Psychotherapy* [CW 16] [*A prática da psicoterapia*. Petrópolis: Vozes, 2011 – OC 16/1].

_____ (1964). *Civilisation in Transition* [CW 10] [*Civilização em Transição*. Petrópolis: Vozes, 2011 – OC 10/3].

_____ (1961). *Memories, Dreams, Reflections*. Londres: Collins.

_____ (1960). *The Structure and Dynamics of the Psyche*. Princeton: Princeton University Press [CW 8] [*A natureza da psique*. Petrópolis: Vozes, 2011 – OC 8/2].

_____ (1959/1968). *Aion* [CW 9ii] [*Aion*. Petrópolis: Vozes, 2011 – OC 9/2].

Kalsched, D. (1996). *The Inner World of Trauma*. Londres: Routledge.

Klein, M. (1940). "Mourning and its relation to manic-depressive states". In: Money-Kyrle, R. (org.). *The Writings of Melanie Klein*. Vol. 1. Nova York: Free Press, p. 344-369.

_____ (1935). "A contribution to the psychogenesis of manic-depressive states". In: Money-Kyrle, R. (org.). *The Writings of Melanie Klein*. Vol. 1. Nova York: Free Press, p. 262-289.

Knox, J. (2003). *Archetype, Attachment, Analysis* – Jungian Psychology and Emergent Mind. Hove/Nova York: Brunner/Routledge.

Lambert, K. (1981). *Analysis, Repair and Individuation*. Londres: Academic Press.

Langs, R. (1974). *The Technique of Psychoanalytic Psychotherapy*. Vol. II. Nova York: Jason Aronson.

Rose, J. (2000). Symbols and their function in managing the anxiety of change: an intersubjective approach. *International Journal of Psychoanalysis*, 81 (3), p. 453-470.

Samuels, A. (1989). *The Plural Psyche*. Londres: Routledge.

Schore, A. (2003a). *Affect Dysregulation and Disorders of the Self*. Nova York: W.W. Norton.

_____ (2003b). *Affect Regulation and the Repair of the Self*. Nova York: W.W. Norton.

_____ (1994). *Affect Regulation and the Origin of the Self*. Hillsdale: Lawrence Erlbaum.

Solomon, H.M. (2004). Self-creation and the limitless void of dissociation: the "as if" personality. *Journal of Analytical Psychology*, 49, p. 5.

_____ (2000a). "Recent developments in the neurosciences". In: Christopher, E. & Solomon, H.M. (orgs.). *Jungian Thought in the Modern World*. Londres: Free Association Books.

_____ (2000b). "The ethical self". In: Christopher, E. & Solomon, H.M. (orgs.). *Jungian Thought in the Modern World*. Londres: Free Association Books.

_____ (1997). The not-so-silent couple in the individual. *Journal of Analytical Psychology*, 42 (3), p. 383-402 [tb. in: *Bulletin of the Society of Psychoanalytic Marital Psychotherapists*, 1994, Bulletin 1, ed. inaugural].

_____ (1994). The transcendent function and Hegel's dialectical vision. *Journal of Analytical Psychology*, 39, p. 1 [tb. in: Mattoon, M. (org.). *Collected Papers from the 1992 IAAP Congress, The Transcendent Function*. Chicago].

Stein, M. (1995). *Jung on Evil*. Londres: Routledge.

_____ (1993). *Solar Conscience, Lunar Conscience*. Wilmette: Chiron.

Stern, D. (1985). *The Interpersonal World of the Infant*. Nova York: Basic Books.

Wiener, J. (2001). Confidentiality and paradox: the location of ethical space. *Journal of Analytical Psychology*, 46 (3), p. 431-442.

Wilkinson, M. (2003). Undoing trauma: contemporary neuroscience – A Jungian clinical perspective. *Journal of Analytical Psychology*, 48 (2), p. 235-253.

Winnicott, D.W. (1964). "Further thoughts on babies as persons". In: *The Child, the Family and the Outside World*. Londres: Penguin Books.

11
Notas finais
De onde e para onde?

Beverley Zabriskie

Notas finais têm um propósito que contradiz seu nome. Localizadas no final de um texto, elas devem, aparentemente, revisar, recapitular, resumir, encerrar as discussões apresentadas, sugerindo como as matérias abrangidas chegaram ao estado atual.

Mas nós trazemos às notas finais uma expectativa de que elas demonstrem que as matérias em questão são tão relevantes, valiosas e de uma tal importância que requerem e merecem mais atenção. As notas finais colocam o material apresentado em uma linha de frente. Assim, embora supostamente "encerrem", as notas finais são também para sugerir que, para o bem do que ainda está por vir, pode haver uma reelaboração do que acabou de ser discutido.

Como uma retrospectiva também antecipa uma prospectiva, notas finais insinuam que, para que se avance mais, podemos antecipar uma correção, um reequilíbrio, e de fato algum desvendamento do atual corpo do saber em face de informações futuras. Pode até haver um descarte do que é agora entendido e enfatizado, em prol do que ainda está para ser descoberto e para ser conhecido.

Nesse sentido, notas finais são vetores disfarçados. Se elas fazem o que lhes é devido, elas buscam o emergente sob o disfarce do *status quo*.

Avançando a teoria

Dentro de uma tradição ou movimento, frequentemente leva algum tempo até que os praticantes posteriores de uma escola se ponham em dia com o gênio do fundador. Precisamente neste momento, os advogados de uma teoria e de uma prática simultaneamente confirmam e substancialmente acrescentam aos *insights* herdados, e assim demonstram e fazem avançar o processo de entendimento e engajamento em um campo escolhido.

Este volume ilustra que a tradição da psicologia analítica está atualmente usufruindo deste fenômeno. Seus autores conhecem tão bem o complexo processo da identidade e da experiência humana que é chamado de psique pelo psiquiatra e analista das profundezas suíço C.G. Jung, que podem transmitir suas essências e *insights* para o leitor. E, por sua própria originalidade de mente, pensamento independente e *expertise* prática, esses analistas dão continuidade aos diversos esforços dos primeiros promulgadores da psicologia analítica – tais como Marie Louise von Franz, Erich Neumann, Michael Fordham. Eles apresentam modelos contemporâneos e contextualizações atuais para as abordagens junguianas e pós-junguianas da natureza da realidade, da natureza da psique e da prática de uma disciplina clínica.

Como cidadãos do mundo, podemos nos envolver com esta obra pelas muitas maneiras como ela acrescenta percepções de nosso ambiente exterior e de nosso lugar temporal e especial nele. Com suas referências ao, e inclusões do simbólico e do mitológico, do antropológico e do filosófico, do científico e do artístico, do literário e do cultural, seus conteúdos acrescentam à apreciação das múltiplas forças em ação em nosso entorno e aos múltiplos modos de nossa apreensão delas. Os capítulos seguem o preceito de Jung de que todo aspecto da realidade deve ser confrontado e expresso pela psique humana, e assim os modelos descobertos e inventados em cada esfera de pesquisa e de reflexão podem ser adotados como analogias para considerações posteriores.

Como pessoas privadas, com curiosidade acerca do ambiente interior – de cérebro e corpo, mente e imaginação, emoção e instinto –, encontramos *insights* sobre as construções da personalidade humana e as dinâmicas da experiência e das relações humanas. Somos movidos por observações das primeiras ressonâncias e impressões desde os estágios infantis do desenvolvimento humano, e impactados pelos cada vez mais convincentes mapeamentos das neurociências.

Para um clínico, este volume dá vias de acesso às intensidades do processo analítico entre analistas e analisandos, às dinâmicas dentro de qualquer empreitada terapêutica e ao enquadramento das questões em operação com indivíduos e com grupos. É particularmente bem-sucedido em ligar a linguagem junguiana clássica – como o modelo da *coniunctio* que Jung adotou da filosofia da alquimia, e os fenômenos de campo aos quais ele foi sensibilizado através de William James – com formulações atuais da observação de crianças, da teoria do apego e da mais recente consciência psicanalítica acerca da importância do "terceiro" no relacionamento analítico diádico.

A discussão dos modelos junguianos dos tipos psicológicos fortalece a avaliação das específicas ênfases e perspectivas que abrangem a experiência individual e relacional. Os estudos das dimensões coletiva e cultural alertam para seu impacto tanto nos praticantes como nos pacientes. E, por fim, somos compelidos a atentar às considerações éticas intrínsecas ao relacionamento autêntico, especialmente dentro da disciplina empática necessária para o trabalho analítico em profundidade.

Isso seria o suficiente para os estudantes e buscadores mais exigentes. Mas, além disso, temos explorações de longo alcance ligando fenômenos para além do individual e do pessoal, sobre os quais Jung especulou: aqueles que Jung chamou de arquetípicos são examinados em conexão com a filosofia; aquelas aparentes coincidências que ele chamou de sincronicidades são perscrutadas por meio da teoria da complexidade da física; modelos do processo associativo interior, de relações interpessoais e da conversação analítica são confrontados com os diagramas das "redes sem escala".

A relação entre a psicologia analítica e as possibilidades de outra dimensão que transcenda a possibilidade do conhecimento é vista por meio do apetite ou função religiosa da *psyche vis-à-vis* um modernismo que negaria o impulso ao significado.

Jung no tempo

Para compreender o espectro destes estudos e apreciar a amplitude coberta por este volume, é útil notar o lugar central e transicional de Jung e da psicologia analítica nas tradições intelectuais e clínicas proeminentes no início e no fim da era dele, isto é, ver a posição dele na história dos eventos e do intelecto.

A longa vida de 86 anos de Jung, e a abrangência de seus interesses, intuições e buscas empíricas, abarca eras filosóficas, científicas, sociais e artísticas.

Quando C.G. Jung nasceu, em 1875, Franz-Joseph era o monarca dos reinos austro-húngaros, a Alemanha era um império, Vitória teria mais vinte e seis anos no trono inglês e a Guerra Civil Americana tinha acabado apenas uma década antes. A identidade se baseava em dualismos cartesianos entre existir e pensar e em uma separação do *self* entre mente e corpo. Desde o início do iluminismo e da ciência estatística, os experimentos da alquimia para transmutar a matéria vinham sendo desprezados como insanos, na melhor das hipóteses, e fraudulentos, na pior. A física mecanicista de Newton e as ideias clássicas sobre o tempo linear eram modos hegemônicos de entender o espaço e o tempo.

Na época em que Jung morreu, em 1961, ele tinha visto duas "guerras mundiais", a Europa estava dividida pelo Muro de Berlim, Kennedy estava na Casa Branca, os norte-americanos estavam no Vietnã e os anos de 1960 estavam começando. O espaço-tempo tinha sido introduzido como relativo ao invés de linear e absoluto. A física tinha passado de mecanicista à quântica. Reatores modificaram a estrutura e energia da matéria, permitindo os horrores das explosões atômicas.

A evolução do pensamento de Jung é evidente em seus 60 anos de escrita – desde sua dissertação universitária de 1902, "Sobre a psicologia e patologia dos fenômenos chamados ocultos", até o ensaio de 1961, "Abordando o inconsciente", encerrado dez dias antes de sua morte. Ao longo de todo esse período, ele demonstra sua convicção central: que para compreender a natureza microcósmica da psique e sua relação com o macrocosmo, qualquer de suas múltiplas expressões vale a pena ser perseguida como uma forma de psique.

Ao ver Jung através de sua teoria dos tipos psicológicos, ao longo das últimas duas gerações, a psicologia analítica tendeu a focar no Jung introvertido de sua meia-idade interior e velhice reflexiva, quando ele se focou em seus sonhos, pintou seus quadros, trabalhou suas pedras e construiu sua torre. Seguindo sua imagem como o velho sábio, Jung e os junguianos foram percebidos como focados apenas na vida interior do indivíduo.

Uma mudança neste foco da psicologia analítica se tornou patente para mim como presidente do programa do Congresso Científico de 2004 da International Association of Analytical Psychology, em Barcelona. Muitas das duzentas e cinquenta propostas e apresentações de analistas de todas as partes do mundo abordaram questões e preocupações culturais e políticas. Isto é um retorno, eu diria, às preocupações mais amplas de toda a vida de Jung.

O Jung histórico estava na equipe do Burghölzli aos 25 anos, aos 30 na Faculdade de Medicina da Universidade de Zurique, aos 34 recebeu o grau honorário da Clark University, aos 35 se tornou o primeiro presidente da Associação Psicanalítica Internacional, e aos 37 estava dando palestras na Fordham. Mesmo após sua ruptura com Freud aos 38, e após seu isolamento autoimposto, após renunciar ao cargo universitário, Jung foi um comandante em um campo na Primeira Guerra Mundial para soldados ingleses internados; viajou por Argélia, Tunísia, Quênia, Uganda, o Nilo, Egito, Palestina e Índia, e fez várias jornadas a mais pelos Estados Unidos.

Jung ganhou um cargo de professor na ETH, a Politécnica Suíça, e a cadeira de Psicologia Médica foi criada para ele na Universidade da Basileia. Ele deu palestras, recebeu prêmios e foi distinguido com títulos de doutor honorário de muitas universidades: Harvard em 1936, Calcutá, Benares, Allahabad e Oxford em 1938, Genebra em 1945 e na Politécnica Suíça em 1955. Jung se dirigiu aos clínicos da Clínica Tavistock em Londres, em 1935, apresentou as *Terry Lectures* em Yale em 1938, e, entre 1933 e 1951, trocou ideias com eruditos de múltiplas disciplinas nas Conferências Eranos em Ascona, Suíça. E durante todo esse tempo, Jung pesquisou seu próprio material psíquico e o de seus pacientes, e escreveu – todos aqueles livros e ensaios, todas aquelas cartas pressionando seu discurso com teólogos, cientistas, filósofos, alunos de pós-graduação – com satisfação quando compreendido, e crescente sofrimento quando mal-interpretado.

Como o capítulo 1 mostra, desde a era após a morte de Jung, capítulos de sua vida foram dissecados como pedaços de suas entranhas, em meio a conflitos e disputas sobre quais leituras são as mais verdadeiras, mais quintessenciais. Em retrospectiva, as idealizações, as reminiscências e rivalidades parecem emblemas de luto, negações da morte de Jung – ou talvez erupções de uma fase coletiva pré-separação, pré-individuação.

Felizmente, tem havido muito trabalho original por psicólogos analíticos de diferentes orientações. Os eruditos e cientistas que colaboraram com Jung, tais como Kerenyi, Quispel e Pauli, acrescentaram e adquiriram novas dimensões em incessante intercâmbio. Outros – Neumann, Fordham, von Franz e mais tarde Hillman – avançaram ou divergiram do *corpus*, em evolução ou revolução.

Passaram-se quarenta e três anos desde a morte de Jung – um tempo cronologicamente curto, mas psicologicamente essencial. Em breve, não haverá mais ninguém que fez análise com Jung ou com alguém que Jung analisou. Sem o peso pessoal dele, o que vai importar, em última instância, é a relevância de seus *insights* e ideias. Sem um Jung real ou reificado, suas observações empíricas serão ou não relevantes para o processo incessante da busca pela humanidade de compreender-se a si mesma e o seu mundo.

Como mostrado no capítulo 2, para Jung, todos os conteúdos da psique, todos os seus esforços de expressão do que ela entendia ou pressentia – linguagem, imagem, símbolo; tese, fórmula, crença; rito, ritual, criação, experimento – eram apropriados para o estudo do psicólogo das profundezas. Ele então convocou as narrativas e imagens que a mente humana já registrou e produziu, desde a mitopoese do passado arcaico às provas mais atuais da ciência moderna.

Conforme indicado no capítulo 3, Jung concebeu a psique saudável como um vetor dinâmico que emerge de dualismos e dissociações para um equilíbrio mais ou menos estável. Por meio de sua interface, uma atitude efetivamente capaz tanto de constância como de inclusões posteriores – por meio de regressões essenciais e inclusões posteriores – se estabelece.

> Após violentas oscilações no começo, os opostos vão se equilibrando, e pouco a pouco surge uma nova atitude, cuja estabilidade resultante é tanto maior quanto maiores eram as diferenças iniciais [...] quanto mais extenso for [o material psíquico constelado], mais se reduzirá a possibilidade de futuras perturbações que poderiam surgir da fricção [...] uma atitude produzida por um amplo processo de equalização [dos opostos] é particularmente duradouro (Jung 1928: § 49).

Especialmente nos capítulos que lidam com as ressonâncias atuais com a teoria do apego, modelos desenvolvimentais e os conteúdos pessoais da transferência, este volume oferece um reequilíbrio saudável e necessário em relação à ênfase tardia de Jung em materiais impessoais que aparecem na psique pessoal. Mas isso também implica a psique como um campo de afirmações e interações dinâmicas, em constante processo entre a consciência pessoal e a inconsciência, entre o consciente e o inconsciente, o pessoal e o coletivo, o eu e o outro.

A capacidade de manter essa postura abarcadora e progressista determinará o quão bem as visões mais emergentes e essenciais de Jung serão articuladas, recebidas e postas em prática. Isso exige que se evite a simplificação e a tentação de enfatizar uma orientação em detrimento da outra, para preservar as múltiplas valências do pensamento de Jung. Isso também requer um tabu contra o fundamentalismo, que nos faria reificar conteúdos da experiência como se fossem afirmações de verdades transconscientes ao invés de aspectos dinâmicos da existência em andamento da humanidade.

Como todos os autores sugeriram, as especulações de Jung estão provando serem pertinentes em muitos campos. As premissas psicofísicas do teste de associação de palavras e as linhas básicas de sua tipologia, embora reificadas, foram incorporadas à cultura. Embora por vezes mal-entendida, a terminologia do arquétipo, e cada vez mais a da sincronicidade, entrou no uso comum.

Segundo nós lemos, suas hipóteses sobre a mente estão sendo confirmadas pelo funcionamento demonstrável do cérebro. As analogias informadas e intuitivas para as inferências dele sobre a natureza da realidade parecem cada vez mais plausíveis conforme as ordens implícitas de nossa existência são cada vez mais explicitadas pelas ciências naturais.

Este volume demonstra que muitos praticantes contemporâneos da psicologia analítica trabalham a partir da síntese do clínico, do desenvolvimental e do pessoal, da sensibilidade alquímica do processo interativo, bem como de um senso do arquetípico emergente e do sincronístico. Em minha própria prática, eu fui guiado por analogias do mito antigo (Zabriskie 2000) bem como das ciências modernas (Zabriskie 1997).

Jung fora do tempo

Mais do que em qualquer outra tradição clínica, a psicologia analítica situa a psique entre um ego pessoal linear, limitado pelo tempo – e espaço –, e a relatividade tempo-espacial do tempo de sonho do inconsciente, entre um desconhecer conhecido e um conhecer desconhecido.

Em sua última década, Jung alargou sua compreensão inicial dos campos de maneiras que são consonantes com os vetores mais avançados da ciência moderna. Os colaboradores deste volume estão entre aqueles que têm alcançado as bordas do pensamento de Jung, e acrescentando seu próprio conhecimento e experiências para criar caminhos rumo a uma nova compreensão.

Talvez Jung mostre seu si-mesmo mais pós-moderno mais plenamente em suas discussões da psique em relação ao tempo. Em um ensaio no *The New York Times* de 1º de janeiro de 2004, o físico Brian Greene, um expoente da teoria das supercordas, escreve assim sobre o tempo:

> Os cientistas de hoje que buscam combinar a mecânica quântica com a teoria da gravidade de Einstein (a teoria geral da relatividade) estão convencidos de que estamos às vésperas de outra grande reviravolta, a qual identificará os conceitos mais elementares a partir dos quais o tempo e o espaço emergem. Muitos creem que isso envolverá uma formulação radicalmente nova da lei natural na qual os cientistas serão compelidos a abandonar a matriz espaçotemporal na qual trabalharam ao

longo de séculos, em troca de uma "região" mais básica que em si mesma é desprovida de tempo e espaço (Greene 2004).

Mais de 50 anos atrás, em uma carta de 1952, Jung se permite indagar:

se podemos como outrora continuar a pensar em termos de espaço e tempo, enquanto a física moderna começa a renunciar a esses termos em favor de um *continuum* tempo-espacial, no qual o espaço já não é espaço e o tempo já não é tempo. A questão é, em suma: não deveríamos desistir totalmente das categorias de tempo e espaço quando lidamos com a existência psíquica? Talvez a psique devesse ser compreendida como uma intensidade inextensa, não como um corpo se movendo no tempo. Poder-se-ia supor que a psique via surgindo gradualmente da menor extensidade até a infinita intensidade, ultrapassando por exemplo a velocidade da luz e assim irrealizando o corpo (Jung 1975: 45).

Jung continua:

o cérebro seria uma estação transformadora em que a tensão ou a intensidade relativamente infinita da psique em si seriam transformadas em frequências ou "extensões" perceptíveis. Inversamente, o desaparecimento da percepção introspectiva do corpo se explica por uma gradual "psiquificação", isto é, intensificação às custas da extensão. Psique = máxima intensidade no menor espaço (Jung 1975: 45).

Este volume nos move, nos leva e nos faz avançar a tais bordas de consideração.

Referências

Greene, B. (2004). "The time we thought we knew". *The New York Times*, 01/jan.

Jung, C.G. (1975). *Letters*. Vol. 2. Princeton: Princeton University Press [Adler, G. (org.)] [*Cartas*. Vol. II. Petrópolis: Vozes, 2002].

_____ (1928). "On psychic energy". Princeton: Princeton University Press [CW 8] [*A energia psíquica*. Petrópolis: Vozes, 2011 – OC 8/1].

Zabriskie, B. (2000). Transference and dream in illness: waxing psyche, waning body. *Journal of Analytical Psychology*, 45 (1), p. 93-107.

_____ (1997). Thawing the frozen accidents: the archetypal dimension of countertransference. *Journal of Analytical Psychology*, 42 (1), p. 25-40.

Índice

Cindidas, partes (*split-off*) 225, 245
Cindidas, psiques 211
Clínica Tavistock 46, 184, 224, 227, 382
Clubes de Psicologia Analítica
  Londres 47
  Los Angeles 42
  Nova York 35-37
  Paris 54
  São Francisco 39-42
  Zurique 26-28, 43
Coerência 200-206
Coincidência 324-327, 333, 340, 344, 347
Colman, W. 245s.
Compensação 96s., 119
Complexidade, teoria da 17, 177-181,
  329-333, 380
Complexo de inferioridade 138s.
  cf. tb. Sistema Adaptativo Complexo
  (CAS)
Complexos: constelados 201
  culturais 18, 254-291
  rede de 185, 190
  relações implícitas entre 184
  teoria dos 17, 68-71, 86, 94, 106s., 196
Comunicação
  colaborativa 204
  não verbal/inconsciente 120, 122,
    237, 362
Conceito de higiene 369, 372
Confederação Britânica de
  Psicoterapeutas (BCP) 48
Confiança (*trust*) 208
Conhecimento implícito 120, 197-201,
  206, 211, 238
Coniunctio, modelo 361, 368, 380
Consciência 81, 98, 100, 133-135, 384
  amplificação 186s.
  estados alterados da 191
  expansão diádica da 209s.
  individuação da 135-141, 175-177
  James 132s.
  métodos de Jung 182s.
  multiplicidade da 17
  natureza dissociada da 107

Nietzsche 131-133
  teoria dos complexos 94, 106
  tipos psicológicos 129s., 133, 159,
    166, 168
  cf. tb. Inconsciência
Conselho de Psicoterapia do Reino
  Unido (UKCP) 48
Conselho de Sociedades Americanas de
  Analistas Junguianos (CASJA) 45
Constelação 190, 198
Contação de história 17, 204, 206s., 209
  cf. tb. Narrativa
Contenção 109, 207
Contraidentificação projetiva 235
Contratransferência 17, 143, 218-221,
  232-239, 247s., 262
  amplificação 185-187
  análises múltiplas 28
  autocrítica do analista 101
  comunicação do hemisfério direito 120
  contribuições pós-junguianas 234
  devaneio 192
  dinâmica intersubjetiva 371
  escola desenvolvimental 49
  espiritualidade negativa 308
  função reflexiva 122
  metabolizada 200
  métodos de Jung 173s., 182
  personalidade do analista 244-246
  sincronicidade 335, 345s.
  vinhetas clínicas 206-208, 289
Contratransferência sintônica 235
Corbett, L. 303
Corbin, H. 264
Corporação de Estudos Psicológicos 40
Corsini, R.J. 131
Cortina, M. 114s., 118
Council of American Societies of
  Jungian Analysts; cf. Conselho de
  Sociedades Americanas de Analistas
  Junguianos (CASJA)
Covington, C. 204
Craik, K. 103
Criptomnésia 73s.

Cristianismo 40, 278-283
Crowther, C. 55
Culpa 296, 311, 356, 361
Cultura, imagens arquetípicas 75
Culturas primitivas 262
Culturas tradicionais 261s., 297
Cwik, G. 192

Daimon-protetor, sistema de defesa
274-277, 279-281
Damasio, A. 117, 131
Darwin, C. 71
Davidson, D. 183, 192, 232
Deacon, T. 87
Defesas
atitude analítica 369
autocuidado 277, 307, 359
contra o espiritual 300
Daimon-protetor 274-277, 279-281
defesas arquetípicas do espírito de
grupo 273-278, 281, 283, 290, 307
função religiosa 295
identificação arcaica de sujeito com
objeto 338
cf. tb. Cisão (*splitting*)
Dennett, D. 130
Depressão 141, 147
Desalvo, L. 203
Descartes, R. 327
Desenvolvimento da criança; cf. Infância;
Pesquisa infantil
Desintegração 206, 225, 362
Desmond, A. 65
Detloff, W. 146s.
Deus 62s., 294, 310
Deutsche Gesellschaft für Analytische
Psychologie; cf. Sociedade Alemã de
Psicologia Analítica (DGAP)
Devaneio 183, 192, 345
Devereux, G. 322
DGAP; cf. Sociedade Alemã de Psicologia
Analítica (Deutsche Gesellschaft für
Analytische Psychologie)

Diaconis, P. 326
Díade terapêutica (analítica) 193, 196,
208, 242, 334, 363
cf. tb. Relacionamento analítico
Dieckmann, H. 182, 204
Dieterich, A. 73
Dimensão espiritual 18, 292-317, 319
Dionísio o Areopagita 62
Discriminação 257, 272
Dissociação
arquétipos 82s.
complexos 93-95, 103-107
sistema parassimpático 201
sobreviventes a traumas 210
Doença 30
Domínio implícito 201, 208, 211, 236
Driesch, H. 321n. 2

Eagle, M. 119
Edelman, G. 114
Edinger, E. 43, 134, 188, 295, 303
Edipianas, questões 93, 142, 366-368
Édipo, arquétipo de 73
Edwards, J. 311
Ego 94, 98, 100, 150, 385
afeto-ego 268, 282
autoproteção 274
complexos bipolares 259
complexos culturais 268-270
conceito de ágape 356
conexão ego-si-mesmo 205, 305
consciência 134-137, 175-177
contratransferência 234s.
figuras oníricas 210s.
função religiosa 295
inconsciente pessoal 231
personalidade opositora 161s.
posição relativizada 314
cf. tb. Psique; Si-mesmo
Eisold, K. 221
Ekstrom, S. 204
Eliade, M. 203
Ellenberger, H.F. 94, 179, 320

Fordham, M. 123, 182, 244, 379, 383
contratransferência 233-236
crítica de análise dupla 28
deintegração 102
escola desenvolvimental 47s., 304
função religiosa 300s.
individuação 175s.
ligação Jung/Bion 187
o si-mesmo 361
psicanálise 49s.
sincronicidade 335
transferência 225-228, 231, 239
Formação: cf. Treinamentos
Forrester, J. 221
Fragmentação 206, 210
Fraiberg, S. 107
França 54
Frazer, J. 61, 71
Freud, S. 21, 23s., 70, 382
abordagem semiótica 85
analista pré-consciente 219
a psique 356
associação livre 173, 195
como figura paterna de Jung 365
complexo de Édipo 367s.
comportamento ético 355
contratransferência 232s.
crítica de Tipos psicológicos 129s.
denúncia de Jung 27
discordância com Jung 69, 93, 226
dissociação 93
Estados Unidos 34
experiências em primeira mão 179
fantasias 68
inconsciente 175
influência de Frazer 61
mitologia 71
Myers 319s.
ocultismo 319-321
relação mente-corpo 96
sexualidade 92, 101, 118
Spielrein 23

técnica 173
Totem e tabu 72s.
transferência 218s., 223s., 227-229
cf. tb. Psicanálise
Frey-Wehrlin, C.T. 343
Froebe-Kapteyn, O. 38
Frosh, S. 221
Função auxiliar 140, 142-146, 151-157, 167
Função inferior 138-140, 151-156, 167s.
arquétipos 155-157
autoanálise de Beebe 141s., 144s., 147s., 150
Função reflexiva 121-123, 208
Função religiosa 292-296, 298-302, 305-307, 313, 315
Função superior 140s., 146, 151-154, 156s., 166
Função terciária 140, 144s., 151s., 156s., 166s.
Função transcendente 96, 205, 209, 211, 238
como união do consciente/ inconsciente 98s., 121, 180
questões éticas 356, 363-365
Fundação Bollingen 37s.
Fundação C.G. Jung, Nova York 37-39

Gardner, H. 130
General Medical Society for Psychotherapy; cf. Sociedade Médica Geral de Psicoterapia
Genética 81, 108s., 325, 328
Gênio 348
Geometria fractal 340
Giegerich, W. 136
Gilligan, C. 322
Goering Institute; cf. Instituto Goering
Goering, M. 51
Goethe, J.W. 62-67, 75s., 79, 85, 328
Goodwin, B. 341
Gordon, R. 102, 305, 335
Gould, S.J. 332

confronto de Jung com 24, 27, 365
contratransferência 232-234
cultural 18, 255, 260-266, 270-272, 289
e consciência 134-138
Freud 21, 92s., 133, 173s., 319
função religiosa 292s., 295, 299s.
imaginação ativa 191s.
memória 104
método de Jung 182
relacionamento pais-criança 107
sonhos 194s.
teoria 221s.
tipos psicológicos 130
cf. tb. Conhecimento implícito;
   Inconsciente coletivo
Inconsciente coletivo 27, 56, 206
arquétipos 88, 331
Centro de Pesquisa e Formação em
   Psicologia Profunda 33
dominantes do 95
e cultura 261-263
Freud 71-73
função religiosa 295
Modernidade 297s.
relacionamento pessoal inconsciente
   231
Inconsciente cultural 18, 255, 260-266,
   270-272, 289
Independent Group of Analytical
   Psychologists; cf. Grupo Independente
   de Psicólogos Analíticos (IGAP)
Indicador de Tipo de Myers-Briggs
   (MBTI) 146, 154, 157s., 168
Individuação 26s., 68, 96, 174-179, 192
associações 185
ativação do nó arquetípico 190
autorregulação 97, 99
complexos 260
complexos culturais 269s., 272s.
consciência 136
definição de 97s.
escola clássica 48s.
função transcendente 218
"objetivação de imagens impessoais" 228

relacionamento individual/de
   grupo 257
símbolos 242
sincronicidade 331, 348s.
teoria do tipo 143, 151, 159
von Franz 33
Individualidade 175, 348
Infância: desenvolvimento do si-mesmo
   116, 225
escola desenvolvimental 47-49, 101,
   305
motivação 117
brincadeira 207s.
terceira perspectiva 367
cf. tb. Relacionamento mãe-bebê
Instinto 96, 118, 124, 294
criativo 101, 118
de morte 24, 107, 118
reflexivo 101, 118
Instituto C.G. Jung, São Francisco 16, 41
Instituto C.G. Jung, Zurique 25, 29-34,
   44, 53, 155, 179
Instituto Goering 51
Instituto Santa Fé 329, 332
Integração 200, 204, 206
Intencionalidade 123
International Association for Analytical
   Psychology; cf. Associação Internacional
   de Psicologia Analítica (IAAP)
Inter-Regional Society of Jungian
   Analysts; cf. Sociedade Inter-Regional
   de Analistas Junguianos (IRSJA)
Intersubjetividade: relacionamento
   analítico 368, 371
transferência 231, 233s., 238, 247, 346
Introjeção 225
Introspecção 133s., 293
Introversão 25, 99, 133, 151s.
arquétipos 157
autoanálise de Beebe 140-143, 146-150,
   160-168
do próprio Jung 257
incompatibilidade de tipos 153s.

Regulação interativa 200, 237s.
Reino Unido 45-50
Relação de objetos 84, 190, 304, 315, 358
Relacionamento analítico
  conteúdo da psique 220
  contratransferência 233-236
  foco terapêutico 211
  função religiosa 293s.
  natureza interativa do 247
  personalidade do analista 244-246
  questões éticas 361-364, 369-374
  terceira posição 366-369, 380
  transferência 218-220, 230, 239-243
  cf. tb. Analistas; Díade terapêutica
Relacionamento mãe-bebê 116, 240-242,
  345, 359s.
  cf. tb. Desenvolvimento infantil; Infância;
  Pais; Teoria da fixação
Religiosa: atitude 295, 313, 315
  função 292-307, 313-315
Renik, O. 245
Repressão 94
Rhine, J.B. 324s.
Richards, R.J. 64-66, 85
Riviere, J. 118, 319
Rockman, J. 49
Rogers, C. 143
Romantismo 65, 328
Romanyshyn, R. 303
Rosarium Philosophorum 230

Samuels, A. 16, 48s.
  amplificação 183-186
  individuação 175-177
  método dialético interacional 220
  método simbólico-sintético-clássico
  220s.
  moralidade original 360
  pluralismo 222s.
Sander, L.W. 115, 120, 195s.
Sandler, J. 197, 234
Sandner, D. 94s., 161
Sandplay (caixa de areia) 206-209
São Francisco 18, 34, 39-42

SAP; cf. Sociedade de Psicologia Analítica
Sardello, R. 303
Satinover, J. 306
Saunders, P. 66, 70, 76, 78, 86, 331
Saussure, F. de 87
Schacter, D. 104, 199
Schafer, R. 244
Schneider, E. 325
Schopenhauer, A. 22
Schore, A. 113, 116, 120, 199-201, 237,
  359
Schultz-Henke, H. 52
Schwartz-Salant, N. 306
Schwyzer, E. 73
Semiótica 87
Senex
  arquétipo 159-161, 165-168
Sensação 25, 99, 137s.
  autoanálise de Beebe 141s., 144,
  147-150, 161, 165-169
  desenvolvimento de tipo 152
  Indicador de Tipo de Myers-Briggs 158
Sentimento 25, 99, 113, 137-139
  autoanálise de Beebe 147s., 150, 161,
  163-168
  desenvolvimento do tipo 152
  Indicador de Tipos de Myers-Briggs
  158
Separação
  análises múltiplas 28
  arquétipos 66
  capacidade ética 359-361
  complexos culturais 289s.
  Fordham 225s.
  Klein 225
  si-mesmo primordial 95
Severn, E. 83
Sexualidade 35, 92, 96, 101, 118
Shakespeare, W. 194
Shamdasani, S. 15, 27, 72, 239, 320
Siegel, D. 107, 114, 120, 198s., 204s., 208s.
Siegelman, E.Y. 208
Significantes: outros 201s., 210

EDITORA VOZES

Editorial

CULTURAL

Administração
Antropologia
Biografias
Comunicação
Dinâmicas e Jogos
Ecologia e Meio Ambiente
Educação e Pedagogia
Filosofia
História
Letras e Literatura
Obras de referência
Política
Psicologia
Saúde e Nutrição
Serviço Social e Trabalho
Sociologia

CATEQUÉTICO PASTORAL

Catequese
    Geral
    Crisma
    Primeira Eucaristia

    Pastoral
        Geral
        Sacramental
        Familiar
        Social
        Ensino Religioso Escolar

TEOLÓGICO ESPIRITUAL

Biografias
Devocionários
Espiritualidade e Mística
Espiritualidade Mariana
Franciscanismo
Autoconhecimento
Liturgia
Obras de referência
Sagrada Escritura e Livros Apócrifos

    Teologia
    Bíblica
    Histórica
    Prática
    Sistemática

REVISTAS

Concilium
Estudos Bíblicos
Grande Sinal
REB (Revista Eclesiástica Brasileira)

VOZES NOBILIS

Uma linha editorial especial, com importantes autores, alto valor agregado e qualidade superior.

VOZES DE BOLSO

Obras clássicas de Ciências Humanas em formato de bolso.

PRODUTOS SAZONAIS

Folhinha do Sagrado Coração de Jesus
Calendário de mesa do Sagrado Coração de Jesus
Agenda do Sagrado Coração de Jesus
Almanaque Santo Antônio
Agendinha
Diário Vozes
Meditações para o dia a dia
Encontro diário com Deus
Guia Litúrgico

CADASTRE-SE
www.vozes.com.br

EDITORA VOZES LTDA.
Rua Frei Luís, 100 – Centro – Cep 25689-900 – Petrópolis, RJ
Tel.: (24) 2233-9000 – Fax: (24) 2231-4676 – E-mail: vendas@vozes.com.br

UNIDADES NO BRASIL: Belo Horizonte, MG – Brasília, DF – Campinas, SP – Cuiabá, MT
Curitiba, PR – Fortaleza, CE – Goiânia, GO – Juiz de Fora, MG
Manaus, AM – Petrópolis, RJ – Porto Alegre, RS – Recife, PE – Rio de Janeiro, RJ
Salvador, BA – São Paulo, SP